COUNTRY GUIDE

le petit futé

LE GUIDE des SEYCHELLES

NOUVELLES ÉDITIONS DE L'UNIVERSITÉ

LE FIGARO
magazine
PHOTO A. LETONQUIN
POUR
APPRENDRE
ET POUR
COMPRENDRE

Auteurs et directeurs de la collection
Dominique AUZIAS et Jean-Paul LABOURDETTE

Responsable de la collection
Jean-François CHAIX

Edition
Jean-Paul BALLON, Marie-Hélène MARTIN, Nora GRUNDMAN, Laurent TROUSSELLE

Rédacteurs
Jean-Luc PECHINOT, Evelyne BELLANGER assistés de ISABELLE RIGONI, Anna SENGHOR, Agnès LE BÉON, Marie VALTIER, Aurélie CORPUCHOT, Jean-Baptiste CORTELL

Publicité et Promotion
Dana LICHIARDOPOL avec Linda CASTAGNIÉ et Tiphaine de SAMPIGNY

Production
Marie-Hélène MARTIN assistée de Régis AZENCOTT, Carl VOYER, Jean-Louis FOWLER, Brigitte BATTIN.

SEYCHELLES

COUNTRY GUIDE

NOUVELLES ÉDITIONS DE L'UNIVERSITÉ©
LE PETIT FUTÉ SEYCHELLES

Photos - : Jean-Luc Péchinot
ISBN - 2 86 273 0262
Achevé d'imprimer en 1996
Imprimé en France par Aubin Imprimeur Poitiers/Ligugé (L 50 525)

EDITORIAL

Cocofesse

Les 54 premiers "Country guides" du Petit Futé ont été réalisés entre 1991 et 1996 par plus de cent enquêteurs-rédacteurs venus de tous les horizons du voyage. Amoureux des îles, adorateurs de savanes, fous des neiges, rêveurs de paradis. Certains sont journaliste, écrivain, traducteur, critique d'art, cinéaste, étudiant, professeur ; d'autres ont des occupations professionnelles aussi diverses que l'informatique, la médecine, l'architecture... Il y a encore quelques voyageurs professionnels, bien sûr, mais aussi d'anciens casques bleus et une poignée de marginaux de talent !

Notre équipe réunit une bande de globe-trotters français, italiens, espagnols, américains, boliviens, suédois, norvégiens, russes, canadiens, libanais... Tous francophones. En puisant dans ce vivier de talents, nous avons d'abord cultivé notre passion pour les tons personnels, voire singuliers, qui font aussi l'intérêt d'un guide. Et ces guides, nous les avons conçus comme des "romans de pays". Nos enquêteurs-rédacteurs se sont donc pliés aux contraintes du genre pour vous faire partager leur enthousiasme pour un pays où ils vivent, ou dont ils sont originaires. Pour vous, nous n'en finirons jamais de raconter la beauté du monde.

A l'image de cette Babel voyageuse et polyglotte, nous avons voulu créer une collection éclectique et non conventionnelle. Qui dise bien les choses de la vie. Qui fasse de larges panoramiques en version originale sur les paysages. Qui aime les vieilles pierres et les couleurs des marchés. Qui n'ait pas de tabous. Il faut de tout pour faire un guide, les informations essentielles aux voyageurs modernes sont donc au rendez-vous de nos pages : pratique, culture, aventure. L'essentiel, et plus.

Vous cherchez des faits précis pour partir informés ? Des tuyaux de première main pour ne pas rater votre départ ? Des recommandations sélectives pour éviter les pièges à touristes ? Le goût du détail pour comprendre l'essentiel ? Ouvrez ce guide. Nous ne portons pas le poids du monde sur le dos, nous vous convions à voyager légers. C'est-à-dire futés. Pour le reste, c'est « dis-moi comment tu voyages, et je te dirai qui tu es». Nous vous souhaitons un vagabondage aussi beau que l'aube, avec le mystère du crépuscule...

Après vous avoir ouvert la voie - c'est le rôle de tout guide ! -, il vous appartient de partir. Qui que vous soyez, touriste prévoyant ou vagabond chevronné, étudiant ou retraité, quel que soit votre mode de voyage, en famille ou entre copains, en couple ou en solitaire, en pérégrinant de manière indépendante, vous avez choisi la meilleure manière d'être vous-même. D'aller vers les autres.

Этот путеводитель посвящается Софи Верняс и всем русским, которые проводят медовый месяц на Сейшельских островах.

A vos plumes !

Nos adresses, comme nos itinéraires, ont été testés. Mais le monde du tourisme est en perpétuelle évolution. C'est pourquoi les "Country guides" du Petit Futé doivent être régulièrement réactualisés, condition de leur fiabilité et de votre fidélité. Nous nous y employons déjà : le guide que vous tenez entre les mains est l'ébauche de la prochaine édition. Cependant, nous nous proposons de faire mieux : nous vous ouvrons largement nos pages afin que nos guides soient de plus en plus les vôtres. Non seulement évolutifs, mais interactifs. De voyageur à voyageur. Faites-nous part de vos impressions, racontez-nous vos expériences. Faites connaître aux autres lecteurs vos bons tuyaux ! Nous publierons votre courrier, signé. Envoyez-nous aussi vos photos : tous les documents retenus feront partie de la prochaine édition. (Pour l'aspect pratique, voyez les dernières pages de ce guide.)

TABLE DES MATIERES

TABLE DES MATIERES

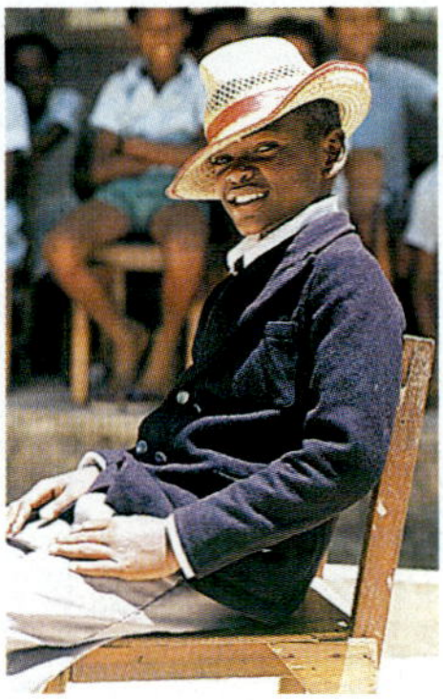

MAHÉ
OCÉAN INDIEN
Machabee
Vista do Mar Estate
Mont Howard 458 m.
Hodoul
St. Antoine Estate
Anse Nord-Est
Glacis
L'Anse Étoile Estate
Île Ste Anne
Hangard 374 m.
Ma Constance Estate
Mont Signal 417 m.
De Quincey Village
Île Sèche
Anse Jasmin
Beau Vallon
Crève Cœur 386 m.
Mt Buxton
Bel Ombre
Crève Cœur
Anse Jasmin Estate
Danzilles
Pascal Village
VICTORIA
Île Ronde
Île Moyenne
Baie Ternay
Anse Major
Casuarina Hill
Bel Air
Bel Eau
Île Longue
Mont Simpson 682 m.
Jasmin 643 m.
Mont Fleuri
Île aux Cerfs
MORNE SEYCHELLOIS NATIONAL PARK
Trois Frères Cross 699 m.
Plaisance
Ternay
Zig-Zag
Port Launay Estate
Morne Seychellois 905 m.
Val Riche
Mamelles
Le Rocher Brillant
Port Launay
La Plaine Estate
L'oiseau
L'Exil
Les Mamelles Estate
Ma Joséphine Estate
Île Anonyme
Port Glaud
Morne Blanc 667 m.
Grand Anse
Île Conception
Port Glaud
Souvenir Estate
La Misère
Cascade
Grand'Anse Village
Cascade Estate
Talbot
île Thérèse
Grand Anse
Grand Anse Estate
Mont Sebert Estate
Mont Harrison 688 m.
Les Dents 555 m.
Pointe La Rue
île aux Vaches
Barbarons Estate
Reef Estate
Grand Bassin
Caiman
Anse aux Pins
St. Joseph Estate
Anse Polite
Turtle Bay Estate
Du Cap
Anse Boileau
Burlée 501 m.
Anse Louis
La Plaine St. André Estate
St. Antoine
Anse à la Mouche
Monte Christo
Moripa
Pointe au Sel
Sancta Maria Estate
Les Canelles
Anse Soleil
Anse Royale
OCÉAN INDIEN
Le Désert 330 m.
Baie Lazare Village
Anse Royale Bay
Bougainville
Baie Lazare
Maravi 221 m.
Mont Lockyer 378 m.
Baie Lazare
Takamaka
Quatre Bornes
Anse Marie-Louise
Anse Intendance
Beau Séjour 301 m.
0
5 km
Anse Bazarca
Police Bay
ALDABRA GROUP
Grande Terre
Providence
FARQUHAR GROUP
Astove
Altitude (en mètres)
600
400
200
100
Zone aéroportuaire
Aéroport international
Aéroport
Limite des parcs
Zone urbaine de la capitale
Ville
Réseau routier principal
Réseau routier secondaire

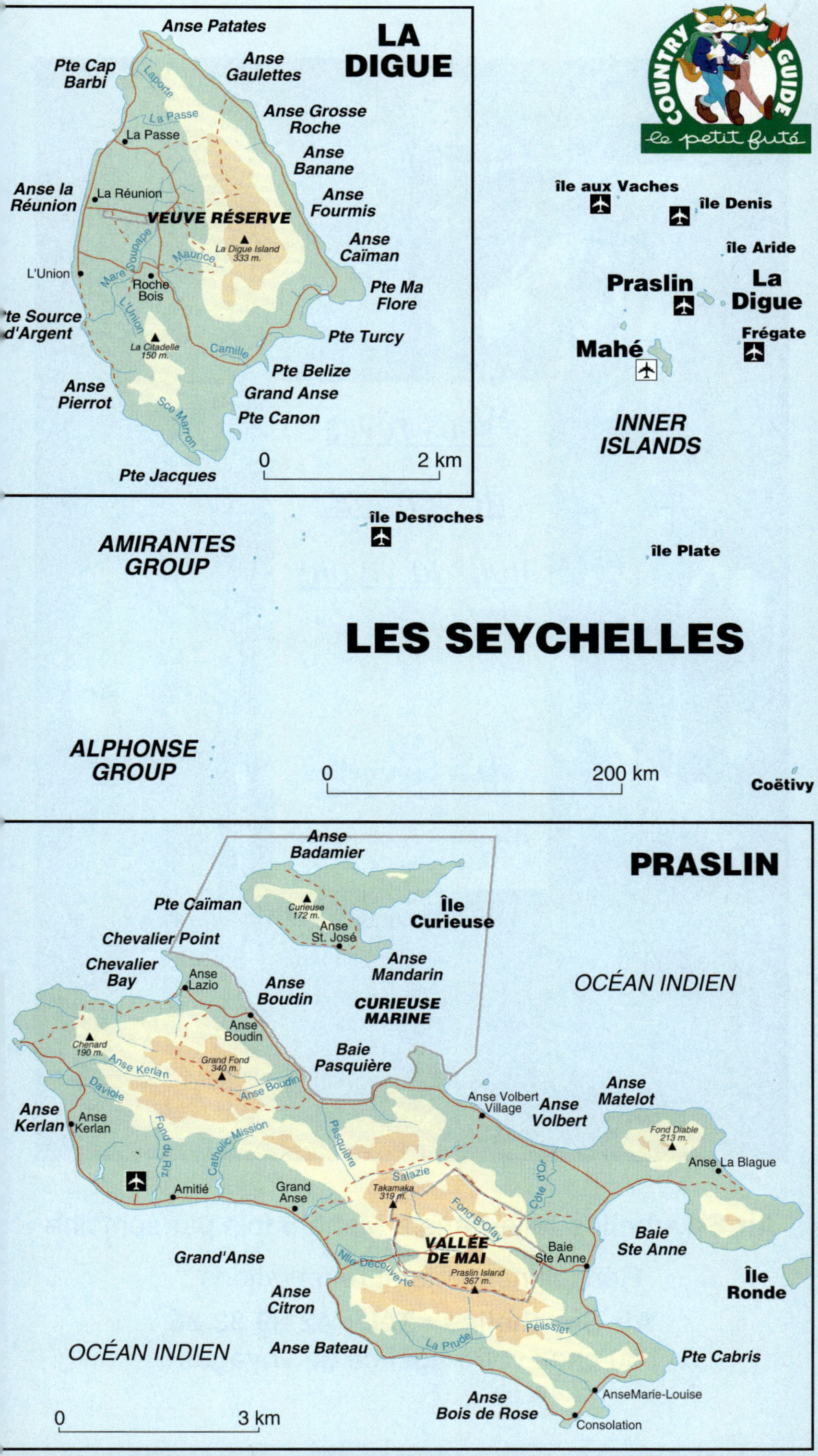

LA DIGUE
Anse Patates
Pte Cap Barbi
Anse Gaulettes
Laporte
La Passe
La Passe
Anse Grosse Roche
Anse Banane
Anse la Réunion
La Réunion
VEUVE RÉSERVE
Anse Fourmis
La Digue Island 333 m.
Anse Caïman
L'Union
Mare Soupape
Maurice
Roche Bois
Pte Ma Flore
L'Union
'te Source d'Argent
La Citadelle 150 m.
Camille
Pte Turcy
Pte Belize
Anse Pierrot
Grand Anse
Sce Marron
Pte Canon
Pte Jacques
0
2 km
île aux Vaches
île Denis
île Aride
Praslin
La Digue
Mahé
Frégate
INNER ISLANDS
île Desroches
AMIRANTES GROUP
île Plate
LES SEYCHELLES
ALPHONSE GROUP
0
200 km
Coëtivy
PRASLIN
Anse Badamier
Pte Caïman
Curieuse 172 m.
Île Curieuse
Anse St. José
Chevalier Point
Chevalier Bay
Anse Mandarin
Anse Lazio
Anse Boudin
CURIEUSE MARINE
OCÉAN INDIEN
Anse Boudin
Chenard 190 m.
Anse Kerlan
Grand Fond 340 m.
Baie Pasquière
Daviole
Anse Boudin
Anse Matelot
Anse Volbert Village
Anse Volbert
Anse Kerlan
Anse Kerlan
Fond du Riz
Catholic Mission
Pasquière
Fond Diable 213 m.
Côte d'Or
Anse La Blague
Salazie
Amitié
Grand Anse
Takamaka 319 m.
Fond B'Ofay
VALLÉE DE MAI
Baie Ste Anne
Baie Ste Anne
Grand'Anse
Nlle Découverte
Praslin Island 367 m.
Île Ronde
Anse Citron
Pélissier
OCÉAN INDIEN
Anse Bateau
La Prude
Pte Cabris
AnseMarie-Louise
Anse Bois de Rose
Consolation
0
3 km

Vous rêvez
de verdure,
nous la vivons
Air Seychelles
Making dreams come true
tranforme vos rêves
en réalité !

COUNTRY GUIDES

Europe

Açores	Allemagne	
Andorre	Autriche*	
Baléares	Belgique	
Danemark	Espagne	Féroé
Finlande	France	Grèce
Gde-Bretagne	Groenland	Iles grecques
Irlande	Islande	Italie
Londres	Luxembourg	Madère
Norvège	Pays-Bas	Portugal
Sicile*	Suède	Suisse*

Europe centrale et de l'Est

Hongrie*	Kiev*	Moscou
Pologne*	Prague	Roumanie*
St-Pétersbourg	Sibérie*	Slovaquie*

Proche-Orient

Chypre	Egypte	Liban
Israël*	Syrie	Turquie

Afrique

Afrique du Sud	Botswana	Cap Vert
Marrakech	Maroc*	Namibie
Tanzanie*	Zimbabwe*	

Océan indien et pacifique

Australie	Comores*	Madagascar
Maldives*	Maurice	N-Calédonie
La Réunion	Seychelles	Sri Lanka*

Asie

Birmanie	Cambodge	Indonésie
Himalaya	Laos*	Malaisie
Philippines*	Singapour	Taïwan*
Thaïlande	Viêt-nam	

Amériques

Antilles	Argentine*	Bolivie
Brésil	Californie	Canada
Costa Rica	Cuba	Equateur
Floride	Louisiane	Mexique
Montréal	Québec	St-Domingue

GUIDES RÉGIONS

Alsace-Vosges	Auvergne	
Aquitaine*	Bourgogne	
Bretagne	Corse	
Champagne	Côte d'Azur	
Flandres-Artois	Languedoc	Midi-Pyrénées
Normandie	Périgord-Quercy	Picardie
Poitou	Provence	Pyrénées
Roussillon	Vallée de la Loire	Vallée du Loir

CITY GUIDES

Amiens	Angers	
Auxerre	Avignon	
Besançon	Bordeaux	
Bourges	Brest	
Brive	Caen	Chalon/Saône
Chartres	Clermont-Fd	Colmar
Compiègne	Dijon	Grenoble
La Rochelle	Le Havre	Le Mans
Lille	Limoges	Lorient
Marseille	Metz	Lyon
Nancy	Nantes	Montpellier
Nîmes	Orléans	Paris
Pau	Périgueux	Poitiers
Reims	Rennes	Rouen
Saint-Etienne	Strasbourg	Toulouse
Tours	Tulle	Troyes
Valence	Vannes	

Europe

Anvers	Barcelone*	Bruxelles
Charleroi	Liège	Luxembourg
Namur	San Sebastián	

Canada (The Clever Fox)

Montréal	Québec	Toronto*

Russie (Malienki Khritets)

Moscou	St-Pétersbourg	Sibérie

GUIDES WEEK-END

Allier	Alsace	
Anjou	Ariège	
Aube	Béarn	
Berry	Calvados	Cantal
Charente	Charente-Mar.	Corrèze
Côte d'Albâtre	Côte d'Armor	Côte d'Azur
Côte d'Or	Creuse	Gard
Gers	Gironde	Ille-et-Vilaine
Jura	Landes	Loire-Atlantique
Lorraine	Lot	Manche
Morbihan	Paris-Dimanche	Périgord
Orne	Tarn-et-Garonne	Vaucluse

COUNTRY GUIDE

GUIDES DU PETIT FUTÉ

NEU, SARL au capital de 2 000 000 F F. RC Paris B 309 769 966

Collection Country/Régions : Jean-François Chaix, Marie-Hélène Martin, Jean-Paul Ballon, Nora Grundman, Laurent Trousselle
Collection City/Week-Ends : Pierre Oudot, Martine Fauré, Romain David, Nathalie Thénaud
Administration : Gérard Brodin, Dina Bourdeau, Marie-Laure Pelletier et Josselina Nobre
Publicité et promotion nationale : Dana Lichiardopol, Tiphaine de Sampigny, Linda Castagnié
Publicité et promotion Paris : Virgine Ragot, Claude Mailleret et Laurent Delage
Diffusion : Sylvain Cauchard • **Secrétariat** Hélène Gentais
Production : Jacky Vachier-Lagrave, Evelyne Marchand, Franck Delapierre, Frédéric Ouzana

Pour tout contact : Le Petit Futé 18, rue des Volontaires 75015 PARIS • Tél. 53 69 70 00 - Fax 42 73 15 24
Minitel (serveur CompUserve) 3615 FUTE • Contact Internet : PFLS Vermont@atelier.FR

Les Country Guides du Petit Futé : culture

GUIDES
FUTÉ
VOYAGES
Montréal • Moscou
LE PETIT FUTÉ COUNTRY GUIDE AUSTRALIE
LE PETIT FUTÉ COUNTRY GUIDE AUVERGNE
LE PETIT FUTÉ COUNTRY GUIDE BALEARES
LE PETIT FUTÉ COUNTRY GUIDE BELGIQUE
LE PETIT FUTÉ COUNTRY GUIDE BOLIVIE
LE PETIT FUTÉ COUNTRY GUIDE CALIFORNIE
LE PETIT FUTÉ COUNTRY GUIDE CAMBODGE
LE PETIT FUTÉ COUNTRY GUIDE CANADA
LE PETIT FUTÉ COUNTRY GUIDE CHAMPAGNE ARDENNE
LE PETIT FUTÉ COUNTRY GUIDE CHYPRE
LE PETIT FUTÉ COUNTRY GUIDE EGYPTE
LE PETIT FUTÉ COUNTRY GUIDE EQUATEUR
LE PETIT FUTÉ COUNTRY GUIDE ESPAGNE
LE PETIT FUTÉ COUNTRY GUIDE FINLANDE
LE PETIT FUTÉ COUNTRY GUIDE FLANDRES-ARTOIS PICARDIE
LE PETIT FUTÉ COUNTRY GUIDE FLORIDE LOUISIANE
LE PETIT FUTÉ COUNTRY GUIDE INDONESIE
LE PETIT FUTÉ COUNTRY GUIDE IRLANDE
LE PETIT FUTÉ COUNTRY GUIDE ISLANDE, FEROE GROENLAND
LE PETIT FUTÉ COUNTRY GUIDE ITALIE DU NORD
LE PETIT FUTÉ COUNTRY GUIDE LANGUEDOC ROUSSILLON
LE PETIT FUTÉ COUNTRY GUIDE LIBAN
LE PETIT FUTÉ COUNTRY GUIDE MIDI-PYRENEES
LE PETIT FUTÉ LIVRE PRATIQUE DE VOTRE VILLE MONTREAL
LE PETIT FUTÉ COUNTRY GUIDE NAMIBIE
LE PETIT FUTÉ COUNTRY GUIDE NEW YORK
LE PETIT FUTÉ COUNTRY GUIDE NORMANDIE
LE PETIT FUTÉ COUNTRY GUIDE NORVEGE
LE PETIT FUTÉ COUNTRY GUIDE PROVENCE
LE PETIT FUTÉ COUNTRY GUIDE PYRENEES
LE PETIT FUTÉ LIVRE PRATIQUE DE VOTRE VILLE QUEBEC
LE PETIT FUTÉ COUNTRY GUIDE REPUBLIQUE DOMINICAINE
LE PETIT FUTÉ COUNTRY GUIDE REUNION, MAURICE RODRIGUES
LE PETIT FUTÉ COUNTRY GUIDE RUSSIE
LE PETIT FUTÉ COUNTRY GUIDE TURQUIE
LE PETIT FUTÉ COUNTRY GUIDE VAL D'OISE
LE PETIT FUTÉ COUNTRY GUIDE VALLEE DE LA LOIRE
LE PETIT FUTÉ COUNTRY GUIDE VALLEE DU LOIR
LE PETIT FUTÉ COUNTRY GUIDE VIET-NAM
LE PETIT FUTÉ COUNTRY GUIDE LE GUIDE DU VOYAGEUR
ratique, aventure... l'essentiel et plus...

SEYCHELLES
LES ILES SUBLIMES

SEYCHELLES EN BREF

Le pays

Capitale : Victoria

Chef de L'Etat : France-Albert René

Nature du régime : présidentiel

Superficie :280 km^2

La population

Population : 70 000 hab

Densité de population : 260 hbts/km^2

Mortalité infantile : 12 ‰

Population urbaine : 54 %

Nombre de médecins 1 ‰

Croissance annuelle : 1 %

Indice de fécondité : 3 %

Espérance de vie : 70 ans

Nombre de postes de TV : 85 ‰

Langues : créole, anglais, français

L'économie

PIB : 444 millions $

Importations :194 millions $

Monnaie : roupie seychelloise
(1 roupie seychelloise ± 1 FF)

PIB par habitant : 3 683 $

Exportations :42 millions $

Taux d'inflation :2,7 %

Sans vous déplacer, sur un simple appel téléphonique en plus des conseils les plus futés, tous vos billets e prestations aux prix les plus bas. Appelez vite :

LE PETIT FUTÉ VOYAGES

41 06 41 07

Vent de démocratie aux Seychelles

Le vent de la démocratie, venu d'Afrique, caresse enfin les superbes rivages seychellois. Après quatorze ans de socialisme autoritaire, le régime du président France-AlbertRené se convertit, à son tour, au pluralisme.

Qui le souhaite peut créer un parti, pourvu d'un minimum de cent adhérents. Les exilés - politiques ou non - sont conviés à rentrer au pays. En juillet 1992, une commission constituante sera élue à la proportionnelle. Chaque parti ayant recueilli au moins 5 % des suffrages participera ensuite à l'élaboration d'une nouvelle Constitution, soumise à référendum. Des élections générales auront lieu avant la fin de l'année.

Ce scénario bien huilé, qui se veut un " modèle de transition ", diffère à dessein des capricieuses mutations africaines, où la démocratie, ces temps-ci, s'invente lentement - et avec des bonheurs divers - dans les longs palabres des "conférences nationales". Ici, on vante trop la stabilité politique pour lui faire l'affront d'un désordre ; on vénère trop la fragile unité nationale pour l'émietter en querelles superflues. Les Seychelles vivent donc un changement sans risque.

Et dans la continuité ? Le chef de l'Etat y compte bien. Comme le dit Mgr Félix Paul, l'évêque catholique de Victoria, France-Albert René est un "fin rusé ". Et son homologue anglican, Mgr French Chang Him, concède que l'octroi de la démocratie a pris de court tous les opposants.

Si France-Albert René, naguère fervent avocat du parti unique, a soudain viré de bord, ce n'est pas seulement pour complaire à des opposants qu'il juge désormais plus raisonnables. C'est, à l'intérieur, pour redorer son régime, et pour échapper, à l'extérieur, au piège d'une solitude trop coûteuse. Les minuscules Seychelles n'ont pas échappé à la métamorphose du monde. La mort de l'URSS prive M. René du menu chantage amoureux qui fut longtemps l'arme des petits envers leurs grands parrains.

La rivalité Est-Ouest ayant disparu, ici comme ailleurs, on ne peut plus en jouer. Que valent, face à l'aide occidentale, quelques milliers de tonnes de mauvais ciment nord-coréen ? L'argent vient surtout de l'Europe _ M. René le sait _ et d'abord de la France, premier bailleur de fonds et premier pourvoyeur de coopérants.

Les Seychelles, quoiqu'elles s'en défendent, ne pouvaient trop longtemps - sauf à s'isoler fâcheusement -faire la sourde oreille au discours de La Baule, qui lie aide et démocratie, surtout lorsque le Kenya lui-même, voisin d'Afrique anglophone cité en référence dans l'archipel - quoique si peu socialiste, -finissait par succomber au multipartisme.

Pour attester sa bonne foi, M. René tient à donner des garanties. Les nouveaux partis recevront un pécule, la presse s'exprimera librement, la radio d'Etat cédera la place à une station indépendante. Autre gage : des observateurs du Commonwealth sont invités à superviser les élections. Le climat politique a déjà changé. L'évêque catholique a félicité en chaire le président. Les opposants, hier craintifs, commencent à prendre la parole.

Jugeant l'évolution "irréversible", le plus célèbre des quelques dizaines de milliers d'exilés seychellois, James Mancham, s'apprête à revenir d'Angleterre. "Sir James", l'"ennemi de classe" de France-Albert René, son vieux rival destitué par la force en 1977, son contraire en politique et dans la vie, relèvera-t-il le gant présidentiel ?

Si oui, la campagne électorale tournerait vite au duel entre les deux plus fortes personnalités du pays. Ou bien, comme on le murmure, envisage-t-il, sage et respecté, une douce retraite à l'ombre des cocotiers ? Naguère porte-parole avoué du monde des marchands, l'ancien président conserve une clientèle dans la petite bourgeoisie, brimée par quinze ans de rigidité socialiste.

Mais il n'est d'évidence, pour un opposant, pire ennemi que l'exil, et son double, l'oubli. La jeunesse ignore tout de " Sir James ", sauf le mal qu'on lui en a dit. Un clivage accru distingue les exilés des opposants de l'intérieur. Avec une dizaine d'intellectuels, Jean-François Ferrari _ fils de l'ancien ministre Maxime Ferrari _ lança l'an dernier, à coup de tracts, le "Parti seychellois", comme une grosse blague semi-clandestine. Depuis, ces jeunes "sociaux-démocrates" qui réclament "plus de liberté" - économique et politique - se sont pris au jeu et veulent "faire leurs classes". Mais ils manquent d'âge, d'expérience et de moyens pour prétendre assurer vite la relève. De leur propre aveu, l'opposition, dans son ensemble, représente au mieux, pour l'instant, un gros tiers des Seychellois.

Celle-ci ne conteste pas les acquis du système, en matière de logement, de santé ou d'éducation, même si la scolarisation massive a rabaissé la qualité de l'enseignement. Le niveau de vie moyen ayant au moins doublé, en ces années socialistes, les Seychelles ont un revenu par tête - environ 5 000 dollars - supérieur à celui du Portugal.

Bien des Seychellois, qu'inquiète en outre un éventuel retour massif des émigrés, craignent de perdre au change. Même le " service national de la jeunesse ", de plus en plus contesté, trouve ses défenseurs parmides parents trop heureux que l'Etat, tout en formant leurs enfants à la vie communautaire, les prenne en charge pendant un an.

Le régime de France-Albert René garde une base sociale forte, que ce dernier s'attache à préserver en distribuant promotions et faveurs, comme aux conseillers de district, fraîchement élus et dotés de confortables émoluments. " Le président est déjà en campagne électorale, note Mgr Félix Paul. Il se comporte comme l'intendant de l'Evangile qui dilapide les biens de son maître pour ménager son propre avenir."

Au nom du droit d'entreprendre, l'opposition veut réhabiliter le secteur privé, qui n'emploie que 40 % de la population active. Accélérant la libéralisation de l'économie, le pouvoir desserre son carcan sur les prix et les licences d'importation et se dit prêt à vendre certaines des vingt sociétés d'Etat _ dont dix hôtels _ qu'il contrôle encore. Il n'empêche, affirme-t-on ici, que ces sociétés tant critiquées, parfois à juste titre, rapportent à l'Etat quatre fois plus en dividendes qu'elles ne lui coûtent en subventions.

Dans cet archipel splendide, le tourisme procure la moitié des recettes en devises et reste la ressource reine. Elle le restera pourvu que le marché soit élargi, l'environnement protégé, l'hôtellerie rationalisée et, de manière générale, le rapport qualité-prix encore amélioré.

Mais la beauté -pourrait-on dire - ne nourrit pas ses îles. Avec leurs 67 000 habitants, les Seychelles illustrent trop bien l'inconvénient d'être petit, démuni et lointain. Mieux on y vit, plus on y consomme de produits importés, et plus on fait souffrir la balance des paiements, alors que le service de la dette est déjà lourd (10 % du PIB). Comme disent les experts, la croissance (5 % par an) ne s'" intègre " pas dans l'économie, faute de pouvoir diversifier les investissements rentables.

Aux Seychelles, on produit pour développer l'emploi, pas le profit, puisqu'il serait souvent moins coûteux d'acheter à l'étranger. A cause de l'étroitesse du marché, les coûts fixes sont disproportionnés par rapport aux bénéfices. On ne peut investir à la fois dans deux projets, tout aussi urgents. Entre un second thonier, un réservoir à eau supplémentaire et un deuxième avion pour Air Seychelles, il faut choisir. Ce pays jeune manque de cadres mais ne peut, le plus souvent, leur offrir un profil de carrière très alléchant (éventail des salaires trop étroit, espoirs de promotion trop lointains).

La démocratie ne réglera pas seule ces ennuis d'intendance. Du moins peut-elle inciter au retour ceux qui l'ont attendue, sous le pâle soleil de l'exil.

Jean-Pierre LANGELLIER • 07/01/92

Francophonie océane

A Grand-Baie (Maurice), un membre de la délégation française au cinquième sommet francophone, le nez levé vers une carte de la région, s'extasiait : " Fichtre, cet océan qu'on appelle Indien, on y cause surtout français ! "
Si tout le monde n'est pas francophone dans l'océan Indien, en tout cas la francophonie y est répandue partout, puisque de la Grande-Ile malgache aux îlots feuillus seychellois, comoriens ou mascarins, les Français ont laissé sur chacun de ces éclats de terre une parcelle, une empreinte de leur civilisation et d'abord leur langue ; celle-ci, selon les sites, concubine paisiblement avec les idiomes locaux et avec d'autres langues importées (arabe, swahili, etc.) ou a donné naissance à un enfant naturel vigoureux, le créole.
A Paris, le sénateur Jacques Legendre (RPR), s'est livré, sur la base d'une enquête de Xavier Michel pour le Haut Conseil de la francophonie, à une minutieuse dissection de ce singulier domaine linguistique francien, aussi vivant qu'ignoré dans l'Hexagone : sur la petite quinzaine de millions d'habitants répartis dans les six Etats ou entités de l'océan Indien occidental, près de deux millions ont pour parler maternel ou quotidien la langue de Bernardin de Saint-Pierre, de Malcolm de Chazal et de Jacques Rabemananjara (Grand Prix de la francophonie 1988, offert par le Canada et décerné par l'Académie française) ; plus de deux autres millions de personnes usent du français, sinon d'une manière familière, du moins dans leur profession ou leurs études ; tandis qu'une troisième catégorie, difficile à apprécier, connaît, sans le parler couramment, un peu de français, le plus souvent à travers le créole - appelé seseloua aux Seychelles, seul pays au monde, d'ailleurs, où le créole a un statut linguistique officiel.
Quatre nations indépendantes : Madagascar (deux millions trois cent soixante mille locuteurs réels en français sur onze millions huit cent mille habitants), Maurice (huit cent soixante-dix mille sur un million cent mille), les Seychelles (quinze mille sur soixante-dix mille) et les Comores (cent cinquante-cinq mille sur quatre cent cinquante mille), un département français, la Réunion (cinq cent quarante-sept mille sur cinq cent quatre-vingts mille _ eh oui, tout le monde ne parle pas couramment français dans cette île française depuis 1663...) et un autre territoire de la République, au statut incertain, l'île de Mayotte (quarante mille sur soixante mille), concourent donc sans gloriole mais sûrement, à la nouvelle aventure mondiale de la langue de Paul et Virginie, de Baudelaire (2) et des frères Arnaud et Joël de Rosnay.
Le français, en progrès dans tout cet ensemble géographique, sauf peut-être aux Seychelles où l'anglais fait de la résistance tandis qu'à Maurice, en revanche, et c'est un fait récent, la langue d'Albion recule, le français est donc la langue de travail et de liaison de cette immense région maritime, notamment au sein de la commission de l'océan Indien, fondée en 1982 "pour le développement inter-îles" et qui siège à Quatre-Bornes (Maurice).
Les Mauriciens, au reste, sont aujourd'hui, grâce à leur soudain essor économique, le nouveau vecteur-pilote de cette francophonie en développement. Faute de main-d'oeuvre et de place, Maurice "délocalise" maintenant ses entreprises dans une Madagascar ruinée par les excentricités socialo-nord-coréennes

d'un amiral-président renvoyé cette année à ses études après dix-huit ans de règne.

Mais des études... francophones, car même à ses heures francophobes - par la suite reniées solennellement, à la stupeur et à l'émotion générales, lors de l'ouverture à Versailles, en 1986, du premier sommet des parlant-français -, l'ancien aspirant de la Jeanne-d'Arc confessa toujours, semblable en cela à nombre de ses compatriotes, sa "violente passion" pour cette langue française débarquée dans l'Ile rouge dès Henri IV, à "l'anse du Dauphin" - plus tard Fort-Dauphin, aujourd'hui Faradofay en franco-malgache.

Quand on dit "études", ce n'est pas une vaine formule : Didier Ratsiraka (prononcer Ratsirak comme on doit dire Ranavalo pour Ranavalona) a exploré le français au point d'avoir introduit dans son discours politique habituel des mots aussi rares qu'aréopage, aporie, aristarque, parangon, pythonisse, sycophante ou vaticinateur, selon une liste dressée dernièrement par notre confrère malgachologue Eric Revel.

Autre saillie de Didier Ratsiraka, lorsque, à l'issue d'un "dîner de famille" à l'Elysée entre francophones, devant François Mitterrand et Félix Houphouët-Boigny, bouches bées, qui n'en pouvaient mais, le président malgache et son épouse, petite brunette tout en boucles, se levèrent pour entonner en duo une chanson étudiante d'avant Mai-68, quand, au Quartier latin, la gaillardise primait les revendications sur le montant des bourses...

Alain Decaux, lors de son passage au ministère de la francophonie, avait relevé ce motet, ainsi que le cri de l'ex-capitaine de frégate devenu chef d'Etat, cri "éclatant en fanfare dans le palais de Louis XIV : "Je suis ici pour l'amour de la langue française ! " et l'académicien disait plus tard en pesant ses mots : "Je me demande si l'homme qui a signé le véritable acte de naissance de la francophonie ne s'appelle pas Didier Ratsi".

Loin des indifférences parisiennes, des nostalgies québécoises, des humeurs wallones ou des coups d'épingle algériens, entre équateur et Capricorne, une francophonie modeste comme le myosotis mais tenace telle une algue marine (les Anglais en ont su quelque chose à Maurice, de 1810 à 1968...) ; sans problèmes de conscience en tout cas, roborative, donc, cette océane francophonie...

Jean-Pierre PERONCEL HUGOZ •
18/12/93

GENERALITES

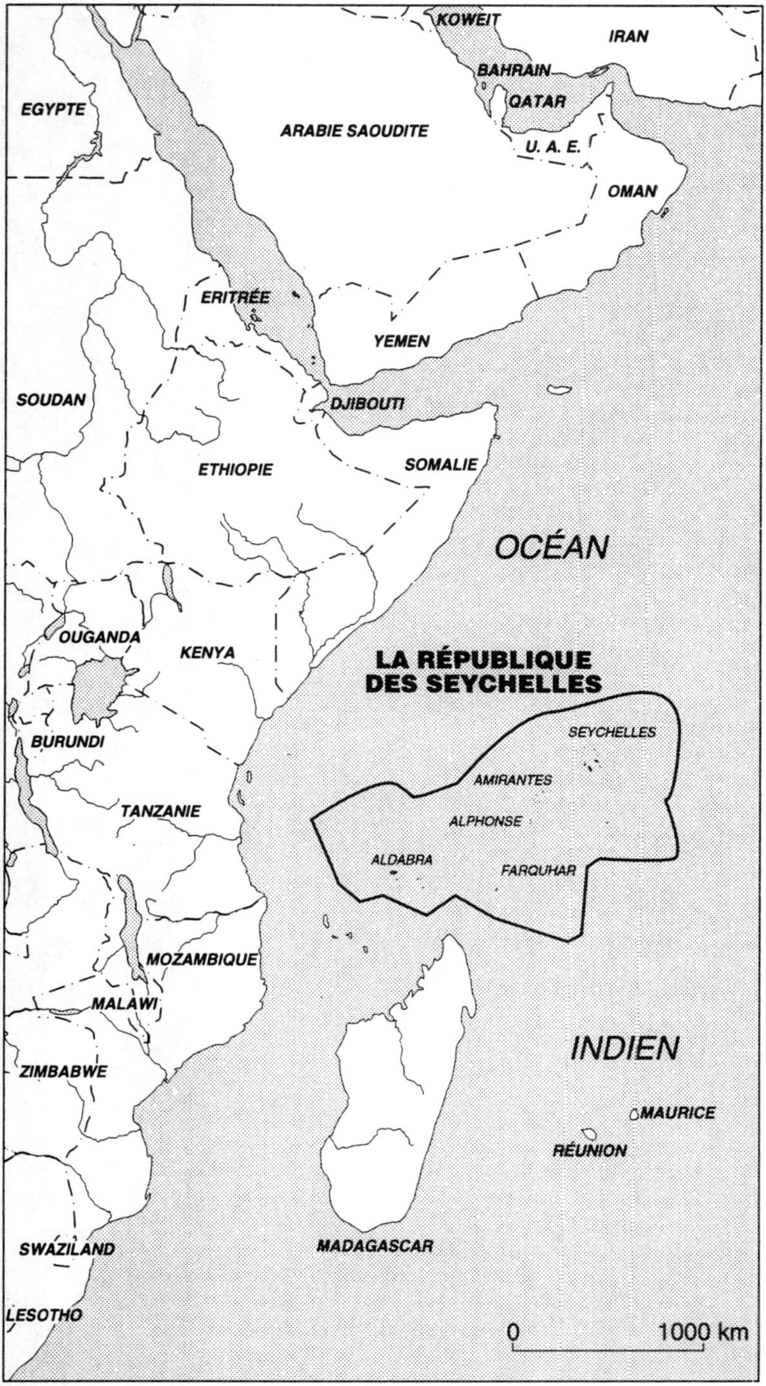
KOWEIT
IRAN
BAHRAIN
QATAR
EGYPTE
ARABIE SAOUDITE
U. A. E.
OMAN
ERITRÉE
YEMEN
SOUDAN
DJIBOUTI
ETHIOPIE
SOMALIE
OCÉAN
OUGANDA
KENYA
LA RÉPUBLIQUE
DES SEYCHELLES
SEYCHELLES
BURUNDI
AMIRANTES
TANZANIE
ALPHONSE
ALDABRA
FARQUHAR
MOZAMBIQUE
MALAWI
INDIEN
ZIMBABWE
MAURICE
RÉUNION
SWAZILAND
MADAGASCAR
LESOTHO
0
1000 km

LES SEYCHELLES

Poussières d'îles... L'archipel des Seychelles est situé entre les 4e et 11e degrés de latitude Sud, et entre les 46e et 57e degrés de longitude Est. Son île principale, Mahé, est située à 2 800 km au sud-ouest de Bombay, à 1580 km à l'est de Monbasa et à 950 km au nord de Madagascar. Si le territoire marin se déploie sur une surface d'environ 1 300 000 km2, les terres ne représentent que 444 km2, et même 277 km2 si l'on élimine la superficie des lagons. Une vingtaine de ces 115 îles et îlots sont habités, mais dans certaines d'entre elles, leur population se compte sur les doigts d'une main. Formées il y a quelque six cent cinquante millions d'années, les trente-deux îles granitiques, c'est-à-dire montagneuses, se situent au nord de l'archipel. Le Morne Seychellois (907 m), à Mahé, constitue le point culminant. Dispersées au sud et au sud-ouest, les quatre-vingt-trois îles coralliennes ne dépassent que de quelques mètres le niveau de la mer.

Jusqu'en 1881, les Seychelles ne comprenaient que des îles granitiques et trois petites îles madréporiques (Denis, Ile aux Vaches et Ile Plate). A cette date, les îles des groupes Amirantes, Alphonse, Providence et Aldabra furent détachées de l'administration de l'île Maurice et rattachées à celle des Seychelles. Coëtivy, île madréporique isolée, et les îles du groupe Farquhar, jusque-là dans l'orbite de Maurice, rejoignirent l'archipel respectivement en 1908 et 1932. D'autre part, l'île Desroches (du groupe des Amirantes), les îles du groupe Farquhar et Aldabra (du groupe d'Aldabra), détachées des Seychelles en 1965 (afin de constituer, avec les îles du groupe des Chagos, le Territoire Britannique de l'Océan Indien), furent restituées en 1976 au tout nouvel Etat des Seychelles, devenu indépendant le 29 juin de la même année.

1 - GROUPE DES SEYCHELLES

Mahé, Praslin, La Digue, Sainte-Anne, Ile au Cerf, Ile Longue, Ile Moyenne, Ile Ronde, Ile Sèche, Ile Cachée, Grand Rocher, Ile Anonyme, Ile Hodoul, Ile aux Rats, Ile Souris, Ile Thérèse, Conception, L'Islette, Chauve Souris (Mahé), Ile aux Vaches Marines, L'Ilot, Cousin, Cousine, Ile Ronde, Chauve Souris (Praslin), Ile aux Fous, Ile Aride, Zavé, Félicité, Marianne, Grande Sœur, Petite Sœur, Ile aux Cocos, Ile La Fourche, Silhouette, Ile du Nord, Mamelles, Ile aux Récifs, Frégate, L'Ilot Frégate, Ile aux Vaches, Ile Denis.

2. ILE PLATE ET COETIVY

3. LES AMIRANTES

Rémire, Etoile, D'Arros, Boudeuse, Desnœufs, Desroches, Marie-Louise.

Bancs Africains : Banc Africain, Ile du Sud.

Atoll de Saint-Joseph : Saint-Joseph, Fouquet, Ressource, Petit Carcassaye, Grand Carcassaye, Benjamin, Banc Ferrari, Chien, Pélican, Vars, Ile Paul, Banc de Sable, Banc Cocos.

Atoll de Poivre : Poivre, Florentin, Ile du Sud.

Atolls d'Alphonse et de Saint-François : Alphonse, Bijoutier, Saint-François.

4. GROUPE DE FARQUHAR

Saint-Pierre.

Atoll de Providence : Providence, Bancs Providence, Saint-Pierre, Cerf.

Atoll de Farquhar : Ile du Nord, Ile du Sud, Manaha Nord, Manaha Milieu, Manaha Sud, Goëlettes, Lapin, Ile du Milieu, Déposé, Bancs de Sable.

5. GROUPE D'ALDABRA

Astove, Assomption.

Atoll d'Aldabra : Grand Terre, Picard, Polymnie, Malabar, Ile aux Cèdres, Ile Michel, Ile Esprit, Ile Moustiques, Ilot Parc, Ilot Emile, Ilot Yangue, Ilot Dubois, Ilot Magnan, Ile Lanier.

Atoll de Cosmoledo : Menai, Ile du Nord, Ile Nord-Est, Ile du Trou, Goëlette, Grand Polyte, Petite Polyte, Grand Ile, Pagode, Ile Sud-Ouest, Ile Moustiques, Ile Baleine, Ile Chauve Souris.

LA POPULATION

Population 1994 : 73 850 habitants.
Naissances 1994 : 1 700 habitants (15 enfants morts avant un an).

LA LANGUE

Les trois langues nationales des Seychelles sont le créole, l'anglais et le français. Toutefois, le créole est la seule véritable langue de communication interne, occupant une place majeure tant dans la presse écrite qu'à la radio et à la télévision. Né à partir de la période coloniale française, le créole a acquis son importance actuelle sur la perte de vitesse du français, évincé de l'instruction publique au profit de l'anglais, à la suite de la réforme de l'éducation de 1944. Le créole est devenu par ailleurs un symbole d'identification socio-culturelle du peuple "seselwa". Langue véhiculaire de l'enseignement, de l'administration, du commerce et des sports, l'anglais, malgré son institutionnalisation, reste dans les esprits une langue étrangère. Le français par contre, bien qu'il soit bien moins enseigné que par le passé, demeure la langue la mieux comprise après le créole, dont le "vokabiler" a été tiré du parler de... Mahé de la Bourdonnais.

LE BUDGET ET L'ECONOMIE

- Budget 1996 : 1 081 405 000 SR (ministère de l'Education et de la Culture : 137 000 000 SR, ministère de la Santé : 107 128 000 SR, ministère du Tourisme et des Transports : 83 851 000 SR, ministère de la Défense : 52 400 000 SR).
- PNB par habitant : 5 700 dollars (en 1994).
- PNB global : 318 millions de dollars (en 1991).
- Salaire minimum du secteur public : 1 600 SR (en 1995).
- Education : 1 434 enseignants, 21 641 élèves, en 1995 (crèche : 3 201 ; primaire : 9 691 ; secondaire : 6 162 ; NYS : 1 158 ; polytechnique : 1 429).

L'aide française annuelle comprend 25 millions de francs de dons et 40 millions de francs de prêts de la Caisse centrale de coopération économique, une trentaine de coopérants français aux Seychelles, soit le plus fort taux après Djibouti. La France, qui a notamment financé, à l'occasion des Jeux de l'Océan Indien, le nouveau stade de Victoria, reste le principal soutien financier du pays, "lâché" ces dernières années par l'URSS et par les Etats-Unis. Depuis le 1er janvier 1996, les Etats-Unis ont ainsi réduit leur représentation diplomatique aux Seychelles, l'ambassade ayant fait place à un simple consulat. Les Américains ont aussi décidé de fermer leur station de surveillance orbitale, implantée depuis une trentaine d'années sur les hauteurs de Mahé et source de lourdes redevances. La Chine a par contre maintenu une forte présence aux Seychelles, son ambassade étant importante tant par son bâtiment que par son personnel.

LE TOURISME

- 4 240 lits en 1994 (taux d'occupation des lits : 54 % ; des chambres : 60 %).
- 109 901 visiteurs en 1994 (de 6 911 en juin à 10 354 en octobre) dont 89 530 Européens (France : 22 293, Allemagne : 20 560, Royaume-Uni : 19 271, Italie : 12 118). Afrique : 11 011 (Afrique du Sud : 4 718, La Réunion : 2 456, Maurice : 1 618). Asie : 5 3293 (Japon : 1 182). America : 3 367 (USA : 2 732). Océanie : 700.

S'Y RENDRE

AVION

Situé à 9 km de Victoria, l'aéroport international de Pointe Larue fut inauguré en 1972. Sa piste de trois mille mètres a été gagnée sur la mer. En 1994, 2 402 mouvements d'avion y ont été enregistrés : 118 000 passagers ont franchi la douane pour entrer dans le pays (et autant pour en repartir), 146 000 n'y ont fait que transiter. Air Seychelles dispose d'un Boeing 757 et d'un Boeing 767 qui desservent Londres, Manchester, Paris, Francfort, Rome, Madrid, Zurich, Tel Aviv, Johannesburg, Bahrein, Bombay et Singapour. Air France et Air Seychelles exploitent en commun la ligne Paris-Seychelles, quatre vols directs étant programmés chaque semaine. Les départs, tant de Roissy que de Mahé, ont lieu en soirée et les arrivées, après 9h20 de vol, le matin. Pas de charter sur cette destination. Le vol sec a certes baissé ces dernières années, mais il reste supérieur au demi-million de centimes, les premiers prix "catalogue" étant de l'ordre de 5 500 FF l'aller-retour.

De Mahé, Air France dessert Maurice et La Réunion. Outre ses vols pour Londres, British Airways couvre aussi Maurice. La compagnie régionale française Air Austral relie également les Seychelles à La Réunion via Mayotte. Kenya Airways assure la liaison Nairobi-Seychelles. Aeroflot propose deux fois par mois un Moscou-Seychelles via Larnaca et Aden. La compagnie Condor relie Francfort à Mahé. Les relations inter-îles sont assurées par Air Seychelles, essentiellement pour Praslin ; 226 000 passagers ont été comptabilisés en 1994 sur vols domestiques. Seychelles Helicopter assure aussi des vols, essentiellement pour La Digue et Silhouette. Ses deux appareils (Bell), d'une capacité de quatre passagers adultes, sont équipés pour voler par tous les temps. Leur tarification est calculée sur une base de 4 000 roupees de l'heure.

Arrivées et départs toutes compagnies : 3615 Horav • Roissy CDG ✆ 48 62 22 80 • Orly ✆ 49 75 15 15.

AIR SEYCHELLES. 32, rue de Ponthieu 75008 Paris ✆ 42 89 85 33 / 83. 4 vols par semaine au départ de Paris, puis vols quotidiens pour Mahé et Praslin. Cette compagnie possède des sièges dans les avions d'Air France.

AIR FRANCE. 119, av. des Champs Elysées 75008 Paris. Renseignements (8h -21h) 44 08 24 24 • Réservations-ventes (8h-21h) 44 08 22 22 • Serveur vocal 36 68 10 48 ou minitel 3615-3616 code AF. Air France dessert les Seychelles, conjointement avec Air Seychelles, avec quatre vols hebdomadaires sans escale les mercredis, jeudis, samedis et dimanches (durée du voyage : 9h20). Départ de CDG 2A ou 2C. Air France propose toute une gamme de tarifs très attractifs : pour les moins de 25 ans, et aussi les tarifs "Le Kiosque" accessibles à tous, les plus intéressants du moment.

Liaisons en bus d'Air France :

- Paris-CDG. Ligne 2 (CDG 2A, 2C, 2D, 2B et 1). Départs toutes les 12 mn (5h50-23h). Trajet ± 35 mn.
- Paris-CDG. Ligne 4 (CDG 2 et 1). Départs toutes les 60 mn (7h-9h), toutes les 30 mn (9h-14h), toutes les 60 mn (14h-21h). Trajet ± 45 mn.

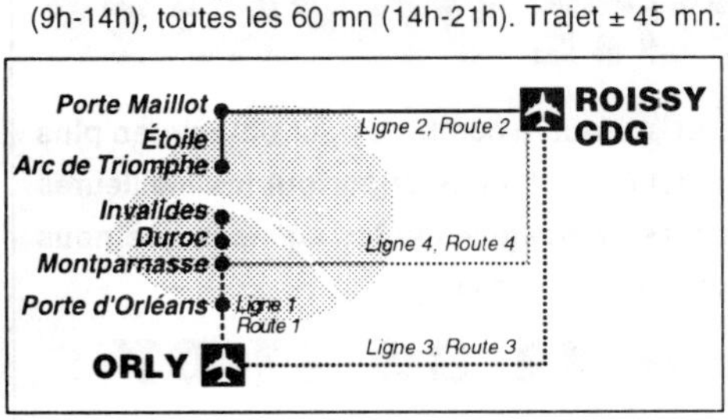

- Paris-Orly. Ligne 1 (Orly Ouest-Orly Sud). Départs toutes les 12 mn (5h30-23h). Trajet ± 30mn.
- Paris-Orly. Ligne 3 (CDG 1 et 2, Orly Ouest-Orly Sud). Départs ttes les 20 mn (6h-23h). Trajet ± 50 mn

Air France à Mahé :

- C/o GSA Travel Service Ltd, Kingsgate House, Independance Avenue, POB 356 Victoria ✆ 248 322 414 ext. 270.

BRITISH AIRWAYS ✆ 47 78 14 14 (Paris) • ✆ 05 12 51 25 (Sud de la France).

AEROFLOT. 33, av. des Champs Elysées 75008 Paris ✆ 42 25 43 81 - Fax 42 56 04 80.

KENYA AIRWAYS. 38, av. de l'Opéra 75002 Paris ✆ 47 42 00 42 - Fax 47 42 33 11.

CONDOR. 9, av. de l'Opéra 75001 Paris ✆ 42 96 08 90.

TOURS OPERATORS

Rares sont les tours operators qui ne programment pas cette valeur sûre du "prêt-à-rêver". Certes, vendre les Seychelles n'est pas aussi facile que de commercialiser La Martinique ou Saint-Martin, voire Maurice ou La Réunion, mais compte tenu des prix, le vendeur a tout de même intérêt à vanter au "visage-pâle" cet archipel paradisiaque, plus beau encore que sur catalogue. De Jet Tours à Rêv'Vacances et de Kuoni à MVM (le plus classe... et le plus cher), les Seychelles sont donc accessibles à tous les coins de rues. Mais côté prix, on doit s'attendre à dépasser au bas mot le million de centimes par personne (hormis en novembre, le mois où les T.O. cassent les prix). La plupart des voyagistes proposent un combiné d'îles. Nouvelles Frontières programme par exemple une "croisière créole en catamaran" qui permet de découvrir en une semaine Silhouette, Aride, Curieuse, Praslin et La Digue, à bord d'un catamaran (environ 6 000 F la croisière, sans le vol).

Le tour operator le plus spécialisé, **Austral**, a pour fondatrice une Seychelloise, Daniella Payet. L'agence principale (29 rue du Puits Mauger 35000 Rennes ✆ 99 30 30 00 - Fax 99 30 66 77), s'est enrichie d'une antenne parisienne (✆ 45 61 47 25) et d'une autre à Lorient (53, rue de Liège ✆ 97 21 14 70). Pas moins d'une cinquantaine d'hôtels et de guest houses figurent dans son catalogue, spécifique à ces "bijoux de l'océan". Austral propose notamment un circuit ornithologique dans les îles les plus riches en oiseaux (Bird, Frégate, Cousin, Aride, La Digue), ainsi qu'une "croisière d'aventure à bord du Fantasea II", l'unique yacht motorisé de luxe de l'archipel (de 35 mètres !). Ce T.O. se charge également de toutes les formalités et réservations pour un mariage (officiel et reconnu) aux Seychelles.

Le Petit Futé Voyages. ✆ 41 06 41 07. C'est une agence de voyages et surtout une super combine pour obtenir, en plus des conseils les plus futés, billets, prestations et surtout les meilleures conditions sur presque toutes les compagnies et les agences que nous référençons. C'est pratique, pas cher et vite fait comme dans un supermarché.

Itinérances. 5 rue Racine 75006 Paris ✆ 43 26 02 00 - Fax 44 07 25 44. Séjours à la carte avec hébergement dans des établissements allant de l'auberge à l'hôtel 5 étoiles. Croisière de 8 jours sur catamaran : à partir de 8 000 F en pension complète.

Passions exotiques. 4 rue de la Paix 75002 Paris ✆ 42 61 05 25 - Fax 42 61 68 43. Séjours en demi-pension en hôtel ou bungalow avec possibilité de louer une voiture. Croisière de 8 jours en catamaran avec un équipage professionnel, à partir de 10 050 F.

Havas Voyages. 3-5 rue Danton 92300 Levallois-Perret ✆ 40 89 65 63. Séjours à la carte dans des hôtels 3 étoiles minimum. D'autres services peuvent être combinés comme la location de voiture, des excursions et autres vols inter-îles.

Novatours. 9 rue de Lille 06400 Cannes ✆ 93 69 47 47 - Fax 93 46 44 83. Séjours vol (au départ de Nice)+hôtel (3 étoiles minimum) à partir de 10 950 F la semaine en demi-pension. Croisières en catamaran de 3 jours (4 350 F) ou 7 jours (9 950 F), ou en star flyer de 7 jours (de 6 000 F à 14 000 F).

JLT Voyages. 66 av. des Gobelins 75013 Paris ✆ 45 83 19 60 - Fax 44 24 04 52. L'un des rares TO à proposer des hébergements en guest house (environ 7 000 F les 7 jours). Outre les croisières en voiliers (4 650 F les 8 jours sur une base de 6 participants), comptez le double pour un combiné inter-îles de 10 jours.

Voile Voyages. 6 rue Jean Goujon 75008 Paris. Tél 45 61 03 09 - Fax 45 61 03 12. Spécialiste des croisières, ce TO propose également des vols secs à partir de 5 060 F. Les voyages s'effectuent en monocoque ou en catamaran : à partir de 7 500 F par jour et en pension complète pour un bateau de 8 personnes avec équipage, et de 12 500 F la semaine pour 6 personnes sur un monocoque sans équipage.

Exotismes. 23 rue de Grenelle 13004 Marseille ✆ 91 34 04 42 - Fax 91 49 19 83. Outre le classique vol+hôtel et location de voitures, ce TO propose des excursions sur place, de la plongée ainsi que des extensions en hélicoptère depuis Mahé vers plusieurs îles.

Voyageurs du Monde. 55 rue Ste Anne 75001 Paris ✆ 42 86 16 00 - Fax 42 86 16 14. Partez à la découverte des trois îles principales que sont Mahé, Praslin et La Digue, grâce à un circuit forfait de 12 jours avec hébergement en chambre double (9 990 F en basse saison et 12 990 F en haute saison). Les séjours à la carte sont souvent plus chers.

Nouvelles Frontières. 87 bd de Grenelle 75015 Paris ✆ 41 41 58 58 - Fax 47 34 55 72. Possède l'avantage de disposer d'auberges où vous goûterez au plaisir du logement chez l'habitant, à petit prix. Les tarifs des vols secs varient selon les compagnies aériennes et la saison.

Pacha Tours. 18 rue Godot de Mauroy 75009 Paris ✆ 40 06 88 00 - Fax 42 65 17 82. Profitez de votre séjour aux Seychelles pour (re)découvrir La Réunion et Maurice : à partir de 13 500 F le combiné.

Jet Tours ✆ 45 15 74 21 - Fax 45 15 74 29. Les séjours restent très classiques.

Canicule. 37 rue de Washington 75008 Paris ✆ 42 89 20 00 - Fax 42 25 91 39. Le principal attrait de ce TO est une croisière de 7 jours dans 7 îles à partir de 9 990 F.

Ylang Tours. 131 bis rue de Vaugirard 75015 Paris ✆ 40 61 03 03 - Fax 40 61 07 06. Séjours à la carte avec une préférence pour la petite hôtellerie de charme et le contact avec l'habitant, par un spécialiste de cette région. L'équipe est toujours de très bon conseil et les tarifs attractifs.

Bleus. 3 place de la Forge 95320 St Leu La Forêt ✆ 30 40 01 40 - Fax 30 40 04 63. Outre les séjours à la carte, vous pouvez choisir le combiné d'îles Mahé-Praslin-La Digue, de 15 à 19 000 F les 12 jours.

Grandeur Nature. 43 rue d'Amsterdam 75009 Paris ✆ 40 82 90 30 - Fax 40 23 08 45. Ce spécialiste de l'Afrique de l'Est propose des combinés avec le continent.

Mondovoile. 47 quai des Grands Augustins 75006 Paris ✆ 44 41 32 90 - Fax 44 41 32 99. Ce propriétaire de voiliers loue de gros catamarans avec ou sans équipage.

Makila. 1 place de Valois 75001 Paris ✆ 42 96 80 00 - Fax 42 96 18 05. Si vous ne pouvez réserver une île, profitez des "safaris de mer" sur des catamarans de 6 à 8 personnes.

Et aussi :

Africatours. 24/26 rue Louis Armand 75015 Paris ✆ 40 60 22 22 - Fax 40 60 21 09.

Croisières Paquet. 5 bd Malesherbes 75008 Paris ✆ 49 24 42 00 - Fax 49 24 42 01.

Zenith. 14 rue Thérèse 75001 Paris ✆ 44 58 17 39 - Fax 47 03 98 23.

Europe Voyages. 71, av. R.-Poincaré 75016 Paris ✆ 45 53 71 00 - Fax 47 27 62 85.

Terres africaines. 3 rue Raynardi 06000 Nice ✆ 93 16 05 03 - Fax 93 16 04 70.

Kuoni. 95 rue d'Amsterdam 75008 Paris ✆ 42 85 71 22 - Fax 40 23 06 26.

Relais des îles. 6 rue Mirabeau 75016 Paris ✆ 40 50 18 63 - Fax 40 50 15 71.

L'ESSENTIEL

AMBASSADES, CONSULATS ET BUREAUX DE TOURISME

En France

- Ambassade des Seychelles : 51, avenue Mozart 75016 Paris ✆ 42 30 57 47 - Fax 42 30 57 40.
- Consulat des Seychelles : 53, rue François 1er 75008 Paris ✆ 47 20 26 26.
- Office du tourisme des Seychelles : 32, rue de Ponthieu 75008 Paris ✆ 42 89 97 77 - Fax 42 89 97 70.

En Belgique

- Consulat des Seychelles : 301, avenue Molière 1060 Bruxelles ✆ 345 34 83.
- Office du tourisme des Seychelles : 157, boulevard du Jubilée 1210 Bruxelles ✆ 425 59 89 - Fax 425 61 59.

En Suisse

- Consulat des Seychelles : 1, Beethovenstrasse, Zurich ✆ 202 51 41.

ASSISTANCE

Parce qu'on s'y prend toujours au dernier moment, qu'on n'a jamais le temps, et parce qu'il vaut mieux être bien assuré et, si possible, pour pas cher, le petit Futé a décidé de vous faciliter les démarches en vous proposant, en collaboration avec **Elvia Assistance**, spécialiste de l'assurance tourisme, une assistance avec des garanties complètes et à un tarif "futé". Pour y souscrire, il suffit de compléter le bulletin que vous trouverez dans ce guide et de le renvoyer accompagné d'un chèque à l'adresse indiquée.

CHANGE ET CARTES DE CREDIT

Cette roupee-là n'est pas de la roupee de sansonnet ! La roupee seychelloise (SR) se décline en billets de 100, 50, 25 et 10 SR et en pièces de 5 et 1 SR, 25, 10 et 5 cents. Le cours est approximativement de 1 roupee pour 1,10 franc français. Le change des travelers chèques est plus avantageux que celui de l'argent liquide. Le cours offert par les banques se révèle légèrement plus intéressant que celui des bureaux de change, exception faite du Saymore Bureau de Change, dans le hall de l'aéroport. Les billets non utilisés peuvent être repris en fin de séjour, à un cours évidemment défavorable au revendeur. Les grands hôtels et la plupart des magasins acceptent les cartes de paiement les plus courantes, en particulier la Visa. Laquelle permet de retirer dans les banques de l'argent liquide pour une contre-valeur minimale de 100 dollars.

CLIMAT

Vingt-cinq degrés l'hiver, trente l'été ! Relevant du climat équatorial, les Seychelles subissent l'influence déterminante des moussons. De novembre à avril, le vent est faible, la mer calme, l'humidité élevée et les pluies fréquentes, parfois durables. De mai à octobre, le vent de sud-est agite l'océan (force 4 à 6) et les averses se font éparses. Dès lors, pas question d'emporter le moindre lainage, à moins de prévoir des randonnées dans les forêts d'altitude. Le parapluie peut se révéler utile, tant pour se protéger de la pluie que du soleil, les Seychellois l'utilisant volontiers en guise de parasol. Pour en savoir plus, taper 3617 METPLUS.

DOUANE

Il n'est pas nécessaire d'obtenir un visa pour entrer aux Seychelles. Le voyageur doit être muni d'un passeport en cours de validité et d'un billet retour. Le "visitor's pass", délivré à l'aéroport de Mahé, est valable un mois et peut être renouvelé jusqu'à douze mois, à condition d'attester des fonds nécessaires à la durée de son séjour. Pour quitter le pays, il faut présenter en douane le reçu de la taxe obligatoire (100 roupees) dont on peut s'acquitter dans les banques ou à l'aéroport. Aucun animal ne peut entrer sur le territoire sans une autorisation du ministère de l'Agriculture. Il est aussi interdit de faire entrer des armes à feu ou des armes destinées à la chasse sous-marine, d'exporter des articles en écailles de tortue et un coco de mer n'ayant pas reçu un permis officiel de vente.

FETES NATIONALES ET RELIGIEUSES

Les 1er et 2 janvier, le 1er mai (fête du Travail), le 5 juin (fête de la Libération), le 18 juin (fête de la Réconciliation nationale), le 29 juin (fête de l'Indépendance), pour les fêtes nationales.

Les vendredi saint, samedi et dimanche de Pâques, la Fête-Dieu (le 10 juin) l'Assomption, la Toussaint, l'Immaculée Conception (le 8 décembre), Noël, pour les fêtes religieuses.

HEBERGEMENT

Qu'on se le dise : l'hôtellerie seychelloise est l'une des plus chères du monde. C'est le prix à payer pour que le tourisme de masse ne déferle pas sur ces plages encore désertes et innocentes ! Pas question de camper, évidemment... Il faut dormir sous un toit, aucune classification officielle n'étant proposée au voyageur. Pour une nuit dans ce qu'il est convenu d'appeler les "grands hôtels" (grands parce que très connus et souvent d'une capacité importante), il faut débourser en moyenne de 1 000 SR à 1 500 SR. Les petits hôtels ne sont pas très nombreux, mais souvent d'un meilleur rapport qualité-prix, autour de 800 SR. Les guest houses, parfois nommées Relais des Iles, sont certes moins chères, autour de 500 SR, mais le confort s'y révèle souvent sommaire et nombre d'entre elles, surtout à Mahé, ne se trouvent pas sur le littoral. Quant à la location d'appartements, localement appelée "self catering", elle se situe dans le même créneau tarifaire, mais elle a l'avantage de proposer plus d'espace. Situés généralement à proximité de la mer, ces bungalows ou maisonnettes sont pour la plupart de construction récente et toujours dotés d'une cuisine équipée. Un formule parfaite pour une famille ou pour qui ne tient pas à dépenser une fortune en restaurants.

Car en matière de restauration aussi, la note est salée. Il faut souvent compter, hors boisson, quelque 120 à 150 SR pour un repas, les prix moyens mentionnés dans notre guide incluant une entrée, un plat principal et un dessert. Il convient de rajouter environ 15 SR pour une bière ou une bouteille d'eau minérale locale (pas fameuse et aussi difficile à déboucher qu'à reboucher), et 80 SR au moins pour une carafe de vin d'une qualité incertaine. On regrette que les jus de fruits "pressés du jour" et à base de fruits du pays soient une denrée rare et qu'il faille choisir entre jus de fruits en boîte ou Coca Cola...

HEURE LOCALE

En avance de quatre heures par rapport au méridien de Greenwich, les Seychelles ont donc trois heures d'avance sur l'horaire d'été français et deux heures sur l'horaire d'hiver.

HEURES DE BUREAU ET DE SHOPPING

Les administrations et bureaux sont pour la plupart ouverts de 8h à 16h, du lundi au vendredi. La poste centrale de Victoria est aussi ouverte le samedi de 8h à 12h, la levée du courrier aérien ayant lieu à 15h en semaine et à midi le samedi. Les magasins ferment pour la plupart à 17h, voire 17h30, et à 12h le samedi, mais certaines petites boutiques, celles des Indiens surtout, ne tirent leurs rideaux que bien après la tombée de la nuit.

LOCATION DE VOITURE

Pour louer une voiture, l'âge minimum requis est de 22 ans, tout conducteur devant être titulaire du permis de conduire depuis un an au moins. Le permis international n'est pas exigé. Le véhicule le plus loué reste la Mini Moke d'Austin Rover, achetée 85 000 roupees par les loueurs. Cette mini Jeep, décapotable et sans portes, est toutefois concurrencée, depuis l'arrêt de sa fabrication, par des véhicules moins rudimentaires de type Jeep, notamment la Samouraï de Suzuki. Quelque six cents véhicules de location sont disponibles sur Mahé et Praslin. Le prix d'une Mini Moke à la journée oscille selon les agences et les tractations entre 300 et 350 roupees. Les tours operators se proposent souvent d'assurer la réservation dès la commande du voyage, mais il en coûte souvent plus de 400 roupees. Un surplus tarifaire qui constitue une garantie de sécurité, dans la mesure où il est relativement fréquent qu'il y ait rupture de stock.

PRESSE

Né le jour de l'Indépendance, le quotidien *Seychelles Nation* affiche près de son titre une devise qu'on a déjà lue quelque part : "Liberté-Egalité-Fraternité"... Ce journal de format tabloïd, écrit selon les articles dans l'une des trois langues officielles (créole, anglais et français), se veut la voix de la nation, dans la mesure où l'Etat contribue largement à son financement (en lui versant quelque 100 000 à 150 000 SR par an). Même si l'on n'y critiquera jamais le père de la nation (le président René), il n'en est pas moins vrai qu'avec le multipartisme, les plumes se sont un peu déliées. "*Un climat nouveau s'est instauré. Nous essayons de faire de* Nation *un journal national*", souligne René Morel, le cordial rédacteur en chef (formé en Inde) de ce titre tiré à 3 500 exemplaires et employant une quarantaine de personnes, dont douze journalistes. Largement composé de dépêches d'agences, ce quotidien d'informations générales fait une large place aux sports et aux annonces légales et publicitaires. Des dossiers de fonds, souvent spécifiquement seychellois et bien documentés, sont proposés dans la généreuse édition du week-end, vendue 5 SR et assez vite épuisée. Du lundi au vendredi, il n'en coûte que 2 SR pour savoir, en douze pages environ, l'essentiel de l'information internationale et nationale. Le *Seychelles Nation* étant non seulement lu et relu dans les administrations, mais aussi dans les postes de police, où il est d'ailleurs vendu.

Depuis l'ouverture du pays au multipartisme, de nouveaux titres sont apparus, liés à des partis politiques. A l'hebdomadaire *The People*, créé en 1964 par le SPPF de France Albert René, se sont ajoutés *Regar* et *Nouvovision*, publiés chaque semaine par Jean-François Ferrari, l'un des leaders de l'Indépendance Unie, ainsi que *Seychelles Review* et *En Avant*, édités chaque mois par le Democratic Party de James Mancham. Enfin, *l'Echo des Iles* se veut la voix de l'Eglise catholique, ce mensuel ayant été le seul support de contestation (feutrée) sous la "revolisyon".

Radio Seychelles émet sur ondes courtes (219 mètres, 1368 kHz), du lundi au vendredi de 6h à 13h30 et de 15h à 22h, le week-end de 6h à 22h. Les bulletins d'information en langue française sont donnés à 7h30 et 21h. A la télévision, le bulletin en français est présenté à 21h. Le programme télévisé de la *SBC* (*Seychelles Broadcasting Corporation*) commence en semaine à 16h et s'achève autour de minuit. Composé d'émissions et de séries offertes par la Grande-Bretagne et la France *(Taratata, L'Ecole des fans, L'Instit')*, ce programme en trois langues a pour temps fort le journal télévisé, de 19h à 19h45, à l'issue duquel la *SBC* cesse d'émettre, trois quarts d'heure durant, afin que les Seychellois puissent dîner en communiquant entre eux plutôt qu'avec l'écran. Une initiative "révolutionnaire" qui se défend...

RESTAURANTS SEYCHELLOIS EN FRANCE

Au Coco de Mer. 34, boulevard Saint-Marcel 75005 Paris ✆ 47 07 06 64.

Au Coco d'Or. 3, rue Soufflot 69005 Lyon ✆ 78 42 39 66.

On parlera de vous dans la prochaine édition...
Envoyez-nous vos bonnes adresses, elles seront utiles aux futurs voyageurs. Voyez le questionnaire en fin du guide.

ROUTE

Aux Seychelles, on conduit à gauche. La vitesse est limitée à 45 km/h en ville, à 65 km/h en dehors des agglomérations et à 80 km/h sur les quelques cinq kilomètres de la nouvelle route reliant Victoria au village de Cascade, à proximité de l'aéroport. La conduite des Seychellois n'est pas franchement exemplaire, les autobus roulant même souvent à une vitesse excessive. Douze morts "seulement" en 1994 ! Il est vrai que le pays ne compte que 323 km de routes (dont 231 km asphaltés) et 7 745 véhicules à moteur. Le carburant (environ 6 roupees le litre) est vendu à Praslin par deux stations-service, par six à Mahé, celle de Victoria étant ouverte tous les jours de 5h à 23h.

SANTE

Un pays sain ! Pas de vaccins, si ce n'est pour les voyageurs en provenance de pays contaminés par la fièvre jaune, la variole ou le choléra. Il est tout de même bon de prévoir une crème anti-moustique ou de l'essence de citronnelle. Tous les visiteurs peuvent bénéficier de soins médicaux d'urgence. Les médicaments et produits pharmaceutiques prescrits sont vendus la pharmacie de l'hôpital ou chez les pharmaciens de Victoria. L'hôpital principal, le service de consultation et le service de chirurgie dentaire sont situés à Mont Fleuri, près du jardin botanique.

TELEPHONE

Encore un acquis de la "revolisyon" ! Le parc téléphonique comptait en 1994, 12.300 lignes de téléphone dites principales, soit 17 lignes pour 100 habitants. Les publiphones se sont aussi multipliés : 245 en 1994, Cable & Wireless ayant comptabilisé 39 000 appels internationaux cette année-là. Les communications pour l'étranger restent pourtant très onéreuses : la "phonecard" à 190 roupees (240 unités) permet seulement huit minutes de communication avec l'Europe ou treize minutes avec Maurice ou La Réunion. Le fax s'est aussi imposé : 556 souscripteurs en 1994.

BULLETIN D'ADHESION

selon protocole 800 025

Merci de retourner ce bulletin d'inscription dûment rempli (ou sa photocopie), accompagné de votre chèque à l'adresse suivante :

ELVIA A.V.
49 - 51 rue de Ponthieu 75381 PARIS CEDEX 08
Tél. 42 99 02 99

Nom et Prénom

1re personne ....

2e personne ....

3e personne ....

4e personne ....

5e personne ....

Date de départ ....

Date de retour ....

Destination ....

Adresse du souscripteur ....

....

....

Europe, Israël, Maghreb ❑ **Reste du monde** ❑

Option frais médicaux 1 000 000 F ❑ **oui** ❑ **non**

Prime .... x nb de personnes = ... francs.

ATTENTION • *Toute souscription nous parvenant alors que le voyage est déjà commencé ne pourra être prise en considération.*

Code : GUI080

CULTURE ET SOCIETE

HISTOIRE

Les grandes dates

851	Ces îles sont signalées sur les cartes arabes.
1502	Ces îles sont signalées sur les cartes portugaises.
1650-1730	Ces îles deviennent un repaire de pirates.
1742	Le commandant Lazare Picault dirige la première expédition française sur ces îles.
1756	Au nom du roi de France, le capitaine Nicolas Morphey prend officiellement possession de ces îles, baptisées Séchelles en l'honneur de l'intendant des Finances.
1770	L'affairiste français Broyer du Barré fonde sur l'île Sainte-Anne le premier établissement des Séchelles.
1778	Le lieutenant français Charles de Romainville prend le contrôle de la colonie et lance l'établissement qui deviendra Victoria.
1794-1811	Sous le mandat du gouverneur français Quéau de Quincy, les Séchelles battent pavillon britannique ou pavillon français en fonction des bâtiments qui y font escale.
1811	Les Britanniques prennent possession des Séchelles, qui deviennent Seychelles et dépendantes de l'île Maurice.
1835	L'esclavage est aboli aux Seychelles.
1903	Les Seychelles, libérées de la tutelle de l'île Maurice, deviennent colonie de la Couronne.
1964	Deux partis politiques sont fondés, le SPUP et le SDP.
1967	Le suffrage universel est instauré à l'occasion de l'élection du conseil législatif.
1972	Un aéroport international est inauguré sur l'île de Mahé.
1975	Les Seychelles deviennent une “colonie autonome” du Royaume-Uni.
1976	Le 29 juin, les Seychelles deviennent une république, membre du Commonwealth, de 47 612 habitants. Un gouvernement de coalition est formé autour de James Mancham (SDP), président de la République, et de France Albert René (SPUP), Premier ministre.
1977	Le 5 juin, un coup d'Etat renverse le président Manchan, alors à Londres, et porte au pouvoir son Premier ministre, France Albert René.

PREMIERES DECOUVERTES

Les plages des Seychelles ? Des plages de montagnes... De hautes montagnes ! Tout comme La Réunion, Maurice et Rodrigues, les Seychelles constituent en effet la pointe des plus hautes montagnes sous-marines du plateau des Mascareignes, ce socle-plateau étant vraisemblablement un vestige du Gondwana, si l'on en croit la théorie de la dérive des continents, émise en 1912 par le savant allemand Weneger : il y a quelque 250 millions d'années, alors que tous les continents du globe ne faisaient qu'un, un espace se serait ouvert entre la Laurasie (actuelle Amérique du Nord et Eurasie), au nord, et le Gondwana, au sud. Cet espace devenu un océan, Tethys, correspond à l'océan Indien d'aujourd'hui. Le Gondwana se serait fragmenté en un puzzle planétaire dont les pièces se nomment Afrique, Amérique du Sud, Australie, Antarctique et Inde. Du lieu de séparation entre l'Afrique et l'Inde, ne subsisteraient que deux grandes îles (Madagascar et Ceylan) et une poignée d'îlots, parmi lesquels nos si précieuses Seychelles...

Des arabes aux portugais

Eloignées de tout rivage continental, ces îles "noyées" dans l'immensité (78 millions de kilomètres carrés) de l'océan Indien, ne furent sûrement pas découvertes par les Phéniciens, certes bons navigateurs, mais habitués à longer les côtes, qui plus est celles situées plus au nord de cet océan dont la partie septentrionale resta longtemps méconnue.

Ce sont probablement les navigateurs arabes qui, s'aventurant plus au sud pour des raisons à la fois commerciales et religieuses, découvrirent ces terres oubliées. Des manuscrits retrouvés au XVIIIe siècle semblent indiquer qu'elles furent reconnues vers 851 par des marchands. S'étant établis sur la côte orientale de l'Afrique, du VIIe au IXe siècle, aux Comores notamment, les Arabes croisèrent forcément cet archipel situé sur la route du golfe Persique. Ainsi, un certain Al Mas'Udi, voyageur et historien qui visita Madagascar en 916, mentionne les Maldives et des "*hautes îles au-delà*". D'autres cartes et textes plus tardifs font aussi référence à la présence arabe dans l'océan Indien. Ces îles sont alors souvent nommées Zarin (c'est-à-dire sœurs). Aldabra tirerait son nom de l'arabe Al-Khadra qui signifie "la verte", ou de Al-Dabaran, l'étoile la plus brillante de la constellation du Taureau. Autres traces encore, à l'anse Lascar, sur l'île Silhouette, où des tombes érodées par la mer sont sans doute celles de l'équipage d'un boutre arabe ayant fait naufrage.

L'histoire se fait plus précise à dater de l'époque des Grandes Découvertes, quand les caravelles portugaises font irruption dans l'océan Indien, après avoir longé les côtes africaines de l'Atlantique. En 1501, Joao de Nova découvre plusieurs îlots des Seychelles, auxquels il donne son nom (rebaptisés en Farquhar au siècle dernier). L'année suivante, le grand Vasco de Gama lui-même, alors amiral, croisant par-là, désigne comme îles de l'Amiral les futures Amirantes, les cartographes portugais ayant pour la première fois mentionné sur leurs portulans une grande île, Ilha Ganaa, à l'emplacement de l'actuelle Mahé. D'autres îles y figureront à partir de 1506, les cartes les référençant sous le nom de As Sete Irmas (les Sept Sœurs) ou Os Irmaos (les Frères). Se bornant à y faire escale pour se ravitailler en eau douce, les navigateurs portugais ne s'intéressent pas à cet archipel situé hors de la route normale de l'Inde, d'autant moins qu'il ne recèle pas de matières précieuses.

"Un paradis sur terre"

Ni or ni diamant, mais du coco à gogo... "*Nous trouvâmes beaucoup de noix de coco, bien mûres et vertes à la fois, de toute sorte, et beaucoup de poissons, de volatiles et de tortues (mais nos hommes ne voulurent rien manger de cela ; cependant, les tortues, nous pûmes les tuer avec nos bâtons tout à loisir) et beaucoup de raies ainsi que d'autres poissons. Et, de plus, dans les rivières il y a beaucoup de crocodiles. Nos hommes à la pêche aux raies prirent un de ces derniers et l'amenèrent à terre vivant avec une corde attachée au cou*", raconte John Jourdain, agent de la Compagnie anglaise des Indes orientales, dans le journal de bord tenu lors de la quatrième expédition de commerce menée par cette compagnie, en 1609, sous le commandement de Alexander Sharpeigh.

Les Britanniques viennent en effet depuis peu d'entrer en scène, bien décidés à commercer dans les ports de la péninsule indienne. Pour eux aussi, ces îles constituent un bon mouillage sur la route des Indes, trois à six mois étant nécessaires aux bateaux les plus rapides pour toucher l'Inde après être descendu jusqu'au cap de Bonne-Espérance. Dès lors, les voyageurs, tant Anglais que Hollandais, vont se succéder sur cet archipel qui se révèle parfait pour un arrêt-buffet. Jourdain sera le premier découvreur à jeter l'encre après avoir levé l'ancre : "*C'est un très bon endroit pour un rafraîchissement avec le bois, l'eau, les noix de coco, les poissons et les oiseaux, sans crainte ni danger, sauf les crocodiles... Sur l'une de ces îles, à moins de deux milles d'où nous nous aventurâmes, il y a un des meilleurs bois d'œuvre que j'aie jamais vu en hauteur et en grosseur et vraiment très solide. Vous trouvez beaucoup d'arbres de soixante et soixante-dix pieds sans branches excepté au sommet, très gros et droits comme une flèche*".

Un autre agent, William Revett, se montre aussi enthousiaste, même si les tortues ne lui ouvrent pas l'appétit : "*Nous trouvâmes là une bonne provision de cocotiers, des poissons frais (dont la plupart étaient des raies), des tortues de terre d'une grosseur si énorme qu'on aurait peine à le croire, et dont notre compagnie avait peu envie de manger, s'agissant de créatures si énormes et déformées et dont les pattes ont cinq griffes comme un ours. Nous tuâmes aussi beaucoup de colombes avec des perches en bois*". Quant au maître d'équipage, Thomas Jones, son appréciation est en soi une conclusion : "*Ces îles semblaient être un paradis sur terre*". Les pirates le sauront bientôt...

PIRATES ET TRESORS

Mille millions de mille sabords, à l'abordage ! Chassés des Indes occidentales (nos actuelles Caraïbes), où ils ont fortement perturbé le florissant commerce du sucre, du tabac et de l'indigo, forbans et flibustiers vont, eux aussi, voir en ce nouvel espace maritime "*un paradis terrestre*". Les baies du nord de Madagascar remplaceront bientôt la fameuse île de la Tortue. Des intermédiaires de New-York viendront y acheter leurs butins. De leur nouvelle base stratégique, les pirates écumeront une bonne part d'un océan désormais très fréquenté. Car en cette seconde moitié du XVIIe siècle, le commerce de la route des Indes a trouvé sa vitesse de croisière. Qu'ils battent pavillon britannique, hollandais ou français, qu'ils transportent épices, or ou pierres précieuses, les navires marchands sont nombreux à croiser dans ces eaux-là : une aubaine pour les pirates que les gouverneurs des Antilles ont pourchassés sans relâche.

De 1650 à 1730, les écumeurs de mer seront nombreux à faire main basse sur les trésors du nouveau marché. Ils sont Américains (Burgess, Halsey, Tew, North, Captain Kid), Français (Mission, Levasseur dit La Buse) et surtout Anglais (Taylor, William, Howard, Bowen, Avery dit Long Ben). Un dominicain italien, Caraccioli, succombera même à la tentation de l'argent facile.

A partir de 1685, la piraterie s'étend aux côtes africaines. Les navires de la Compagnie des Indes ne semblent plus suffire aux forbans, de plus en plus hardis. Le plus mémorable des actes de piraterie sera celui dont fut victime, en avril 1721, le vaisseau Vierge du Cap, qui transportait le vice-roi des Indes, l'amiral de Goa, et son prodigieux trésor, constitué de pierres précieuses, lingots d'or, vases sacrés et d'une croix sertie de diamants, si lourde qu'il fallait, dit-on, trois hommes pour la porter. Un butin colossal pour Olivier Levasseur, surnommé La Buse par les Français (et La Bouche par les Britanniques), qui s'est associé à l'anglais Taylor, dit La Terreur des Indes, pour cette prise d'exception. Huit mois plus tard, les deux pirates vont s'emparer ensemble d'autres trésors sur de riches navires de la Compagnie des Indes, Ville d'Ostende et Duchesse de Noailles. Mais les associés, souvent en désaccord, finiront par se séparer, Taylor regagnant la mer des Caraïbes, avant que ne sonne le glas...

Aux lendemains de ces importants forfaits, Anglais et Français entendent déployer de grands moyens pour débarrasser l'océan des audacieux terroristes qui compromettent la bonne marche du commerce, le Grand Moghol ayant menacé de fermer ses ports à la marine marchande européenne. Sus aux pillards de la mer ! Bon nombre d'entre eux, profitant d'une amnistie incitatrice, se retireront non sans avoir mis leurs butins à l'abri. Les Seychelles, encore inhabitées, constituent un lieu idéal pour dissimuler un trésor. Celui de La Buse reste à découvrir...

La Buse, qui en avait trop fait pour profiter du pardon des autorités. En 1730, alors qu'il propose ses bons offices de navigateur expérimenté au commandant d'un navire de la Compagnie des Indes en difficulté au nord-est de Madagascar, le voilà capturé par la marine française. Mis aux fers à l'île Bourbon (La Réunion), le 7 juillet 1730, il est condamné à la peine de mort en ces termes : "*Natif de Calais, durement atteint et convaincu du crime de piraterie pendant plusieurs années, d'avoir participé à des pillages et incendies, pour réparation de quoi le Conseil le condamne à faire amende honorable devant la principale porte de l'église de la paroisse, nu en chemise, la corde au col et tenant à la main une torche de 2 livres pour la dire à haute et intelligible voix que méchamment et témérairement il a fait plusieurs années le métier de forban dont il se repent et demande pardon à Dieu, au Roy et à la justice : ce fait sera conduit en la place publique pour y être pendu et étranglé jusqu'à ce que mort s'ensuive à une potence qui sera plantée à cet effet sur la place accoutumée, son corps mort y rester vingt-quatre heures et ensuite exposé au bord de la mer*".

Le trésor de La Buse

L'exécution restera gravée dans l'histoire. La légende dit en effet qu'au pied du gibet, La Buse sortit de sa chemise un papier représentant un mystérieux pictogramme, qu'il jeta dans la foule en s'écriant : "*Que celui qui arrive à le déchiffrer hérite de mon trésor !*" Deux siècles et demi plus tard, ledit trésor reste à trouver. Les Rodriguais pensent qu'il aurait été dissimulé à l'Anse aux Anglais, les Réunionais le situent à Ravine Bernica. Les Seychellois, quant à eux, sont persuadés qu'il est caché à Mahé, du côté de Bel Ombre.

Ce fabuleux butin, l'aventurier Reginal Cruise-Wilkins (organisateur des premiers safaris au Kenya) a tenté en vain de le découvrir durant plus d'un quart de siècle. Arrivé aux Seychelles en 1949, notre chasseur britannique s'intéresse vite aux dessins mystérieux dont sont marqués plusieurs rochers de Bel Ombre. A l'en croire, ils font référence à la mythologie grecque. Ayant acheté pour 400 roupies le terrain en question et s'étant procuré quelques documents, Cruise-Wilkins n'hésite pas à excaver du sable, dynamiter le granit et pomper l'eau. Cette patiente chasse au trésor va mobiliser à ses côtés une équipe d'une trentaine d'hommes. A défaut d'or, Cruise-Wilkins se contentera de quelques squelettes portant des boucles d'oreilles. A sa mort, en 1977, il était toujours convaincu de l'existence du trésor.

Tel père, tel fils *("As son as father")* ! Aujourd'hui, John Cruise-Wilkins poursuit les recherches : "*Pour moi, c'est une quête presque mystique*", dit-il. "*L'argent ne m'intéresse pas. Je veux prouver que mon père avait raison*". Persuadé que la dernière zone de fouilles sera la bonne, John Cruise-Wilkins espère enfin mettre la main sur la fabuleuse croix sertie de pierreries du vice-roi de Goa : "*Les cryptogrammes mêlaient allégories mythologiques et gnose égyptienne, avec cette clé : "Laissez Jason vous guider et le troisième cercle s'ouvrira à vous". Or, Olivier Levasseur était un intellectuel. Il avait fait ses humanités à Bordeaux. Mon père avait la conviction que lui seul avait pu rédiger ces textes. Les documents contenaient aussi une carte qui, selon mon père, indiquait Bel Ombre comme cachette du trésor de La Buse*". Trésor ou non, les recherches continuent avec l'aide du gouvernement seychellois, qui pourrait tirer de belles retombées médiatiques (donc touristiques) de la découverte du plus fastueux peut-être des butins de la piraterie.

Combien d'autres trésors encore pour faire rêver les aventuriers ! Est-ce un hasard si Polanski est venu tourner ici diverses scènes de son film *Pirates* ? Ne dit-on pas aux Seychelles de quelqu'un devenu soudainement prospère qu'il a découvert un butin dans son jardin ? Selon la mémoire populaire, un trésor aurait été découvert, puis perdu lors de la mortelle avalanche qui, en 1862, détruisit plusieurs centaines de maisons à Mahé. Que d'intrigues par ailleurs autour de ces objets précieux qui enflamment les imaginations ! En 1972, l'apparition d'une vieille ancre plantée dans le sable près d'un nid de tortue de mer à Astove - l'île seychelloise la plus souvent associée à la chasse au trésor -, incita des chercheurs à fouiller le site. Ils y découvrirent des pièces d'or et des cuillères en argent provenant d'un bâtiment de guerre portugais, le Dom Royale, coulé en 1760 avec un butin provenant des Indes. Une part du trésor revint au gouvernement, mais certaines pièces disparurent un beau jour du coffre du procureur général.

La quête aux trésors est aussi propice aux histoires d'attrape-nigaud. Le journaliste seychellois John Lablache rapporte ainsi celle de ce marin chinois inhumé sur Bancs Africains, dans les Amirantes, après qu'un pêcheur lui eut arraché toutes ses dents en or. L'incident se situe il y a une trentaine d'années. "*A Mahé, le marchand qui échangea contre de l'argent les petits bouts de métal précieux, s'imagina aussitôt, en apprenant que son client arrivait d'un îlot lointain, qu'il avait découvert un trésor. Convaincu que le pêcheur n'avait pas tout emporté d'un coup, le marchand loua une goélette et engagea une équipe pour aller chercher le reste du butin sur Bancs Africains. L'affaire s'ébruita avant même que la goélette appareille et au cours de la même semaine une demi-douzaine de bateaux loués par divers entrepreneurs convergèrent vers le petit banc de sable. En dix jours, les deux cents mètres de l'île furent fouillés d'un bout à l'autre, mais sans autre découverte que le cadavre du malheureux Chinois édenté.*"

Plus près de Mahé, l'île Moyenne est elle aussi connue pour son histoire de trésor. Son propriétaire, le journaliste britannique Brendon Grimshaw, est persuadé que de gentils esprits montent la garde sur le passé de son île. Deux vieilles tombes seraient celles de pirates : "*Il y a un trésor caché sous cette dalle de béton de corail. J'ai essayé de le déterrer, mais au moment précis où ma bêche touchait le sol, deux noix de coco se sont détachées de l'arbre et sont tombées juste à côté de moi. Un signe des fantômes qui vivent ici*". Plus question dès lors de les provoquer.

Les chercheurs d'or ont donc fort à faire dans ces îles de légende : Hodoul aurait caché son trésor sur Silhouette ; Frégate serait aussi susceptible de recéler de beaux butins, des piastres et des armes y ayant été retrouvées dans les tombes carrées des pirates enterrés là. Réelles ou rêvées, les mille et une richesses cachées de ces îles au trésor ont en tout cas le mérite d'enrichir notre imaginaire...

Les exploits du corsaire Hodoul

"Jean-François Hodoul, né à La Ciotat (Bouches-du-Rhône), mort le 5 janvier 1835 à Mahé (Seychelles). Commandant le corsaire Apollon, de dix canons et de six obusiers, il partit de l'Ile de France le 1er mai 1797. Le 8, étant en rade de Lapé, côte Malabar, à deux lieues de terre, il aperçut quatre voiles, c'étaient trois trois-mâts et un brick. Il courut dessus. Trois de ces bâtiments hissèrent pavillon danois et furent reconnus tels ; le quatrième étant un trois-mâts anglais, on lui envoya deux volées de canon et de mousqueterie. Comme il cherchait à fuir, on lui coupa le chemin en continuant le feu, et, enfin, il amena son pavillon. Ce bâtiment était l'ancien trois-mâts français Elisa de 350 tonneaux, capitaine William Brown, qui avait été pris par L'Arrogant et L'Héroïne, vaisseau et frégate de la marine anglaise. Vendu à Colombo, à Georges Langton pour 1 620 pagodes, il avait été cédé pour le même prix à William Brown...

Le 15 septembre, on prit Bader-Bux, de 270 tonneaux, allant de Moka à Surat, ayant à bord 3 732 écus et quelques piastres, 296 sequins, deux paquets et une grosse de perles, 16 roupies, etc. Le 30 octobre, étant en route pour l'île de France, Apollon rencontra Caurel, capitaine Fuggo, portant pavillon anglais. Ce bâtiment fut enlevé à l'abordage, après une vive résistance. Son chargement était fort riche : on fut obligé de mettre les prisonniers aux fers."

Saint-Elme Le Duc, *L'Ile de France*, 1857

SOUS LES FRANCAIS

Messieurs les Français, installez-vous les premiers ! Contrairement aux Arabes, Portugais, Anglais et Hollandais, qui n'ont fait que passer sur ces îles encore virginales de l'océan Indien, dès le XVIIe siècle les Français décident de s'établir sur certains de ces territoires déserts, qui vont non seulement leur servir de relais sur la route de leurs comptoirs (entre autres Pondichéry), mais aussi leur offrir des lieux de plantations pour les cultures tropicales. L'île Bourbon (La Réunion) sera habitée définitivement dès 1663, alors que l'Ile de France (Maurice) attendra 1721 pour être occupée. Ces deux îles prendront leur envol, tant du point de vue de leur aménagement (routes, ports...) que de leur exploitation (caféière surtout), principalement durant le "règne" de Mahé de la Bourdonnais, de 1735 à 1746.

Ces deux territoires lancés, pourquoi ne pas en coloniser d'autres ? D'autant que Mahé de La Bourdonnais souhaitait mieux connaître la seconde route des Indes, encore peu fréquentée, puisque plus dangereuse que celle empruntée plus à l'ouest. Plus rapide, cette autre route pouvait permettre aux navires de guerre de Saint-Denis et de Port-Louis d'accéder plus vite aux comptoirs français de la péninsule indienne, dans le cas d'une attaque britannique. En lançant ses explorateurs au nord-est de Madagascar, le gouverneur entendait d'abord mieux connaître les écueils de cette route express, sur laquelle se trouvait justement l'archipel qui portera bientôt le nom de Séchelles.

Ce furent donc des raisons stratégiques qui incitèrent Mahé de la Bourdonnais à effectuer des "*vérifications et découvertes*" le long de la nouvelle route. Le 19 novembre 1742, la tartane de Lazare Picault et le bot de Jean Grossin arrivent devant une île "considérable", sur laquelle les navigateurs posent le pied deux jours plus tard. Picault consigne ainsi l'événement dans son journal de bord : "*Nous avons descendu à terre armés à la coutume, n'avons trouvé personne dessus... On peut nommer l'île d'Abondance*". Un sentiment d'abondance partagé par Grossin : "*Vendredi 23 novembre. Ce matin avons été à terre, nous avons pénétré à l'intérieur de l'île où nous avons trouvé beaucoup de gibier, tourterelles, merles, perroquets et beaucoup d'autres sortes d'oiseaux, et un très beau terrain. Les îles... Sont aussi hautes que l'Ile de France, et aussi boisées, mais le bois y est beaucoup plus droit, on y trouverait de beaux mâts pour les vaisseaux. Il y a aussi de la tortue de terre*".

L'île s'étant avérée parfaite pour une escale de "rafraîchissements" sur la nouvelle route des Indes, les rapports flatteurs de Picault et Grossin amenèrent Mahé de La Bourdonnais à étudier une implantation sur ces terres inexploitées. Le 30 mai 1744, Picault rejoint l'île d'Abondance ; il mouille à un nouvel emplacement baptisé du nom de Port-Royal (actuelle Victoria).

Ayant constaté que la construction de trois cents habitations est possible et que la nature du sol se révèle favorable à toutes les cultures, notamment celles du riz et de la canne à sucre, il visite aussi l'une des îles voisines, qu'il nomme l'île de Palme (actuelle Praslin), "*parce qu'elle porte beaucoup de palmistes et de lataniers portant coton*". L'enchantement est tel que l'explorateur décide de baptiser îles de La Bourdonnais cet archipel si avenant, l'île d'Abondance devenant l'île Mahé. Le gouverneur, bien que disgracié deux ans plus tard, allait laisser son nom sur un territoire où il ne mit jamais les pieds.

M. de Séchelles

"Vive le Roy !"

Le vicomte Jean Moreau de Séchelles, contrôleur général des Finances de Louis XV, ne viendra lui non plus jamais aux Séchelles. Morphey avait pourtant rebaptisé l'île Mahé en son honneur, en 1758, mais il était déjà trop tard, les marins ayant en effet pris l'habitude de la nommer Mahé. En fait, Séchelles donna le nom de sa seigneurie à l'archipel, rendant ainsi à jamais célèbre ce lieu-dit de la commune de Cuvilly, dans l'Oise, où il substitua à un château fortifié un castel de plaisance.

Picault décédé, La Bourdonnais disgracié, il faut attendre 1756 et le nouveau gouverneur général Magon, pour que les Français s'intéressent à nouveau à des îles si fécondes. Il était temps, les Britanniques commençaient à lorgner ce coin d'océan. L'expédition de Corneille Nicolas Morphey était destinée à prendre possession des terres vierges. La date du 1er novembre fut choisie pour la cérémonie qui, selon les instructions de Magon, devait avoir lieu sur un rocher en forme d'éventail dominant le port. Au lever du soleil, les conquérants s'alignèrent face à un mât où l'on hissa le drapeau blanc de France, l'assemblée par trois fois cria "Vive le Roy !", tandis que neuf coups de canon étaient tirés de la frégate, qui s'en retourna bientôt, laissant pour seul témoignage de cette prise de possession une pierre gravée aux armes de France : fleurs de lys, cordon de Saint-Esprit et couronne royale.

La prise de possession des Seychelles

"L'an mil-sept-cent-cinquante-six, le lundi premier jour de novembre au matin, Nous, Corneille Nicolas Morphey Capitaine de la Frégate de la Compagnie des Indes Le Cerf, commandant l'Expédition des Découvertes, Officier de la dite Frégate et Capitaine de la Gaulette le Saint Benoit, En conséquence des ordres qui nous ont été donnés par Monsieur Magon Directeur Commandant Général des Isles de France et de Bourbon, nous étant rendu le sixième mois de septembre de la présente année, à la rade d'une Isle d'environ vingt lieues de circuit, située par quatre degrés, trente-quatre minutes de latitude méridionale et cinquante-deux degrés, trente minutes à l'Orient du Méridien de Paris. Le jour suivant, ayant découvert un beau port dans son Récif, environné de sept isles vers l'Est, dans lequel, le neuvième du même mois, ayant entré le vaisseau, nous nous sommes appliqué à visiter toute l'Ile tant aux côtés et dans l'intérieur que sur les montagnes et par la beauté du bois dont elle est toute couverte, la bonté de son port dont nous avons levé le plan et dans lequel on peut mettre en sûreté cinquante Vaisseaux de guerre de premier Rang, y caréner et radouber toutes sortes de Vaisseaux. Nous, sur ces avantages considérés, jugeant qu'elle pourrait être utile à l'Etat, avons fait maçonner une pierre sculptée aux armes de France sur un grand Roché faisant face à l'entrée du Port et élever au dessus un Mât auquel ce matin levé du Soleil, ayant fait arborer le Pavillon du Roy, nous l'avons saluée par trois salves de Vive le Roy et par une décharge de neuf coups de Canon du Vaisseau. Et, selon l'ordre de Monsieur Magon, Directeur Commandant Général des Isles de France et de Bourbon, nous avons pris possession de la dite Isle et de son Port au nom du Roy et de la Compagnie des Indes sous le nom d'Ile Séchelles. En témoin de quoi nous avons signé le présent pour servir et valoir ce que de raison.

Fait au port de l'Ile Séchelles les jours et an que cy-dessus...

Morphey, Heny, Préjean, de Kerneister, Ernant, Bare."

Procès-verbal de la prise de possession des Isles Séchelles
par Corneille Nicolas Morphey, le 1er novembre 1756

Douze années plus tard, César Gabriel de Choiseul, secrétaire d'Etat à la Marine, suscitait de nouvelles expéditions sur ces terres inhabitées de la couronne de France. La première, commanditée en 1768 par Marion Dufresne, avait pour mission d'étudier la faune et la flore. A cette occasion l'ingénieur Barré découvrit l'arbre mythique qu'était le coco de mer. Une "*pierre de possession*" fut scellée sur l'île de Palme, rebaptisée Praslin en l'honneur de Choiseul, duc de Praslin... et dès lors Cucul-la-Prasline ! D'autres expéditions allaient suivre, le célèbre La Pérouse vint même croiser dans les parages. Des Amirantes à Denis et du banc de la Fortune à Coëtivy, les cartographes purent alors représenter l'archipel dans son ensemble. Le meilleur d'entre eux, d'Après de Mannevillette, signa un monumental ouvrage sous le titre *Le Neptune oriental.*

"Cucul-la-Prasline"

Appartenant à l'une des plus anciennes et des plus illustres familles du royaume de France, César Gabriel de Choiseul, duc de Praslin, fut secrétaire d'Etat à la Marine sous Louis XV. Ayant redonné un éclat à la flotte française, qu'il accrut de soixante-dix vaisseaux et cinquante frégates, il fut aussi à l'origine de l'importante expédition de Bougainville autour du monde. On raconte qu'après la découverte, en 1768, des cocos de mer sur Praslin, on lui expédia un lot de ces drôles de noix à la cour de Versailles. Elles y firent évidemment sensation. En raison de leur forme callipyge, elles furent baptisées "cucus", "la prasline" faisant référence à leur provenance.

Deux ans après cette découverte, le secrétaire d'Etat était congédié, en même temps que son cousin, l'éminent duc de Choiseul, une lettre d'une extrême dureté lui prescrivant de gagner sa terre de Praslin en Champagne. Favorable à la philosophie des Lumières et à la suppression de l'esclavage, il était en disgrâce quand éclata la guerre d'Amérique, durant laquelle la flotte qu'il avait créée obtint de beaux succès. Il mourut à Paris en 1785, son fils César-Louis, qui régna sur le célèbre château de Vaux-le-Vicomte (devenu Vaux-Praslin au XIXe siècle), ayant eu pour cuisinier l'inventeur de la fameuse prasline, friandise faite d'une amande rissolée dans du sucre bouillant.

Deux groupes de pionniers

Restait à s'installer... Un dénommé Brayer du Barré, affairiste nouvellement arrivé de métropole, obtient le premier l'autorisation de créer une petite exploitation. Le 27 août 1770, vingt-six hommes et femmes débarquent du Télémaque sur Sainte-Anne, comme "*employés du sieur Brayer, sous les ordres du sieur Delaunay*".

Huit mois plus tard, le constat se révèle positif : "*Le riz et le maïs y sont de toute beauté, ainsi que le manioc. Les légumes de toute espèce y sont venus supérieurement. Les graines de l'île de France, et surtout le café a dépassé toute attente. On peut y faire beaucoup d'huile de poisson, et de poisson salé, de l'huile de coco, et le caret y est en abondance*".

"Il y a importance à protéger ces îles..."

"Le climat et le sol des Seychelles par le 4°54" du Sud, est très salubre et susceptible de bonnes productions, on y trouve beaucoup de tortues de mer, des tourterelles, pigeons ramiers, pigeons bleus, perruches, chauves-souris, tortues de terre, carets sur les îles voisines et sur l'archipel, gibier de toute espèce, cabris sauvages en quantité, oiseaux de mer, poissons en abondance. Vaches marines, bois de construction pour les vaisseaux qui entrent dans le barachois où ils mouillent et sont à l'abri du mauvais temps et des vents ; avec un simple travail on peut leur procurer la facilité de caréner de bord à quai. Depuis six ans que l'Etablissement est formé on n'a jamais vu d'ouragan. Par les essais qui ont été faits et qui ont réussi, on peut y trouver toute espèce de produits, y élever des troupeaux en tout genre. Il serait douloureux de ne pas continuer cet Etablissement qui peut devenir un des plus importants de la France par les différentes denrées qu'on peut retirer de ces îles, susceptibles de toutes productions, telles que bœufs, vaches, moutons, cabris, chevaux, mulets, cochons et volailles de toute espèce, en s'assurant de ce qui sera le plus convenable à chacune des îles dont le nombre est considérable. L'arrivée de La Belle Poule confirme tout ce qui a été énoncé ci-dessus."

Notes de Brayer du Barré, 1775

Un succès tel que l'intendant des îles de France et de Bourbon, Pierre Poivre, depuis longtemps désireux de faire aux Séchelles des essais de plantes à épices, décide, à la fin de 1771, d'y envoyer un ancien militaire, Antoine Gillot, et une quarantaine d'ouvriers, afin d'arpenter les terres et relever les lieux les plus appropriés pour la création d'un *"Jardin du Roy"*. Gillot choisira de l'établir sur Mahé, à Anse Royale, dont "la terre est excellente et assez bien arrosée". Les idées botanistes de Poivre se dessinaient, mais les relations entre le groupe Brayer, dirigé par Delaunay, et le groupe Poivre, dirigé par Gillot, allaient être si désastreuses que l'enthousiasme des débuts retomba vite au sein de la petite communauté française, la mauvaise gestion des responsables ayant largement contribué à ce déclin. Brayer, qui ne pouvait plus assurer la charge de son groupe, abandonna Sainte-Anne pour Mahé, où Gillot "s'appropriait tout, maltraitant les Noirs au point qu'ils en deviennent marrons" (c'est-à-dire en fuite). En 1775, alors qu'il n'a plus que huit ouvriers, il dit avoir sauvé quatre canneliers, cinq muscadiers et quarante poivriers. Pas vraiment royal, le "Jardin du Roy" !

"Abandonnés à eux-mêmes", aux dires de La Pérouse qui passa par-là en 1773, les colons avaient vite déchanté, nombre d'entre eux y commettant "tous les excès". Ainsi, les tortues furent massacrées par milliers pour assurer la nourriture des bateaux de passage. La Pérouse, par contre, fera l'éloge d'un ancien soldat, Hagard venu s'établir l'année précédente sur Sainte-Anne : *"Il a fait avec cinq Noirs ou Négresses, vingt fois plus de travail dans un an que tous les Blancs de Monsieur Brayer depuis trois. Sans cet homme laborieux, ils seraient tous morts de faim. Il a récolté assez de maïs pour nourrir toute la colonie. Il a de plus un champ de manioc de la plus grande beauté, des cannes à sucre, des patates et enfin tout ce qu'on peut trouver dans une habitation"*. Maigre consolation... Les si prometteuses îles Séchelles se révélaient bien décevantes. Il était temps que le gouverneur général de l'île de France reprenne en main la colonie si mal partie.

Un microcosme peu organisé

Place à Romainville ! En envoyant de Port-Louis un militaire remettre de l'ordre au nom du roi, le gouverneur entendait bien attester l'intérêt de la France pour cette colonie. Amenés par la corvette du roi, le lieutenant et ses quinze hommes de régiment débarquent en octobre 1778, chacun d'entre eux ayant des aptitudes civiles utiles à l'installation d'un "Etablissement". Fusiliers, grenadiers et caporaux sont aussi charpentier, forgeron, menuisier, tonnelier, boulanger, tailleur ou jardinier. Une caserne, une prison, un magasin, un hôpital et un pavillon pour les hôtes de passage sont rapidement construits à l'emplacement de l'actuelle Victoria. Romainville a reçu des pouvoirs de police pour faire régner *"la paix et l'union"* parmi les colons. On lui a aussi demandé de protéger les forêts et les tortues.

Ses successeurs s'emploieront avec plus ou moins d'enthousiasme à faire prospérer ce microcosme encore peu organisé. Un ingénieur géographe, Malavois, et un arpenteur, Bataille, sont envoyés à Mahé en 1786 afin d'estimer les concessions futures, c'est-à-dire mettre en forme légale la propriété. Leur travail donne lieu à un règlement en 30 articles, resté depuis le texte fondamental de l'organisation foncière, économique et sociale de l'archipel. Il est décidé que chaque concession accordée représentera 108 arpents (environ 50 hectares).

En 1788, les "habitants" ne sont encore qu'une trentaine, les esclaves, plus de deux cents, n'étant pas considérés tels. Cette année-là, le sévère Caradec, commandant de l'établissement, entend assagir sa colonie : *"Les habitants vivent entre eux dans la meilleure intelligence, pour la mieux cimenter ils avaient pris la mauvaise habitude de se traiter tous les dimanches tour à tour. Les femmes dansaient au son d'un mauvais violon, et les hommes finissaient quelquefois par s'enivrer. J'ai témoigné aux plus pauvres les dangers dont cela pouvait être sur eux, et à tous en général, le déplaisir que je ressentais de ces fréquentes assemblées, chacun reste désormais chez soi, sans en être moins disposé à rendre service à son voisin"*.

La traite des esclaves

"La correspondance reçue des administrateurs des Seychelles indique que ce sont les navires seychellois qui vont chercher les esclaves à la côte d'Afrique pour les amener aux Seychelles. Le 29 septembre 1806, Quinssy rapporte l'arrivée de l'Aimable Marianne, de Mozambique. Le 27 janvier 1807, Le Roy signale celle de l'Amazone en provenance de la côte d'Afrique. Le 4 avril 1807, Le Roy consigne l'arrivée du Courrier des Seychelles, venant d'Ibo avec cent quarante esclaves (en mars) et le départ de la Marianne pour le Mozambique au début de février ; elle devait rentrer avec soixante-cinq esclaves. Le 26 avril 1809, Quinssy annonce l'arrivée, la veille, de l'Etoile, venant de Bombétoc avec cent cinquante esclaves destinés à être dirigés sur les Mascareignes.

Parfois ce sont les Portugais du Mozambique (le grand centre de la traite négrière à ce moment) qui apportent les esclaves aux Seychelles. Le Roy écrit le 15 octobre 1807 : "Le bâtiment portugais, que je vous avais annoncé dans ma dernière lettre être en relâche ici avec une cargaison de deux cent quarante Noirs, y fait un radoub, d'environ trois mille piastres, payable en Noirs". Durant les années 1803-1810, qui sont des années de guerre, les négriers des Mascareignes ne suffisent pas à approvisionner les îles en esclaves ; la traite, qui constitue une nouvelle branche de commerce pour les Seychelles, assure des profits intéressants malgré les aléas qu'elle présente, et au-delà du marché des Mascareignes, il faut compter sur celui de l'archipel lui-même.

Si l'on se reporte aux recensements, on verra que la population servile y a passé de 1 820 unités en 1803 à 3 015 en 1810, soit un accroissement de 1 195 têtes en huit ans, c'est-à-dire que pendant ces huit dernières années du régime français, il a été presque aussi grand que pendant les trente-deux années précédentes."

Auguste Toussaint, *Le Trafic commercial des Seychelles de 1773 à 1810*, 1965

Toutefois, chaque entrée d'un bateau au port restait source de commerce et de réjouissances. On troquait bois et tortues contre haches, roues et autres objets manufacturés. Autant de tractations généreusement arrosées de rhum ! Lorsqu'un aumônier se trouvait à bord, on en profitait pour se marier. Ainsi, en 1787, "*le dimanche 2 septembre, l'abbé Osmann, aumônier de l'Amphitrite, a marié un Noir et une Négresse du sieur Lambert de l'Anse à la Mouche et légitimé cinq enfants provenus avant le mariage*". De retour de la côte orientale d'Afrique, les négriers sont désormais nombreux à profiter de cette escale. "*Ils y trouvent un air très salubre qui rétablit promptement les esclaves fatigués de la mer.*" Car l'esclavage battait son plein et, même si, à quelque 13 000 kilomètres de là, on s'apprêtait à clamer que "les hommes sont libres et égaux en droits", les marchands de bois d'ébène avaient encore de belles années devant eux. Pas question de libérer la population servile...

Une révolution tranquille

Tranquille, en tout cas, la Révolution aux Seychelles ! Au hasard des escales, les colons sont plus ou moins informés des événements qui agitent la métropole. Aux Seychelles, comme à Bourbon et à l'Ile de France, les habitants sont invités à rédiger leurs doléances dans le cadre d'une assemblée coloniale. Le 19 juin 1790, Jorre de Saint-Jorre et Nageon de l'Etang sont désignés secrétaires de la réunion présidée par Quienet. Les rares habitants "*ayant droit d'assister*" souhaitent surtout s'administrer eux-mêmes, c'est-à-dire ne plus recevoir d'ordres venus de Port-Louis. On accuse aussi l'Ile de France de faire main basse sur les tortues seychelloises. "*Nous réclamons la jouissance de ces productions, nous avons pris des mesures pour les multiplier et nous ne pouvons croire que ce bien qui est sous notre main, doive être partagé avec des spéculateurs avides.*"

Premières idées d'autonomie que confirment d'autres réunions, en particulier celle du 23 décembre 1790. "*L'assemblée. persiste dans sa constitution en assemblée coloniale indépendante de toute autre. A elle seule appartient le droit de préparer sa constitution locale et intérieure.*" L'indépendance, les Seychellois finiront par l'obtenir... 186 ans plus tard, les administrateurs ayant réussi en douceur à détourner les colons de leurs espérances : Port-Louis allait bel et bien rester l'autorité de tutelle.

Le 1er août 1791, de passage à Mahé afin de hisser solennellement le nouveau pavillon national, les deux commissaires du roi, Gautier et Yvon, félicitent les habitants *"sur la concorde et la paix qui règnent parmi eux"*. Les citoyens sont invités à scander "*Vivent la Nation, la Loi et le Roy !"* Deux ans plus tard, l'arrivée de Jean-Baptiste Quéau Quinssy va marquer la fin de la période "révolutionnaire" aux Seychelles.

L'énigme Louis XVII

A défaut de Versailles, les Seychelles... Débarquant en rade de Mahé, le 22 mai 1805, de la frégate Le Marengo, un homme d'une vingtaine d'années ne va pas tarder à défrayer la chronique. Etablis au nom de Pierre-Louis Poiret, ses papiers d'identité confirment qu'il serait bien le fils de Louis Capet, mort sur l'échafaud vingt-trois ans plus tôt. S'agit-il vraiment du fameux dauphin échappé miraculeusement de sa prison du Temple, le fils du gardien s'étant substitué à lui, ou tout simplement d'un imposteur de talent... Royal ? Louis XVII ou non, il exhibe volontiers des couverts en argent ornés de la fleur de lys et gravés à l'effigie de Louis XVI, ainsi que des copies de lettres attestant son origine. L'histoire ne sera jamais éclaircie, après la mort à Mahé en 1856, du mystérieux résident, à l'âge de 70 ans. L'âge qu'aurait eu Louis XVII, né en 1785. La descendante de monsieur Poiret, Micheline Georges, entretint le souvenir de l'énigmatique personnage en affichant sur les murs de son auberge les précieuses lettres. L'auberge, sur la route de la Misère, porte toujours le nom de Louis XVII.

Française un jour, anglaise le lendemain

Quéau de Quinssy ou *"le père des Seychelles"* ! Un tiers de siècle durant, celui qu'on surnomme aussi *"le Talleyrand de l'océan Indien"* sera intimement lié à l'histoire de l'archipel. Pour ce gentilhomme tranquille appelé à devenir un homme de guerre pour le moins conciliant, l'époque est quelque peu agitée. Elle est marquée par le début d'une guerre franco-britannique suscitée par les attaques répétées des corsaires français sur les navires anglais. Ainsi le célèbre Surcouf s'est emparé d'une quarantaine de bateaux ennemis. Fréquentant assidûment la nouvelle route des Indes, et ne supportant plus les agressions dont ils sont victimes autour des Mascareignes et des Seychelles, le 16 mai 1794, les Britanniques lancent quatre vaisseaux à l'assaut de l'île de Mahé. Un déploiement de force : la division du commodore Newcome totalise 2 100 marins et 166 canons. Ne disposant pour répliquer que d'une poignée d'hommes, de 8 pièces de canon et de 60 fusils et mousquets, Quinssy préfère se soumettre le lendemain. Cette capitulation va en précéder une quinzaine d'autres, jusqu'à ce 21 avril 1811 qui verra les Anglais s'installer "pour de vrai".

Les déportés de Napoléon

Déjà les véhicules piégés... Terrible attentat que celui de la rue Saint-Nicaise, le 24 décembre 1800 : plus de quarante personnes tuées ou mutilées, plus de cinquante maisons effondrées, mais aucune égratignure pour les cibles de la puissante bombe : Joséphine et Napoléon. Désignant les Jacobins pour responsables (à tort), Napoléon ordonne à Fouché, son ministre de l'Intérieur, de dresser une liste de suspects à expulser. Soixante-dix Jacobins sont ainsi embarqués à bord de La Flèche et La Chiffonne. Cette dernière arrive à Mahé le 12 juillet 1801. Le surlendemain, les trente-deux exilés débarquent à l'Etablissement, où Quéau Quinssy s'empresse de les inviter à se conduire sagement et à ne pas porter atteinte aux bonnes mœurs de la colonie. Logés dans "un bâtiment de la République, vaste, bien aéré et commode, les déportés reçoivent du riz, des patates, de la viande de tortue, des légumes frais et secs, du poisson frais et salé, de la graisse, du sel et un peu de pain pour les malades". Ils y seront rejoints le 3 septembre par la trentaine d'autres déportés embarqués sur La Flèche, ce brick ayant été coulé deux jours plus tard par une corvette anglaise. Car la guerre fait rage entre Français et Britanniques, Quéau Quinssy accumulant les capitulations.

Pas question, par contre, de baisser les bras face à ces déportés dont bon nombre provoquent des troubles. Certains d'entre eux fomentent même de s'emparer d'un bateau pour regagner la France. Quinssy saura faire preuve de fermeté en obligeant trente-deux meneurs à quitter les Seychelles pour les Comores. Le transfert sera fatal pour bon nombre de ces hôtes involontaires, qui, parvenus aux Comores, y succomberont dans d'affreuses souffrances, peut-être empoisonnés par le sultan de l'île. Ceux qui ont eu la chance de rester à Mahé connaîtront des sorts divers, certains sombrant dans la misère, d'autres s'intégrant à la population. L'affaire fit en tout cas grand bruit aux Seychelles.

Les navires de Sa Gracieuse Majesté britannique vont être nombreux à s'arrêter sur ces îles qu'ils considèrent conquises, alors que le malin Quinssy baissait le pavillon anglais dès que les vaisseaux quittaient Mahé ! Ainsi, quinze ans durant, Mahé fut selon les jours anglaise ou française, le passage des bâtiments de guerre déterminant le choix du drapeau. Cas unique d'une souveraineté partagée sans l'autorisation des métropoles. Livrées à elles-mêmes, les Seychelles n'en continuaient pas moins à vivre un quotidien de plus en plus prospère. La nation seychelloise s'est véritablement formée à cette époque où l'essor économique allait de pair avec l'installation de nouveaux colons, certains venus d'Europe. De 2 000 personnes en 1804, la population a grimpé à 4 000 environ en 1810. Nombre d'esclaves embarqués de force en Afrique ont aussi contribué à cet essor démographique.

La fin de la période française coïncidait avec une époque de bien-être, sur fond d'agriculture florissante : le riz "*à la production abondante, à la qualité belle, suffit aux besoins*", le maïs est "*beau et abondant*", le manioc "*bon*", les patates "*de bonne qualité*", le café "*réussit assez bien*", la canne à sucre est "*belle, grosse, superbe : les deux propriétaires s'adonnant à cette culture font en rhum et sucre au-delà des besoins de la colonie*". Quant au coton, "*très beau, très soyeux, très blanc*", il est la plus belle réussite, le principal produit d'exportation, et remplace les tortues, qui se sont raréfiées. Le girofle, l'huile de coco et le bois de construction (takamaka et bois de natte) complètent la liste des produits exportés, huit navires seychellois assurant une partie du commerce, d'autres venant des Mascareignes et de France, voire du Danemark et des Etats-Unis. Mahé n'est plus la seule île à faire valoir ses richesses. Praslin, qui en 1810 compte une dizaine de familles, produit en abondance de l'huile de coco. Une cinquantaine de personnes forment à La Digue une communauté elle aussi vouée à l'agriculture. Les Seychelles sont bel et bien devenues une entité économique, certaines familles n'ayant pas tardé à faire fortune. Bijoux et pièces d'or sont apparus dans les actes de décès...

"Je fus enchanté par cette image de la vie rurale"

"Le village se présente de telle manière qu'un enthousiaste pourrait être tenté de s'exclamer... "ici je pourrais installer ma demeure, certain d'être à l'abri de tous les soucis de ce monde fébrile". Il est situé dans un petit vallon ombragé, protégé par les hauteurs qui s'élèvent de chaque côté, avec ici et là une petite chaumière ; tandis qu'à l'extrémité court un petit ruisseau sur lequel se penchent des arbustes portant des fruits et des fleurs, qui murmure doucement en passant sur un lit de galets. La structure des maisons est en harmonie avec le paysage. Plusieurs sont coquettes et bien construites ; d'autres suffisamment rustiques pour montrer que leurs propriétaires se soucient peu de la décoration extérieure ; pour quelques-unes on s'est contenté de rassembler pêle-mêle des matériaux de construction grossiers et mal formés ; la plupart comportent un jardin tandis que le tamarinier, les différents bananiers et les cocotiers apportent leur ombre aux portes et aux fenêtres. Je fus enchanté par cette image de la vie rurale, car cela ressemblait à l'une de ces retraites enchanteresses de calme et de bonheur comme on en trouve dans les romans et qui frappent si fortement l'imagination vive de la jeunesse."

Journal de voyage de James Prior, 1812

L'administration s'est elle aussi étoffée : un administrateur civil et comptable, un agent municipal, des chefs de canton, un notaire, un officier de santé, secondent désormais Quinssy. Un tribunal de paix a été créé en 1807 en vue de régler les petit litiges. Praslin s'est même doté d'un délégué représentant le "*gouvernement de l'île Mahé*". Enfin, à Port-Louis, l'ancien commandant Enouf fait office de député des Seychelles. L'Etablissement est devenu un gros village. Mais, si l'on y trouve une "*cantine ou café*", ainsi qu'une salle de billard, les boutiques restent inexistantes, les échanges s'effectuant toujours directement entre habitants et capitaines de navires. Selon une "*note sur les subsistances indigènes à l'île Séchelles, le 1er juin 1804*", on peut se procurer à bon compte du riz blanc, du maïs, des biscuits de manioc, de la viande de bœuf fraîche et salée, du rhum, du poisson frais et salé, du vinaigre.

Les Seychelles semblent alors vivre un âge heureux, bien que l'esclavage jette une ombre sur le tableau. A en croire Enouf, toutefois, mieux vaut être servile sur cet archipel plutôt qu'ailleurs : "*L'embonpoint général des Noirs de cette colonie est remarqué par tous les étrangers et tous les arrivants, il annonce qu'ils sont bien nourris et bien traités, que la conduite des maîtres est bonne et humaine*". Vous avez dit humaine...

Drôle de toponymie

Souvenir des premiers colonisateurs, la toponymie (tout comme les patronymes) rend la vie belle aux touristes français qui, c'est bien connu, ne sont pas portés sur les langues étrangères ! Encore une bonne raison de se rendre aux Seychelles et lire comme un poème à la Prévert les noms géographiques seychellois, quasiment tous en français.

Un vrai délice, d'abord, de découvrir le nom des îles : Cousin et Cousine, Petite Sœur et Grande Sœur, Longue et Ronde, Aride, Curieuse, Cachée, Malice, Silhouette, Félicité, Thérèse, Frégate, Chauve-Souris, au Cerf, aux Rats, aux Vaches, Coco et même... Anonyme ! Encore plus savoureux de se baigner sur des plages, que le Seychellois appelle "anses", rappelant des animaux, des fruits, des arbres, des femmes : Anse aux Poules Bleues, Anse à la Mouche, Anse Caïman, Anse Cabris, Anse Zanguilles, Anse Fourmis, Anse Banane, Anse Patate, Anse Citron, Anse Bois de Rose, Anse Takamaka, Anse Bonnet Carré, Anse Badamier, Anse Vacoas, Anse aux Cèdres, Anse Marie-Louise, Anse Georgette... Mais aussi Anse Cachée, Anse Corail, Anse Jasmin, Anse la Farine, Anse du Riz, Anse Boudin, Anse Bateau, Anse Etoile, Anse Soleil, Anse Sévère, Anse Cimetière, Anse Source d'Argent, Anse Intendance, Anse Gaulettes, Anse Possession, Anse la Liberté...

Plaisir de conduire, aussi. A gauche certes comme les Anglais, mais avec des routes, des hameaux et des lieux-dits en français, toujours : Mare aux Cochons, Mare Anglaise, Cap des Lascars, Cap Ma Georgine, Pointe Capucins, Pointe l'Escalier, Pointe du Sel, Fond Piment, Roche Tortue, Roche Grand Maman, Chemin Dame le Roi, Le Réduit, La Retraite, Les Dents, Les Trois Frères, Désert. Sans oublier Vingt-cinq Sous et Machabée... Si, pour traverser l'île de Mahé, on hésite entre les quatre routes possibles, il faut se fier à son instinct en choisissant entre La Misère, Les Cannelles, Montagne Posée ou Sans Souci ! On peut aussi opter d'emblée de les faire toutes, l'île-capitale n'étant pas si grande que cela !

On peut même imaginer une histoire d'amour qui commencerait à Anse Aspère Moi (espère-moi) ou sur la Côte Désiré, se poursuivrait à Anse l'Amour et Mon Plaisir, en passant évidemment par Les Mamelles et Roche Gratte Fesse. Tout finirait à Crève-Cœur, Baie aux Chagrins ou Cap Malheureux, en se disant qu'il existe aussi Pointe Consolation !

SOUS LES ANGLAIS

La plaisanterie avait assez duré... Plus question de hisser le drapeau anglais un jour et le français le lendemain. Le 21 avril 1811, débarque du Nisus Barthelemy Sullivan, "*officier des troupes royales de marine de Sa Majesté Britannique, agent civil et commandant pour le gouvernement anglais aux îles Seychelles*". Il est le premier d'une longue série de fonctionnaires britanniques qui, sous des noms divers (agent, commissaire, administrateur, gouverneur), vont administrer l'archipel jusqu'à son indépendance, cent soixante-cinq ans plus tard. Farquhar, le gouverneur de l'Ile de France, tout juste devenue anglaise et aussitôt rebaptisée Mauritius, entendait en effet "angliciser" au plus vite ces îles encore livrées à elles-mêmes.

A peine arrivé, l'émissaire de Farquhar se rend compte qu'il aura fort à faire avec ces habitants acquis à la cause française : "*A partir des rares occasions que j'ai eu de juger ces personnes, j'ai acquis la conviction qu'aucun sens de l'honneur, de la honte ou l'honnêteté ne les empêchera de tenter de pratiquer sur les Anglais toute sorte de tromperie, car, en effet, ils nous considèrent comme un peuple que l'on peut duper facilement*". Dès lors, chaque habitant est contraint de signer le serment d'allégeance : "*Je promets et je jure solennellement obéissance, soumission et fidélité à Sa Majesté Georges III, Roi du Royaume-Uni, de la Grande-Bretagne et d'Irlande*". Deux ans plus tard, le 30 mai 1814, le traité de Paris entérine cette allégeance, l'île Maurice et les Séchelles ayant été attribuées à l'Angleterre. Cession que le congrès de Vienne ratifiera l'année suivante.

Fin de l'acte français. Les Séchelles allaient dès lors prendre un y, tandis que Quéau Quinssy gagnait une particule et perdait ses s au profit d'un c. Monsieur de Quincy, après avoir connu quelques ennuis avec les premiers représentants britanniques qui l'accusaient d'être un voleur et un négrier, s'en alla s'expliquer à Maurice, d'où il revint innocenté et "juge de paix". Un poste qu'il conservera jusqu'à sa mort, en 1827. "*La population des Seychelles commence à être conséquente*", se félicitait-il en 1816. "*Les cultures de coton, de girofle, de café, les bois, les constructions de navires, le commerce, tous ces objets augmentent et sont susceptibles d'augmenter.*"

Pourtant, deux années plus tard, alors que la colonie compte quelque 7 500 âmes, le déclin s'amorce. A partir de 1818, en effet, les productions seychelloises doivent transiter par Maurice. Cette contraignante mesure a pour but de veiller à ce qu'aucun navire ne transporte des esclaves, le député anglais Wilberforce ayant réussi à en faire interdire la traite en 1807, par l'acte de Plymouth.

Le dénombrement de la population en 1818

	Noirs esclaves	Gens libres	Gens de couleur	Gens de familles blanches	Total des habitants
Mahé	5 558	95	95	368	558
La Digue	365	2	—	47	49
Praslin	554	13	—	41	54
Silhouette	68	—	—	5	5
Sainte-Anne	40	—	—	—	—
Félicité	40	9	—	1	10
Ile aux Sœurs	23	2	—	9	9
Récapitulatif	6 638	119	95	471	685

Extrait des *Annales maritimes et coloniales de 1821.*

Mais plus que cette contrainte, ce sera surtout la chute des cours du coton qui entraînera la décadence économique des Seychelles. En 1822, la balle passe de 80 à 30 dollars. Le coton américain, d'un prix modéré, s'est imposé en Europe. A en croire un observateur, le succès de la production sucrière à Maurice contribua à accentuer le déclin : "*L'admission des sucres de Maurice à la consommation en Angleterre aux mêmes droits que ceux des Antilles, changea la direction des idées ; les habitants les plus aisés des Seychelles, inquiets en leur avenir, entraînés par les séductions de quelques planteurs de Maurice qui envoyaient des agents recruter des bras émigrèrent, emmenant avec eux 2 000 à 2 500 esclaves pour favoriser des entreprises... Dès ce moment les Seychelles furent réduites à peu de chose*".

Les Seychellois allaient devoir trouver de nouveaux créneaux. Certains commencèrent à développer des cocoteraies, d'autres plantaient tabac, girofle et canne à sucre. Seule la construction de petites goélettes, très prisées des Mauriciens, restait un marché porteur. L'argent en circulation se raréfia d'autant plus, qu'en 1826 le système monétaire dut obéir aux comptes effectués en livres sterling, ce qui frappa l'économie de plein fouet. La prospérité n'était plus qu'un souvenir attaché à l'ère française.

La fin de l'esclavage

Finie aussi, l'époque de la servilité forcée ! Parlementaires anglais et militants de l'Anti-Slavery Society font enfin triompher l'idée que tous les hommes naissent libres et égaux en droits. Le 18 août 1833, la grande réforme de la libération est votée au Parlement, à Londres. Cet acte d'abolition, l'administrateur Harrison va devoir le mettre en application dans la dépendance des Seychelles à dater du 1er février 1835. Les esclaves doivent, dans un premier temps, devenir des "apprentis" au service de leurs anciens propriétaires, qui reçoivent une indemnité pour chaque affranchi. Cette mesure de transition entend ne pas déstabiliser une société où la population servile est prépondérante en nombre, 6 521 personnes ayant été libérées sur une population totale n'excédant pas les 7 500 habitants.

Solution intermédiaire, l'apprentissage ne connaîtra pas le succès escompté, nombre d'apprentis" préférant travailler à leur compte plutôt que chez leurs anciens maîtres. Rapidement, le législateur décrétera l'émancipation totale. En ce jour historique du 11 février 1839, le commissaire civil Mylius ne constate que "*des démonstrations paisibles de joie et de gratitude*". Contrairement à d'autres colonies, la libération des esclaves est vécue aux Seychelles dans la quiétude. Une quiétude qui n'exclue pas des inquiétudes, en l'occurrence celles des gros propriétaires dont les cultures reposent sur la main-d'œuvre servile. Aussi vont-ils demander aux autorités l'autorisation d'importer des "*laboureurs indiens ou malgaches*", suivant l'exemple de Maurice où le "*commerce des engagés*" a déjà déversé des milliers de travailleurs indiens. Cette immigration étant source de bien des problèmes, les gouverneurs refusèrent une importation du même type aux Seychelles. L'économie de l'archipel était condamnée à se contenter des "*nouveaux libérés*".

Les riches colons seychellois se retrouvaient donc contraints de s'orienter vers l'une des rares cultures ne nécessitant pas une main-d'œuvre importante, celle du cocotier. Un certain Dumat confirme cette orientation : "*Autrefois, les cocoteraies consistaient en d'étroits rideaux que la nature avait formés dans la courbure intérieure des anses ; elles n'avaient d'autre importance que celle de fournir l'huile à l'éclairage des classes aisées, car les pauvres gens et les esclaves avaient la ressource de celle de leur pêche. On s'en occupait peu, et si quelques plantations se faisaient çà et là, c'était plutôt pour l'agrément que pour l'utilité. Mais depuis que les bras ont manqué à l'agriculture et que les ressources se sont peu à peu épuisées, on a compris que la culture du cocotier, qui se fait à très peu de frais, pouvait devenir un moyen d'existence*".

Les produits du cocotier vont ainsi se substituer au coton, mais on est loin des beaux jours français. "*La seule consolation permise est de se dire que sans doute on ne peut tomber plus bas*", affirme en 1846 l'historien anglais Pridham. Mais le bouleversement social et agricole n'explique pas tout ; l'incurie de Maurice envers sa dépendance contribue en effet largement au déclin. (Ainsi la pompe à incendie promise aux Seychellois a-t-elle mis vingt ans à arriver.) N'étant dotée que de six fonctionnaires, la colonie vit repliée sur elle-même, et oublie totalement ses îles lointaines. Même la "capitale" fait triste mine, à en croire le voyageur britannique Edward Belcher, qui s'y arrêta en 1842, alors qu'elle venait de prendre le nom de la reine Victoria : "*Je pense que, en hommage à Sa Majesté, ils auraient dû auparavant peindre leurs maisons ou les blanchir à la chaux, pour donner un peu l'impression d'un nouveau visage. Les maisons se délabrent très vite. Avec d'un côté, ce terrible ennemi que sont aux tropiques les termites, et de l'autre, le manque de peinture pour les protéger des intempéries, elles sont aussi vétustes que n'importe laquelle de nos granges de campagne dans l'ouest de l'Angleterre*". On en viendrait même à croire que l'Angleterre a oublié sa colonie, si les agents de police n'étaient vêtus, en dépit de la moiteur, comme ceux de Londres. Tandis que Maurice vit la période la plus brillante de son histoire, les Seychelles se laissent gagner par la morosité.

"Le caractère des habitants est hospitalier et doux"

"Leur commerce s'effectue dans de petites goélettes à destination de l'île Maurice ; il s'agit d'exportations de coton, de carapaces de tortue, etc. Pour le moment, quelques particuliers espèrent réussir grâce à la quantité de carapaces de tortues qu'ils pourront fournir en deux ou trois ans, en formant des parcs ou des enclos carrés dans lesquels la marée remonte, avec une plage de sable à l'arrière où elles déposent leurs œufs ; on a récemment planté beaucoup de café et il réussit bien. La valeur du coton s'est tellement dépréciée du fait que celui de Géorgie le supplante sur les marchés européens que les habitants sont obligés d'orienter les efforts de leurs nombreux esclaves vers d'autres occupations : ils se plaignent des difficultés auxquelles ils doivent faire face à cause du fait qu'ils n'ont pas le droit de commercer autrement que par un passage régulier par la douane de Maurice.

La langue du pays est le français ; le caractère des habitants hospitalier et doux. On ne connaît pas de ministre du culte parmi eux, et ils ne semblent pas non plus beaucoup penser à quiconque de cette sorte. Leur moralité est, cependant, bonne, à l'exception des sentiments qu'ils nourrissent en général envers la traite des esclaves, et ceci pour des motifs intéressés."

F. Moresby, *Nautical Magazine and Naval Chronicle*, 1842

God Save the Seychelles !

L'Etablissement est devenu Victoria, mais on y parle toujours la langue de Molière... et de Quincy dans cette île de Mahé où les administrateurs britanniques ont bien du mal à angliciser leurs "ouailles". Difficile, par exemple, d'imposer la religion officiellement reconnue sur les terres de Sa Majesté, l'anglicanisme : le premier homme d'Eglise nommé aux Seychelles, le pasteur Morton, n'y est resté que quelques mois, en 1832. Ce sont en fait les époux Clarke, arrivés l'année suivante, qui ouvriront la première chapelle et la première école de Victoria. Plus catéchistes qu'instituteurs, leur rôle sera surtout religieux. Le commissaire civil Mylius y trouva une tribune digne de son zèle : *"A défaut de ministre pour desservir la chapelle, il prêche lui-même tous les dimanches devant un auditoire nombreux. Les 300 ou 400 Noirs qui l'écoutent étaient pour la plupart censés catholiques, mais la privation totale de tout enseignement religieux leur fait adopter la religion réformée que leur enseigne aujourd'hui celui qu'ils regardent comme leur chef et leur père. Monsieur Mylius donne aussi la bénédiction jusqu'au cimetière, et de prier pour les morts lorsqu'on vient le chercher".*

Les anglicans n'allaient pas être les seuls à vouloir moraliser les Seychellois, les esclaves libérés, généralement païens, ou leurs maîtres, adeptes d'un catholicisme lointain, puisque aucun curé ne s'était jamais établi là. Les descendants des pionniers français réclamèrent un prêtre catholique à plusieurs reprises. La plus célèbre pétition, envoyée par le sieur Savy au gouverneur de Maurice, date de 1851 : *"Les habitants de ces îles vivent sans avoir reçu d'enseignement de la morale. Quand ils meurent, à leurs derniers instants, ils sont privés de la consolation qu'apporte la religion, et leurs restes sont mis en terre comme la chair et les os d'un animal".* Cette année-là, le père Léon des Avanchers, qui vient de participer à l'évangélisation de l'Abyssinie, débarque à Mahé. La nouvelle de l'arrivée du missionnaire catholique se répand à travers l'île, provoquant une vive émotion. Beaucoup viennent voir ce religieux à longue barbe, vêtu d'une robe de bure, chaussé de sandales et tenant un bâton à la main.

L'Eglise d'Angleterre, encore peu installée, ne pouvait que pâtir de la présence de ce missionnaire charismatique. Le commissaire civil Keate déclare en conséquence qu'il ne saurait autoriser un étranger à remplir des fonctions ecclésiastiques officielles et qu'il lui faudra se rendre à Maurice pour être légitimé par le gouverneur. Moins de trois semaines après sa triomphale arrivée, le père Léon était sommé de rembarquer, le commissaire déplorant que ce capucin eut *"détruit l'harmonie religieuse des Seychelles"*. En décembre 1853, le voilà pourtant de retour : *"J'ai eu non seulement raison à Rome, mais encore à Londres car on blâme le gouverneur sur la conduite tenue à mon égard. Ainsi me voilà installé avec tous les honneurs de la guerre. Je pars pour les îles Seychelles. Je serai reçu par mes anciens néophytes en triomphe. Le ministre protestant a eu peur et a pris la fuite. Tout va bien."*

Le père Léon des Avanchers, guerrier de Dieu

"Alors le gouvernement, auquel on porta la requête, fit venir un ministre protestant ; et, afin de hâter la conversion des insulaires, il eut soin de choisir un calviniste de Lausanne qui, parlant la langue française, devait ainsi gagner toutes les sympathies, et ériger bientôt aux Séchelles une église anglicane. Heureusement, la Providence veillait sur ces anciens enfants de la France, et la mission protestante échoua. Pourtant elle avait à son aide tous les moyens de succès : concours de l'autorité qui lui était favorable, séduction des faveurs, promesses flatteuses, écoles gratuites, etc. Rien ne fut négligé, et rien ne réussit... Enfin, après trois ans de peines et de travail, il se trouva que trois cents néophytes à peine, recrutés en partie parmi les employés du gouvernement, et dans quelques familles anglaises, formaient toute l'Eglise protestante de l'archipel. Il est vrai que de temps en temps le ministre faisait la visite des îles précédé des policemen, qui forçaient les pauvres Noirs de porter leurs enfants au baptême ; mais ce fut là une surprise qui dura peu ; car aussitôt qu'on apprenait l'arrivée du pasteur officiel, chacun prenait la fuite ou se cachait pour échapper à sa visite.

Mais si l'aversion était grande parmi les Noirs, elle l'était bien plus encore au sein des familles d'origine française... Les personnes du sexe avaient conservé des mœurs pures et une dévotion spéciale à Marie. Il était rare aussi de ne point rencontrer au foyer domestique ces vénérés tableaux de la Vierge que leurs ancêtres leur avaient légués pour héritage. Depuis le commencement de l'année 1851, l'Eglise catholique, grâce au zèle éprouvé des missionnaires français, a reconquis ces îles, et aujourd'hui nous avons la douce satisfaction d'annoncer que la mission catholique des îles Séchelles est en pleine prospérité."

Léon des Avanchers, *Nouvelles annales des voyages*, 1857

Secondé par les pères Jérémie et Théophile, le tenace père Léon déploie pour sa mission catholique de Mahé la même détermination. "*Nous avons déjà baptisé plus de 5 000 personnes. Nous élevons de tous côtés des églises et des chapelles*", se félicite-t-il deux mois plus tard. Son aura atteint Praslin et La Digue, où vont s'élever Sainte-Anne et Notre-Dame de l'Assomption. L'intransigeant commissaire Keate est remplacé par le pacifique Wade, et la "guéguerre" de religion s'estompe bientôt, la réconciliation étant d'ailleurs souhaitée par l'évêque anglican de Maurice et par l'évêque catholique de La Réunion. Si le premier se rend à Victoria en 1856 pour y prononcer un sermon sur "la paix de Dieu", le second consacre Saint-Paul en 1859. Chaque mission se consacre aussi à l'enseignement. Les premières écoles de l'archipel sont nées.

Violente tempête et tremblement de terre

L'Eglise a beau gagner du terrain, les dieux s'en montrent peu reconnaissants... Il est 10 heures du soir, ce 12 octobre 1862, lorsqu'une épouvantable tempête s'abat sur Mahé et Praslin. Vents violents, pluies intenses, trombes d'eau : un véritable déluge ! Des hauts de Victoria, boue et arbres déracinés dévalent bientôt, engloutissant tout sur leur passage. Cette avalanche (appelée "avalasse") va marquer durablement les mémoires : "*Près du palais du Gouvernement, le torrent se transforma en flots et déferla dans la rue principale (actuelle rue de la Révolution) précipitant au passage les maisons, les hommes, les femmes, les enfants. Deux religieuses furent ensevelies dans la boue pendant la prière du matin. Dans le port, les goélettes furent écrasées et coulèrent. On perdit en tout trente mille cocotiers. Il y eut cinquante tués et l'on dénombra une cinquantaine de disparus.*"

Avec le cataclysme, les Seychelles avaient touché le fond de la détresse. Les "Africains libérés" allaient heureusement donner un souffle nouveau à l'archipel traumatisé. De 1861 à 1874, quelque 3 000 anciens esclaves d'Afrique débarquent des boutres arabes. Ce dernier grand contingent d'immigrants, dont l'âge moyen se situe entre 15 et 17 ans, va contribuer au redressement agricole de l'archipel. Protégés par un magistrat, ils s'intègrent rapidement aux autochtones. La plupart préfèrent travailler selon le "système de moitié" (une semaine pour le propriétaire, une semaine pour eux).

Des esclaves bientôt libérés

"Dès qu'ils seront en mesure de supporter d'être un peu secoués, je me rendrai aux Seychelles avec mes esclaves. Avec ce temps pluvieux je me demande comment je vais les entreposer, j'en avais cent quatre-vingts à bord aujourd'hui, surtout les petits enfants et ceux qui ont une santé fragile. Dès leur arrivée à bord, on les mit tous dans des baquets, et les hommes d'équipage les lavèrent complètement avec un savon doux. Pendant cette opération je découvris que beaucoup avaient de petites blessures... Ils sont tous très heureux d'apprendre qu'ils ne seront plus jamais esclaves... Tu peux imaginer la situation où nous sommes. A partir du mât de misaine à l'arrière, c'est l'hôpital, et le reste du navire sert de dépôt d'esclaves. Dans l'ensemble ils se conduisent très bien, mais dès qu'ils eurent surmonté leur peur et le mal de mer, ils se mirent à faire beaucoup de bruit. Nous en avons quatre qui sont morts. La plupart d'entre eux sont gras et de bonne humeur. Tous les matins on les lave dans de grands baquets, et on les arrose des pieds à la tête. Je pense qu'ils n'ont jamais été autant lavés auparavant."

Journal du capitaine Cornish-Bowden, 1865

Dans les années 1870, le cocotier reste la valeur sûre de l'économie. Un observateur souligne que "*le travail dans les propriétés est en général fait à la tâche et consiste à ramasser des noix de coco, faire des trous pour planter des cocotiers, préparer le coprah pour le moulin, faire de l'huile de noix de coco et nettoyer autour des cocotiers*".

Le cocotier au sommet ! En 1875, le commissaire civil Salmon estime que l'archipel en compte un million de plants. Parmi les autres productions prospères, plus que le cacao, le café, le girofle, le guano et les écailles de tortue, la vanille connaît le plus beau développement. En 1899, année record, elle détrône même les produits du cocotier (huile, noix et savon). "*La prospérité des Seychelles dépend pratiquement d'elle*", écrit l'administrateur Sweet-Escott.

Grâce à l'ouverture du canal de Suez, en 1869, l'établissement de relations maritimes régulières entre Maurice, Aden et l'Europe, dope les exportations. Mahé a désormais son dépôt de charbon pour les steamers européens et les navires de Sa Majesté. Londres est accessible par le câble du télégraphe, via Zanzibar, en 1893. Les autorités ont aussi créé un petit hôpital, tandis qu'un hôtel digne de ce nom (celui de l'Equateur) a ouvert ses portes. En 1895, un commandant de navire français se montrait enthousiaste : "*Je n'avais pas vu les Seychelles depuis quinze ans et à l'encontre des constatations que j'ai dû faire dans nos propres colonies, j'y ai remarqué des progrès considérables. La ville, toujours coquette, s'est beaucoup étendue, les revenus ont doublé depuis 1881*".

La population a doublé dans le même temps : 10 000 âmes en 1880, près de 20 000 en 1900. Et ce redressement, tant économique que démographique ne concerne pas que Mahé. Officiellement reconnues comme seychelloises par une ordonnance de 1881, les îles dites éloignées ne sont plus ignorées. Le gouvernement loue désormais certaines d'entre elles à des exploitants, pour y créer des cocoteraies (Poivre, Providence, Félicité), y extraire le guano (Bird, Cosmoledo, Amirantes) ou y développer la pêche (Aldabra, Amirantes). Denis est dotée d'un phare moderne, tandis que La Digue obtient un dispensaire, des chemins, des ponts. La vanille y apparaît comme "une moisson d'or". Les fameuses gousses ont aussi colonisé Silhouette : "*La vanille serpente à terre ou grimpe au haut des arbres, et l'oranger y donne des fruits plus beaux, plus aromatiques, et plus succulents que dans tout l'archipel*". Plus que les autres îles, Praslin s'est densifiée : "*La population s'est accrue aujourd'hui à tel point qu'une mission a été fondée par les capucins et qu'un poste de médecin et de juge de paix, ainsi qu'une station de police, sont créés*".

Mais la nouvelle prospérité ne doit pas cacher la disparité de classes sociales, si l'on en croit un Mauricien du nom d'Anastas, qui s'est ainsi aventuré au-delà des belles rues de Victoria : "*Quand on a passé le pont, on a d'un côté l'église anglicane, de l'autre le Général Gordon Square avec son carré de gazon qui s'ouvre sur le panorama de la rade... Après viennent, sans ordre et pêle-mêle, des taudis et de hautes maisons peinturlurées ; là se heurtent la richesse et la misère. Quelques instants suffisent pour gagner une ruelle étroite, la rue Albert ; mais la longueur du faubourg n'est que d'un demi-kilomètre, et l'on a devant soi un amas d'appentis et de pauvres bâtisses*".

Autre zone d'ombre, la santé. Selon un article du journal *Le Réveil*, "*la principale maladie du pays est l'anémie*", mais ce sont surtout les épidémies qui se révèlent tragiques : celle de variole, en 1883, fait plusieurs centaines de morts. Pour les humbles laboureurs, l'essentiel est de survivre. Pas question d'économies. L'ouverture de la Saving Bank, en 1894, n'intéresse que les commerçants d'origine indienne ou chinoise. En 1896, cette caisse d'épargne ne compte que cent vingt-cinq comptes. Les retombées de l'essor économique ne concernent donc qu'une poignée de Seychellois. Par contre, les gros planteurs y mènent grande vie, de réceptions sur les paquebots de passage en cocktails au palais du gouvernement. En 1900, *Le Réveil* annonce la livraison de nouveaux appareils : non seulement "*un cinématographe perfectionné est arrivé*", mais on a aussi "*bu glacé*". On en boira que plus souvent encore à la santé de la reine... Ou du roi !

La colonie des Seychelles

La reine ayant été rappelée à God l'année suivante, on inaugure à sa mémoire, le 1er avril 1903, la célèbre Tour de l'Horloge de Victoria. Huit mois plus tard, cette Clock Tower symbolisera l'attachement des Seychelles à la Couronne. Le 9 novembre, en effet, l'administrateur Sweet-Escott proclame le nouveau statut de l'archipel : Sa Majesté Edouard VII a enfin sacré colonie ces îles jusqu'alors dépendantes de Maurice. Relevant désormais directement du Colonial Office de Londres, les Seychelles ne devraient plus se heurter à la contraignante tutelle de Port-Louis. Ne fallait-il pas six mois pour obtenir une réponse de Londres à une demande qui devait transiter par Maurice ! Dix-neuf coups de canon et un concert de carillons saluent cette promotion attestant que le nouveau roi considère enfin le peuple seychellois comme une entité. Il faudra toutefois attendre 1913 pour qu'une nouvelle Government House, fort imposante, témoigne du pouvoir sans partage des représentants de Sa Majesté.

Nouvelle colonie... Et nouveaux problèmes. En 1906, l'effondrement des cours de la vanille sur les marchés européens, dû au succès soudain d'un substitut artificiel (la vanilline), vingt fois moins cher, ruine nombre de petits propriétaires. Du coup, les grands planteurs, qui ont opté pour le cocotier, reprennent la première place dans les exportations, même si l'huile de coco a été détrônée par le coprah, jugé plus lucratif. En revanche, les "huiles essentielles", de cannelle surtout, s'installent sur le marché. Le "business" peut reprendre ! A tel point qu'une agence de la Commercial Bank de Maurice s'ouvre en 1911. Quant à la Saving Bank, si mal partie, elle s'enorgueillit enfin, en 1913, de faire fructifier quelque quatre cents comptes d'épargne. Le "petit peuple" tire lui aussi profit de l'essor et les écoles, la plupart privées et subventionnées, accueillent près de 3 000 élèves, pour une population évaluée à 24 000 habitants. Un certain D. Hermitte part étudier la médecine à l'université d'Edimburg. Il sera le premier médecin seychellois à revenir dans son pays.

L'essor de la cannelle

"Après l'avilissement des marchés de la vanille, il a bien fallu s'adonner à de nouvelles industries, aux Seychelles. La culture du cocotier, qui n'exige qu'un faible personnel malgré les améliorations dont elle a été l'objet depuis quelques années, devenait insuffisante pour donner de l'occupation à tous les laboureurs du pays. C'est alors que le gouvernement a songé à recommander la culture et l'exploitation des plantes à parfum. Des essais de laboratoire, commencés en 1902, avaient fait voir dès ce moment que cette industrie nouvelle pouvait être suffisamment rémunératrice. Grâce aux encouragements reçus de toutes parts, principalement de l'Institut impérial de Londres et des principaux acheteurs de produits de parfumerie en Europe, on s'est d'abord adonné à l'exploitation d'une plante qui poussait à l'état sauvage à Mahé et à Silhouette, après avoir été introduite par Poivre en 1770. C'était le cannelier de Ceylan. Cet arbuste avait envahi toutes les montagnes et avait servi comme tuteur dans les vanilleries. Il était même exploité autrefois comme bois de construction et fournissait à la menuiserie des planches veinées de noir très belles, mais peu durables. En raison de la grande différence qu'il y a entre l'essence provenant de l'écorce, qui se vend à l'once, et celle provenant des feuilles, qui se vend à la livre, on s'était d'abord attaché à la préparation de l'huile d'écorce. Malheureusement cette huile était de qualité inférieure en comparaison de l'huile de Ceylan, qui provenait de jeunes arbres cultivés, alors que les canneliers sauvages des Seychelles fournissaient une écorce spongieuse, épaisse, que l'on détachait d'autant plus facilement des troncs des arbres que ceux-ci étaient plus âgés. Les vieilles écorces étant cependant très recherchées sur les marchés de l'Europe, qui en consomme de grandes quantités dans les épiceries, et aussi pour fabriquer de l'encens, l'on se mit bien vite à exporter les écorces telles quelles, au lieu de les distiller. Les arbres âgés fournissaient individuellement jusqu'à 100 livres d'écorce. La production des écorces atteignit annuellement 1 092 tonnes vers 1915. De 1909 à 1915, les Seychelles exportèrent une quantité d'écorce d'une valeur totale de 1 million de roupies. Il est rare, dans un petit pays, de tirer en si peu de temps un avantage aussi considérable d'une plante de la brousse..."

L'Archipel des Seychelles, 1938

Le choc de la première guerre

De la prospérité au marasme... Chômage et pauvreté vont bientôt affecter la lointaine colonie. Elle est si lointaine en ces temps de guerre que Londres oublie quelque peu ses îles de l'océan Indien, laissant en somme le gouverneur O'Brien se retrouver dans la situation qu'avait connue Quéau Quinssy. Force dérisoire que ces 76 agents de police face à tout ennemi qui voudrait investir Victoria. Si le croiseur allemand Königsberg, que des pêcheurs découvrent un beau jour de 1916 à proximité d'Aldabra, ne s'aventura jamais par-là, la première guerre mondiale a laissé de profondes cicatrices dans l'archipel. La baisse des cours, la désorganisation des marchés européens et surtout la raréfaction des steamers asphyxient vite le pays, où la détresse devint criante. A tel point que de nombreux habitants sont amenés à recourir à des larcins pour subsister ; les vols de fruits deviennent monnaie courante. Malgré la crise, les juges se montrent rigoureux. En 1918, les tribunaux jugent 2 450 personnes, soit 10 % de la population (de 24 572 habitants) ; 1 338 sont incarcérées cette année-là.

Deux ans plus tôt, suite à l'appel du général Smuts, commandant en chef des Forces de l'Afrique de l'Est, 791 volontaires étaient partis pour le continent africain voisin. "*J'ai ici un besoin urgent de main-d'œuvre supplémentaire à des fins militaires. Vous serais reconnaissant si vous pouviez nous aider. Il faut 5 000 travailleurs habitués au transport de marchandises et travaux divers. Salaires offerts 10 Rps par mois, hébergement et nourriture. Souhaitable qu'ils soient groupés par équipes de vingt-cinq chacune sous la direction d'un chef, de préférence parlant anglais.*" La Seychelles Labour Force allait connaître des jours difficiles sur cette terre africaine : 250 volontaires devaient en effet rapidement succomber à une dysenterie de type bacillaire très virulente. La malaria et le béri-béri ayant aussi frappé, on avait décidé de rapatrier les effectifs pour raison de santé et d'imposer la quarantaine dès leur arrivée. D'autres volontaires mourront peu après ce retour. Au total, 327 des 791 hommes du détachement auraient perdu la vie dans cet "effort de guerre". "*Morts pour leur Roi et leur Patrie en Afrique orientale*", rappelle un monument élevé à leur mémoire au cimetière de Mont-Fleuri.

Une économie fluctuante

Avec les années 20, les Seychelles vont renouer avec la prospérité d'avant-guerre, le coprah assurant l'essentiel des exportations. La distillation des huiles essentielles (cannelle et girofle, mais aussi patchouli, basilic et citronnelle), devient la deuxième industrie du pays et remplace définitivement la vanille. Le guano des îles éloignées reste une valeur sûre. Le modernisme commence à s'imposer. L'électricité apparaît en 1926, suivie du "téléphone sans fil", sortant Praslin et La Digue de leur isolement. Autre signe de progrès, les automobiles remplacent les pousse-pousse : en 1925, une quinzaine de bolides déjà... pour 54 kilomètres de routes ! Un hôpital digne de ce nom est inauguré en 1924.

Mais une fois encore, l'élan économique est stoppé en raison de la crise planétaire de 1929 dont l'archipel subit le contrecoup. Ses principaux clients, Royaume-Uni, Etats-Unis et Nouvelle-Zélande n'acceptent bientôt plus les produits seychellois qu'à des prix avilis. La tonne de coprah, vendue précédemment 350 Rps, tombe à moins de 100 Rps. Il faut attendre 1936 pour que l'économie, aidée par le fonds de développement colonial, se relève lentement. Une banque agricole, longtemps attendue, ouvre l'année suivante. Les fêtes somptueuses qui ont lieu à l'occasion du couronnement du roi Georges V témoignent de la prospérité retrouvée. En 1939, la Seychelles Tax-Payers Association, première formation à s'opposer au pouvoir colonial, voit le jour.

Courte parenthèse avant nouveau marasme. A l'heure du second conflit mondial, pour répondre une fois encore à l'appel de Londres, quelque 900 engagés s'embarquent en avril et en décembre 1941 pour l'Afrique. De ces "pionniers" qui vont se battre non seulement à Al-Alamein, contre les troupes de Rommel, mais aussi à Tobrouk, en Lybie, en Tunisie et même en Italie, une soixantaine tombera au "champ d'honneur". Dans l'archipel, le rationnement est entré en vigueur en 1942. Chaque adulte reçoit des coupons mensuels pour 6 750 g de riz, 1 800 g de sucre et 200 g de lentilles. Faute d'approvisionnement régulier, les prix ont plus que doublé sur ces îles qui se révèlent occuper une position stratégique, à la fois comme dépôt de ravitaillement des navires de la Royal Navy et comme base avancée pour les patrouilles anti sous-marines des hydravions de la R.A.F. L'ennemi, allemand ou nippon, paraît d'ailleurs susceptible de débarquer à Victoria. L'administrateur de l'île Bijoutier n'a-t-il pas recueilli quarante-quatre des marins du Tulagi, torpillé par un sous-marin japonais ?

"Une colonie subventionnée"

La reprise n'attendra pas la fin de la guerre. Tandis que les Seychelles voyaient dès 1944 leur essence de patchouli atteindre des prix étonnamment élevés (la Malaisie et l'Indonésie, concurrentes sur ce marché, étaient alors occupées par les Japonais), Londres se proposait de lancer des réformes longtemps différées. L'ordonnance sur l'éducation de 1944 témoigne de cette volonté réformatrice, seuls les enfants des classes aisées ayant jusqu'alors accès à l'instruction secondaire. Crédits à la clé, le Colonial Development Welfare Act (loi pour le développement colonial et le bien-être) entend faire rattraper à la colonie son important retard dans maints domaines, éducation, santé ou équipements. Un nouvel élan bien évidemment commenté sur la toute nouvelle Radio Seychelles, qui n'émet encore qu'une fois par semaine...

La folie du patchouli

"Comme l'huile de patchouli des Seychelles est en concurrence sur le marché des huiles essentielles avec le patchouli de Singapour, qui est produit surtout en Malaisie et en Indonésie, le produit seychellois connut un très grand succès durant la guerre et les années d'après-guerre, de 1943 à 1947, lorsque ces territoires étaient occupés par les Japonais. Pendant ces cinq années qu'on peut à juste titre appeler l'âge d'or de l'huile d'or et qu'on peut comparer aux plus beaux jours de la vanille au début de ce siècle, l'industrie du patchouli devint la deuxième en importance des industries agricoles seychelloises.

Ainsi, à l'apogée de cette période de prospérité, en 1946, un litre d'huile de patchouli, qui dans les années d'avant-guerre valait environ 6 Rps, atteignait 550 Rps sur le marché intérieur tandis qu'un bidon de 40 gallons (environ 180 litres) ne valait pas moins de 5 000 livres sterling. Il n'est donc pas surprenant que les Seychelles aient été alors saisies d'un folie de patchouli, ce qui conduisit de vieilles dames à arracher leurs rosiers pour faire pousser du patchouli et donna même l'idée à un marchand local d'utiliser l'huile de patchouli comme monnaie en offrant une voiture toute neuve pour tant de litres d'huile."

Guy Lionnet, *Journal of Seychelles Society,* 1962

Les généreux projets de la fin de la guerre vont d'autant mieux se concrétiser qu'à partir de juillet 1945, les travaillistes dirigent les affaires du Royaume-Uni. En 1947, un programme de développement décennal est lancé, en matière de travaux publics (routes, port...), d'éducation (écoles primaires, collège...) et de protection sanitaire et sociale. Le progrès se déploie de tout côté : ici on construit des réserves d'eau, là on reboise... Une ferme expérimentale est ouverte afin de développer les cultures vivrières. La pêche aussi donne satisfaction, le poisson salé et séché étant devenu un créneau porteur.

Mais si l'économie seychelloise a le vent en poupe, c'est surtout grâce aux soldes que les pionniers adressent à leurs familles. En 1952, ils étaient encore 1 400 à servir dans l'armée britannique au Moyen-Orient. Lors de leur démobilisation, quatre ans plus tard, les Seychelles s'appauvrissent soudain d'un revenu annuel de 650 000 Rps. Pour faire face au chômage, des projets favorables à l'emploi d'une main-d'œuvre abondante sont financés, néanmoins la métropole va devoir débloquer de nouveaux fonds. "*Les Seychelles devinrent une colonie subventionnée",* écrira un gouverneur.

Suite à l'avis de plusieurs experts anglais, un "*Plan pour les Seychelles"* est lancé en 1960. Il y est question d'aménagement rural (importation de bétail, emploi de fertilisants, essai de culture du thé...), mais aussi d'emploi, l'énorme chantier de la station de repérage des satellites américains, sur les hauteurs de Mahé, ayant nécessité à partir de février 1963 une importante main-d'œuvre. Dans le domaine du logement, l'année suivante, avec l'application du projet du "logement à bon marché", des maisons "à la portée des bourses pauvres" sont enfin construites à Belvédère. Le développement s'inscrit dans le paysage, mais les subventions masquent des difficultés persistantes. Les Seychellois vont bientôt faire entendre leur voix plus distinctement.

Sur la voie de l'indépendance

Place à la politique ! Bien que le suffrage universel ait été instauré en 1949 pour l'élection des conseils de district, le gouverneur britannique n'en demeure pas moins le seul maître de l'archipel. Le conseil législatif est composé de membres nommés ou élus, en l'occurrence par des électeurs soumis à l'impôt direct (soit 10 % de la population seulement). Depuis 1951, les travailleurs salariés se sont regroupés en syndicats. On n'en compte pas moins de treize dans les années 63-64, époque de la première grève organisée en vue d'obtenir de meilleures conditions de travail et un salaire plus décent. "*Nous sommes des travailleurs, pas des esclaves",* affirme un slogan. Les Seychellois ayant constaté qu'ils étaient capables de se rebeller, il devint logique, à l'heure où l'Afrique s'émancipe, que nombre d'entre eux veuillent à leur tour couper le cordon ombilical. Encore fallait-il s'organiser...

Le Parti uni du peuple seychellois (SPUP - Seychelles People's United Party) et le Parti démocratique seychellois (SDP - Seychelles Democratic Party) sont formés en 1964. Fondé en Angleterre par un expatrié seychellois, le SPUP base son programme électoral sur une demande d'autonomie précédant l'accès à l'indépendance.

Le SDP entend dans un premier temps conserver le statut colonial des Seychelles et concentrer sa campagne sur l'amélioration du niveau de vie. Deux programmes symbolisés par deux hommes. L'un, James Mancham, président du SDP, demande dans son journal, *Seychelles Weekly*, l'aide et la protection de la Grande-Bretagne, comparant les Seychelles à "*un enfant handicapé*".

L'autre, France-Albert René, président du SPUP, écrira la même année dans son journal, *The People* : "*Cessons de tendre nos mains à l'Angleterre comme des mendiants. Il est absolument stupide que des étrangers fassent partie de notre gouvernement au même titre que nous-mêmes. Il est inadmissible que ces étrangers fassent appliquer des lois par le gouvernement et dans nos chères Seychelles suivant leurs opinions et leurs idées diamétralement contraires aux nôtres. Nous ne voulons pas accepter de pareilles inepties. Unissons nos efforts, formons un front commun pour la libération de notre pays, sinon les générations ne sauraient ni nous pardonner, ni nous épargner de leurs malédictions*". Le ton était donné...

Douze années seront nécessaires pour que le processus de "libération" trouve son aboutissement. Un cheminement jalonné d'étapes. Celle de novembre-décembre 1967, qui instaure le suffrage universel pour l'élection des huit membres élus du conseil législatif, atteste le sens civique des Seychellois (77,2 % des électeurs inscrits s'étant rendus aux urnes). La nouvelle constitution, plus "libérale", qui en découle, précède celle à laquelle aboutit la conférence constitutionnelle qui se tient à Londres en 1970 : quatre ministres doivent dès lors encadrer le gouverneur. En novembre de cette même année, après les élections de l'Assemblée législative, portée à quinze élus, dix sièges reviennent au SDP (soit 52,8 % des voix) et cinq au SPUP (44,2 %). James Mancham devient ministre principal. Ses fonctions seront prorogées à l'issue du nouveau scrutin législatif d'avril 1974, qui voit le SDP emporter treize des quinze sièges (avec 52,4 % des voix contre 47,6 % pour le SDUP). L'année précédente, plusieurs milliers de Seychellois avaient défilé pour réaffirmer leur volonté de se libérer de la "mère-patrie", l'ONU ayant affirmé à plusieurs reprises "*le droit inaliénable du peuple des Seychelles à l'autodétermination et à l'indépendance*", tandis que l'OUA (Organisation de l'Unité Africaine) accueillait en son sein le SPUP, et le reconnaissait comme un mouvement de libération.

Le protecteur britannique allait donc lâcher sa colonie et restituer du même coup, au moment de l'indépendance, une partie du territoire national dont il avait fait le "*Territoire britannique de l'océan Indien*". Comprenant que les Seychelles se libéreraient un jour ou l'autre de leur tutelle, les Anglais avaient en effet décidé, en 1965, de s'attribuer Aldabra, Farquhar, Desroches et les Chagos (ces dernières dépendantes jusqu'alors de Maurice), afin de garder un pied-à-terre en plein océan Indien. Le British Indian Ocean Territory avait ainsi été affecté à un plan de défense commun à la Grande-Bretagne et aux Etats-Unis. En échange de ces îles éloignées de Mahé, Londres s'engageait à construire à ses frais un aéroport international permettant enfin au tourisme de prendre son envol. Promesse tenue en 1971. L'année suivante, la reine Elisabeth s'y posait à l'occasion de son voyage officiel dans l'archipel. Il était temps qu'un souverain britannique foule le sol de cette lointaine possession : quatre ans plus tard, l'archipel serait majeur. La puissance administrante semblait souhaiter laisser derrière elle un territoire économiquement viable. Cette période de grands travaux fut également marquée par la construction d'un nouveau port à Victoria et par l'assèchement de quelque 40 hectares de terre. En ces années de transition, l'élévation très nette du niveau de vie allait permettre l'avènement d'une classe moyenne.

Sur le papier, la "libération" se dessinait, une nouvelle constitution en cachant toujours une autre. En 1975, à Londres, une deuxième conférence constitutionnelle donna naissance à de nouveaux textes : les Seychelles devenaient "colonie autonome". Un grand pas venait d'être fait, d'autant que les deux partis s'étaient réconciliés pour l'exercice du pouvoir : James Mancham devenait Premier ministre, France-Albert René ministre des Travaux publics et du Développement rural. L'inéluctable indépendance n'était plus qu'une question de mois : les derniers problèmes une fois réglés et la prochaine constitution préparée lors d'une nouvelle conférence constitutionnelle qui eut lieu à Londres en janvier 1976, la République des Seychelles pouvait enfin naître, le 29 juin 1976, à 0 heure.

Un gouvernement de coalition allait diriger le pays, alors peuplé de 47 612 habitants, les deux hommes-clés de cette nouvelle ère restant James Mancham, président de la République et France-Albert René, Premier ministre. Deux cent vingt ans après la première prise de possession, ces îles perdues au beau milieu de l'océan Indien se retrouvaient sans tuteur, confrontées à elles-mêmes. Une page blanche s'ouvrait... Et des plages blanches s'offraient, toujours virginales.

LA CREOLITE

LA POPULATION

"*Les Seychelloises ont juste assez de français pour avoir de jolies formes, d'anglais pour avoir de bonnes manières, d'asiatique pour être exotiques et d'africain pour avoir un charme sauvage.*" Difficile de trouver plus bel éloge à la femme seychelloise que celui d'Alec Vaugh. Il rend également hommage à la créolité et au métissage d'un peuple qui, avec guère plus de deux siècles d'existence, se trouve être l'un des plus jeunes au monde, fruit d'un étonnant brassage entre ses colons, français et anglais, et ses descendants d'esclaves déportés de force de l'Afrique continentale et de Madagascar.

Pour décrire ce mélange constitué principalement de Noirs et de Blancs, une amusante gamme de termes désignant les variantes de ce peuple, compose une véritable ode au métissage. On parlait ainsi de "grands Blancs" pour nommer les quelques descendants des colons d'origine française, et de "Mozambique" à propos des descendants d'origine africaine ou malgache. L'expression "Blancs coco" indique les Blancs pauvres et illettrés qui récoltaient les noix de coco dans les plantations, alors que celle de "Blancs rouillés ou rougeons" évoque des gens légèrement métissés.

De délicieux patronymes

Mais dans ce merveilleux melting-pot on trouve aussi des créoles mulâtres, des créoles chinois et des créoles malabars, c'est-à-dire des métis d'origine européenne, chinoise ou indienne. Toutefois, les Seychellois d'origine indienne se marient rarement hors de leur "ethnie", où les mariages sont encore arrangés par les familles. Et si les actuels descendants des "grands Blancs" sont restés blancs, il n'existe pas pour autant de racisme aux Seychelles, dont tous les habitants sont liés avant tout par la langue créole, la religion principalement catholique, et un fort sentiment national comme seuls savent le susciter les petits pays, a fortiori insulaires.

Toutes les combinaisons ethniques ont donc été possibles, et en deux cents ans, un peuple à nul autre pareil s'est constitué, le peuple seychellois. A Victoria, il suffit de s'installer à la terrasse du Pirates'Arm pour constater l'incroyable brassage racial. En sirotant un cocktail, on peut en savourer un autre, visuel celui-là, des jeunes et belles Seychelloises qui se donnent rendez-vous dans l'un des rares endroits de la capitale où l'on puisse prendre un verre. Il est vraiment amusant d'essayer de deviner la "composition" de ces belles créoles ! Encore plus ludique d'imaginer comment elles s'appellent : Janet Vénus ou Joséphine Cupidon, Marie Jolicœur ou Julianne Labiche, Hortense Ladouceur ou Elizabeth Labonté, Lisette Lajoie ou Emeline Larue, Francine L'Espérance ou Zita Lespoir, Céline Cadeau ou Agnès Louange, Sheila Confiance ou Dania Constance, Simone Bibi ou Florence Dodo ?

Car, souvenir de la première vague de colons, les Seychellois portent majoritairement des patronymes français. Il suffit d'ouvrir l'annuaire téléphonique, et de le parcourir comme un livre, pour découvrir un florilège bien de chez nous :

Augustin Banane et Maurice Brioche, Francis Bijoux et François Lafortune, Roger Legras et Cedric Petit, Ange Valentin et Céline Figaro, Maxime Buisson et Marie Jupiter, Aloyse Baccus et Thomas Napoléon, Jean Lesimple et Mariette Ladouce, Jessie Cousin et Philip Lepère, Octave Tirant et Wilson Rapide, Léon Désir et Albert Adonis, France Larose et Jacques Lavigne, Melitna L'Enclume et Louis Le Borgne, Méricide Moustache et Jimmy Magloire, Flora Orphée, etc... Avec, de temps en temps, un Ak-Koon (chinois), un Mc Queen (britannique), un Tamatave (malgache) ou un Thamarajah (indien) venant s'intercaler entre Daphné Folette, Philibert Radegonde, Bernardin Rosalie, Julienne Gédéon, Brenda Vieille, Charlie Zéphirin ou Jimmy Rosette (steward sur Air Seychelles). Sans oublier les Dubois, Dufour, Dubuisson, Dumoulin, Duprès et autres Duval qui côtoient les de Charmoy Lablache, de Commarmond, de Saint-Jorre, d'Offay, d'Unienville, Charmoy de Lestang et Michaud de Lestang qui rappellent les origines aristocratiques de nombre de pionniers.

On notera encore Norbert Adrienne, Denis Agathine, Félix Amélie, Luciana Amédé, Béatrice Aglaé, George Agricole, Bill Agrippine, Louis Bistoquet, Cécile Boniface, France Bonté, William Eulentin, Astreline Fanchette, Winsley Félix, Gérald Finesse, Patrick Folette, Angèle Forte, Daphnée Gertrude, Terry Gédéon, Archange Léon, Didier Onézime, Lina Philoé, Alex Quatre, Philibert Radegonde, Théophane Rosalie, Expédit Souris, Félicie Suzette, Willy Thérésine, Maxime Toussaint, Anna Violette, Madeleine Vital, Robert Zoé. On ne s'en lasse vraiment pas... Ce n'est pas tous les jours qu'on croise des gens qui s'appellent Létourdie ou Léveillé, Reine ou Soleil, Nourrice ou Baron, Télémaque ou Jupiter, Rideau ou Octobre, Souffre ou Accouche !

Dans l'état civil local, les touristes pourront également puiser des idées de prénoms pour leurs futurs héritiers, le choix étant là aussi très cosmopolite : en ce domaine, le Seychellois se montre plus que jamais ouvert sur le monde. A côté des vieux prénoms de France comme Ariette, Désiré, Gertrude, Herminie, Joséphine, Melchior, Philomène, Maguerite, Théophile, Adrienne, Hypolite, Rénald, Justin ou Rogatien, s'en ajoutent d'autres venus de toute la planète : Edwina, Giovanni, Greta, Maxwell, Shiva, Joyce, Olga, Gulam, Rajaran, Rosalita, Tasiana, Ibrahim, Phiroz, Shafik ou Yvana. Le Seychellois sait aussi faire preuve d'originalité avec Agnella, Astre, Castor, Edouarine, Florina, Frankline, Jeanne d'Arc, Maxwell, Mélitine, Person, Sultanne, Théoline, Violet.... Une liste qui reste ouverte au gré du hasard et de la fantaisie dont feront preuve Monsieur Aimable et Mademoiselle Capricieuse, Monsieur Saint-Ange et Mademoiselle Binette quand ils auront des "pti baba"...

LA LANGUE CREOLE

"*Si ou servi kapot (Durex) toultan, e si ou servi li byen, ou kapab protez ou ek partner k kont maladi transmet par seks enkli Sida.*" De base lexicale française, et s'écrivant phonétiquement, le "kreol seselwa" est vraiment facile à comprendre ! Si la première lecture ne semble pas évidente, il faut relire à voix haute cette fois, ce qui donne : "Si vous vous servez des capotes (Durex) tout le temps, et si vous vous en servez bien, vous pouvez vous protéger ainsi que votre partenaire contre les maladies sexuelles y compris le sida."

Le créole des îles de l'océan Indien apparaît à La Réunion (nommée alors Bourbon) au début du XVIIIe siècle, lors de la colonisation. De même que Maurice (alors île de France), La Réunion sera terre d'accueil et d'espérance pour beaucoup de cadets des familles nobles auxquels le fameux droit d'aînesse ne laisse que trois issues : l'armée, la religion ou l'aventure dans les colonies. Ces îles sont terres d'accueil, mais aussi de misère pour de nombreux esclaves. Issus de diverses tribus ayant chacune leur dialecte, les travailleurs forcés adoptent le parler du colon, en le simplifiant et en le déformant pour d'évidentes difficultés de prononciation. Mais c'est avant tout de la nécessité de dialogue entre d'une part les esclaves provenant des côtes africaines et malgaches, et de l'autre le maître européen, que la langue créole naît. Elle est aussi liée à l'organisation de la répartition des tâches au sein des plantations avec un dialogue à deux niveaux : du maître au contremaître (souvent métis) et du contremaître à l'esclave.

Toutes ethnies mêlées, les esclaves, coupés de leurs racines et unis malgré eux par l'isolement et la pauvreté, abandonnent plus facilement que sur un continent la langue de leurs ancêtres pour adopter le fonds linguistique provincial de leurs maîtres, le français en l'occurrence, métissé de quelques mots africains et indo-portugais. Le terme créole a d'ailleurs deux étymologies, l'une portugaise, de "crioulo", l'autre espagnole, de "criollo", toutes deux issues du latin "criare" qui signifie "celui qui est élevé sur place", c'est-à-dire l'enfant des premiers immigrants européens. Plus tard, ce mot désignera la population noire et son sens s'étendra à toute personne native du Nouveau Monde, avant que les linguistes ne l'emploient pour désigner la langue née de la colonisation. Ce terme porte donc en lui les blessures du déracinement, les morsures du fouet mais aussi les promesses d'un peuple nouveau.

Faites-nous part de vos coups de cœur

Mélodie créole

Coutumes et cultures, rythmes et intonations diverses composent un pot-pourri pittoresque et mélodieux, première étape d'un parler local. Ensuite, le créole s'éparpille dans les autres îles de l'océan Indien, suivant les pérégrinations des hommes. Et si les événements historiques et politiques leur font subir des évolutions séparées et des attractions linguistiques différentes, ces différents créoles gardent un air de famille. A La Réunion, qui n'a jamais cessé d'être française, le cousinage est flagrant. A l'île Maurice, le créole s'est enrichi d'indianismes. Aux Seychelles, la langue est vraisemblablement la plus proche de son état originel, mais il est difficile de l'affirmer devant l'absence de documents écrits. Et pour cause : le créole était avant tout une langue parlée.

Le créole est le seul moyen d'expression et de communication de tout un peuple de travailleurs qui s'organise socialement. Et la société coloniale qui voit dans ce parler bâtard une pacotille exotique permettant aux maîtres de transmettre les ordres aux esclaves, le bannit des écoles, de l'Eglise et, bien sûr, de toutes les institutions. Néanmoins, fortement enraciné dans la culture populaire, ce parler que les colons appellent sans aucune considération du "petit nègre", continue à se développer spontanément, parallèlement au français et à l'anglais, jusqu'à devenir une langue à part entière.

En 1944, une réforme de l'institution publique donne, bien malgré elle, un sérieux coup de pouce à l'avancement du créole. Afin de promouvoir l'anglais dans le système scolaire, le français est supprimé. Du coup, la langue la plus populaire, au sens strict du terme, en profite pour mieux s'implanter. En 1967, avec le suffrage universel, la politique fait son entrée dans la vie publique. Pour séduire leur électorat, les politiciens doivent parler en créole, qui conquiert du même coup la radio et les journaux, et obtient virtuellement le statut de langue officielle. Au moment de l'indépendance du pays, en 1976, le créole sert de langue de travail au même titre que les deux autres langues officielles : l'anglais et le français.

En 1977, le peuple entonne un hymne national en créole. Le gouvernement étend l'usage de la langue à tous les domaines de la vie. En 1978, paraît une proposition pour une orthographe rationnelle et donc phonétique de cette langue avant tout orale, qui, en 1981, se voit élevée pour la toute première fois au rang de langue officielle. Deux ans plus tard, Danielle de Saint-Jorre et Guy Lionnet publient un dictionnaire regroupant quelque 6 000 termes seychellois, tandis que sont édités les premiers livres en créole. L'Institut créole sera créé en 1986.

"*Nous avons longtemps vécu à tort avec l'idée que le créole était une langue bâtarde alors qu'il est un idiome à part entière, d'une incontestable richesse puisqu'on traduit aussi bien* Le Petit Prince *qu'*Antigone. *Ceux qui s'obstinent à le considérer comme un français corrompu devraient admettre, s'ils suivaient leur principe, que le français lui-même fut, au départ, une corruption du latin. Le contexte sociologique dans lequel français et créole se sont développés est d'ailleurs sensiblement le même*", plaide Danielle de Saint-Jorre, secrétaire d'Etat au Plan et aux Relations extérieures.

Première langue nationale de la république des Seychelles, le "kreol seselwa" est donc un français revu et corrigé ayant trouvé sa propre identité et constituant le principal ciment de tout un peuple.

Une langue zoli zoli

Quel délice, tout d'abord, pour un Français d'entendre la mélodie du créole ! Quel plaisir aussi d'y retrouver des mots de vieux français comme "doutance" pour soupçon, "espere" (espérer) pour attendre, "marmay" (marmaille) pour enfant, "rode" (rôder) pour chercher, "veye" (veiller) pour regarder, "gagne" (gagner) pour avoir, "reste" (rester) pour habiter, "gete" (guetter) pour regarder, "kose" (causer) pour parler, "taye" (tailler) pour courir.

- d'y reconnaître les termes des marins qui débarquèrent ici, tels "akoste" (accoster) pour appuyer contre, "amare" (amarrer) pour attacher, "pare" (parer) pour être prêt, "bor" (bord) pour direction ;
- d'y rencontrer quelques anglicismes comme "benzine" pour essence, "diary" pour agenda, "driver" pour conducteur, "sennglas" (sun-glasses) pour lunettes de soleil, "dobliyousi" (W.C.) ;
- d'y repérer des mots d'origine swahili ("kafoul", coque de la noix de coco), indienne ("kalou", vin de palme), malgache ("farfar", claie pour fumer le poisson).

Sans article, sans genre, sans pluriel et avec seulement trois temps - le passé, le présent, le futur, soit "mon ti ale, mon ale, mon per ale" (je suis allé, je vais, j'irai) - et sans véritable conjugaison, la grammaire créole s'apprend relativement facilement. Quant au vocabulaire, il semble apparemment évident avec un système de négations : un "kos pas" (cause pas) est un muet ; d'associations : une abeille est une "mous dimyel" (mouche du miel), une "bebet prive" (bébête privée) est un animal domestique ; d'images : une "fanm gro vant" (femme gros ventre) est une femme enceinte, une "ponm zenou" est la rotule, un "kolodan" (colle-aux-dents) est un nougat ; d'onomatopées : "gnongnon" pour violon, "kotkot" pour poule ; de déclinaisons à partir d'un même mot : "bato a vwal" (voilier), "bato diri" (cargo amenant le riz), "bato lager" (bateau de guerre), "bato peser" (bateau de pêcheur), "bato plezans" (bateau de plaisance), "bato sovtaz" (canot de sauvetage). Vraiment un "langaz zoli zoli" ayant tous les atouts pour susciter des vocations linguistiques avec son "vokabiler" imagé foisonnant de bruits, d'odeurs et de couleurs. En tout cas, le meilleur des passeports pour entrer en Créolie !

Les Seychelles et le français

Quoi de commun entre les Seychelles et la Roumanie, le Canada, Haïti, le Mali, le Maroc, Madagascar, Djibouti, le Vanuatu, la Guinée, le Cap-Vert, l'Algérie, le Liban, le Cambodge, Sainte-Lucie, la Dominique, la Mauritanie, le Niger, le Sénégal, Monaco, le Rwanda, la Polynésie, Maurice, le Luxembourg, le Tchad, les Comores, la Suisse ou même le Val d'Aoste ? Une question qui, dans une version élaguée, a certainement tenu en haleine les auditeurs du *Jeu des Mille Francs*. Vous donnez votre langue au chat ? Eh bien, la langue française justement ! Héritage du colonialisme essentiellement, le français sert de lien à toutes sortes de terres réparties sur quarante-quatre nations, riches ou démunies, glacées par la neige ou brûlées par le soleil, vénérant Jésus ou Mahomet. En tout, 120 millions d'hommes pour lesquels la langue de Molière est la langue maternelle ou la seconde langue d'usage courant. Sans oublier les 100 autres millions parlant le français comme langue étrangère. Rien à voir, bien sûr, entre les 12 000 francophones seychellois et les 6 000 000 de francophones belges ou encore les 250 000 Louisianais francophones. Encore qu'une langue ne soit pas seulement un mode d'expression mais aussi une manière de penser.

Lancé par le géographe Onésime Reclus à la fin du XIXe siècle, le terme francophonie a été repris par le président sénégalais Senghor, qui eut l'idée de l'appliquer *"pour faire quelque chose ensemble afin de défendre la langue et la culture françaises"*. Un sommet francophone a d'ailleurs lieu chaque année dans un des pays frères. Car parler la même langue c'est appartenir à la même grande famille vivant sur les cinq continents et avoir, avant tout, un patrimoine émotionnel commun, la culture, l'économie et la politique venant après.

L'hymne seychellois

Debout zomn lib, fyer Seselwa !
Avek kouraz e disiplin nou ti briz tou barier
Gouvernay dan nou lamin nou pou reste touzour frer
Zamin zamin nou pou aret lite
plito lamor qui viv dan lesclavaz`
Zamin zamin nou pou aret lite
legalite pou nou tou laliberte pou touzou
Debou zomn lib fyer Seselwa
nou laport in ouvert nou semin in traze
nou soley in leve nou pa pou tourne deryer
Debout zomn lib
debout Seselwa
E nou reste dan linite
Dan laliberte

Avek dignite nou later bezwen kiltive
Avek deternimazyon lamer nou pou esploite
Endu touzour mars nou tou ensanb
Fraternite dan leker nou lavenir devan nou
Debout zom lib fyer Seselwa
Nou laport in ouvert nou semin in trase
Nou Soley in leve nou pa pou tourne deryer
Dbout zomn lib, debout Seselwa
E nou reste dan linitee dan laliberte.

Si l'aura de la France n'est plus ce qu'elle était jadis, la politique francophone française demeure très active. Avec entre autres un ministère de la Francophonie, la France est le pays qui fait le plus pour le rayonnement de sa langue dans le monde. La France entretient de bonnes relations avec les Seychelles, pays certes peu peuplé, mais situé au sein d'un contexte géographique on ne peut plus francophone avec la relative proximité de La Réunion, Madagascar et l'île Maurice. En 1990, le président François Mitterrand avait fait une escale d'un jour dans l'archipel, preuve, s'il en était besoin, des bonnes relations entretenues par les deux pays. A tout seigneur, tout honneur, François Mitterrand eut le privilège - exceptionnel - de manger de la pulpe de jeune cocofesse lors du dîner officiel, tandis qu'on lui expliquait qu'à l'école, l'apprentissage de l'écriture et de la lecture s'effectue dans la langue maternelle, le créole, que les enfants commencent à apprendre l'anglais à partir de la deuxième année du cycle primaire et, enfin, que le français est obligatoirement la troisième langue enseignée, son étude étant introduite dès que l'anglais est assimilé. Si en théorie créole, anglais et français sont les trois langues officielles, force est de constater que le français tient toujours un rôle important dans le domaine religieux, tandis qu'il est détrôné par l'anglais dans l'administration et par le créole dans la vie quotidienne. Un vieux Seychellois saura mieux répondre à vos questions qu'un jeune, qui parlera plus spontanément anglais. Dans la presse et à la télévision, un équilibre entre les trois langues est toutefois maintenu, l'émission "*Questions pour un champion*" étant même diffusée sous l'oeil un peu hagard des téléspectateurs locaux...

Mais les liens de la fraternité linguistique (présence d'un centre culturel français) ou ceux de la nécessité économique (coopération dans les domaines de la pêche et de l'éducation, notamment) ne sont pas les seuls. Il en existe d'autres, personnels, auxquels tient particulièrement le président seychellois, profondément francophone et sincèrement francophile. Comment pourrait-il en être autrement puisqu'il porte non seulement un patronyme français, mais aussi un double prénom rappelant notre pays. Vive France-Albert René !

L'ARCHITECTURE

Aux Seychelles, il existe une "institution" locale à laquelle seuls les lève-tôt peuvent assister : celle du balai zig, un balai fait en nervures de palmier, au manche court, que la Seychelloise manie avec dextérité et élégance, "bomaten" (de bonne heure) avant de partir travailler. La main gauche pliée derrière le dos et le balai zig dans la main droite, légèrement courbée, elle balaye devant sa maison et pas une seule fleur d'hibiscus tombée à terre ni un seul mégot de "Mahé King" ou de "Silhouette" (les deux marques locales de cigarettes) n'échappent à son énergie matinale. Ensuite, elle arrose ses fleurs avec délicatesse. Des fleurs de toutes les couleurs et des plantes décoratives débordent de partout, souvent plantées dans des pots de fortune, et essaient de rivaliser avec la nature alentour, exubérante, généreuse, luxuriante. Ici, nul besoin de motiver la population avec un concours du plus beau village fleuri ! Embellir "son lakaz" (sa maison) est vraiment un des passe-temps favoris des Seychellois.

Du bois à la tôle ondulée

De la superbe et vaste maison coloniale en bois à la petite et modeste habitation en tôle ondulée, le contact avec la nature s'avère être une constante, voire une nécessité. Attestant un art original, chaque maison présente à la fois des similitudes avec les autres et en est différente, de manière à s'inscrire parfaitement dans le paysage tant architectural que végétal, et à participer à l'harmonie générale de l'habitat. Partout dans la capitale, mais aussi dans le moindre petit hameau éloigné, le bois, le ciment et la tôle ondulée s'imbriquent, créant on ne sait comment un équilibre visuel et architectural, la couleur - pastel pour les maisons traditionnelles anciennes, vive pour les maisons populaires - enveloppant le tout et ajoutant toujours une note naïve et gaie. Ultra-patriote, le Seychellois peint souvent sa maison aux couleurs du drapeau national, c'est-à-dire en vert et rouge vif. Cette maison possède beaucoup d'ouvertures, hautes portes, nombreuses fenêtres, jalousies et stores qui facilitent la circulation de l'air et filtrent la lumière - une préoccupation capitale des pays chauds auxquels le climat dicte sa loi.

Plutôt dispersé, essentiellement rural et généralement réparti autour des côtes ou à flanc de montagne, l'habitat seychellois, héritage métissé oblige, est créole avant tout.

Pour comprendre comment les hommes qui vécurent ici ont occupé l'espace, il faut bien avoir en mémoire que, dénuées d'habitants au moment de leur découverte, les îles Seychelles n'ont été peuplées qu'à leur prise de possession par les Français, à la fin du XVIIIe siècle. La vocation principale des ces îles était la sécurité des ports et les approvisionnements ponctuels en eau douce, bois et gibier des navires de compagnies marchandes qui y relâchaient. Les premières constructions, en corail taillé, granit, bois et autres matériaux locaux, furent d'ordre portuaire et stratégique.

A la lecture des archives sur l'installation des premiers colons, il semble que la présence de maîtres artisans ait été déterminante en matière d'architecture. Ils surent transmettre à leurs esclaves, techniques, outillage et modes de construction qu'ils importaient de leur terroir ou des îles de France et de Bourbon. Cette diversité d'origines explique en grande partie l'originalité créole des habitations, c'est-à-dire la déformation et l'appropriation des styles. La répartition des propriétés foncières eut aussi beaucoup d'influence. Chacune était composée de la maison du maître et des dépendances (cuisine, réserves, hangars), les bâtiments industriels (moulins, fours à coprah, atelier de distillation des essences, hangars de séchage et de tri, magasins...) étant répartis derrière un espace vivrier (jardin, produits fermiers). Enfin, en bordure du domaine, les "kaz kreol" servaient de logement aux employés et aux esclaves.

On trouvait dans ces exploitations agricoles, sorte de collectivité interdépendante, trois types d'habitation, qui marquent bien le cloisonnement social tout en mettant en valeur le savoir-faire des artisans :

La case en paille. Constituée d'une pièce unique avec plancher sur petits pilotis en pierre et toit en feuilles de latanier ou de vacoa, elle était réservée aux esclaves. Il en existe encore aujourd'hui, surtout dans les villages de pêcheurs, naïves dans leur aménagement et amusantes dans leur décoration. Quand ses murs sont tapissés avec des pages colorées de magazines, elle devient la "maison de papier".

La "pti lakaz". Posée sur quatre tasseaux de pierres maçonnées pour prévenir l'humidité et favoriser le ruissellement des eaux, elle est la plus courante. On en trouve des centaines, surtout dans les zones suburbaines et dans les montagnes. Elles fascinent tant par leur variété que par leurs couleurs symbolisant une certaine joie de vivre. Appelée aussi "kaz kreol", la "pti lakaz" révèle les compétences de la plupart des Seychellois qui sont tous un peu charpentier et maçon à la fois. Un perron de quelques marches mène à la "varangue", sorte de véranda ouverte sur la façade, qui prolonge le salon et protège du soleil. Assis dans un fauteuil créole (bas et en bois), le Seychellois aime séjourner sous la varangue, pièce maîtresse qui participe à son art de vivre, pour prendre l'air ou pour recevoir ses amis.

La "gran lakaz". Une allée ombragée et fleurie mène généralement à cette maison imposante - on l'appelle aussi parfois château - située au centre d'un jardin d'agrément. Symétrie, équilibre des volumes, contrastes plein-vide, jeux de lumières, harmonie des lignes, choix des plus beaux bois exotiques... Ces remarquables maisons de maître rappellent le savoir-faire et le talent des ouvriers compagnons. Pour preuve les superbes parquets mais aussi l'ingénieux système d'aération du toit. Vraiment des maisons de rêve qui redonneraient presque des tentations de colonialisme, car en les visitant, on s'y voit plus volontiers maître qu'esclave.

Des demeures de patrimoine. Uniques témoins d'un passé colonial bien révolu, ces demeures résistent mal à l'épreuve du temps, et se délabrent les unes après les autres, faute de moyens personnels pour les entretenir. Un patrimoine architectural, qu'en 1980, l'Etat a entrepris de sauvegarder en votant une loi qui assure la conservation des plus belles demeures, et en instituant un système de subventions pour leur restauration. Symboles de l'architecture créole seychelloise, quelques dizaines de maisons ont ainsi échappé à la démolition. Celle du village artisanal à Mahé (avec un restaurant créole mitoyen) et la Maison jaune à La Digue (transformée en annexe d'hôtel) offrent deux exemples réussis de préservation et de valorisation du patrimoine auxquels le touriste a facilement accès.

Restauration des belles maisons anciennes d'un côté, constructions nouvelles en ciment couvertes de tôle de l'autre... L'Etat s'est donné pour principal objectif de proposer une maison décente à chaque Seychellois, afin qu'il puisse y loger sa famille - prêt à taux préférentiel et construction de logements sociaux à l'appui.

En parlant avec les "zabitan", on s'aperçoit très vite que par manque de logements. de nombreux jeunes couples vivent encore chez leurs parents, parfois dans la promiscuité ! Dans ces conditions, chaque jeune Seychelloise rêve d'avoir une maison en dur, avec l'électricité et une salle de bains. Et surtout pas de toit en feuilles, se dit-elle, sachant qu'un toit traditionnel est non seulement onéreux mais peu durable : à peine vingt ans d'espérance de vie. Il n'est pas étonnant alors de constater, avec regret que les maisons en tôle supplantent en nombre celles en feuilles ou en bois, encore assez fréquentes sur Praslin et La Digue. Mais pour combien de temps ?

En feuilletant l'admirable *Demeures d'archipel* de Maryse Eichler de Saint-Jorre, on pourrait croire que les maisons créoles sont encore très nombreuses, chaque page ou presque révélant une splendide plantation ou une émouvante "maison de papier". Cet ouvrage de référence ne s'adresse pas seulement aux passionnés d'architecture locale, mais aussi à ceux qui veulent mieux cerner l'âme seychelloise ; les remarquables photos sur papier glacé de Christian Bossu-Picat ne se contentent pas de montrer des maisons, si belles soient-elles : elles donnent à voir aussi des scènes de la vie quotidienne : des enfants courant à la boutique, un jeune homme assis sous la varangue, une vieille femme installée dans sa cour au milieu des poules...

Certaines photos permettent également de pénétrer dans l'intimité des maisons : une occasion inespérée de découvrir leur aménagement et leur mobilier. Si l'on y voit les plus beaux intérieurs seychellois, avec notamment un lit à baldaquin, une commode de mariage à rosace ou des fauteuils de la Compagnie des Indes, on constate aussi le dépouillement de certains autres qui ne possèdent que le strict nécessaire, soit quelques meubles locaux, tout simples, en bois. Ce minimalisme se trouve largement compensé par une surcharge de la décoration murale : des posters évidemment, mais aussi un tapis avec un tigre ou un cerf, une assiette avec le portrait du président René, et de nombreuses étagères avec des "sujets" made in Hong-Kong ou Taïwan...

Ayant longtemps échappé au modèle occidental de la société de consommation, les Seychelles ne sont plus isolées et subissent l'influence du monde extérieur, chaîne hi-fi, télévision et appareils électriques ménagers trouvant de plus en plus une place dans les foyers les plus modestes. Autre signe des temps modernes : les barreaux sont apparus aux fenêtres, la petite délinquance ayant récemment fait son apparition dans ce paradis touristique. Ce qui n'empêche pas les Seychellois, superstitieux, de planter du "bois cateau", un arbre doté de vertus protectrices et bienfaisantes, autour de la maison !

LE FESTIVAL CREOLE

"*Actuellement, les anciens peuples colonisés, en Afrique, en Asie, dans les îles, se sont engagés dans ce processus parfois douloureux de devenir eux-mêmes. Ils prennent conscience de leurs propres richesses, de leurs propres valeurs... Peu à peu, ou brusquement, ils rejettent le système qu'on leur a imposé. Ils sont à la recherche de leur personnalité et de leur unité intérieure. Les Seychelles, à leur manière, ne font pas exception parmi les peuples en voie de développement. Cela se remarque à plusieurs signes... Cette floraison de chansons locales, depuis quelques années, qui chantent le pays des Seychelles, la vie des Seychellois, les sentiments de l'âme seychelloise... et cela à la manière créole. Elle fait prendre conscience à l'homme du peuple de certaines valeurs qu'il sent en lui et la langue créole elle-même commence à sortir du mépris où on l'a reléguée. Elle est remise à l'honneur... On l'entend à la radio, dans les discours officiels, à l'église parfois. On étudie son histoire, sa grammaire, son lexique. On apprend à apprécier sa saveur, ses finesses. Le folklore seychellois, les danses, le camtolé, les histoires créoles font l'objet d'une attention spéciale de la part des dirigeants et sont les programmes les plus écoutés à la radio... Ce réveil de la personnalité seychelloise se marque certainement dans beaucoup d'autres domaines. Il faudrait y être attentif. C'est un effort du peuple entier, un effort de vérité pour être soi-même*", pouvait-on déjà lire, en 1973, dans l'éditorial d'un journal seychellois militant pour l'indépendance... Il aura fallu attendre quelques années supplémentaires pour que le créole devienne une langue à part entière, enfin pleinement considérée comme l'expression d'une véritable culture populaire. Mais une réelle prise de conscience était en train de s'opérer du côté de ceux qui voulaient le pouvoir.

Cependant, c'est La Dominique, petite île des Caraïbes, qui prit l'initiative de mettre à l'honneur cette langue du cœur en célébrant la première Journée créole, en 1981. Quatre ans plus tard, en 1985, l'idée d'une journée créole fut acceptée par la majeure partie des pays créolophones. Cette même année, aux Seychelles, Danielle de Saint-Jorre, alors secrétaire exécutive de l'association "Bann zil kreol" (Les îles créoles), lançait l'idée d'une série d'activités s'étalant sur plusieurs jours. La Journée créole devint la Semaine créole. Depuis, chaque automne à la fin octobre, les Seychelles deviennent un carrefour du dialogue et de l'amitié créoles. Des représentants de la diaspora créole s'y retrouvent pour un festival haut en couleur déclinant toutes les facettes de la culture créole francophone, de la littérature à la cuisine, de la musique à l'architecture, de la danse, de l'artisanat, du théâtre, de la conférence au défilé de mode. Sept jours de fêtes et de dialogue pour enraciner le patrimoine créole, et démontrer, s'il en était besoin, les multiples richesses d'expression de la "kiltir kreol" (culture créole).

"Nou pre, nou lwen"

A travers le monde, séparés par les océans et les continents, plus de 15 millions d'hommes, dont 2 millions de Français, ont en commun une langue, ce qui n'exclue pas des spécificités locales. Des peuples gommant les frontières, se retrouvent unis, malgré la dispersion géographique, par une même culture et des racines identiques, celles de peuples nouveaux nés de la migration et du métissage. C'est ainsi que Maurice, Rodrigues, La Réunion, La Dominique, la Guadeloupe, la Martinique, Haïti, Sainte-Lucie, la Guyane et la Louisiane se donnent annuellement rendez-vous aux "Zil Sesel". Ecrivains, linguistes, chercheurs, peintres, musiciens, chanteurs, danseurs et autres artistes de ces différentes communautés deviennent, le temps d'un festival, les ambassadeurs culturels du monde créolophone avec pour slogan "Nou pre, nou lwen" ("Nous près, nous loin" : autrement dit, nous sommes proches même si nous sommes éloignés). A ce pittoresque forum, l'Unesco et la Commission des communautés européennes apportent un considérable soutien financier.

De nature hospitalière et tolérante, les Seychellois ont particulièrement à cœur de recevoir dignement les pays frères. Un comité créole permanent du festival, représentant les différents ministères (Culture, Tourisme et Education notamment) a été mis en place en 1990, pour lui donner une plus grande dimension, tant locale qu'internationale. Certains auraient, paraît-il, vu d'un mauvais œil cette expansion, le principal reproche étant l'abondance des activités ! Ce qui serait plutôt une qualité qu'un défaut, car le festival ne s'adresse pas seulement à une petite élite d'intellectuels en mal de reconnaissance ou à des touristes avides de folklore local, mais à toute la population. Le Seychellois ne se fait d'ailleurs pas prier pour participer : "lekspozisyon skilptir, lavant lakaz zepis, dinen gala defile lanmod, lafet dan vilaz, spektak misikal, lapes tradisyonnel, konferans tradisyon popiler, sware kalou, sware romantik lo lans, gran konser piblik, animasyon dan lavil Victoria" (l'exposition de sculpture, la vente de la boutique aux épices, le dîner de gala avec défilé de mode, la fête au village, la pêche traditionnelle, la conférence sur les traditions populaires, la soirée calou, la soirée romantique sur la plage, la grand concert publique, l'animation dans les rues de Victoria). Ces nombreuses propositions ne concernent pas exclusivement la capitale ou l'île principale, car Seychellois et touristes peuvent se cultiver ou s'amuser un peu partout, de Praslin à La Digue, les hôtels s'impliquant avec beaucoup d'enthousiasme dans le programme : buffet créole et danses locales sont alors inclus dans le séjour ! Tout le pays est en ébullition.

Il est vraiment intéressant et enrichissant de découvrir les Seychelles lors de cette grande manifestation durant laquelle le peuple seychellois célèbre, affirme et conforte son appartenance à un mode de vie commun. Vitrine du monde créole en général et des Seychelles en particulier, ce festival réunit avant tout un peuple fier de sa culture et content de pouvoir vivre sa créolité au quotidien, sans francitude ni négritude. N'est-il pas le premier à avoir donné ses titres de noblesse au créole en le faisant reconnaître comme langue officielle et en le faisant enseigner dès le tout début de la scolarité ! Une institution seychelloise chère au cœur du président France-Albert René qui, chaque année, lors de l'inauguration officielle déclare : "*Mon annan gran plezir aprezan pour deklar Festival kreol ouver. Mon swet zot tou en festival ranpli avek bonner, sikse e lazwa*" (J'ai le grand plaisir à présent de déclarer l'ouverture du Festival créole. Je vous souhaite à tous un festival rempli de bonheur, de succès et de joie.) Vive la Créolie jolie !

EN KREOL DANS LE TEXTE

Aux "Sesel", la journée commence toujours par "Bonzour, ou byen ?" (bonjour, ça va bien ?) ou encore "Bonzour, koman ou sa va ?" (bonjour, comment ça va ?). A quoi il faut répondre "Mon byen, gran mersi" (je vais bien, merci beaucoup), en faisant, si possible, traîner la fin de chaque mot ; ici nous sommes sous les tropiques, pas d'affolement ! Des phrases qui respirent la "zwa de viv", et qu'avec un peu d'"eksperyans" on peut apprendre "pti tapti"... Et surtout, pas "blye" (oublier) que l'écriture est phonétique, ce qui facilite "vremen" (vraiment) l'apprentissage !

Au quotidien

- *Bonzour :* bonjour.
- *Oplezir :* à bientôt.
- *Dezenen :* déjeuner.
- *Delo :* eau.
- *Kafe :* café.
- *Dipen :* pain.
- *Lakas :* maison.
- *Lapos :* poste.
- *Lans :* plage.
- *Disab :* sable.
- *Brizan :* récif de corail.
- *Taler :* tout à l'heure.
- *Parfwa :* parfois
- *Annefe :* en effet.
- *Ki li ki la ? :* qui est là ?
- *Lougarou :* coureur de jupon.
- *Ki sa sa ? :* que voulez-vous ?
- *Byento :* bientôt. *Akoz :* parce que
- *Bonswar :* bonsoir.
- *Ti dezennen :* petit déjeuner.
- *Souper :* dîner.
- *Dite :* thé.
- *Disik :* sucre.
- *Zalimet :* allumettes.
- *Lasanm :* chambre.
- *Telefonn :* téléphone.
- *Zil :* île.
- *Lanmer :* mer.
- *Kiler :* quand ?
- *Boner :* tôt.
- *Ki kote ? :* où ?
- *En kantite :* beaucoup.
- *Ki sel la ki la ? :* qui est là ?
- *Pilonaz :* homosexualité.
- *Tanzantan :* de temps en temps
- *Ki sa ? :* qu'est-ce que c'est ?

Et attention aux faux amis : "*Essaie de faire entrer ça dans ton coccyx !*" signifie simplement "*Rentre-toi bien cela dans la... tête !*"

Image

- *Bwat kondamenn* (boîte condamnée) : tirelire.
- *Deor* (dehors) : à l'étranger.
- *Fanm kankan* : comère.
- *Glwaroper* (gloire au père) : gloria.
- *Gro ker* (gros cœur) : jaloux, envieux.
- *Kafe katrer bomaten* (café quatre heures du matin) : café fort.
- *Kourpa* (court pas) : escargot.
- *Masin koup zerb* (machine coupe herbe) : tondeuse.
- *Lougarou* (loup-garou) : coureur de jupons.
- *Pilonaz* (pilonnage) : homosexualité.
- *Pti parol dymiel* (petite parole de miel) : parole douce.
- *Rob lanmes* (robe de la messe) : robe du dimanche.
- *Sanzman der* (changement d'air) : séjour de détente.
- *Sapo feray* (chapeau en féraille) : casque.
- *Trou de bote* (trou de beauté) : fossette.
- *Trou fes* : anus.
- *Zetwal delo sale* (étoile de l'eau salée) : étoile de mer.

Amusant à lire

- *Blokaz sikolosi :* blocage psychologique.
- *Denozour :* de nos jours.
- *Katolik* : catholique.
- *Kou'd pye :* coup de pied.
- *Krawr :* croire.
- *Lasasen :* assassin.
- *Latmosfer :* atmosphère.
- *Lekor :* corps.
- *Maziskil :* majuscule.
- *Okontrer :* au contraire.
- *Omilye :* au milieu.
- *Okipe :* occupé.
- *Otomatikman :* automatiquement.
- *Oplito :* au plus tôt.
- *Pov pov :* très pauvre.
- *Sanpyon :* champion.
- *Sarpantye :* charpentier.
- *Twatir ;* toiture.
- *Ti bef :* veau.
- *Zanfan :* enfant.
- *Zanviron :* environs.
- *Zorey :* oreille.
- *Epi :* et puis.
- *Kataplas :* cataplasme.
- *Kiryozite :* curiosité.
- *Kou'd pwen :* coup de poing.
- *Laroswar :* arrosoir.
- *Lasyet :* assiette.
- *Legzamen :* examen.
- *Loraz :* orage.
- *Malerezman :* malheureusement.
- *Okouran :* au courant.
- *Omwen :* au moins.
- *Osekour :* au secours.
- *Oplivit :* au plus vite.
- *Pov :* pauvre.
- *Reaksyon :* réaction.
- *Sanzman :* changement.
- *Soke :* choquer.
- *Ti poul :* poussin.
- *Zouvrye :* ouvrier.
- *Zaponnen :* japonais.
- *Ziferan :* juif errant.

Vieux français

- *Brigandaz* (brigandage) : bagarre.
- *Mazinen (*imaginer) : penser.
- *Mon bourzwa* (mon bourgeois) : mon patron.
- *Omourwar* (au mouroir) : à l'agonie.
- *Rode lager* (chercher la guerre) : chercher querelle.
- *Sanigrazyon* (chagrination) : peine.
- *Soulezon* (soulaison) : ivresse.
- *Tapaz* (tapage) : bruit.
- *Anvoy fer fout :* envoyer se promener.
- *Fou li en kalot :* donne-lui une gifle.
- *Na pas cabri dan sak :* il n'y a pas quelque chose de louche.
- *Mon foupamal sa ki ou dir :* je me moque bien de ce que tu dis.
- *Soley fer kas kou* (le soleil fait un pirouette) : le soleil se couche.
- *Dan pti taler mon vini* (dans petit tout à l'heure je viens) : je viens dans un instant.

Déclinaisons

Bat (battre). *Bat feray* : forger ; *bat lakord :* sauter à la corde ; *bat lapat :* pétrir ; *bat lari :* solliciter (en parlant d'une prostituée) ; *bat lenz :* laver ; *bat lizye :* cligner de l'oeil ; *bat sik :* se masturber.

Fer (faire). *Fer bobo :* ridiculiser ; *fer bonnavini :* faire n'importe quoi ; *fer bor :* attirer l'attention d'un garçon ; *fer fars* (faire une farce) : plaisanter ; *fer fini* : compléter ; *fer fize* (faire fusée) : gaspiller ; *fer kaba barbye* (le sac du barbier) : se couper les cheveux ; *fer kouyon* (couillon) : faire l'imbécile ; *fer label* (la belle) : se faire belle ; *fer pti tour* (faire un petit tour) : faire pipi ; *fer zig zig :* faire l'amour ; *fer labriz* (la brise) : déclencher une bagarre ; *fer lantrak :* être dissipé ; *fer legro ou fer gro fes :* se donner des airs.

Kaka (caca). *Kaka bef* (bœuf) : bouse ; *kaka la si* (la scie) : sciure ; *kaka kreyon* (crayon) : copeaux ; *kaka zozey* (oreille) : cérumen ; *kaka poul* (poule) : crotte de poule ; *kaka gran nwar* (grand noir) : excréments d'adulte.

Kas (casser). *Kas dibwa* (casser du bois) : provoquer quelqu'un ; *kas kontour :* prendre un virage ; *kas kou* (se casser le cou) : faire une pirouette ; *kas lakle* (casser la clé) : prendre sa liberté ; *kas latet* (se casser la tête) : se préoccuper ou avoir la gueule de bois ; *kas lapay* (casser la paille) : mourir.

Koz (parler). *Koz an foutan* (en s'en foutant) : parler ironiquement ; *koz dan papye* (dans papier) : mettre tout par écrit ; *koz dan son vant* (dans son ventre) : mal prononcer ; *koz kontrer :* contredire ; *koz koze :* bavarder ; *koz mansonz* : mentir.

Lakaz (maison). *Lakaz bib :* toile d'araignée ; *lakaz piti* (bébé) : placenta ; *lakaz pizon* (pigeon) : pigeonnier ; *lakaz zwazo* (oiseaux) : cage *; lakaz mor :* morgue.

Lapo (la peau). *Lapo liv :* couverture (de livre) ; *lapo bwa :* écorce.

Met (mettre). *Met aba ban* (en bas du banc) : *dissimuler ; met bon :* se lier amoureusement ; *met defo* (défaut) : *critiquer ; met latrap :* piéger ; *met lavi :* donner son maximum ; *met zorey apik :* se concentrer pour écouter.

Non (prénom). *Non barok* (nom baroque) : sobriquet ; *non fiy* (nom de fille) : nom de jeune fille ; *non lakour* (nom la cour) : petit nom usuel ; *non maryaz* (nom de mariage) : nom de femme.

Papye (papier). *Papye dokter* (papier docteur) : certificat médical ; *papye kado* (papier cadeau) : emballage ; *papye laz* (papier l'âge) : extrait de naissance ; *papye nouga* (papier nougat) : hymen.

Ponm (pomme). *Ponm lagoz* (pomme la gorge) : *pomme d'Adam* ; pom deter : pomme de terre ; *ponm damour* (pomme d'amour) : tomate.

LA NATURE

LE CLIMAT

Ces îles-là ont su instaurer avec leurs visiteurs un climat de confiance : pas question de perturber leurs chères vacances avec un cyclone ! Les Seychelles ont en effet pris de soin de s'ancrer hors de la trajectoire des tornades. Certes, les causes de l'historique tempête (dite Grande Avalasse) du 12 octobre 1862, restent bien floues et il est arrivé (au moins quatre fois depuis 1808) que les cocotiers de l'île Coëtivy, par 7°6 de latitude sud, soient plus que décoiffés. Ajoutons que Farquhar, Providence, Astove et Aldabra sont susceptibles d'être touchées par des cyclones en formation, qui prennent leur développement vers les 7 à 8° de latitude sud. Mais les dieux du ciel semblent protéger cet archipel que le général Gordon prit pour le paradis terrestre.

Un paradis dont le climat se révèle plus tropical qu'équatorial, bien que l'équateur soit tout proche. Ici, l'océan joue évidemment un rôle modérateur, ces îles ignorant les très fortes chaleurs que connaissent à latitude égale les régions continentales. L'influence des vents constitue d'ailleurs un facteur déterminant dans "le temps qu'il fait".

Quatre périodes caractérisent ce climat de mousson : une saison fraîche et sèche, une saison humide et chaude et deux périodes intermédiaires.

Saison sèche et saison humide

De **juin** à **octobre**, souffle un courant du sud-est, qui poursuit sa route jusqu'au-delà de l'équateur, puisqu'il est à l'origine de la mousson indienne d'été. Aux Seychelles, on parle alors de la *mousson de Suette* (pour sud-est). Les pluies sont plus rares, le taux d'humidité se révèle plus faible, la mer se montre houleuse, le vent dépasse toutefois rarement la force 6. Il fait légèrement plus frais que durant les autres mois. En cette saison sèche, la température moyenne atteint tout de même les 25°C.

De **décembre** à **avril**, durant la saison humide, des vents d'est et du nord-ouest soufflent sur l'archipel. Cette *mousson de Nordé* (pour nord-est) résulte du renforcement de l'alizé dans l'hémisphère nord. La chaleur se fait lourde, le mercure atteint les 30°C, et l'humidité règne à nouveau. La végétation est plus luxuriante que jamais, le cycle pluie - soleil - évaporation - nuages - pluie régalant visiblement une nature qui a grand soif. Les averses sont nombreuses, souvent violentes, mais généralement de courte durée. Les plus fortes ont lieu en début de soirée ou la nuit. Il arrive toutefois que le soleil prenne congé plusieurs jours durant et que les dépressions retardent, voire interdisent les vols inter-îles.

Les meilleures périodes de séjour sont celles des mois intermédiaires entre saison sèche et saison humide, c'est-à-dire **mai** et **octobre**. Vent faible, averses fugaces, océan calme, chaleur idéale : les belles semaines que voilà ! C'est d'ailleurs en mai que les ornithologues se donnent rendez-vous sur Bird Island et Cousin, où des millions d'oiseaux viennent nicher. Quelle que soit la date choisie, la chaleur n'est jamais écrasante (de 25 à 32°C le jour, au moins 24°C la nuit) et le taux d'humidité toujours supportable (environ 80 %). Les précipitations maximales sont observées généralement entre la mi-décembre et la mi-janvier. Les îles coralliennes (de 500 à 1 500 mm par an) sont évidemment moins arrosées que les granitiques (de 2 200 mm sur les côtes à plus de 3 000 mm sur les hauteurs de Mahé et Silhouette, cette dernière connaissant la plus forte pluviométrie).

Tableau des températures

Statistiques météorologiques (données mensuelles et moyennes, niveau de la mer)

Données	J	F	M	A	M	J	J	A	S	O	N	D
Pluie (mm)	392	300	180	192	101	51	63	110	125	221	230	306
Soleil (h/j)	5,1	6,2	6,8	7,6	8,4	7,9	7,4	7,5	7,6	7,1	6,7	5,2
C° moy. max	-	30,3	30	31,3	30,5	29,3	28,3	28,4	29	29,5	30	29,8
C° moy. mini	-	24,7	24,8	25	25,5	24,8	24,1	24	24,3	24,3	24	23,8
Humidité %	-	80	79	80	79	79	80	79	79	80	80	82

Autant de données théoriques, car aux Seychelles aussi, on vous dira qu'il n'y a plus de saisons". Celles-ci semblent en effet moins marquées qu'autrefois. Sur la période des six années 1989-1994, la moyenne annuelle de précipitation a été de 2 013 mm. Quoiqu'il en soit, lorsqu'il n'est pas caché par des nuages, le soleil brille en moyenne sept heures, la durée du jour étant constante tout au long de l'année : de onze à douze heures. Et à 4 degrés sous l'équateur, la jour apparaît aussi vite que la nuit tombe : gare aux retours précipités de balades aventureuses à travers la "jungle" et ses rochers parfois glissants après une brève averse de fin d'après-midi. (A La Digue, on vous racontera la mésaventure d'un couple de touristes français qui, ayant été surpris par la nuit dans un site difficile d'accès, fut obligé d'attendre le petit jour pour rejoindre son bungalow...).

LA MER

La mer ! D'abord nourricière... Les Seychellois seraient en effet les plus gros consommateurs de poissons au monde. Leurs eaux sont si généreuses que Français et Japonais, appâtés par des pêches miraculeuses, ont pris l'habitude de déployer leurs filets dans la "zone maritime économique des Seychelles". Une sacrée richesse que ce gros morceau d'océan, d'une surface de plus d'un million de kilomètres carrés, les terres émergées ne représentant que 444 kilomètres carrés.

Une mer d'autant plus nourricière que le tourisme s'en nourrit. Sur les rivages, qui offrent en maints endroits des plages de toute beauté, mais aussi sur et sous l'eau. La plongée mériterait d'ailleurs de trouver plus d'écho, l'archipel se révélant l'un des plus beaux aquariums du monde... Après celui des Maldives, inégalable. Un masque, un tuba et des palmes suffisent déjà à se régaler de ce "monde du silence" dont le commandant Cousteau tira un film du même nom, tourné en 1954 dans l'atoll d'Aldabra. On peut même "plonger" sans se mouiller en embarquant sur le bateau à fond de verre qui parcourt régulièrement le parc maritime de Sainte-Anne.

Plonger dans les Seychelles profondes

Bien qu'on puisse plonger toute l'année, les passionnés préféreront les mois d'avril-mai et d'octobre-novembre aux périodes de moussons. La mer est alors sereine et la visibilité des fonds peut être supérieure à trente mètres en haute mer, la température de l'eau atteignant les 27°C. Une simple tenue de plongée de 4 millimètres suffit pour se protéger des coraux, ainsi qu'une bonne paire de chaussons à semelle.

De Mahé à Praslin et de La Digue à Silhouette, en passant par Denis et Desroches, six îles de l'archipel possèdent au moins un centre de plongée, treize des quinze référencés dépendant d'un hôtel. Trois de ces centres sont ancrés à Beau Vallon, là où a lieu chaque année (début novembre) le SUBIOS, ce Festival des images sous-marines de l'océan Indien rendant hommage à ses profondeurs bleutées. Projections évidemment, mais aussi expositions, conférences... Et plongées constituent le programme de ce festival lancé en 1990 avec le concours du Festival mondial de l'image sous-marine d'Antibes. Assurément le meilleur moment pour découvrir les Seychelles... Profondes !

La plupart des centres de plongée proposent plusieurs programmes, de l'initiation à la plongée en haute mer et de l'exploration d'épaves à la plongée nocturne (rencontres insolites assurées).

L'Association de plongeurs professionnels des Seychelles

L'Association de plongeurs professionnels des Seychelles, à laquelle adhèrent neuf des quinze centres de plongée de l'archipel, s'est donnée pour contrainte de n'accepter pour instructeurs et maîtres de plongée que des plongeurs titulaires de brevets internationaux : les brevets délivrés sont ainsi valables dans le monde entier.

Les cours permettant l'obtention du plus élémentaire d'entre eux durent au minimum quatre jours. Ils se composent de cinq sessions théoriques et d'un entraînement pratique : cinq sessions d'entraînement en piscine et quatre explorations en mer. Toute personne voulant s'initier devra produire un certificat médical d'aptitude à la plongée.

Des explorations dites d'aventure peuvent également être organisées jusque dans les sites les plus éloignés, près des Amirantes, et un peu plus au sud notamment, où se trouvent de véritables tombants.

Certains centres proposent des départs de plongée sur les rivages, deux types de récifs étant explorés : les récifs madréporiques tels que les récifs frangeants, et les récifs granitiques, généralement incrustés de coraux mous. Les explorations des récifs du littoral se font entre 10 et 18 mètres, la profondeur maximale autorisée par l'A.P.P.S. étant de 30 mètres. Il faut compter au moins 200 RS pour une plongée bouteille.
Il convient aussi de noter que quelques-uns de ces centres proposent des cours de photographie sous-marine. La seule chasse autorisée est en effet celle des images : tout harpon découvert à l'arrivée sur le territoire est immédiatement saisi par la douane. Quant aux coraux et coquillages, bien qu'il soit autorisé d'en ramasser en dehors du parc national marin qui enserre un chapelet d'îles (Longue, Ronde, Moyenne, Cachée, Cerf et Sainte-Anne), les règles de protection veulent qu'on les épargne.

L'aquarium seychellois

Toutes les espèces de poissons tropicaux évoluent en toute quiétude et sans timidité dans ces eaux limpides, chaque île baignant dans un vaste aquarium naturel dont les parois sont constituées par la barrière corallienne. Un monde de couleurs où, sur fond de coraux, éponges et coquillages, l'on fait parfois de drôles de rencontres. Curieux par exemple, ce "poisson rasoir" qui se déplace à la verticale, et ce "poisson-papillon" au nez allongé. Etonnant encore, ce "sergent-major" au profil aérodynamique. Fascinants de beauté, ce "poisson-Picasso" multicolore et cet "ange de mer impérial" strié de bandes jaunes, bleues, noires et vertes. Mais gare au "poisson-pierre", aussi affreux que dangereux, et au "pterois radiata", dont les épines dorsales, anales et operculaires renferment un poison aussi redoutable que le venin du cobra.

Pour d'autres rencontres fortes, rendez-vous au-delà de la barrière de corail, là où l'on a la "chance" de croiser le souverain des mers, Sa Majesté le Requin ! Pas franchement affamé dans des eaux aussi poissonneuses. Requin blanc ou requin bleu, requin endormi ou requin brisant, requin-demoiselle ou requin marteau, requin-peau claire ou requin néné-pointe, les variétés foisonnent. A certaines époques de l'année, lorsque les eaux riches en plancton remontent vers le plateau, on peut même s'offrir un nez à nez avec le plus imposant de tous, long de 20 mètres : le requin-baleine, ce majestueux planctivore se laissant facilement approcher.

La pêche au gros

Quand il n'est pas qu'un vaste observatoire des espèces les plus colorées de la planète Mer, l'océan Indien devient le champ clos d'un affrontement moins pacifique. Les Seychelles sont aussi un lieu rêvé pour la pêche au gros à longueur d'année, même si les plus beaux trophées peuvent être décrochés pendant l'été.
Le Marine-Charter du port de Victoria loue plusieurs bateaux, pour quatre ou six pêcheurs, tant à la demi-journée (à partir de 1 900 RS pour deux fauteuils et quatre cannes) qu'à la journée (à partir de 2 800 RS). Mahé et les îles granitiques reposant sur un plateau continental sous-marin long de 160 km (et atteignant rarement plus de 73 mètres de profondeur), il est préférable de gagner les bords de ce plateau pour taquiner le gros (encore qu'un marlin noir de 240 kg ait été pêché à la ligne à 6 km seulement de la plage de Beau Vallon).

A une centaine de kilomètres au nord de Mahé, à la hauteur de Bird Island, à proximité de l'île Denis (base des "aficionados" du genre), là où l'on tombe assez vite sur des profondeurs de 1 800 mètres, ont été établis six records du monde : les vedettes équipées d'un matériel spécialisé reconnu par l'Association internationale de pêche au gros permettent l'homologation des records.

De toutes les prises, l'espadon bleu, ou marlin bleu pour les Anglo-Saxons, est le plus recherché pour la taille qu'il peut atteindre. Mais il existe d'autres variétés aussi combatives. Ainsi, l'espadon noir, dont le poids peut dépasser les 400 kg, est un féroce batailleur, jamais fatigué, tandis que l'espadon rayé est réputé pour ses acrobaties et ses bonds prodigieux. L'espadon voilier, quant à lui, réagit avec vigueur dès qu'il est ferré et lutte avec son prédateur dans un vrai combat aérien en déployant sa crête. Le wahoo préfère se faire remarquer en filant à 80 km/h.

On peut aussi pêcher le thon à dents de chien, la bonite, la daurade et le barracuda, le bourgeois (fameux !) mordant aussi à l'hameçon. Rien n'empêche de s'attaquer aux requins, requin-tigre, requin-mako ou, mieux encore, requin marteau. Ce dernier, chasseur au long cours, ne s'illustre guère par sa gloutonnerie, mais par ses réactions imprévisibles. Vaillant combattant, il est affublé d'une tête en forme d'enclume et fait invariablement penser à ces anciennes voitures de formule 1. Une comparaison assez juste car, taillé pour la course, il est capable d'inquiétants tête-à-queue. Frissons garantis !

La réussite d'une sortie en mer dépend avant toute chose de l'œil du skipper, qui saura interpréter le ballet des oiseaux au-dessus des bancs de poissons. Il faut savoir qu'une partie de pêche au gros dure de quatre à neuf heures, et qu'un départ de bon matin s'impose pour gagner les hauts-fonds, où il est d'abord conseillé de se livrer à quelques exercices de mise en bras, d'autant plus qu'il faut bien appâter les gros poissons avec de plus petits, du genre bonite. Une touche, parfois très rapide, peut donner lieu à un combat de plusieurs heures. Le sifflement du moulinet donne l'alerte. Aussitôt l'hameçon ferré, tout va très vite. Harnaché, le pêcheur prend place sur un siège à bascule, la canne étant elle aussi solidement fixée à l'arrière du bateau. Surgissent alors les mythiques images de l'affrontement entre le mordu de pêche et le poisson qui mord. Un duel dont le vainqueur est celui qui épuisera le premier son adversaire, le pêcheur ne pouvant recevoir aucune aide de ses compagnons de mer. Il lui faudra aussi hisser à bord le vaincu, après l'avoir assommé près de la coque, non sans mal. Reste alors à savourer sa victoire avec la pesée et la non moins rituelle photo à côté de la prise. Aux Seychelles, une chose est sûre : on ne rentre jamais bredouille. D'autant plus que les pêcheurs professionnels, à défaut de gros, savent où trouver du petit, au cas où...

Hissez haut ! Croisières et plaisance

Des gros et des petits. En matière de bateaux, on en voit aussi de toutes les tailles et de toutes les couleurs, sur cette mer à la fois nourricière et porteuse.

Auparavant, qu'on se le dise : pour prendre le large, la meilleure saison s'étend de la mi-septembre à la mi-décembre, avril et mai étant aussi de bons mois. Gare sinon à la mer houleuse !

Les "villes flottantes" que sont les paquebots se laissent en effet volontiers porter par les eaux de l'océan Indien. Ainsi, *Mermoz*, navire étendard de la compagnie Paquet, a-t-il plusieurs fois mouillé au large de Mahé, sa croisière sur le thème du centenaire du cinéma, en avril 1995, ayant mené des centaines de croisiéristes "des Seychelles au Royaume de Saba", le port d'embarquement étant Victoria. Quelques semaines plus tôt, c'était *Caledonian Star* qui croisait dans l'archipel pour "la croisière la plus complète des îles Seychelles", puisqu'elle incluait Mahé, Praslin, La Digue, Aride, Desroches, Farquhar et Aldabra, "le plus grand atoll du monde", destination préférée des marins de plaisance de l'océan Indien.

Encore leur faut-il obtenir au port de Victoria une autorisation de navigation dans les eaux territoriales et s'enquérir du règlement assez contraignant auquel doivent se soumettre les "embarcations de plaisance étrangères". Ainsi, pas question de jeter l'ancre aux abords de Bancs Africains et de Rémire. Pas question non plus de débarquer le moindre animal, ce délit étant passible d'une amende sévère, voire d'une peine de deux ans d'emprisonnement : "*Les Seychelles sont l'un des rares pays à ne pas être atteints par la rage ; de nombreux efforts sont donc réalisés pour éviter la contamination*", justifie l'article 10 du règlement, stipulant par ailleurs que Port Victoria est le seul port officiel d'entrée et de sortie aux Seychelles. L'île d'Assomption, voisine d'Aldabra, peut jouer ce rôle, à condition d'y mettre le prix : "*Dans ce cas, tous les agents administratifs viendront de Mahé par avion. Leur déplacement est à la charge du bateau et s'élève à chaque fois à 30 000 RS.*" En réalité, cette exception n'est applicable qu'aux bateaux de croisière. En effet, les voiliers peuvent difficilement prévoir leur heure d'arrivée approximative et rencontrent de nombreuses difficultés pour entrer en contact avec Victoria.

Tout bateau arrivant à Port Victoria doit hisser le pavillon "Q" et jeter l'ancre au large du phare jusqu'à ce que les autorités sanitaires, la douane, les services d'immigration et de sécurité l'autorisent à entrer dans le port. Les communications avec les autorités portuaires se font par radio V.H.F., canal 16 (il suffit de demander le "Harbour control"). Une commission de 100 RS est perçue pour le déplacement des vedettes, le traitement du bateau coûte 200 RS. En principe, les droits de port sont à régler sur une base hebdomadaire. Ce n'est pas donné !

En effet, les navigateurs sont lourdement taxés par l'Etat seychellois. A en déclencher le courroux du plus célèbre écumeur de mers chaudes, Antoine, qui, bien que subjugué par cet "archipel-paradis", n'en tonne pas moins contre des taxes dissuasives : "*D'une façon générale, naviguer sur son propre voilier aux Seychelles est actuellement fort coûteux ; à la suite d'un malentendu sur les motivations de la plupart des voyageurs nautiques, une taxe quotidienne excessive - et unique au monde - frappe sans discernement ceux qui voudraient se livrer à du charter à titre lucratif, et l'immense majorité des autres, amoureux de la nature et de la vie libre sur l'eau, qui souhaitent simplement faire escale et visiter cet archipel merveilleux. Puissent ces quelques lignes aider à faire supprimer cette taxe injuste qui tient actuellement éloignés des Seychelles bien des voyageurs.*"

Bateaux à louer

On embarquera donc de Mahé pour vagabonder dans l'archipel.

Les esthètes opteront pour *Bie*, ce yacht de type Vagabond 47 est en effet le plus romantique. Encore faut-il avoir les moyens, les tarifs de location étant salés. Le Marine-Charter de Port Victoria propose cinq bateaux de plaisance, du catamaran de 12 mètres au yacht de 21 mètres. Pour ce dernier, *My Way*, la formule "tout compris" (hormis les boissons alcoolisées) s'élève à 4 000 RS pour une simple excursion. Une fugue à destination des îles à proximité est facturée 7 000 RS par jour. Pour une expédition dans les Amirantes (à 200 km au sud-ouest de Mahé), la note grimpe à 8 000 RS par jour et pour la grande aventure d'Aldabra (à 1 100 km au sud-ouest de Mahé), la facture culmine à 10 000 RS par jour. Quand on sait que deux semaines au moins sont nécessaires pour une telle croisière, on se rend compte qu'il faut être millionnaire pour se l'offrir, même si l'on part à huit.

On peut toutefois trouver moins cher (6 600 RS par jour, sur *Payanotis*, catamaran de 15 mètres, pour 6-8 personnes), le choix du skipper étant évidemment important pour toute escapade de longue durée. Le Captain Bob Brown (dit Brownie), sur Mahé, et Michel Gardet, sur Praslin, sont assurément des valeurs sûres : le yacht de l'un et le catamaran de l'autre sont équipés d'un matériel de plongée.

Henry de Monfreid sur le banc des Seychelles

"Etant sans chronomètre, pour connaître ma position en longitude, la prudence aurait voulu que je suive la côte (de l'Afrique) jusqu'à environ 5° de latitude sud, pour naviguer ensuite droit devant, cap à l'est. Mais je dois couper par la pleine mer en ligne droite vers les Seychelles. Le danger de ce raccourci est le risque d'arriver à l'est de ces îles... Je calcule donc une route en tenant compte de ces facteurs pour être certain de couper le cinquième degré parallèle sud, bien à l'ouest du banc des Seychelles.

Navigation monotone à travers la grosse houle de l'océan pendant huit jours. Le navire, toutes voiles dehors, et grande largue, navigue bien, mais j'ignore toujours ma longitude... Selon mon estime, nous devons rencontrer le banc des Seychelles dans la soirée. Dès le coucher du soleil, nous jetons la sonde tous les quarts d'heure. Je dois dire, pour ceux qui l'ignorent, et leur faire comprendre ma manœuvre, que les îles Seychelles reposent sur un vaste banc d'une profondeur moyenne de 60 mètres. C'est grâce à lui que je compte pouvoir reconnaître la proximité de la terre. Ce vaste plateau sous-marin a un diamètre de plus de cent milles. Il est donc impossible de ne point passer dessus... A condition qu'il soit devant moi...

A minuit, la sonde n'a encore rien donné. Le lendemain matin, rien encore ! Toujours même temps brumeux et calme plat ; le navire file aisément ses cinq nœuds. A midi la sonde ne me donne encore rien ! Cette fois je suis inquiet, je commence à craindre que les courants n'aient été plus rapides que je ne l'avais supposé et m'aient fait aboutir dans l'est des Seychelles, de sorte que maintenant je m'en éloigne, croyant en approcher. Cependant, vaincu par la fatigue, je commence à m'assoupir ; tout à coup, je suis réveillé par des cris, des bruits de pieds nus courant sur le pont, et le timonier m'appelle : la sonde vient de toucher. Je la fais jeter encore pour être plus sûr ; elle donne trente brasses. C'est une joie indescriptible !"

Henry de Monfreid, *La Poursuite du Kaïpan,* 1934.

LES PLAGES

Priorité à l'environnement ! Peu de pays "en voie de développement" peuvent se vanter autant que les Seychelles d'être à l'avant-garde en matière de protection de la nature. L'archipel fait même figure d'exemple, à tel point que 43 % du territoire est classé zone protégée, l'atoll d'Aldabra et la vallée de Mai ayant même été répertoriés au "patrimoine mondial".

Cette protection ne date pas d'hier, puisqu'en 1778, l'ingénieur Malavois promulguait une série de décrets prohibant la capture des tortues de mer ou le ramassage des noix de coco ailleurs que dans sa propriété. Ce n'est pas un hasard si La Réunion, Maurice et Rodrigues ont perdu quarante-deux espèces d'oiseaux depuis leur peuplement, alors que deux espèces seulement ont disparu des Seychelles (la perruche verte et l'oiseau-lunette de Marianne).

Ainsi l'île Cousin est-elle devenue un sanctuaire ornithologique bien avant que la France ne crée son ministère de l'Environnement. Dès 1968, alors qu'on cherchait ailleurs "sous les pavés la plage", les 27 hectares de Cousin se voyaient attribués à la protection des espèces d'oiseaux terrestres et marins menacés. Sept ans plus tard, le gouvernement des Seychelles consacrait l'île "réserve spéciale", assurant ainsi une protection légale à toute sa flore et sa faune.

Combien d'autres exemples de protection ! Les Seychelles ont été l'un des premiers pays de l'océan Indien à créer un parc maritime national, celui de Sainte-Anne, qui fait désormais référence. Ici comme ailleurs, pas question de dégainer des armes sous-marines. "*Veuillez laisser cet endroit dans l'état où vous l'avez trouvé*", semble-t-on vouloir dire aux visiteurs, fussent-ils cinéastes. Lors du tournage sur Cousin de *Cast Away*, un service d'ordre avait été spécialement chargé d'empêcher quiconque de fumer, afin de ne pas perturber l'équilibre des milliers d'oiseaux qui nichaient là.

Le département de l'Environnement veille au grain... Le développement du pays ne doit pas se faire au détriment du milieu naturel : pas question d'urbanisation et d'industrialisation anarchiques. Les campagnes de sensibilisation portent leurs fruits... Carotte à la clé ! Ainsi, depuis quelques années, le problème des petites bouteilles jetées çà et là a été réglé grâce au vieux système de la consigne : il en coûte désormais 1 RS d'abandonner un flacon vide ! De toute façon, les Seychelles sont un pays propre dont l'Etat ne cesse de responsabiliser chaque citoyen pour la conservation d'un patrimoine naturel qui constitue la première richesse de l'archipel. Un capital beauté encore intact !

Nikon fripon

Cocotiers à volonté, rochers de cinéma, sable immaculé, mer turquoise... Et pas le moindre caméscope à l'horizon ! On comprend que les photographes de charme et de mode aient fait de ces Seychelles l'un de leurs plateaux favoris. Ils sont en tout cas toujours sûrs d'y trouver une plage déserte pour embobiner dans leur boîte à images les pleins et déliés de créatures a priori moins virginales que lesdites plages. Le Nikon se fait alors fripon pour tirer des photos qui feront forcément clichés, mais dont on ne se lasse pas, tant le fantasme de la fille de rêve s'offrant dans un site de rêve reste une valeur sûre à la bourse de l'imaginaire.

Poses coquines, siestes câlines ou déclarations d'amour, les plages des Seychelles se révèlent un "plus" pour ceux qui entendent "soigner le décor".

Sable fin et cocotiers

La nature à l'état pur... Pour une fois, la réalité colle à l'imaginaire et l'image rêvée sur catalogue se concrétise grandeur nature et en relief ! L'archétype même de la plage-cocotier, du genre de celles qui s'affichent en poster géant sur les murs des administrations. Et ces plages de paradis réveillent d'autant plus le Robinson qui sommeille en nous qu'elles restent pour la plupart quasi désertes. Quel bonheur que de s'offrir Grand'Anse pour soi tout seul, en fin d'après-midi, quand la "foule" (tout au plus quinze "gêneurs") s'en est allée, alors que les derniers rayons de soleil caressent d'une luminosité orangée les rochers qui délimitent cette plage de collection, à la fois sauvage, d'une beauté primitive, et rassurante, puisque cernée d'une jungle gentille et habitée. Comment supporter ensuite la promiscuité des plages de la Costa Brava ou de la Côte d'Azur ?

Nos plages préférées

Anse Intendance sur Mahé • Anse Lazio sur Praslin • Anse Source d'Argent, Grand'Anse et Anse Cocos sur La Digue • Anse Victorine sur Frégate.

Attention ! Certaines de ces plages sont dangereuses durant la mousson de Suette, de novembre à mars, la mer se faisant alors houleuse.

La plage de Beau Vallon, en revanche, reste sans danger toute l'année. Se déployant sur trois kilomètres dans la plus hôtelière des baies de Mahé, elle est la seule à être équipée pour les sports nautiques (windsurf, ski nautique, parachutisme ascensionnel). Bien que remarquable, elle en paraît presque banalissime quand on a d'abord découvert les plages sauvages de Mahé. Vierges ou déflorées, les plages méritent de toute façon une mention "très bain" pour la température de l'eau, immanquablement de 25 à 27°C. Une mer si tiède qu'on y a parfois plus chaud que dans l'air ambiant.

LA FAUNE

Qu'on se le dise : les crocodiles aux Seychelles, c'est de l'histoire ancienne ! Le dernier fut tué vers 1830. Fin de règne pour ces féroces reptiles amphibies qui, à l'arrivée des premiers colons, quelque soixante ans plus tôt, pullulaient dans les rivières et mangroves des îles granitiques. La rivière Caïman, près d'Anse Boileau, sur Mahé, et l'Anse Caïman, sur La Digue, devaient probablement leurs noms à ces quadrupèdes de sinistre réputation. Il est vrai que de Pointe Cabris en Montagne Pigeon et d'Anse Fourmis en Anse Baleine, la topographie seychelloise tient parfois du bestiaire, nombre d'îles et plus encore d'îlots étant en effet "animaliers" : de l'île aux Vaches à Chauve-Souris et de l'île au Cerf à l'Ile aux Rats à proximité de Mahé ; de Chien à Pélican et de Lapin à Moustiques pour les îles éloignées.

La tortue

Fait étonnant, la tortue n'a droit qu'à une minuscule roche, ancrée près de l'aéroport de Mahé. Il est vrai que les explorateurs et colons français qui baptisèrent ces lieux, avaient tant chassé la tortue terrestre, pour sa chair comme pour son écaille, qu'elle aurait pu disparaître à jamais des Seychelles si cette extermination massive n'avait heureusement été stoppée à temps par les autorités. Aujourd'hui toutefois, il faut avoir le privilège de mettre le pied sur Aldabra, à 1 100 kilomètres de Mahé, pour s'extasier sur des tortues géantes vivant à l'état sauvage, comme aux Galapagos. Pas moins de 150 000 tortues se côtoient sur ces terres jonchées d'innombrables carapaces. En fin de croissance, la "*testuda gigantea*" peut peser jusqu'à 500 kilos, mesurer 1,50 mètre de long et faire montre d'une longévité exceptionnelle, certaines ayant dépassé les 300 ans. Esmeralda, la célèbre tortue de Bird Island et Georges, sa cousine de Cousin, n'en sont encore "que" dans leur deuxième siècle de vie. Dans la plupart des îles, on peut voir évoluer quelques tortues ayant valeur d'échantillon, le plus souvent dans des parcs ou des enclos, au mieux en liberté surveillée, comme à Frégate, où l'on est tout de même fort surpris, au beau détour d'un sentier, de se retrouver nez à nez avec le colossal reptile, pas franchement intimidé. Pour une fois, c'est le bipède qui se trouve contraint de dévier de son chemin.

Les tortues de mer, jadis elles aussi pourchassées, sont peu nombreuses dans l'archipel, la conservation de l'espèce ayant amené l'Etat à limiter les captures. Les deux variétés les plus courantes, la tortue à écailles et la tortue caret, toutes deux omnivores, apprécient volontiers les rivages d'Aldabra pour y creuser dans le sable des trous de 50 centimètres au-dessus desquels elles pondent en une nuit plusieurs centaines d'œufs avant de regagner la mer. Quelques semaines plus tard, quand les "bébés tortues" quittent les trous de ponte, le régal est assuré pour les crabes et les oiseaux. Seuls quelques rescapés réussissent à atteindre l'océan, où d'autres prédateurs jouent à leur tour un rôle régulateur. On estime que sur 500 œufs, une vingtaine seulement donneront une tortue d'âge adulte, c'est-à-dire longue, selon l'espèce, de 1 mètre à 1,30 mètre, pour un poids de 300 kilos environ.

Les oiseaux

Terrestre ou marine, la tortue bénéficie de la protection de l'Etat, l'artisanat et le commerce de produits en écaille faisant l'objet d'une interdiction totale depuis le 1er janvier 1995. La tortue a même l'honneur de figurer, sous un cocotier de mer, sur l'emblème des Seychelles, où trônent également d'autres richesses animalières de l'archipel, l'espadon représentant la faune marine et le paille-en-queue celle du ciel. Reconnaissable à son plumage blanc, hachuré de quelques bandes noires sur le dessus des ailes, à son puissant bec jaune et à sa longue queue fourchue qui facilite son vol, le paille-en-queue niche toute l'année à même le sol, dans un buisson ou sous un bloc de pierre. Les trous de rochers abritent aussi des frégates, dont l'envergure des ailes atteint parfois 2 mètres, leur longue queue fourchue permettant de les remarquer facilement près des rivages. La principale activité des frégates consiste à harceler les autres oiseaux afin de leur faire régurgiter en vol les proies dont elles s'emparent avec dextérité. Une véritable piraterie aérienne dont sont notamment victimes les fous, aux pieds palmés et au bec pointu, dont elles tirent profit en plongeant à la verticale d'une vingtaine de mètres.

Plus svelte et gracieuse, la sterne est un autre oiseau emblématique de l'archipel, Air Seychelles en ayant même fait son logo. Ce romantique "Love bird" se nourrit essentiellement de poissons et vit en bordure de plage, nichant volontiers dans les filaos, où les photographes l'embobinent facilement. Le plus courant, le goéland blanc, a un bec très effilé et des yeux noirs, mais il existe aussi des sternes de couleur sombre, ainsi qu'un goéland sardine et un goéland badamier, entre autres variétés d'une espèce qui contribue à faire du ciel seychellois un apaisant spectacle. Spectacle rehaussé par les pigeons hollandais, dotés pour l'un d'entre eux d'une éclatante crête rouge, et les tourterelles, la tourterelle-coco, à la tête bleu gris et au corps beige rayé de noir, étant la plus courante. Très familière, elle fréquente volontiers les terrasses de restaurant, où elle n'est pas seule à glaner quelques miettes. L'inévitable moineau, le rougeoyant cardinal et l'omniprésent martin, qui rappelle notre merle européen, s'y régalent aussi aux heures des repas. Peu farouche, madame paton, quant à elle, a colonisé le marché de Victoria où cet ibis à la robe blanche souvent sale se nourrit de déchets en tout genre.

Le paradis de l'ornithologue

L'archipel a aussi ses oiseaux rares : le perroquet noir de la vallée de Mai, la pie chanteuse de Frégate et d'Aride, le toc-toc de Cousin, l'oiseau-banane de Mahé et sans conteste le plus élégant, la veuve des Seychelles dont le nom anglais "Black Paradise Flycatcher" confirme la noire beauté... Du mâle seulement. Lequel s'enorgueillit d'une queue interminable scindée en deux, donnant l'impression qu'il porte une queue-de-pie ! Mais il est bien difficile de s'extasier sur son vol acrobatique, cette espèce endémique ne comptant plus que deux cents individus, concentrés à La Digue, dans une réserve dite de la Veuve.

Si les chasseurs d'images ont bien du mal à faire entrer cet oiseau-là dans leur boîte, ils n'ont en revanche aucune difficulté pour figer sur pellicule sternes, fous, frégates, puffins et autres phaétons. Surtout s'ils choisissent de se rendre au mois de mai sur Cousin ou Bird Island la bien nommée. A cette date, plusieurs millions d'oiseaux de mer, groupés par races, nichent sur ces îles devenues une extraordinaire volière. Ballet avicole assorti d'un concert de piaillements, c'est un fascinant spectacle que celui de ces migrateurs qui s'envolent et se croisent, la lutte pour l'espace de nidification, chèrement disputé, donnant lieu à d'innombrables prises de bec.

Un repaire de chauves-souris

Les Seychelles, paradis de l'ornithologue, se révèlent bien décevantes pour les passionnés de... Serpents, puisqu'on n'y trouve que des couleuvres. Pas de méchantes bêtes, hormis toutefois le scorpion de Frégate et le mille-pattes, appelé cent-pieds, redoutables certes, mais pas mortels. Au rayon des reptiles, il faut aussi mentionner, entre autres lézards verts, le gecko, qui joue un rôle de fécondateur pour le cocotier de mer. Côté insectes, les orthoptères ou mouches-feuilles se révèlent un bel exemple de mimétisme, puisqu'ils se confondent avec les feuilles des arbres où on les trouve. Enfin, on ne saurait évoquer la faune seychelloise sans citer la plus grande des chauves-souris, la fameuse roussette, qui se nourrit surtout de fruits. Fameuse, parce que le "Seselwa" s'en régale volontiers les jours de fête. Servie sous un manguier en cari bien épicé (avec cannelle et clous de girofle) et accompagné d'un chatini de papayes... Et d'un verre de calou, c'est le bonheur exotique par excellence !

LA FLORE

La botanique en créole ? Autrement plus évocatrice qu'en latin ! Du latanier mille pattes en herbe rasoir et du manglier gros poumon en orchidée pigeon, en passant par pois évêque, pomme gouvernement, liane pot à eau, tamarin bâtard, bilimbi marron, bâton monseigneur, casse-tête chinois, bonnet carré, palette de peintre... Quel bouquet de noms imagés ! Au répertoire des types de bois, on relève ainsi le bois gros la peau et le bois joli cœur, le bois couleuvre et le bois fourmi, le bois banane et le bois citron, le bois chapelet et le bois sagaie, le bois cuillère et le bois chandelle, le bois méduse et le bois matelot, le bois de fer et le bois de lait, le bois de prune et le bois de pomme, le bois dur et le bois doux, le bois zak et le bois zanguette, pour n'en citer qu'une vingtaine !

Régal linguistique pour paradis botanique

L'archipel ne s'arrête pas à ses six espèces de palmiers. Au-delà du cocotier de mer, du palmiste, du latanier latte, du latanier feuille, du latanier mille-pattes et du latanier hauban, pas moins de deux mille espèces de plantes tropicales et équatoriales parent les paysages des Seychelles. Deux cent cinquante sont indigènes, et quatre-vingts au moins sont endémiques (propres aux Seychelles), tel l'illustre cocotier de mer. Sa noix, le fameux cocofesse, se révèle la plus grosse et la plus lourde du règne végétal, et l'île Praslin est son seul sanctuaire. "*Je défie quiconque, se trouvant au cœur de la vallée de Mai, parmi ces palmiers centenaires, à l'écoute des perroquets noirs (une variété d'oiseau comptant parmi les plus rares du monde), le vent sifflant à travers les feuilles du latanier mille-pattes et d'autres palmiers endémiques, de ne point saisir l'importance accordée à la conservation, et à la raison pour laquelle ce site fait partie du Patrimoine mondial*", s'enthousiasme le professeur anglais David Bellamy dans la préface d'un remarquable ouvrage, *Fleurs et arbres des Seychelles* écrit en 1986 par Francis Friedmann et financé par le ministère des Finances des Seychelles. "*J'ai fait, à quatre ou cinq reprises, l'ascension du Morne seychellois et à chaque fois j'ai été le témoin de nombreuses découvertes d'un très grand intérêt*", poursuit le scientifique. "*La richesse en fruits et épices n'y a d'égal dans le monde... Au faîte du Morne, l'épine dorsale du pays, on se trouve au beau milieu d'un parc national qui contient des trésors naturels bien protégés pour l'humanité toute entière.*"

Des trésors, en certains endroits, restent encore à découvrir. En 1983, une nouvelle forêt et un nouvel arbre, le mapou de grand bois, ont ainsi été repérés sur l'île de Silhouette, encore très sauvage, ajoutant une essence de plus à une liste d'une étonnante richesse. Les premiers explorateurs furent d'ailleurs tous frappés par la diversité des essences constatée dans les forêts qui recouvraient les îles granitiques. "*Les arbres sont en grande quantité beaux et droits comme des flèches. Ils n'ont presque pas de branches et s'élèvent de 50 à 70 pieds. Ils sont propres à faire des planches, du bardeau pour couvrir les maisons, des matériaux et du bois de construction...*". L'exploitation ne tardera pas. "*Il serait censément nécessaire de choisir, pour le détachement aux îles Seychelles, des soldats charpentiers, scieurs de long, équarrisseurs, menuisiers...*".

Si deux siècles de présence humaine, c'est à dire de surexploitation et de défrichage, ont évidemment condamné nombre d'espèces de la forêt primitive à se raréfier ou à disparaître, le couvert végétal des Seychelles n'en demeure pas moins d'un intérêt majeur, qu'il s'agisse de la mangrove, de la forêt littorale, de la forêt de basse altitude ou de la forêt hygrophile des sommets. Quatre niveaux qui recèlent chacun un précieux patrimoine.

De la mangrove à la forêt d'altitude

Si les grandes mangroves seychelloises se trouvent aujourd'hui à Aldabra, d'autres, moins étendues, subsistent çà et là, notamment sur Silhouette (à Grand Barbe) et Mahé (entre Port Glaud et Port Launay, ainsi qu'à Anse Boileau). Composées d'espèces qui exigent la présence d'eau salée pour vivre (ou la tolèrent), les mangroves sont situées en bord de mer, en général près des embouchures de rivières, et voient leur niveau fluctuer en fonction des marées. Peu d'espèces apprécient ce milieu, hormis des arbres portant le nom générique de mangliers. Aux espèces pionnières que sont manglier jaune, manglier blanc, manglier fleur et manglier gros poumon, s'est ajouté notamment le manglier pomme, dont le fruit renferme de grosses graines polygonales exactement ajustées entre elles et que l'on peut s'amuser à séparer puis à ré-assembler, d'où le nom de manglier patience (ou casse-tête chinois donné à un autre manglier dont le fruit est un peu plus petit mais semblable au précédent).

Situées au-delà des mangroves ou donnant directement sur les plages, les forêts littorales ont évidemment beaucoup évolué depuis la colonisation des îles. Seule la réserve de la Veuve, à la Digue, a conservé l'aspect des forêts d'antan, bien qu'elle soit secondarisée et appauvrie en espèces typiques. Indigènes ou non, les espèces qui composent ce type de forêt ont quasiment toutes des fruits ou des graines susceptibles de flotter dans la mer et ainsi d'être disséminées par les courants marins. Pas encore star du prêt-à-rêver, le cocotier trônait déjà sur ce littoral à l'époque des découvreurs, les colons ayant d'emblée cultivé son infinie richesse. A la fin du siècle dernier, le peintre-voyageur Marianne North s'étonnait qu'on en ait planté jusque sur les hauts des pentes, à plus de 200 mètres. Ces hauteurs n'effraient pas non plus l'autre arbre vedette de la frange littorale, le majestueux et trapu takamaka, dont le tronc peut dépasser 1 mètre de diamètre. Longtemps utilisé en charpenterie de marine et pour la construction des maisons, il fait désormais le bonheur des ébénistes.

Dans les seconds rôles, se côtoient le gayac, si cher au chanteur Patrick Victor (dont le groupe se nomme Bwa Gayac), le badamier, dont les feuilles se colorent de pourpre avant de tomber, et le bonnet carré, reconnaissable à ses fleurs aux longues étamines roses et à ses gros fruits quadrangulaires. Outre le flamboyant, qui fleurit en novembre, on doit encore citer le bois de rose, dont les grandes fleurs jaunes rappellent celles des hibiscus, et le bois de table, aux feuilles argentées et aux fruits carénés. Le plus commun des arbustes, le veloutier, contribue à fixer le sable des anses, plusieurs lianes égayant ces bords de mer, tel le batatran, dont les fleurs rose-mauve s'ouvrent le matin, alors que celles du batatran blanc s'épanouissent la nuit. Si toutes ces espèces, disséminées par les courants marins, se rencontrent sur d'autres rivages des îles de l'océan Indien, deux autres sont considérées comme endémiques aux Seychelles : le vacoa de bord de mer, qui se plaît sur les rochers, et le bois cafoul trois feuilles, assez rare.

Les espèces dites de basse altitude, quant à elles, sont disséminées par les oiseaux, voire par le vent, les endémiques, dont les graines et les fruits sont plus gros, étant incapables de "voyager". Le latanier mille-pattes et le latanier feuille appartiennent à cette dernière gamme, les glacis et dômes granitiques, impropres à toute mise en valeur, étant devenus le refuge des espèces indigènes qui jadis occupaient des sites moins élevés. Ainsi le palmiste s'est-il réfugié en des lieux peu accessibles, au grand dam des amateurs de son fameux chou palmiste, qui fit les délices des gourmets d'antan. "*De grands nombres sont coupés pour la consommation et pour cela il se raréfie*", notait déjà un certain John Horne en 1874.

Sur ces mêmes hauteurs s'est fixé le très rare bois méduse, un petit arbre endémique, qui atteint 8 mètres de hauteur et 25 cm de diamètre, et qui constitue à lui seul la famille des médusagynacées.

Le bois santal, quant à lui, n'existe plus que sur Silhouette. Il était autrefois traqué pour sa propriété de brûler en dégageant une fumée odorante.

L'île Aride, elle, a recueilli le bois citron, le plus joli arbuste à fleurs de l'archipel.

Bois de natte, bois de ronde, bois chandelle, bois calou et bois cuillère sont par contre des arbres ou arbustes plus communs, le bois de lait étant capable de s'enraciner dans la plus petite faille et servant parfois de support à la vanille marron, une curieuse orchidée endémique à tiges charnues dépourvues de feuilles, moins éclatante que la fleur paille en queue. Cette orchidée pousse parfois à même le rocher.

Les glacis sont aussi le fief du vacoa marron, dont les racines échasses peuvent atteindre 10 mètres, et du vacoa de rivière, dont les feuilles sont de redoutables épines. Il faut aussi se méfier du latex très vésicant du bois jasmin.

Parmi les arbres abondamment naturalisés, grâce à leur fertilité et à leur efficace dissémination, il convient de citer le calice du pape aux fleurs rose pâle et le filao ou casuarina (encore appelé cèdre localement), utilisé pour la construction des maisons créoles et des maquettes de bateaux, parfait également pour le reboisement des pentes érodées.

Le mahogany connaît lui aussi une réussite certaine en sylviculture ; il pousse à une altitude déjà plus élevée, vers 300-400 mètres, et a besoin d'un sol plus profond. Les collines en portent souvent de très beaux spécimens, le plus commun étant le mahogany à bois rouge : ses feuilles de jeunesse, mesurant jusqu'à 80 cm de longueur, sont dotées à leur base d'un cornet qui retient l'eau de pluie.

Sous les forêts mixtes feuillus-palmiers, on trouvera des espèces herbacées pas toujours bien intentionnées, tel le coco marron au pétiole armé d'épines (cette herbe très robuste pouvant dépasser les 2 m de hauteur). Quant au petit coco marron, dont les feuilles peuvent s'enraciner à leur extrémité, il dégage une odeur franchement nauséabonde.

Mieux vaut retenir le sourire vertical des cocos de mer qui ont fait de la vallée de Mai l'une des plus précieuses réserves naturelles de la planète. En 1874, Horne recommandait déjà au gouvernement d'acheter le site à des fins de protection. Cinq espèces de palmiers, trois de vacoas et bien d'autres merveilles poussent librement dans cette fascinante cathédrale végétale, où l'on prend vraiment plaisir à écouter le silence, ponctué par le sifflement du perroquet noir et le bruit sourd des palmes du coco de mer qui se froissent dès qu'une brise les caresse.

Un autre type de végétation couvre les crêtes de 600 à 900 mètres, là où s'élève si fièrement l'albizzia, spectaculaire avec ses immenses branches étalées, son feuillage dentelé, son tronc argenté et ses fleurs très parfumées fleurant bon le miel. Cet arbre remarquable ne croît qu'à flanc de montagne, dans un milieu humide, la formation hygrophile la plus typique étant celle de la forêt à capucins du Morne seychellois.

D'une couleur vert sombre, le capucin règne en maître sur ces sommets peu pénétrables, si ce n'est avec un guide digne de ce nom, car le sol, couvert d'un horizon humifère très épais, est traversé par un enchevêtrement de racines. Les fougères y abondent, les plus impressionnantes étant la fougère langue de bœuf et le bâton monseigneur, toutes deux très communes. Le fanjon, fougère arborescente qui atteint parfois les 8 mètres de hauteur, est devenu rare, car elle a été trop exploitée dans le passé pour son tronc fibreux dont on faisait des pots de fleurs.

Egalement digne d'intérêt, la liane pot à eau est assez répandue, l'extrémité de ses feuilles se transformant en une urne capable de digérer les insectes qui y sont piégés.

Au rang des curiosités, il faut aussi mentionner le latanier hauban, un palmier miniature qui n'a souvent que 5 cm de diamètre et guère plus de 2 mètres de hauteur.

Quant aux orchidées terrestres hygrophiles, elles se révèlent décevantes pour l'amateur de belles fleurs, la nébulosité des sommets ne favorisant pas une floraison éclatante.

Des fleurs éclatantes

Pour s'extasier sur des fleurs dans tout leurs éclats, il faut flâner sous le soleil, dans les jardins publics et les cours de maison surtout.

De frangipaniers en bougainvillées et d'hibiscus en aigrettes, les plus célèbres plantes du monde tropical déploient aux Seychelles leurs couleurs en de multiples nuances, les orchidées exotiques étant aussi cultivées avec succès dans nombre de jardins. L'orchidée coco et l'orchidée pigeon se sont même si bien adaptées aux Seychelles qu'elles poussent maintenant à l'état sauvage. Des espèces importées à l'origine comme fleurs de jardins se sont en effet disséminées librement. De superbes lianes à fleurs se sont ainsi répandues sur les arbres et les arbustes, mais aussi sur les vieux murs et dans les haies au bord des routes.

Nombre d'arbres ornementaux suscitent aussi l'émerveillement ou l'étonnement telles les fleurs blanc crème du réséda (nom seychellois du henné) qui dégagent un pénétrant parfum de framboise. Le plus imposant est sans conteste le sandragon, qui peut atteindre 25 mètres de hauteur et dont le tronc dépasse parfois 1,50 m de diamètre, une sève rouge sang s'écoulant de l'écorce lorsque l'arbre est coupé.

Le long des routes, on peut encore s'extasier sur les banyans, dont les racines aériennes issues des branches s'enracinent pour former de nouveaux troncs.

Les fruits

Autre patrimoine, celui des arbres fruitiers, particulièrement varié. Pour le seul bananier, pas moins de quinze variétés principales. Même richesse pour le manguier.

Les papayers sont aussi beaucoup cultivés, citronniers et orangers étant plus rares. Plantés près des maisons, les arbres à pain et les jacquiers se montrent aussi généreux, mais leurs fruits ne sont guère utilisés qu'en cuisine. Celui du jacquier, informe autant qu'énorme, est issu de l'écorce du tronc et des branches.

Quant aux jamalacs, dont les fruits roses ou blancs semblent en cire, et aux fruits-cythère, ils font d'exquises confitures.

Certaines espèces, à l'origine introduites pour leurs fruits, n'existent plus qu'à l'état naturalisé, dans les forêts secondaires ou sur les glacis. Il en est ainsi du goyavier, dont le fruit acidulé est délicieux, et du cajou, dont le fruit est un composé de la pomme de cajou, comestible mais très acide, et de la noix de cajou.

Les épices

Exotisme est aussi synonyme d'épices. Acclimatée dès 1772 au Jardin du Roy, sur Mahé, la cannelle fut disséminée par les oiseaux fructivores, au point que du niveau de la mer, elle finit par se répandre jusque sur les sommets. D'abord exploité de façon intensive pour son essence, obtenue après distillation des feuilles, le cannelier l'est aujourd'hui pour son écorce, dont on fait la cannelle en poudre ou en bâton, selon qu'elle provient de grosses branches ou de fins rameaux.

Outre le giroflier et le poivrier, on doit mentionner le cacaoyer, le caféier et le théier, seul ce dernier faisant l'objet d'une exploitation.

Quant à cette célèbre orchidée qu'est la vanille, abondamment cultivée pour son fruit jusqu'au début du siècle, elle existe encore dans plusieurs forêts à l'état subspontané, et sa culture a été relancée récemment à Praslin et La Digue. Des gousses qui échouent pour la plupart dans les cuisines des vacancières françaises, anglaises ou britanniques, devenant dès lors d'odorants souvenirs d'une exotique parenthèse dans des îles au goût de paradis.

SA MAJESTE LE COCOTIER

Des îles-cocotiers ! Aux Seychelles, les cocotiers ont colonisé 40 % du territoire. Pas moins ! Mais qu'on ne s'imagine pas qu'ils ne sont là que pour le décor. Certes, le tourisme s'en nourrit, mais au-delà de son image, Sa Majesté le Cocotier offre mille et une richesses qui en font le meilleur ami végétal de l'homme. Sans cet arbre providentiel, que seraient les Seychelles devenues ?

L'arbre-roi de l'autosubsistance

Un arbre providentiel... Car si "*dans le cochon tout est bon*", dans le cocotier tout est utilisé. Matériau de base, les feuilles permettent la construction de toits, de clôtures, de pare-vent... Leurs nervures centrales, une fois réunies, font le balai zig, très utilisé des Seychelloises qui donnent l'impression de balayer toute la journée. Base filandreuse des feuilles, l'ampondre est la partie la plus utilisée en vannerie, les douze points de tressage traditionnels étant un héritage des techniques introduites par les Français au XVIIIe siècle et du savoir-faire des esclaves malgaches. Paniers et chapeaux connaissent un réel succès touristique.

Le tronc, lui, est utilisé pour les palissages, les planchers, les piliers des varangues et les meubles. Quant à l'écorce, une fois mélangée à la terre, elle donne un parfait terreau pour la culture des orchidées.

On connaît évidemment l'importance de la noix de coco dans la cuisine de l'océan Indien. Si les voyageurs ne se délectent que très rarement (à moins de s'appeler Mitterrand) d'une gelée de coco de mer (puisque le cocofesse n'est comestible qu'à l'âge de 9 mois) et d'une "salade du millionnaire" (puisqu'il faut abattre un arbre pour s'offrir un cœur de cocotier), tous par contre ont l'occasion de se régaler un jour ou l'autre d'un cari coco et d'un chatini coco. Râpé, le coco entre en effet dans la composition de nombreuses sauces, l'huile de coco fraîche, qui rancit vite, n'étant quasiment plus employée. Ce fameux coco est aussi garant d'innombrables desserts dont raffolent les touristes, gâteau, tarte, flan, nougat ou sorbet. Le coco est d'autant plus l'une des bases du "byen manze kreol" qu'il est riche en vitamines, sels minéraux et protéines. Même les cochons ont la chance de se régaler de cette noix qui entre aussi dans l'alimentation des volailles.

Un coco à manger autant qu'à boire, quand il est jeune. La noix de bouche (6 à 8 mois) offre non seulement sa chair, mais aussi son eau, toujours fraîche et d'une telle pureté qu'elle peut être utilisée comme sérum physiologique. Mais plus que de l'eau de coco, c'est du calou dont raffolent les Seychellois : cette sève de palme est recueillie dans un seau de bambou après qu'on a sectionné une tige florale, selon un droit coutumier très contrôlé. Quelques heures de fermentation suffisent pour transformer la sève en un vin de palme qui s'alcoolise chaque jour davantage.

Bon nombre de ces breuvages artisanaux sont consommés au-delà de la dose prescrite par la médecine, laquelle sait tirer profit de cet arbre miraculeux. Utilisée en friction, l'huile de coco soulage rhumatismes et courbatures ; en bain, elle revitalise les cheveux. Etalée sur la peau, elle protège du dessèchement et favorise le bronzage. La coque pilée a la réputation de soulager les maux de dents. Enfin, les racines de cocotier en décoction sont reconnues pour leurs vertus diurétiques et antiscorbutiques, quand ces tisanes sont associées à des bains de sable.

Le coprah, précieuse ressource

Le cocotier ou l'arbre de vie ! Essentiel à la vie quotidienne comme à l'économie. Pendant très longtemps, la noix de coco desséchée en four calorifère fut la première richesse du pays, le développement du tourisme et de la pêche ayant relégué à la troisième place des ressources nationales un coprah considéré, de l'avis de tous les spécialistes, comme le meilleur du monde.

En effet, les Seychellois attendent que les noix tombent naturellement de l'arbre, déjà très déshydratées, pour les exploiter, alors que leurs concurrents, pour un profit plus rapide, provoquent la chute des noix avant leur maturité. Le rendement moyen des cocoteraies est aux Seychelles d'environ 5 000 noix par hectare et par an (soit quelque 800 kg de coprah). Après le débourrage et le décoquage, chaque noix est coupée en morceaux, ceux-ci séchant ensuite dans un four à coprah. Là encore, le cocotier se montre généreux, puisque les coques des noix traitées, en brûlant, fournissent l'énergie de ce calorifère. Exporté en sacs, le coprah sera broyé dans les pays importateurs. L'huile ainsi obtenue est exploitée notamment pour la fabrication de savon et de margarine.

Un coprah qu'il ne faut pas confondre avec le cup coprah, qui ne requiert pas d'autre chaleur que solaire. Mises à sécher au soleil sans qu'on ait enlevé leur coque, les demi-noix qui constituent le cup coprah seront expédiées telles quelles. Toutefois ce séchage en plein air nécessite une certaine attention, les travailleurs devant régulièrement les réorienter afin que leur "bronzage" soit homogène. Gare aux moisissures et à la moindre averse, fatale ! C'est le Pakistan qui achète l'intégralité du cup coprah seychellois : là, débarrassé de sa cafoule, il sert aux fidèles qui, lors d'une cérémonie musulmane, s'en servent pour puiser dans la marmite commune un mélange de riz et de condiments, plat énormément consommé.

La cafoule, cependant, possède ses vertus. Utilisée pour la fabrication d'un charbon qui compose le filtre des masques à gaz, elle peut aussi être broyée à l'aide d'une machine à haute pression, donnant alors une poudre très fine. Pulvérisée par air comprimé, cette poudre ayant la propriété de détacher le carbone sans attaquer le métal, est employée comme abrasif pour décalaminer les tuyères de réacteurs des avions.

Et puisque dans le cocotier, rien ne se perd, de la pointe des feuilles à l'extrémité des racines, il est logique que l'enveloppe de la noix de coco ait une utilité : ainsi, quelques Seychellois confectionnent encore des matelas avec cette bourre. Par contre, la fabrication de cordages a été totalement abandonnée.

Il n'est pas facile d'ailleurs, à moins d'être un "pro", d'éplucher la noix "découquée". L'épluchage se fait généralement à l'aide d'un pieu à deux pointes, fiché en terre à bonne hauteur, la noix, tenue à deux mains, étant frappée à trois reprises d'un geste balancé sur la pointe. Au troisième coup, l'épaisse enveloppe de bourre doit tomber à terre, libérant la noix. Un travail de force et d'adresse qui a ses spécialistes, certains ramasseurs épluchant ainsi plus de dix noix en une minute. Ces licenciés ès cocotier, à défaut de diplôme, mériteraient au moins une palme d'or en miniature...

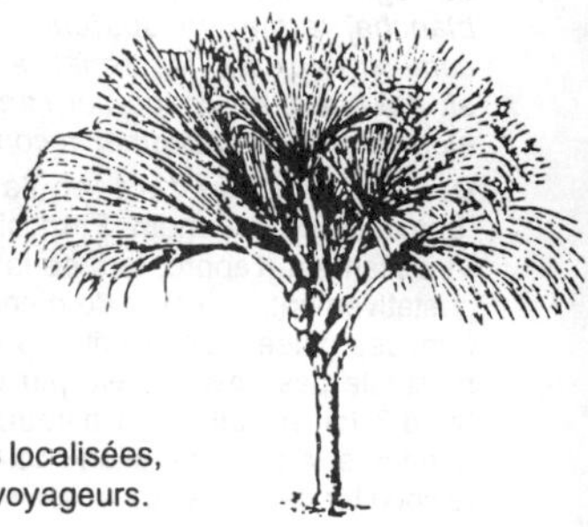

La grande famille des palmiers

Sa palme nous rappelle que le cocotier appartient à la famille des palmiers (palmacées pour les botanistes), au même titre, notamment, que les dattiers, raphias et sagoutiers. Cette famille serait apparue à la fin de l'ère secondaire (à partir de moins 140 millions d'années).

A l'inverse de la plupart des autres espèces, souvent très localisées, le cocotier a colonisé les continents sous l'influence des voyageurs.

Les courants marins ont aussi participé à l'essaimage des noix de coco qui, grâce à leur capacité à survivre à un séjour prolongé en mer, ont germé à l'infini des plages de corail. D'autant plus qu'un seul et même palmier (à l'exception du coco de mer et du dattier) peut porter les fleurs des deux sexes opposés, l'union des fleurs mâles et des fleurs femelles donnant un fruit qui, selon les espèces, se présente sous la forme d'une baie (la datte par exemple) ou d'un drupe (la noix de coco).

Si le cocotier s'est tant développé, c'est parce qu'il plie mais ne rompt pas, s'accrochant contre vents et marées à sa terre nourricière lors des tornades les plus puissantes. Et s'il se trouve déraciné, de nouvelles racines peuvent le faire renaître et lui permettre d'atteindre les cent années que la nature lui a allouées. Par milliers, ces racines partent en tout sens à la quête d'une nourriture parfois réduite, notamment en eau. Mais les palmiers savent économiser. Ainsi les dattiers, souvent confrontés à une chaleur extrême, se recouvrent-ils de cire pour modérer leur transpiration. "*Le dattier a les cheveux au soleil et les pieds dans l'eau*", aiment à dire les Arabes.

Si le besoin d'un climat humide et chaud explique que les palmacées aient fait des zones tropicales ou subtropicales leur terre d'élection, on doit constater que quelques-unes des 3 000 espèces de cette famille se sont acclimatées en des régions a priori peu favorables. Le palmier chilien s'élève jusqu'à 35° de latitude sud, tandis qu'un palmier d'origine japonaise tolère de très basses températures, jusqu'à moins 20°C. Quant à l'unique palmier originaire de nos contrées, le saint-pierre, qui à Nice orne la promenade des Anglais, il s'agit d'un palmier nain, ne mesurant parfois que quelques décimètres. On est loin de l'étonnante sveltesse de nos cocotiers de mer "seselwa" qui, du haut de leurs huit siècles, font figure de patriarches au sein d'une famille d'arbres dont les feuilles palmées sont synonymes de sérénité.

UN DROLE DE COCO !

L'aventurier Henry de Monfreid, qui en avait pourtant vu d'autres, ne cacha pas son étonnement : "*Cette noix est de la grosseur d'un gros potiron ; elle est double et ses deux hémisphères rappellent, à s'y méprendre, une paire de fesses entre lesquelles la nature s'est plue à reproduire minutieusement certains détails anatomiques particulièrement suggestifs*". Cent trente ans plus tôt, dans un rapport daté du 1er thermidor An II, Jean-Baptiste Quéau de Quinssy, dernier commandant français des Seychelles, en avait donné une description non moins réaliste dans une communication adressée à l'Académie des sciences, à Paris : "*En considérant en détail ce singulier coco lorsqu'il est dépouillé de la première peau de son enveloppe filandreuse, l'on voit d'un côté qu'il ressemble parfaitement à des fesses. L'entre-deux qui les sépare représente la partie naturelle de la femme. On y remarque même une protubérance ressemblant absolument à l'une des parties extérieures de la génération de la femme, autour de laquelle plusieurs petits filaments qui existent représentent des poils parfaitement imités...* "

Une véritable plaisanterie de la nature !

"*C'est aussi de cet entre-deux,*" poursuivait le gouverneur, "*que sort le germe, qui, dans les premiers jours, lorsqu'il ne passe pas la longueur de 6 à 8 pouces, ressemble parfaitement au membre viril. C'est cet instant qu'il faut saisir pour avoir un coco de mer qui soit on ne peut plus curieux par sa singularité et ses formes*". Un coco qui pousse même la plaisanterie un peu loin ! "*Quand l'amande du coco n'est pas encore dans sa parfaite maturité, l'intérieur du coco, dans la partie supérieure par laquelle il est attaché au régime, est divisé en deux parties. Il contient une substance en forme de gelée blanche, ferme, transparente, excellente et agréable au goût. Un seul coco peut en contenir deux bonnes assiettes à soupe ; pour peu qu'il y ait quelques jours que le coco ait été cueilli ou coupé sur l'arbre, cette gelée s'aigrit, elle n'est plus mangeable ayant alors l'odeur, la couleur et la consistance réelle de la semence humaine*".

Deux siècles plus tard, en l'an 1990 de la République une et indivisible, un autre "gouverneur" de renom, François Mitterrand, s'étonnera à son tour de ce drôle de coco. Visuellement d'abord, lors de la visite du président dans la vallée de Mai, à Praslin, puis gustativement, au cours du dîner donné au restaurant Pomme Cannelle de Mahé, où la si fameuse gelée était inscrite au menu. Réservée aux invités de marque, ladite substance n'est-elle pas seychelloise par excellence, le coco de mer étant en effet propre à cette terre ? Ici et nulle part ailleurs... Dès lors, ce trésor national méritait bien tous les honneurs. A tel point qu'un cocofesse trône à Praslin sur le monument de l'Indépendance, le cocotier de mer ayant aussi trouvé sa place sur les armoiries nationales.

Le cocotier de mer

Appartenant à la tribu des borassés, au sein de la grande famille des palmiers, Sa Majesté le Cocotier de mer est l'une des six espèces de palmiers autochtones des Seychelles. D'un port majestueux, son tronc droit et net atteignant une trentaine de mètres, il est doté de feuilles rigides en forme d'éventail. Staminé (c'est-à-dire mâle) ou pistilé (femelle), il pousse en colonie, les arbres mâles, supérieurs de 5 mètres environ, semblant veiller sur leurs protégées, le "phallus" bien pendu... Car l'inflorescence mâle du cocotier de mer ressemble comme deux gouttes... De sperme à un membre viril, de la taille et de l'épaisseur d'un bras ! Ce gros chaton brun porte de multiples petites fleurs jaunes en forme d'étoile et dégageant un parfum de miel.

Mais aucun cinéaste n'a encore réussi à filmer les curieuses amours des cocotiers de mer, les nuits de grande tempête ou de pleine lune selon les légendes. Elles assurent d'ailleurs qu'un funeste sort serait réservé à qui assisterait à cette union végétale, d'où naissent chaque année une ou deux grappes de fruits, chacune contenant deux ou trois noix bilobées, plus rarement quatre.

Sous l'épiderme lisse et vernissé du fruit, protégée par un mince brou, la noix est constituée de deux lobes d'un gris noirâtre à la coquille très dure, séparés par un étroit canal. Bien que pesant de 10 à 15 kilos et mesurant une trentaine de centimètres, chaque noix n'en a pas moins son identité. Plate ou rebondie... A chacune sa nature ! Tout comme aucune paire de fesses ne ressemble à une autre, aucun cocofesse n'est semblable. On trouve des noix miniatures de 15 centimètres de long, d'autres atteignent les 60 centimètres. Il faut trois ans à un coco de mer pour germer et sept ans pour arriver à maturité, l'arbre devant attendre le quart de siècle pour commencer à fructifier et pas loin d'un millénaire pour atteindre sa taille maxima. Un âge que n'ont pas encore atteint les vénérables cocotiers de mer de la vallée de Mai, vieux de 800 ans "seulement "...

La Vallée de Mai est le dernier sanctuaire de ce "roi des cocotiers" qui, à l'origine, partait aussi à l'assaut du ciel sur l'île voisine de Curieuse ainsi que sur trois îlots satellites : Saint-Pierre, Ronde et Juliette (aujourd'hui Chauve-Souris). Il est difficile d'expliquer pourquoi ce palmier n'a élu domicile que sur une poignée d'îles. Selon une hypothèse il serait l'un des rares végétaux à avoir survécu à la fracture avec le continent africain de terres devenues depuis lors un archipel. A cet isolement insulaire, il faut ajouter un autre facteur de non-dissémination de la noix, sa pesanteur qui contrarie a priori sa dispersion naturelle par les courants marins. Trop lourde pour flotter ! Enfin, le fait qu'il faille au moins un arbre mâle et un arbre femelle pour la reproduction et que ce type de cocotier ne fructifie bien qu'en communauté, n'a évidemment pas favorisé l'acclimatation sous d'autres cieux de cet étonnant palmier. Confiné à quelques îles, longtemps inhabitées, de l'océan Indien, le cocotier de mer resta un végétal inconnu jusqu'à la seconde moitié du XVIIIe siècle.

Une noix mythique

Mystérieuse origine, extrême rareté et forme voluptueuse : il n'en fallait pas davantage pour que cette noix devienne mythique et qu'on lui attribue des tas de vertus ! Ainsi, les fragments d'amande adhérant à la coquille des noix étaient considérés comme aphrodisiaques, la coquille se révélant pour sa part un antidote souverain. "*Remède contre les poisons, la colique, la paralysie, l'épilepsie et de nombreuses maladies nerveuses, comme celles des entrailles qui causent des vomissements, elle (la noix) prévient d'autres maladies quand on boit de l'eau conservée quelque temps dans la noix avec un peu d'amande*", notait Albert Auguste Fauvel dans une étude publiée en 1915.

La légende affirmait que cette noix extraordinaire était le fruit d'un grand arbre sous-marin, d'où le nom de cocotier de mer, la tradition voulant que lesdites noix échouent parfois sur les plages de Java, Sumatra et surtout des îles Maldives. Tout comme l'ambre gris, les noix devenaient aussitôt la propriété des rois et sultans et l'indigène qui en trouvait une risquait d'avoir le poing tranché s'il osait la conserver. Aussitôt connu en Europe, au temps des premiers navigateurs de l'océan Indien, ce trésor végétal devint un objet précieux que se disputaient les souverains. Certains de ces cocofesses, montés en or ou en argent, sont aujourd'hui de superbes pièces de musée. Rodolphe II de Habsbourg, empereur du Saint-Empire romain, offrit en vain 4 000 florins d'or pour l'acquisition d'un coco de mer, en l'occurrence celui des héritiers de l'amiral hollandais Wolfert Hermanssen qui, lui-même l'avait reçu du sultan de Bantam en 1602, après avoir sauvé la capitale de son sultanat du siège d'une flotte portugaise.

Les Portugais seront les premiers Européens à évoquer par écrit le cocotier de mer. Joaos de Barros affirme en 1553, sans le nommer, que cet arbre pousse sous la mer et que ses propriétés médicinales sont supérieures à celle de la pierre Bezoar. Garcia de Ortan dans ses *Dialogues sur la pharmacopée de l'Inde*, publiés en 1563, souligne que le coco de mer, qu'il nomme coco des Maldives, est le fruit de palmiers submergés quand les Maldives se virent séparées de l'Asie par une inondation. On racontait aussi aux navigateurs crédules qu'aucune jonque ne pouvait s'approcher à moins de trois ou quatre lieues de l'endroit où ces arbres prospéraient, en raison des hautes vagues et des tempêtes qu'ils provoquaient pour se protéger.

En 1615, le Français Pyrard de Laval évoquera une "*certaine isle nommée Poulloys*" dans le récit d'un voyage qui l'amena, suite à un naufrage, à demeurer plusieurs années sur une île des Maldives : "*Le Roy envoya par deux fois un très expert pilote pour aller découvrir une certaine isle nommée Poulloys qui leur est presque inconnue... Ils ont opinion que ces gros cocos médicinaux, qui sont si chers là, en viennent. D'autres pensent que c'est au fond de la mer. Ils la nomment Tavarcarré... Les gens et les officiers du Roy maltraitent de pauvres gens quand ils les soupçonnent d'en avoir trouvé et même quand on veut faire déplaisir à un homme, on luy impute et on l'accuse de celà, comme on fait ici de la fausse monnoye, afin qu'il en soit recherché, et quand quelqu'un devient riche tout à coup, on dit communément qu'il a trouvé du Tavarcarré ou de l'ambre comme si c'était un thrésor...* "

Le fabuleux coco reste une "exclusivité" maldivienne lorsqu'en 1634, un médecin du nom d'Augerius Clutius fait paraître à Amsterdam la première monographie consacrée à cette si bienfaisante curiosité. L'auteur cite douze cas de maladies et de couches difficiles pour lesquels le coco de mer se serait révélé souverain. En 1750, une autre étude, signée par le grand botaniste Rumphius, se montre plus distante vis-à-vis de la noix miraculeuse. Passant en revue les diverses légendes qu'elle a suscitées, Rumphius tente de démontrer aux indigènes de Java et d'Amboine que l'abîme de Pausengi, où le cocotier de mer était censé pousser, ne peut se trouver sur la côte occidentale de Java, le lieu tant recherché devant être situé quelque part dans l'océan Indien occidental. Il "brûle"... Les Européens ne vont pas tarder à décrocher le cocotier !

Six ans plus tôt, le capitaine Lazare Picault a débarqué, au nom du roi de France, sur Praslin, qu'il a baptisée Isle de Palme, "*ainsi nommée parce qu'elle porte beaucoup de palmistes et lataniers portant coton*". Ces lataniers n'étaient autres que les fameux cocotiers de mer, le coton en question étant un indumentum qui se trouve à la base de leurs feuilles. Mais le navigateur n'a, semble-t-il, pas compris que ledit latanier était l'arbre tant recherché. L'historien seychellois Guy Lionnet, auteur d'une remarquable et récente étude sur le coco de mer, donne deux explications sur cette non-reconnaissance : "*Ou bien Lazare Picault ne vit pas de cocos de mer lorsqu'il mit le pied sur Praslin, parce qu'ils étaient enfouis dans la luxuriante végétation qui recouvrait alors cette île ; ou bien il en vit, mais comme Barré quelque vingt-cinq ans plus tard, il ne put en croire ses yeux et ne considéra pas les cocos de mer comme les véritables noix des Maldives, alors si précieuses et si recherchées.*"

Une prodigieuse découverte

Ce fut en effet un ingénieur du nom de Barré qui, en 1768, lors d'une nouvelle expédition de la Marine royale aux Seychelles sur le *Marion-Dufresne*, eut l'honneur de constater que le mythique cocotier de mer poussait sur terre, qui plus est française depuis 1756. L'abbé Alexis Rochon, géographe et astronome de renom, qui visita les Seychelles un an après Barré, rendit compte de cette divine découverte. "*Il trouva à l'Isle de Palme, sur les bords du rivage, un fruit qu'il prit d'abord pour un coco de mer. Il le cacha soigneusement, mais s'étant enfoncé dans le bois il vit avec peine que la terre était couverte de ces fruits et des arbres qui les portaient. Ces arbres s'élèvent à la hauteur de cinquante pieds, leur tête est couronnée de dix à douze palmes de vingt pieds de longueur en forme d'éventail... De l'aisselle des feuilles sort un panicule ramifié dont les rameaux sont terminés par des fleurs femelles ; le pistil des fleurs donne, en mûrissant, un fruit qui avec son brou, peut peser cinquante livres. En examinant attentivement cette forêt, Barré se persuada que le coco de cette île ne pouvait être le vrai coco de mer. Il se borna à recueillir, par pure curiosité, une trentaine de noix que le célèbre Poivre déclara formellement être ce fruit si recherché aux Indes et dans toute l'Asie ; et dès lors il accéléra notre départ dans la vue d'obtenir à ce sujet de prompts renseignements.*"

La prodigieuse découverte n'allait pas tarder à susciter des vocations. Dès 1769, le capitaine Duchemin, qui l'année précédente a conduit la féconde expédition au cours de laquelle Barré découvrit le si vénéré cocotier, s'empresse de retourner sur l'île aux trésors : Praslin. Il y charge de cocos de mer la palle *L'Heureuse Marie* et s'en va les mettre en vente sur le marché indien, oubliant que la bonne vieille loi de l'offre et de la demande va vite faire perdre à la noix sa fabuleuse valeur, tant marchande que mythique, même si quelques malins tenteront de faire monter les enchères d'une piètre façon. Fauvel évoque ainsi dans son livre exhaustif sur le coco de mer l'incendie volontaire de Curieuse : "*En 1771, une corvette anglaise expédiée de Bombay fut mouillée à Praslin pour y prendre des cocos de mer et mit le feu sur l'île Curieuse qui, mitoyenne à Praslin, recélait aussi beaucoup de cocotiers de mer, ce qui fit périr un grand nombre de ces précieux palmiers.*"

En tout cas, le pot aux roses était bel et bien découvert, certains auteurs avançant que les Maldiviens connaissaient de longue date ces îles seychelloises, mais qu'ils en avaient gardé le secret par intérêt financier. Une théorie que pourrait confirmer la découverte par les premiers Européens de tombes indo-musulmanes sur Silhouette, dans l'anse Lascar (les musulmans venus de l'Inde étant appelé "Lascars"). Les partisans de l'autre théorie, celle de la noix flottant jusqu'aux Maldives, posent en retour une question, il est vrai, bien dérangeante : "*Comment voulez-vous qu'un tel secret ait pu être gardé aussi longtemps, même sous peine de mort ?*"

Bien que dévalué, le singulier coco n'en continuera pas moins à fasciner. Le naturaliste de la célèbre expédition de Bougainville autour du monde, Philibert Commerson, ne manqua pas de s'intéresser à ce hautain cocotier dont les insolites noix callipyges firent longtemps la fortune des rois et sultans maldiviens. Commerson serait même le premier scientifique à avoir minutieusement décrit, quinze planches à l'appui, le cocotier de mer, auquel il aurait donné le nom générique de Lodoicea, dérivé du latin Lodoicus (Louis), en l'honneur du roi Louis XV. Bien d'autres voyageurs encore, naturalistes, artistes ou simples curieux, seront inspirés par cet arbre et ses noix légendaires. L'ancien capitaine d'artillerie de marine Robillard d'Argentelle, fut l'auteur, vers 1805, d'une étonnante série de moulages en cire de cocos de mer ou à base d'inflorescences de cocotiers de mer ; sa collection de 112 plantes, fleurs et fruits reconstitués de l'océan Indien est aujourd'hui exposée au Muséum d'histoire naturelle de Paris. Directeur du superbe jardin botanique de Pamplemousses, à l'île Maurice, John Horne, quant à lui, a laissé sa trace dans l'histoire de cet arbre historique en incitant le gouvernement britannique à fournir des fonds spéciaux pour l'achat et la conservation des derniers reliquats de forêts de cocotiers de mer qui subsistaient lors de sa visite des Seychelles, en 1874. Face au pillage desdites cocoteraies, la menace de voir disparaître le Lodoicea grandissait.

Marianne North, elle aussi passionnée de botanique, visita les Seychelles neuf ans plus tard. Subjuguée par leurs paysages, elle décida d'y exercer son art de longs mois durant, n'hésitant pas à s'aventurer, malgré l'ampleur de ses jupes à la mode victorienne, dans des lieux peu accessibles pour peindre les îles dans tout leur éclat. On raconte qu'à Curieuse, elle se hissa au sommet d'un haut rocher afin de pouvoir détailler, pinceaux en main, les fruits d'un cocotier de mer voisin. Plusieurs de ses vingt-cinq tableaux seychellois honorent aujourd'hui ce souverain palmier et rayonnent, dans les brumes d'Angleterre, au jardin botanique de Kew précisément, où se trouve la North Gallery.

La Vallée de Mai, vestige du paradis terrestre

Combien d'autres passionnés sont venus s'étonner au pied de ce singulier palmier ! Albert-Auguste Fauvel, historien naturaliste français auteur de plusieurs études sur les Seychelles, ne consacra pas moins de dix-sept années de recherches au plus convoité des cocotiers. Sous le titre *Le Cocotier de mer des Iles Séchelles*, sa monographie de 140 pages, publiée en 1915 dans les Annales du Musée colonial de Marseille, se révèle être à ce jour le document le plus complet et le plus pointu paru sur ce thème. Mais s'il ne fallait évoquer qu'un admirateur de ce sacré coco, ce serait assurément le bon général anglais Charles Gordon, qui se fit tuer à Khartoum et auquel on doit l'étude la plus fantaisiste consacrée à" l'*arbre sacrementel*". Ayant visité les Seychelles en 1881, en vue d'y dresser des plans de défenses militaires, Gordon, dit Gordon Pacha, fut tellement subjugué par cet arbre qu'il vit en lui l'Arbre biblique de la science du Bien et du Mal, la Vallée de Mai lui apparaissant comme un vestige du paradis terrestre. Il alla jusqu'à dessiner une carte du "district du jardin d'Eden" où il identifia les quatre rivières de la Genèse qui s'y jettent : l'Euphrate, le Tigre, le Nil et le Jourdain.

Partant de l'Ecriture sainte, selon laquelle le cœur de l'homme est le siège même des désirs charnels, Gordon a donc vu en cette noix en forme de cœur le fruit du péché. La noix de coco au lieu de la pomme ? Pour faire admettre aux sceptiques que notre Eve pécheresse avait pu succomber à la tentation d'un fruit doté d'une coquille aussi dure et d'une amande aussi indigeste, Gordon assurait que le coco de mer avait depuis la faute originelle perdu ses vertus mystiques, retournant dès lors à son état naturel. Pour donner du crédit à sa thèse, l'officier allait jusqu'à faire référence au sac de Jérusalem par les Romains, en l'an 70. Titus ne s'était-il pas emparé en toute impunité du Chandelier et de la Table de Sacrifice ? L'exemple entendait démontrer qu'un objet, sacré un temps, perd ensuite ce caractère. Bref, pour Gordon, le cocotier de mer était bel et bien l'Arbre de la Science, l'Arbre de Vie (censé voisiner avec lui dans le paradis terrestre) ne pouvant être que l'arbre à pain. Elémentaire, mon cher Gordon...

Le cocofesse nationalisé

Le cocofesse, "fruit défendu" ? Quoi qu'il en soit, il est défendu de quitter aujourd'hui le territoire seychellois avec un coco de mer non agréé par les autorités. Car le cocofesse a été nationalisé et la république des Seychelles contrôle de très près le commerce de cette œuvre d'art que la nature ne reproduit qu'à 3 000 exemplaires environ, chaque année. Aussi les artisans travaillant le coco de mer doivent-ils acheter la matière première à l'Etat. Le monopole visant en priorité à sauvegarder le cocotier tant convoité, chaque noix commercialisée doit être assortie d'une autorisation spéciale de sortie de territoire. Dès lors, gare aux revendeurs incapables de délivrer cette attestation, les noix vendues en deçà de 500 SR étant a priori obtenues dans l'illégalité. Il faut débourser 600 SR au moins pour mettre la main au cocofesse, les plus belles pièces pouvant dépasser les 1 000 SR. Sans parler des curiosités hors de prix, telle la rarissime noix à trois lobes que possède le patron de l'Auberge Louis XVII, à Mahé...

C'est à Praslin que les artisans apprêtent les noix pour rendre plus lisible encore leur forme déjà fort suggestive. Bien que superbes à l'état brut, dans leur vénusté originelle, elles sont travaillées pour la plupart. Une fois sciées et vidées, les deux demi-coques sont généralement polies puis vernies, avant d'être recollées, la touffe de l'entre-deux lobes n'étant pas oubliée pour que le cul de négresse (autre nom du coco de mer) soit plus ressemblant encore. La demi-coque peut aussi être sculptée et vendue comme boîte à bijoux. (Les pêcheurs l'utilisent à l'état brut pour écoper leurs pirogues, tandis que les petits commerçants s'en servent encore parfois comme cocossier, c'est-à-dire comme récipient, pour transvaser le sucre, le riz, la farine ou les graines vendues au détail.) Quant à la pulpe extraite, elle doit d'abord sécher au soleil pour pouvoir être utilisée en marqueterie, puisqu'elle permet d'obtenir un effet d'incrustation d'ivoire.

Les feuilles, enfin, sont utilisées non seulement en vannerie (paniers, nattes, chapeaux...) mais aussi en architecture, où ces larges palmes deviennent des cloisons légères d'un beau jaune doré et créent une atmosphère aussi romantique qu'exotique.

Des palmes de privilège... La seule cocoteraie de mer de la planète Terre ne se déploie en effet que sur 20 hectares à peine, dans cette fascinante niche de verdure primitive qu'est la Vallée de Mais. Parmi ses spécimens d'exception les plus âgés, de 35 mètres de hauteur, sont vieux de huit siècles. Ce sont véritablement des patriarches de ce monde végétal, qui n'égalent pas toutefois les séquoias de Californie, dont certains auraient 3 000 ans au moins. Ayant échappé à la hache et au feu des hommes, ces antiques palmiers constituent assurément une richesse patrimoniale majeure. Il était donc logique que l'Unesco élève la mythique Vallée de Mai au rang de "patrimoine de l'humanité".

VIE QUOTIDIENNE

EDUCATION, SANTE ET LOGEMENT

Elle grimpe, elle grimpe, la population seychelloise ! Doucement mais sûrement : pas moins de 1 700 naissances en 1994 (pour seulement 362 décès). Avec ses 73 850 habitants, cette année-là, les Seychelles n'en demeurent pas moins l'un des Etats les moins peuplés de la planète. Un pays jeune, puisque près d'un "Seselwa" sur deux a moins de 20 ans, les "plus de 45 ans" ne constituant qu'un cinquième de la population. L'archipel ne partage toutefois pas le sort de l'Afrique, dont le rythme de croissance démographique s'avère si préoccupant. Le taux de mortalité infantile aux Seychelles, qui ne dépasse pas les 15 enfants (de moins de 1 an) pour 1 000 naissances vivantes, est l'un des plus bas du monde.

Premier poste du budget national, l'éducation s'est affirmée d'emblée comme la priorité du régime de France Albert René, désireux d'offrir à chaque enfant les mêmes chances à l'école. "Avant le 5 juin 1977, la plupart des adolescents, sauf quelques centaines de privilégiés, arrivaient sur le marché très jeunes, sans formation et sans préparation pour entrer dans la vie adulte", ne manquent d'ailleurs pas de rappeler, à juste titre, les textes officiels. Le pays s'est en effet scolarisé : pas moins de 21 641 élèves et 1 434 enseignants en 1995. La scolarisation est obligatoire pour les neuf ans de classes primaires, à l'issue desquels la quasi totalité des adolescents revêtent un an durant un uniforme de pionnier, pour découvrir la vie collective du NYS. Ce Service national de la jeunesse, créé en pleine vague "révolutionnaire" (en 1981), entend non seulement former la nouvelle génération aux réalités de la vie quotidienne, mais aussi la conscientiser aux vertus du socialisme : "*Les étudiants apprennent ainsi à participer à la vie sociale, culturelle et politique du pays, tout en se familiarisant avec de nouveaux rapports au travail.*" Une formation préalable pour certains élèves à des études secondaires au sein de l'Ecole polytechnique des Seychelles, fondée en 1983 afin de répondre aux perspectives du développement de l'archipel. Laquelle école comptait 1 429 inscrits en 1995, répartis en une douzaine de filières : sciences sociales, santé, enseignement, sciences, agriculture, construction et ingénierie, artisanat, arts, hôtellerie... Seuls les meilleurs bénéficieront de bourses pour accéder aux universités étrangères (de Grande-Bretagne essentiellement), Mahé étant appelée à moyen terme à accueillir une filière universitaire commune aux divers pays de l'océan Indien et on ne peut mieux ciblée sur l'archipel puisqu'elle concernera la pêche.

La "revolisyon" du président René a donc été bénéfique en matière d'éducation, dans ce pays où l'Eglise a longtemps pallié les carences de l'enseignement officiel. La Constitution prévoit aujourd'hui le droit à l'éducation gratuite jusqu'à 17 ans, et un article de l'Education Act stipule que les parents dont l'enfant s'absente plus de trois semaines sans raison valable, sont passibles d'une amende de 1000 roupees ou de trois mois de prison. Toutefois, en septembre 1995, le bulletin mensuel de l'évêché seychellois, *l'Echo des Iles,* soulevait un problème d'importance : "*On peut se demander si l'absentéisme scolaire ne va pas augmenter à mesure que certains parents ont de plus en plus de difficultés à finir le mois. Aussi parce qu'il faut maintenant payer le bus pour aller à l'école.*" Et payer aussi le repas de midi, longtemps pris en charge par l'Etat.

Les "acquis de la révolution"

L'Etat-providence ! Les Seychellois se sont vite habitués aux "acquis de la révolution". En matière de santé par exemple : "*Le système mis en place après la libération constitue l'un des acquis les plus chers à la population. Grâce à lui, chaque citoyen, sans discrimination aucune, bénéficie gratuitement de soins médicaux. Désormais l'attention portée aux malades est la même pour tous, ce qui n'était pas le cas avant que le système de classes ne soit aboli. Depuis le 5 juin 1977, le pays a considéré la santé comme la deuxième priorité dans son budget annuel.*"

Au-delà des progrès manifestes, tant en ce qui concerne le taux de mortalité infantile (réduite de moitié) que l'espérance de vie (70 ans pour les hommes, 76 pour les femmes), il convient en effet de constater la bonne santé de ces îles, épargnées de certains des grands fléaux que connaît le continent africain (paludisme, fièvre jaune, dysenterie...), une cinquantaine de cas de sida ayant toutefois été recensés. Le nombre des médecins (environ 80) s'est accru, parallèlement à celui des consultations et des lits d'hôpital (410 dont 248 à l'hôpital de Victoria), mais il est encore parfois nécessaire d'être opéré à l'étranger, la chirurgie du cœur, par exemple, nécessitant des investissements trop coûteux pour une aussi petite nation. Un fonds de traitements spécifiques prend d'ailleurs en charge certaines dépenses extérieures au pays.

En 1979, l'Etat a aussi instauré un régime de sécurité sociale protégeant les citoyens du berceau à la tombe, et couvrant, dans certains cas, les dépenses funéraires. Une protection sociale qui contraint chaque salarié à verser 5 % de son salaire (autant que l'employeur) et qui permet de secourir les invalides et autres nécessiteux. Mais puisqu'il y a encore du travail pour tout le monde (pour combien de temps ?), pas question de payer les chômeurs : "Le gouvernement considère que chacun doit travailler, même si ce n'est qu'à mi-temps, pour gagner de l'argent. Aussi un organisme étatique propose-t-il à 400 personnes du travail à mi-temps dans des fermes, au nettoyage de Victoria, dans la réfection des bâtiments gouvernementaux, ceci jusqu'à ce que ces gens aient trouvé un travail permanent. Ainsi le gouvernement fait en sorte que la population ne soit pas composée d'assistés, entièrement dépendants de l'Etat."

Pas plus de mendiants que de sans-abri dans l'archipel ! Dans le domaine du logement aussi, la "révolution" a fait ses preuves. Une des premières actions entreprises par le nouveau régime fut en effet d'acquérir des terrains pour engager un ambitieux programme de construction d'appartements. Complétant des villages existants ou créées dans de nouvelles zones résidentielles, souvent à flanc de coteaux compte tenu du relief, plusieurs milliers d'habitations ont ainsi été construites ces vingt dernières années. A l'automne 1995, sur les nouvelles terres (gagnées sur la mer) de Roche Caïman, près de Victoria, trois cent trente maisons individuelles ont été livrées à autant de familles, ravies de découvrir la modernité d'un tel habitat, dont elles peuvent progressivement devenir propriétaires. De subventions en allocations et de crédits en autres facilités, l'Etat a en effet grandement favorisé l'urbanisme, sa politique visant à faire accéder à la propriété chaque locataire. Et, bien que nombre de Mahélois mal logés figurent encore sur la liste d'attente, l'élan a bel et bien été donné. Encore fréquentes à la fin de l'ère anglaise, les cases miséreuses ont disparu du paysage. Et pas seulement aux abords des grands hôtels...

CARACTERE, MŒURS ET CROYANCES

"Ne jamais faire le jour même ce qu'on peut faire le lendemain." La devise de Kinsley Saint-Ange, cordial et indolent propriétaire du Château Saint-Cloud, sur La Digue, pourrait aussi être celle de nombreux Seychellois. Paresseux ? Plutôt nonchalants...

L'homme n'est d'ailleurs pas fait pour travailler. La preuve, ça le fatigue ! Et puis pourquoi faudrait-il cultiver la terre, alors qu'elle se montre généreuse sans qu'on y touche. "Dieu plante, les Seychellois récoltent", confirme un proverbe local. Mangues, papayes, avocats, bananes, noix de coco et autres fruits à pain ne s'offrent-ils pas à portée de main ? Pour les "zourite", il faut certes se donner la peine d'aller dans les brisants, et pour les "pwason", on doit tout de même faire un tour en mer, mais sitôt ses repas assurés, à quoi bon s'éterniser... Il restera bien du "zob" ou du "bourzois" demain dans l'océan. A chaque jour son soleil... Et son effort !

Pas épargnant pour un sou, le "Seselwa" ! Un lopin de terre et quelques arbres, une barque de pêche, une case au toit de palmes et... du calou, il n'en fallait pas beaucoup plus au Seychellois pour être heureux. Jusqu'à ce que la société de consommation le rattrape et l'incite à glisser doucement de l'économie de subsistance vers l'économie de marché. Mais même avec un walkman sur les oreilles (ça se voit même à La Digue !) et plus de roupees dans les poches, il n'en continue pas moins à aimer la vie facile, à vivre au jour le jour. Pas plus tourné vers le passé que vers l'avenir, le Seychellois n'est pas du genre à amasser ou à prévoir. Ni entreprenant ni commerçant : ce n'est pas un hasard si neuf commerçants sur dix sont d'origine indienne ou chinoise. Ce détachement vis-à-vis de l'argent est d'ailleurs si rare dans un pays touristique qu'on se demande bien si cela va durer, et si le sourire restera encore longtemps spontané.

Car le Seychellois est aussi gentil que poli, certes un tantinet distant de prime abord, mais vite rieur et bon enfant dès le dialogue entamé. Très vite, le "tu" signifiera amitié et égalité. Aussi fier que susceptible, cet insulaire n'est pas du genre complexé face aux riches voyageurs venus des "grands pays". Car s'ils payent aussi cher pour visiter ses îles, c'est qu'elles sont en elles-mêmes une richesse. Deux sites inscrits au Patrimoine mondial de l'humanité : qui dit mieux ? Dès lors, pourquoi le Seychellois irait-il voir ailleurs... Problème d'argent ? Pas seulement. Ainsi, rares sont les Mahélois qui ont déjà mis le pied sur Silhouette ou les Diguois sur Félicité, pourtant dans leur horizon quotidien ! Ces découvreurs ont préféré aux îles d'en face des terres lointaines, et quelque 25 000 Seychellois se sont installés sous d'autres cieux, plus rémunérateurs et moins socialistes, en Australie surtout. Nombre d'entre eux sont d'ailleurs revenus vivre au pays ces dernières années, à la suite de la libéralisation du régime... et aux indemnisations à la clé ("révolution" ayant rimé avec expropriation).

S'adaptant facilement aux situations nouvelles, aussi calme qu'ouvert, le Seychellois prend donc la vie du bon côté, du moment qu'il a son poisson, sa bière et sa famille... Au sens large du terme. Entendez par-là que la faible densité de la population (celle d'une ville moyenne française) vous fait rencontrer des arrière-tantes ou des petits-cousins à tous les coins de boutiques. Les 73 000 Seychellois ne forment en fait qu'une grande famille, où tout le monde se connaît.

Un record de mères célibataires

Une famille d'autant plus floue que les trois quarts des enfants naissent hors mariage, et que la paternité n'est reconnue que dans 45 % des cas. En dépit d'une tradition chrétienne très affirmée, la promiscuité a toujours été importante aux Seychelles, où les habitants n'ont aucun scrupule à changer "régulièrement" de concubin ou de concubine. Lors de sa courte visite à Victoria, le 1er décembre 1986, le pape Jean-Paul II avait d'ailleurs demandé à ses ouailles de résister aux "mauvaises mœurs" : "Une société se désagrège quand les mariages se font de moins en moins nombreux et plus instables, lorsque chacun recherche d'abord à satisfaire son égoïsme et les plaisirs faciles, quand on accepte les infidélités et les ruptures", avait-il déclaré dans son homélie.

Un libertinage qui fait partie de la tradition. "Les Seychelles sont les îles de l'amour. Ici, on ne produit rien, sinon des enfants", remarquait ainsi Henry de Monfreid. L'Eglise seychelloise s'est d'ailleurs longtemps montrée hostile à l'égard de la contraception, l'évêque de Victoria allant jusqu'à proclamer, en 1980, que "les femmes qui prennent la pilule sont des bêtes".

Malgré la gratuité de la contraception, les naissances non désirées restent en tout cas nombreuses. Ainsi, 17 % des Seychelloises qui ont accouché en 1986 étaient des mineures. Les adolescentes enceintes ne suscitent que de rares froncements de sourcils. ""Ma fille n'est ni la première, ni la dernière", disent souvent leurs parents. D'ailleurs, beaucoup de filles, à l'instar de leurs aînés, vivent "en ménage" avec un compagnon sans éprouver le besoin de régulariser la situation. La loi exige que les hommes dont la paternité est reconnue versent un minimum de 20 % de leur salaire pour l'entretien de chaque enfant. Mais cette somme ne peut dépasser 50 % du salaire, même s'il doit entretenir quatre enfants ou plus. Et il n'est pas toujours facile d'attribuer à quelqu'un la paternité ou de solliciter un versement. Ce fut le cas d'une jeune fille de douze ans qui a donné naissance à des jumeaux, il y a quelques années", raconte John Lablache, un excellent journaliste seychellois, qui estime qu'il est plus facile aux filles qu'aux garçons de trouver un emploi, d'où leur sentiment d'indépendance.

Se partageant entre "la femme pour moi" et ses maîtresses, l'homme ne se dépense guère qu'à des fins démographiques. Les anthropologues qui ont étudié la structure familiale aux Seychelles sont d'ailleurs arrivés à la conclusion qu'il existe, tant dans les unions libres que dans les unions légales, une sorte de matrifocalité. Ce qui veut dire que l'homme n'occupe qu'une situation périphérique dans la structure familiale, la femme y prenant toutes les décisions importantes. *"Non seulement elle élève les enfants, mais bien souvent elle gagne l'argent du ménage. On rencontre souvent de jeunes mères célibataires assumant seules une ribambelle de petits issus de plusieurs lits. Personne ne leur jette la pierre, au contraire. Il n'y a que les curés qui se plaignent. Ici, les femmes sont formidables, mais elles ont une faiblesse ; ce sont des sentimentales qui se laissent trop souvent gagner..."*, confirme l'érudit Guy Lionnet. D'origine mauricienne, l'homme sage de l'archipel se montre admiratif de ce peuple exemplaire à bien des égards : *"Les Seychelles contiennent mille trésors, mais le plus remarquable, ce sont ses habitants, de toutes origines : Européens, Africains, Indiens, Asiatiques. Peu d'endroits réservent un tel métissage. Mais à la différence de l'île Maurice, par exemple, les ethnies ne se contentent pas de vivre en bonne intelligence. Les Seychellois n'ont pas de barrières. Ils vivent, travaillent, se marient dans un brassage perpétuel. Dans la rue, vous croiserez toutes les couleurs de peaux, mais il n'y a qu'une race seychelloise."* Et si des enfants naissent à tout vent, c'est que Dieu l'a voulu...

Bonhomme du bois pour soi... et Dieu pour tous !

Bien qu'ils succombent volontiers à la tentation du péché de chair et qu'ils ne jugent pas nécessaire de passer devant Dieu avant de vivre en couple, les Seychellois n'en demeurent pas moins très chrétiens. Malgré ou à cause de l'obstination des pasteurs anglicans (un siècle et demi durant !), ils sont restés en majorité catholiques (à 90 %), rappelant en cela la courte période française de l'archipel. Les cérémonies de communions, pleines de dentelles et de chapeaux, demeurent ainsi un moment fort de la vie sociale. Les Seychelloises sont d'ailleurs très pratiquantes, la messe du dimanche étant, il est vrai, l'occasion d'exhiber ses plus belles toilettes et de papoter devant l'église. Des pratiques qui n'en excluent pas d'autres... Pas très catholiques celles-là ! La foi chrétienne fait en effet bon ménage avec un syncrétisme religieux qui comporte des éléments disparates de foi animiste ou de culte des ancêtres d'origine africaine. On croit à l'existence des êtres surnaturels mal identifiés (tels que les Malfaisants ou mauvais esprits, ou les Dondosias ou zombis), à des gestes et objets plus ou moins néfastes, ainsi qu'à des sorciers ou sorcières nommés donneurs ou donneuses de bois, ou encore bonshommes et bonnes femmes de bois, dont les prétendus pouvoirs magiques sont doublés de la connaissance de plantes médicinales, ou Raspail (ce terme étant dérivé du nom de François Raspail, chimiste français qui a écrit un Manuel de Médecine et Pharmacie domestique très prisé aux Seychelles).

Et bien que le gouvernement ait promulgué en 1958 une loi visant à extirper la sorcellerie, "bonhommes di bois" et "bonnes femmes di bois" n'en continuent pas moins d'être consultés, qu'il s'agisse d'évoquer une déception amoureuse ou une haine farouche, d'expliquer un rêve étrange ou de pratiquer un avortement.

Les sorciers vendent en effet des "charmes" (décoctions de feuilles et racines, fioles avec cheveux, aiguilles ficelées en croix avec du fil bleu, etc.) et prononcent des incantations. Mais, signe de la modernité en marche, la nouvelle génération semble plus distante vis-à-vis de ces superstitions, et préfère vouer un culte à Michael Jackson ou à Elton John plutôt qu'à Dieu ou au tout-puissant "witch-doctor". Pas question pour autant de balayer la cour après six heures du soir, car on risquerait du même coup de balayer toutes ses richesses... Deux siècles d'occultisme ne s'effacent pas du jour au lendemain.

ART ET ARTISANAT

L'ARTISANAT

Ayant appris à tresser et teindre la paille alors qu'il était enfermé par les Anglais dans l'un des sinistres pontons de Plymouth, le Bordelais Antoine Bénézet fut à l'origine d'un artisanat qui a survécu jusqu'à nos jours : dès son arrivée dans l'archipel, en 1815, Antoine Bénézet découvrit le parti qu'on pouvait tirer de la jeune feuille en fuseau, c'est-à-dire encore souple, du cocotier de mer. Lorsque l'agriculture fut victime du marasme dû au refus des affranchis de travailler les terres de leurs anciens maîtres, les femmes et filles de colons se mirent à tresser les feuilles du fameux cocotier pour en confectionner des paniers, des boîtes, des éventails, des bouquets de mariée qui firent merveille. Ce sont, aujourd'hui, des pièces de musée.

Fabriqués à partir des feuilles qui continuent d'alimenter un artisanat essentiellement domestique et rural, les chapeaux de paille, ceux des touristes comme des Seychellois, s'inscrivent toujours dans le paysage. Mais le travail de la fibre ne se borne pas à cet article vedette : paniers, balais, nattes, stores, paravents, casiers de pêche..., la fibre se décline en maintes versions, encore réalisées dans "la cour", à des fins d'abord familiales, le surplus étant vendu sur les marchés de la capitale ou dans les boutiques de souvenirs.

Le travail du coco de mer ne concerne en revanche que des artisans spécialisés. Les demi-noix, généralement polies puis cirées ou vernies, sont alors sculptées en boîtes à bijoux. La pulpe de la noix, une fois séchée au soleil, est utilisée en marqueterie pour obtenir l'effet d'incrustation d'ivoire. Cet art n'est pratiqué que par une poignée d'artisans minutieux. Le premier marqueteur en titre des Seychelles, Guy César, s'applique à jouer sur les colorations des bois, sur les veines et les grains, pour façonner des boîtes à bijoux de toute beauté. Douze heures de savoir-faire sont nécessaires pour un petit modèle.

Petites pièces décoratives ou grosses pièces utilitaires, le travail du bois nécessite des gens de métier, spécialement la production de meubles créoles qui représente un marché d'avenir. Capucin, bois noir, bois rouge, bois rose, takamaka, sandragon, calice du pape, gayac et bois de natte, entre autres bois durs, sont utilisés pour les tables, les parquets, les charpentes et la construction navale, tandis que les bois tendres, tels que badamier, albizzia, santal et cocotier entrent dans la fabrication des meubles de cuisine et des cercueils. Matière première encore abondante, le bois reste pour l'instant sous-exploité et d'un coût élevé.

Granit et corail

Autre richesse, totalement inexploitée celle-là, le granit reste un matériau à dominer. Huit variétés de granit ont été répertoriées aux Seychelles selon le grain et la couleur. Se taillant très bien au ciseau, au burin et au pistolet électrique, la pierre mériterait d'attirer les sculpteurs d'art. Encore faudrait-il d'abord convaincre des carriers de se lancer dans l'exploitation de cette matière noble si représentative des Seychelles.

Le corail était autrefois taillé pour la construction des murs (de Victoria notamment). Bien qu'il ait déjà inspiré quelques artistes, il ne suscite pour l'instant qu'un intérêt limité en matière de sculpture. Les artisans de la nacre, en revanche le travaillent volontiers, qu'il soit bleu ou rouge. Très tendre, le corail se prête parfaitement à la confection des perles, un artisanat d'art qui s'est développé en orfèvrerie. Les touristes apprécient de plus en plus les bijoux en corail, mais aussi en coquillages mêlés d'or (bracelets, colliers et boucles d'oreilles). Un créneau d'autant plus prometteur que les Seychelles sont signataires de la convention sur le commerce international des espèces en voie de disparition, qui veut que les produits en écaille ne soient plus exportés. Il n'est plus question de fabriquer bracelets, peignes et autres objets qui firent le bonheur des voyageurs jusqu'au 1er janvier 1995, date de l'entrée en vigueur de l'interdiction.

Et vogue "La Marine"...

En revanche, les souvenirs en textile sont promis à un bel essor, le style créole revenant en force, des échoppes des brodeuses aux ateliers d'impression. Place aux batiks et aux paréos ! Le prêt-à-porter "tropicalisé" est assurément plus porteur que la céramique, trop classique pour intéresser le touriste. Seuls les bougeoirs et les bonbonnières, très couleur locale, du créatif potier Robert Gordon semblent émerger de la production traditionnelle de l'atelier associatif Seypot, où la plupart des hôtels et restaurants du pays ont fait estampiller leur vaisselle.

Le plus beau succès artisanal seychellois de cette fin de siècle est sans conteste celui de "La Marine". Cet atelier, créé en 1979 par un Français passionné de modélisme marin, a su s'imposer parmi les meilleures entreprises du marché mondial des maquettes de voiliers anciens. Réalisées selon des plans précis de navires qui ont sillonné l'océan Indien et les mers alentour, les répliques sont exécutées pièce par pièce, à partir des matériaux d'origine, une vingtaine d'artisans aux mains d'or s'adonnant à ces minutieuses reconstitutions de *L'Astrolabe* (la corvette de Dumont d'Urville et de La Pérouse), du *Victory* (le vaisseau de l'amiral Nelson), ou de pirogues et bâtiments de pêche seychellois : pas moins de trois cents heures de travail, en moyenne, pour un modèle, à des prix qui varient de 2 000 à 30 000 RS. On comprend que "La Marine" ait vite trouvé sa vitesse de croisière.

Personnel qualifié et motivé, gestion maîtrisée, marché porteur... Cette réussite a valeur d'exemple dans un pays où l'artisanat d'art se révèle trop... artisanal. Farouchement indépendants et n'ayant pour la plupart pas dépassé la production "à la pièce", les artisans seychellois n'ont pas encore su créer une dynamique favorisant la vente de leurs produits. En lançant, en 1989, sur Mahé, un exemplaire village artisanal de douze boutiques de style créole, l'Etat a pourtant ouvert la voie, mais le peuple "seselwa" n'est pas vraiment du genre entreprenant...

LA LITTERATURE

Il aura fallu un siècle pour que la langue créole fasse une entrée... sur la pointe des pieds dans la littérature, à titre il est vrai de "literatir badinaz". Badins certes, mais précurseurs, les poèmes créoles de François Chrétien, interprète pour le "patois créole" au tribunal de l'Ile de France, parurent en 1822 sous le titre *Les Essais d'un Bobre africain*. Cette première œuvre créole de l'océan Indien ne fit guère école. Si un colon du nom de Louis Hery donna six ans plus tard à La Réunion son premier texte créole, les Seychelles durent patienter jusqu'en 1890 pour que Rodolphine Young, une institutrice descendante de Pierre Hangard (l'un des colons pionniers), traduise en créole quarante-neuf fables de La Fontaine, ce qui fait d'elle le "premye ekriven səselwa". Mais, de par une forte volonté politique, ce n'est qu'un siècle plus tard, en 1981 précisément, que "lalang kreol" prend son véritable envol en devenant non seulement l'une des trois langues officielles de la république des Seychelles, mais aussi la première langue enseignée. Un "diksyonner kreol-franse" a bientôt contribué à officialiser une langue dont on a longtemps dit qu'elle était rebelle à l'écriture. Chrétien affirmait : "*L'horizon est étroit autour de notre pauvre patois*".

A ce jour, les Seychelles restent le seul pays où le créole ait acquis ses lettres de noblesse, dépassant ainsi l'île Maurice, où s'étaient pourtant affirmés dans les années 1970 divers mouvements créolistes, souvent menés par des universitaires de retour au pays en ces premières années d'indépendance. Le M.M.M. (Mouvement militant mauricien) avait alors inscrit le créole sur son programme électoral et le L.P.T. (Ledokasyon pu travayer) avait mis en place des structures pour l'alphabétisation en créole. Mais la volonté de créolisation, devenue un enjeu politique, fut mal comprise et combattue tant par les pro-Français que par les pro-Anglais. Cette période de crise linguistique, sociale et économique donnant lieu à une "dépression morale collective" qui se révéla propice à la création littéraire.

Une floraison d'écrits qui appartient au passé. Maurice, en effet, a depuis perdu de son enthousiasme, sans pour autant baisser les bras, comme semblent l'avoir fait les créolistes de La Réunion, où la population, moins foncièrement motivée par la cause créole, condamne dès lors cette langue d'écriture qui n'y est soutenue par aucun support éditorial. "*En gros, aucune langue ne vit, ne survit, n'existe si elle n'a pas des raisons pratiques d'exister, des raisons économiques et sociales. Il se trouve qu'à La Réunion, on sera bientôt dans une situation où le jeune Réunionnais n'aura plus besoin du créole. C'est dramatique, mais c'est comme ça...* ", déplorait Carpanin Marimoutou, chercheur à l'université de La Réunion, lors d'un festival kreol.

Soungoula toujours là !

Aux Seychelles, terre d'élection de la créolité, la littérature connaît depuis quelques années un bel essor. Des comédies de Molière, mais aussi *Antigone* et *Le Petit Prince* ont bénéficié d'une "tradiksyon", et certaines œuvres classiques, telle *La Mégère apprivoisée*, de Shakespeare, ont été présentées sur scène en créole dans le texte. Pour autant, la communauté intellectuelle créole des Seychelles est limitée en nombre, compte tenu de la faible population du pays (70 000 Seychellois seulement), et une bonne part des nouvelles, romans et poèmes publiés n'ont qu'un intérêt mineur.

Affiliée à la Société des écrivains de l'océan Indien, une association des écrivains seychellois a été créée. Samuel Accouche en est l'une des plumes de référence. Ce créoliste s'est notamment intéressé à la littérature orale créole en publiant *Ti anan an Soungoula*. Ce Soungoula, mi-singe mi-homme, demeure l'énigmatique héros des "zistwar kourt" seychelloises qu'on raconte aux enfants, le répertoire des contes et légendes reposant aussi sur Pti Zean. Cet attachant personnage, un orphelin dont le principal souci est de subvenir à ses besoins, tire son origine de la lointaine Europe.

Au rang des écrivains en "seselwa" les plus talentueux, il faut aussi citer Guy Lionnet, Leu Mancienne, Patrick Matiot, Marie-Cécile Médor, June Vel, Daniel Ally, Elva Pool, Beranrd Valentin et surtout Antoine Abel, consacré en 1979 par le prix des Mascareignes, qui s'emploient à prouver qu'une langue vernaculaire mérite d'être (bien) écrite.

Nourries d'un enseignement qui faisait jusque-là défaut, les nouvelles générations devraient voir émerger de nombreux auteurs de langue créole, le désir d'expression de tout un peuple, rendu muet par son inéquation à la culture européenne, ne pouvant que susciter des vocations et rendre majeure cette littérature encore balbutiante, à peine sortie des traductions des "zoli fab La Fontaine". "*Voici les prémices, la naissance, la genèse/D'une nation jeune, joyeuse, éprise de liberté/Et je te fais confiance, O mon peuple.*" (Antoine Abel)

Soungoula, un personnage singulier

"Soungoula est-il un être humain ou un animal ? Voilà qui est difficile à déterminer... Issu du folklore seychellois, Soungoula est en fait un personnage mythique, et si son aspect mythique semble hésiter entre l'homme et la bête, son caractère, en revanche, ne laisse aucune place au moindre doute, à tel point que le personnage cristallise sur lui tous les défauts et tous les vices de l'humanité. Cupidité, parjure, parasitisme... La liste serait longue des manquements que Soungoula se permet envers la morale la plus communément admise. Bref, le Mal paraît être l'élément où le personnage se meut avec allégresse. Comme un poisson dans l'eau...

Soungoula ne serait donc rien qu'un personnage négatif ? Une sorte d'antihéros ? Prenons-y garde, et ne nous hâtons pas de conclure... Certes, nos ancêtres se servaient de ces contes pour stigmatiser les mauvais penchants de certains de leurs compatriotes ; bien sûr, ils présentaient Soungoula comme un contre-exemple, grâce auquel il leur était donné de fustiger le vice en riant... (Et la leçon de morale portait d'autant mieux qu'elle savait être plaisante.) Mais le personnage de Soungoula ne laisse pas d'être ambigu. La preuve en est que le coupable ne se fait que très rarement prendre. Il trouve toujours une astuce pour échapper au châtiment. Au-delà (ou à côté) de la leçon de morale, tout se passe donc comme si l'auditeur du conte était invité à apprécier, dans le personnage, la ruse et l'intelligence triomphant de la force brutale ou de la bêtise. De cela aussi, il faudra se souvenir, si l'on tient à ce que soit restituée, dans toutes ses implications et sa complexité, la sagesse que nos ancêtres nous ont léguée par ces contes."

Antoine Abel, *Contes des Seychelles*, 1981

LA MUSIQUE

Un pays de confluence musicale ! De la contredanse européenne (à l'origine dansée à la cour de Louis XIV) à la moutia africaine (à l'origine dansée sous les cocotiers et à la lueur d'un feu de bois). Ou du violon au tam-tam... En matière de sons aussi, les Seychelles se montrent métissées, la musique de maître et la musique d'esclave coexistant aujourd'hui pour le plaisir d'un peuple qui a le rythme dans la peau. L'accompagnement oral de ces danses s'est d'ailleurs créolisé, alors qu'elles obéissaient autrefois à la langue française pour l'une, à un dialecte africain pour l'autre.

Un seul mot d'ordre : balancez la musique !

Place d'abord au "rwa Sega", un roi venu d'Afrique ! Cette danse a valeur de refuge pour un peuple "nègre" dont les coutumes et cérémonies ont été rejetées par les colons, qui voyaient en ce séga une impudique danse de primitifs. Le séga, on le reconnaît de loin, grâce au rythme sourd de tambour donné par la ravanne, cette grosse caisse portative en peau de chèvre, chauffée au feu de bois pour en améliorer la résonance. S'y ajoutent le tintement d'une barre de fer pliée, le triangle, ainsi qu'un frottement à l'accent samba, produit par des noix de coco contenant des graines, les maravannes. Seule concession à la modernité, la guitare ! Difficile de résister à l'appel de cette danse au rythme vif, qui entraîne les couples dans un face à face lascif, tandis que les musiciens battent leur tambour-séga, qu'ils tiennent serré entre leurs jambes, en position accroupie. Tout en déhanchements, la danse est sensuelle (et souvent sans suite), d'autant plus suggestive qu'on ne se touche pas, et les chants qui l'accompagnent ont pour thème de petits événements du quotidien. On danse également le sega tremblé, d'origine malgache, qui semble proche de la transe.

De l'Afrique à Versailles

Transes en danse, plus africaines encore, telle la moutia, sorte de mélopée au rythme syncopé, donné par un tam-tam (creusé dans un tronc de cocotier et recouvert d'une peau de cabri ou de raie), tandis que les chanteurs se souviennent en créole de la servile condition des ancêtres séparés de leur terre natale. Essentiellement sentimentaux, ces textes expriment joie et tristesse, espoirs et déceptions, mais aussi le quotidien d'autrefois dans ces îles, labeurs et réjouissances, chants et danses, imbibés de calou et bacca, étant le seul exutoire. Exécutée le plus souvent en plein air, la si populaire moutia se révèle une musique moins civilisée (et moins touristique) que le sega. Plus symbolique aussi : cette danse d'expression collective permettait à la majeure partie des Seychellois de cultiver leurs racines les plus lointaines.

De l'Afrique à Versailles, dans la même soirée... Royale par son origine, puisque dansée à la cour du Roi-Soleil, la contredanse est toujours garante de gaîté lors des grandes fêtes de famille et dans les bals de campagne, les kamtolés. Importée par les colons, elle était dansée à bord des navires de ligne, où des bals étaient parfois donnés lors des escales à l'intention du beau monde "seselwa". Les esclaves, qui participaient à la fête en qualité de serviteurs ou cuisiniers, finirent par adopter cette danse de cour et de salon. Bien que "seychellisé" au fil du temps, ce quadrille reste cependant une synthèse de la valse, de la polka, de la scottish et de la berline. Aux Seychelles où on l'appelle "danse commandée", ses figures doivent être dirigées par un maître de cérémonie, le commandeur. A son injonction, danseurs et danseuses se forment en deux rangs, les uns en face des autres, et selon son "commandement", ils exécutent la série de figures, accompagnés par un violon, un banjo, un accordéon, une grosse caisse, une caisse claire, des cymbales et un triangle.

Si la contredanse reste une valeur sûre des réjouissances seychelloises, notamment lors des mariages, d'autres danses anciennes sont tombées en désuétude, tel le madilo ou calou-pilon, pratiqué surtout à La Digue. Là des filles sautaient par-dessus deux perches tenues parallèlement au-dessus du sol, en chantant le refrain "Madilo, oh ! Madilo", soutenu par les claquements de mains de l'assistance. Quant au sokwe, il alliait à la fois la musique et le théâtre, danseurs et danseuses portant des masques et se recouvrant de paille jusqu'à ce qu'on ne les reconnaisse plus. Les yeux et la bouche étaient cernés de rouge et un lichen faisait office de barbe. Faisant alterner parties dansées et parties dialoguées, le sokwe avait aussi la réputation d'être une danse dangereuse, car il n'était pas rare que les spectateurs enivrés mettent le feu aux costumes de paille.

Ton Pa, l'homme-orchestre

Nombre d'instruments appartiennent à l'histoire, ou du moins se font rares, tels le makalapo et le bombre, ces arcs musicaux d'origine africaine qui ont longtemps accompagné des chansons-mélopées. Disparu aussi, le mouloumba, cette cithare d'origine malgache soulignant à merveille les chants, souvent incompréhensibles (puisque faisant appel à plusieurs langues) des contes traditionnels. D'autant plus incompréhensibles qu'ils sont coupés d'onomatopées, de hoquets, de grognements, de grincements ou crissements de dents et, de plus, déformés par la nasalisation due à l'aplatissement de l'instrument sur la bouche du joueur-chanteur. L'ansive, enfin, n'est plus utilisée que par les pêcheurs, qui soufflent dans cette conque marine pour annoncer leur retour au port.

Autant d'instruments traditionnels que Ton Pa, le patriarche du folklore musical des îles de l'océan Indien, a contribué à faire connaître et à sauvegarder. Grâce à lui, la Radio-Télévision seychelloise a collecté sons, chants et mélopées qui constituent un précieux patrimoine sonore. Disparu en 1994 à plus de 86 ans, cette star de "lanmizik tradisyonnel" reste un personnage incontournable en matière de tradition orale. Depuis son plus jeune âge, Ton Pa, descendant d'esclaves malgaches, a "baigné" dans la musique, fabriquant des instruments avec des moyens de fortune et apprenant méthodiquement à jouer de tous ceux qu'il rencontra. Pour cet interprète de chants anciens, par ailleurs auteur de mélopées... et onomatopées très personnelles (le calou aidant), le bombre et le zez ont été des instruments de prédilection, et les précieux auxiliaires rythmiques d'une voix devenue une référence majeure de la *"culture vivante des îles"*.

Patrick Victor, roi du sega

Une culture insulaire qui n'existe plus guère qu'en pointillés, tant le rouleau compresseur de la musique anglo-américaine a trouvé là un terrain favorable, les nouvelles générations jurant davantage par Elton John et UB 40 que par Ton Pa. Les Michaël Jackson locaux ont d'ailleurs fleuri et la boîte à rythme est devenue un instrument de première nécessité. Mais la chanson créole n'a pas dit son dernier mot et une pléiade de nouveaux chanteurs "en seselwa" a trouvé sa place non seulement dans les hôtels, où ils gagnent leur vie en animant les soirées, mais aussi auprès de la population qui achète volontiers les cassettes (d'une technicité approximative pour la plupart) de ces artistes qu'on entend à longueur de journée sur les ondes nationales. Les plus "pros" de ces baladins, qui ont su donner une modernité à la chanson créole, ont pour noms Jean Ally, Joe Samy, Hudson Dorothé, Joseph Louise et David Philoe, mais il n'est qu'une seule vedette "internationale", Patrick Victor, dont le groupe s'appelle Bwa Gayac.

Auteur d'un remarquable premier album (*En Transition*), il a aussi signé le premier disque compact seychellois, d'autres ayant suivi. C'est assurément dans ses chansons les plus intimistes que ce compositeur au grand cœur se révèle le plus attachant, lorsqu'il n'abuse pas d'une boîte à rythme souvent pénible, et qu'il en revient à ses instruments de prédilection, l'harmonica et la guitare, ses uniques bagages quand, très jeune, il animait des soirées de village en village. Un quart de siècle plus tard, les Seychellois fredonnent ses chansons, quasiment toutes en créole, et son entraînant "Roi Sega" a fait l'objet du premier clip vidéo seychellois (superbe !). Chantant son pays et sa fille, la liberté et l'amour, Patrick Victor est la référence par excellence de la musique actuelle seychelloise et ses ségas et moutias sont même programmés sur Air Seychelles. Consécration suprême : Patrick Victor a même fait un tabac au New Morning de Paris !

LE CINEMA

Belles Seychelles... Si belles qu'elles se devaient de faire du cinéma ! Et elles ne s'en sont pas privées. Déjà tête d'affiche du film documentaire (le commandant Cousteau et Christian Zuber hier, Claude Pavard et autres aujourd'hui), nos îles sont devenues star du décor naturel, grandeur nature, on ne peut plus "ciné génique". Un éden si parfait qu'on le croirait façonné par Hollywood : les rochers semblent en carton-pâte, de style "peplum". On comprend qu'en matière de décor exotique, un tel plateau fasse désormais référence. Lorsqu'il s'agit de soigner le fond, des plages aussi virginales sont une valeur sûre, pour Tarzan et Robinson comme pour Emmanuelle. Les Seychelles ne sont-elles pas déjà un spectacle en soi ?

Cet archipel-plateau, Paul Turcotte sait le valoriser à merveille. Régisseur aux Seychelles des films tournés par Polanski, Roeg, Deschannel, Scott et quelques autres, ce dynamique Québecois ne se contente pas d'indiquer aux cinéastes des sites bien précis et d'assurer la préparation des tournages ; il a aussi pour rôle de veiller à ce que le patrimoine seychellois soit respecté. Veuillez nous restituer ce lieu dans son état originel... Il faut d'autant plus veiller au grain que les équipes du Septième Art font souvent preuve d'un certain sans-gêne. Pas question de transiger avec la loi ! Lors du tournage de *Cast Away* sur l'île de Cousin, un service d'ordre fut spécialement chargé d'empêcher quiconque de fumer, afin de ne pas déranger les milliers d'oiseaux qui nichent dans cette réserve naturelle.

Tarzan, Robinson et Emmanuelle

Car les gens de cinéma qui ne font que passer, bouleversent parfois l'équilibre d'une île entière. Quand une centaine de machinistes débarquent sur La Digue, ça fait forcément du tapage au pays. Les hôtels sont pris d'assaut, les véhicules disponibles réquisitionnés... L'île prend des allures de studio ! Et les roupies tombent. *Crusoe* a ainsi fait tomber plus d'un million de dollars dans l'escarcelle de l'Etat seychellois. Pour quelques scènes, le producteur de *Pirates* a déboursé plus de 300 000 dollars. Hôteliers, restaurateurs et loueurs en tout genre ne sont pas les seuls à profiter de cette manne. La main-d'œuvre locale y trouve son compte, maints travaux étant nécessaires avant qu'on entende le fameux *"Moteur !"*. Ainsi, la construction d'un estaminet pour le film *Pirates* a-t-elle nécessité le concours de quatre-vingts ouvriers (menuisiers, maçons, manœuvres, etc.). Pour les besoins d'une seule scène de *Cast Away*, cinquante barques de pêche ont dû être louées. Les autochtones tirent aussi profit de la figuration : plus d'une soixantaine pour *Pirates*, bien rémunérés. Josette Ernesta, de La Digue, se souvient avoir gagné "kantite larzan", alors qu'elle n'avait que 8 ans, lors du tournage, sur la sublime plage de Grand Anse, du film publicitaire sur le rhum Bacardi, tourné par Tony Scott. Trois semaines d'un tournage qui "enrhuma" une île d'ordinaire paisible.

De John Derek, pour son *Tarzan*, à Caleb Deschannel, pour son *Robinson Crusoe*, en passant par Roman Polanski, pour son *Pirates*, bien des maîtres du cinématographe ont trouvé ici des horizons à leur convenance. François Leterrier, avec son très plaisant *Goodbye Emmanuelle*, fut le premier, en 1976, à enrichir la république des Seychelles, fondée cette même année. La superbe maison créole d'Emmanuelle, sur La Digue, est devenue la résidence secondaire du président René. En quelque cent minutes de pellicule (hyper léchée !), outre les pleins et les déliés de la sensuelle Sylvia Kristel, cette intrigue érotico-exotique révéla à tous la beauté de ces îles alors très peu connues en France. Au-delà du libertinage, une invitation au voyage !

L'époque n'étant plus à l'érotisme sur grand écran, mais à la pornographie sur petit, c'est une vidéo de la collection suédoise "Private" que Pierre Woodman, le plus grand "pro" du "ciné à mateurs" français, a réalisé en 1995. Tanya, Christina, Jana et autres Irina, toutes les filles les plus ouvertes des pays de l'Est (longtemps amis des Seychelles socialistes) s'y livrent corps et âme au "Septième Hard" et prennent plaisir à "fer zig-zig" sous les palmiers, sans réserve ("plis coco" et "kas papay"...).

Deux ans plus tôt, Michel Ricaud, l'un des cinéastes les plus féconds du X hexagonal, avait fait rimer nature et luxure au pays du cocofesse. Mais la nature fut fatale à ce pourfendeur de tabous, qui déjà victime d'un mauvais scénario, fut emporté par une vague plus forte que les autres alors qu'il se baignait, peut-être imprudemment, à la pointe de l'Islette, un îlot de Mahé loué pour le tournage. Portant elles aussi le label "Private", les deux cassettes tirées des chaudes images déjà tournées ne sont pas à la hauteur des décors offerts. A quoi bon tourner aux Seychelles, si aucun plan panoramique ne vient sublimer les plans épidermiques ?

Les exilés font de l'audience

Jeux d'épées pour certains, jeux de jambes pour d'autres.... Qu'elles inspirent les corsaires d'opérette ou les starlettes montantes, les Seychelles sont plus que jamais des îles qui font l'affiche, chaque film étant a priori un support publicitaire pour ces "zil" de paradis qui font aussi leur cinéma, à des fins télévisuelles ! La R.T.S. (Radio-Télévision seychelloise) a en effet produit quelques œuvres de fiction, le Centre culturel français et la Mission de la coopération française à Victoria ayant apporté leur concours financier à la réalisation du premier téléfilm seychellois, *Les Exilés de 1801*, mis en scène par Christian Servina et réalisé par le trio Bernard Dumoulin - Henry Bastienne - Joe Samy. Ce dernier, chanteur de renom, a également signé la musique de cette "super-production" d'un coût de 250 000 RS, présentée à l'occasion du Festival kreol 1990. En cinquante-sept minutes, cette adaptation d'une pièce écrite par l'historien Guy Lionnet raconte l'histoire, authentique, des soixante-huit jacobins injustement déportés aux Seychelles après l'attentat manqué contre Napoléon Bonaparte, et comment l'arrivée de ces visiteurs peu désirables avait semé l'effroi parmi les colons.

Mettant en scène des personnages majeurs de l'histoire seychelloise (Malavois, Quéau Quinssy, Hodoul...) et restituant des images de la société esclavagiste de Mahé à une époque où l'île était anglaise ou française en fonction du bateau qui mouillait dans le port, ce long métrage fut d'autant plus apprécié que deux intrigues amoureuses avaient été tissées sur ce fonds historique : celle du déporté Boniface et de la veuve Saint-Jorre et celle du déporté Quinon et de la belle Marie Victorine, esclave affranchie. Un scénario on ne peut plus seychellois, avec trente comédiens et trente figurants pour la plupart reconnus des téléspectateurs, mais aussi des lieux plus ou moins familiers... Il n'en fallait pas davantage pour que cette première connaisse un succès d'audience, le bouche à oreille faisant ici fonction d'Audimat.

LA PEINTURE

Les Seychelles ont beau être déjà un tableau en soi, les peintres y plantent volontiers leurs chevalets.

Marianne North, une Britannique aux pinceaux vagabonds, a ainsi laissé un beau patrimoine pictural à la suite de son séjour sur ces îles, en 1883. Elle y représenta notamment de "beaux escarpements de granit". Un siècle plus tard, la peinture n'est plus l'apanage des peintres voyageurs, et l'archipel s'enorgueillit d'une palette de peintres talentueux, pour la plupart nés au pays... et s'en inspirant. Que de sujets couleur locale ! Des pêcheurs débarquant leurs poissons sur la plage à la balayeuse sur fond de maison créole, ce sont souvent les mêmes scènes de la vie quotidienne qui attirent le regard des artistes. Leur sensibilité se nourrit aussi d'une nature exubérante, et la protectrice végétation de la Vallée de Mai, avec ses jeux de lumières et son mystère, a donné lieu à maintes expressions picturales. Avec une telle richesse de décors, on comprend que les peintres se soient quasiment tous orientés vers le figuratif.

Depuis une quinzaine d'années, une génération de peintres s'est affirmée. Parmi eux, Michaël Adams a ouvert la voie. Fils d'un planteur britannique de Malaisie, ce merveilleux coloriste reste le maître incontesté de la peinture seychelloise, et ses toiles flamboyantes attirent nombre d'artistes étrangers dans sa belle maison créole d'Anse aux Poules Bleues, sur Mahé. Jouant à la fois avec les couleurs et les formes, ses œuvres sont de pures (et coûteuses) merveilles, qui révèlent les Seychelles dans tout leur éclat, sur un mode parfois fantasmagorique. Certaines de ses toiles évoquent avec force et légèreté la vie sous les tropiques, à partir d'une multitude d'éléments joliment mêlés (arbres, animaux, maisons...). Une parfaite symbiose de l'homme avec la nature ! A "lire" Michaël Adams, quel bonheur d'habiter au paradis ! Une visite de son atelier-galerie s'impose, pour le seul plaisir des yeux.

Une grande diversité de styles

Précurseur de la peinture seychelloise, le roi Adams a évidemment fait école, certains de ses anciens élèves ayant rompu avec le style figuratif du maître. Ainsi, Marc Luc qui, optant pour l'expressionnisme, traduit le mouvement par de grands et larges coups de brosse, dont les variations évoquent la mobilité et la vie. Léon Radegonde, lui aussi, a su se détacher de l'influence de Michaël Adams. En constante mutation, sa peinture a évolué du style graffiti à celui de collages, avec ses rutilants tableaux-décors composés de brisures du cadre de la vie créole.

Serge Rouillon est souvent qualifié de "fauve" seychellois, son "agressivité" s'exprimant à travers une lumière crue. Les couleurs éclatent sur ses toiles qui révèlent la pureté des paysages. Le regard du peintre est plus tourné vers l'intérieur des îles que vers leurs rivages, la plupart des autres coloristes tournant aussi le dos à l'océan. Portraitiste de talent, Rouillon sait aussi saisir des mouvements dans la quotidienneté qu'il prend le temps d'observer.

Un autre regard attentif est celui de Christine Harter. Ancienne enseignante de dessin au collège de Mahé, elle aime figer des scènes de la vie de tous les jours, enfants jouant dans la rue, travailleurs devisant sur le marché ou vieille femme au chapeau de paille, qui regarde passer la vie assise sur les marches de sa case. Beauté et sérénité se dégagent de ces aquarelles, riches en dégradés de verts et de bleus. Autant appréciée des touristes, dans sa galerie du Café des Arts, sur Praslin, que des autochtones, Christine Harter a signé plusieurs fresques murales pour des bâtiments publics. L'une d'elles a fait l'objet d'un quadruple timbre émis par les postes seychelloises.

De Donald Adélaïde à Pâquerette Lablache et de Peter Pierre-Louis à Khani, bien d'autres peintres de différents styles, se sont fait un nom dans ces îles. Ainsi, Emmanuel d'Offay a choisi l'aspect monolithique des rochers titanesques, nés du chaos du monde, pour faire surgir la complexité granitique des forces qui l'habitent. Lorenzo Appiani, lui, donne le ton aux jeunes avant-gardistes par ses étonnantes compositions iconoclastes. Tous artistes qui, pour la plupart, ne vivent pas de leur art, d'autant qu'ils ne savent guère se vendre. On peut par ailleurs déplorer que les deux galeries de Victoria (l'une près de la Clock Tower, l'autre près du marché) n'offrent qu'une vision limitée de la diversité picturale seychelloise.

LE BYEN MANZE KREOL
(la nourriture créole)

LES SEYCHELLES A TABLE

Que le Français, fin gastronome ou obsédé de la bouffe, soit rassuré : aux Seychelles, la table est plutôt bonne. Ce qui ne l'empêchera pas de rêver d'une belle viande rouge au bout de trois jours, alors que les Italiens, eux, réclament des spaghettis dès le deuxième repas ! Créole par nature, la cuisine seychelloise possède un caractère unique qui reflète la richesse et la diversité d'origines de la population. Cette "cuisine sans frontières" s'est constituée au fil des ans, à partir d'apports français, africains, indiens, chinois... et des disponibilités alimentaires locales ! Résultat : un métissage équilibré et savoureux, le "byen manze kreol" (bien manger créole). Il se décline notamment en bouillon de brèdes, soupe de tektek, purée de lentilles rouges, cari de zourit (poulpe), katkat de banane, rougaille de poisson, daube de fruit à pain, civet de chauves-souris, purée de giraumon, chatini de requin, manioc bouilli, nougat coco, bilimbis confits, daube de bananes Saint-Jacques... Vraiment de quoi séduire - le temps d'un séjour ! - les meilleures fines gueules du monde que nous sommes !

Pwason ek diri

On a communément l'habitude de dire que "pwason ek diri" (le poisson et le riz) sont la nourriture de base des Seychellois, mais il serait plus juste de citer le riz en premier. Tout comme autrefois le pain en France, le riz est l'aliment principal aux Seychelles. Il suffit de partager un repas avec des insulaires pour en être convaincu. Sur la table du Seychellois moyen trône l'indispensable "rice cooker" (cuiseur électrique de riz à la vapeur), le repas commençant toujours par le service du riz - ordinaire en semaine, basmati pour un jour de fête ou s'il y a des invités - dont on fait un monticule dans son assiette. Le petit grain blanc venu d'Asie est d'ailleurs la dépense essentielle dans le budget alimentaire, et lorsqu'il touche son salaire, le Seychellois en achète aussitôt un grand sac. Pour lui, la vie n'est pas concevable sans son riz quotidien, à tel point que si on l'invite à venir en France, il vous prévient tout de suite du nombre de kilos de riz dont il aura besoin...

Après le riz, la Seychelloise met sur la table différents petits plats : des crudités comme une salade de pommes d'amour (tomates) ou de patoles (sorte de concombre local), un plat chaud, poisson grillé ou cari (de poulet ou de poulpe) et en légumes d'accompagnement des purées de giraumon (potiron) ou de bringèle (aubergine). Et chacun, recouvrant plus ou moins son tas de riz, compose son menu, sans oublier la touche finale obligatoire : la sauce au piment, mélange de petits piments écrasés avec un peu d'huile, le jus d'un limon (petit citron vert), du sel et du poivre. Après les habituelles phrases de politesse, il est quelquefois utile de savoir dire en seychellois "Mon pa manze piman" (je ne mange pas de piment) si l'on ne veut pas garder un souvenir trop brûlant de ces agapes créoles et amicales ! Des fruits concluent généralement le repas, nature ou cuisinés, qu'il s'agisse d'une tranche de papaye parfumée au jus de limon ou des beignets de banane.

Pas grand-chose ou presque pour faire couler tout cela, hélas ! Si le matin la journée débute immanquablement par une tasse de thé local, nature ou à la vanille, elle se termine souvent par "dite zitronel" (infusion à la citronnelle) aux propriétés digestives et apaisantes que le touriste ramène dans ses bagages et boit religieusement en repensant à ses idylliques vacances. La boisson nationale est une bière blonde locale, la SeyBrew, que le Seychellois échange le dimanche contre une "petite Guinness" bue à température ambiante, c'est-à-dire tiède... A partir de trois, bonjour les dégâts ! Mais la vraie boisson typique est le calou, sève de cocotier fermentée - qui ressemble un peu au vin nouveau - dont le temps de fermentation augmente le taux d'alcool. Impossible d'en trouver à la boutique, car pour lutter contre l'alcoolisme sa production est subordonnée à une licence. Il est d'ailleurs amusant, lorsqu'on connaît cette réglementation, de deviner le marché privé qui s'organise au pied des cocotiers, le soir venu...

Plus difficile encore de boire du bacca, jus de canne fermenté et très alcoolisé dont l'Etat a, en principe, le monopole depuis le début du siècle. Il y en a toujours, cependant, quand une petite fête familiale est organisée... Pour les inconditionnels du jus de raisin fermenté, la solution se trouve à l'épicerie sous la forme de quelques honnêtes bouteilles de vin sud-africain. Au restaurant, ils retrouveront les mêmes et pourront tester quelques petits bordeaux ou Côtes-du-Rhône qui n'ont pas toujours bien voyagé et ne sont pas forcément conservés dans les meilleures conditions. Enfin, au pays du cocotier, on ne doit pas oublier de boire du lait ou de l'eau de coco, parfois proposés dans les bars des hôtels !

Une nature généreuse

Il y a quelques années encore, en se promenant hors des sentiers battus, il arrivait que le voyageur croise un habitant qui, spontanément, dépeçait une noix de coco à son intention. Vivant en harmonie avec la nature, le Seychellois sait en effet profiter des multiples ressources offertes par la terre. Une terre pourtant ingrate parfois, avec des sols où dominent la latérite, le granit ou... le sable blanc. Mais le climat est si doux ici que tout pousse, en culture mais aussi à l'état sauvage. Ce qu'il ne trouve pas dans la mer ou dans la montagne, l'îlien le fait pousser sur sa petite parcelle de terrain, près de sa maison entourée d'arbres : manguiers, bananiers, cocotiers, caféiers, et aussi pommes d'amour, bringèles, giraumons, patoles... Débrouillard, s'il lui manque quelque chose, le Seychellois recourt à la vieille tradition du troc, entre voisins ou en famille (gousses de vanille, noix de muscade, piments, papayes, oranges ou bilimbis, sorte de petits cornichons). Ce qui n'empêche pas les enfants de faire quotidiennement et pour un seul achat à la fois, de nombreux allers-retours à “laboutik” (l'épicerie), pour acheter du riz, du lait en poudre, du thé, du pain de mie (les deux seuls héritages... gastronomiques anglais !), des biscuits importés, mais aussi des cigarettes, des allumettes, du shampooing, des piles, des serpentins anti-moustiques, de la poudre anti-cancrelats, etc. A Mahé, il semble qu'une “mafia” indienne ait la mainmise sur les boutiques. Des commerçants débarquent d'Inde, s'intègrent peu à la vie locale et ne séjournent là que quelques années, le temps de constituer un confortable pécule avant de repartir au pays.

A Victoria, le Seychellois fait aussi ses courses au marché appelé “bazaar”. Voir débarquer puis trancher les gros poissons, se promener entre les étals colorés et odorants, regarder la foule s'interpeller joyeusement et marchander bruyamment en créole fruits, légumes, épices et objets divers... est un moment inoubliable. C'est souvent là qu'on achète le massala (la poudre à cari) indispensable au traditionnel cari. Plat initialement indien, il en existe une infinie variété : cari de bonite, d'œufs d'oiseaux, de poulet, de porc, de zourit, de palourdes, de chauves-souris, mais la vraie spécialité seychelloise est le cari coco, qui diffère du cari traditionnel par l'adjonction de lait de coco en fin de cuisson, ce qui lui donne une onctuosité et un parfum incomparables. Pour être pleinement réussi, il exige également des feuilles de “cari pile” provenant d'un arbuste poussant généreusement sur toutes les îles volcaniques. Le cari coco se marie admirablement avec les légumes accompagnant habituellement le cari kreol, tels le giraumon, la chouchoute (chayotte), les brèdes (feuilles vertes du genre épinards cuits à l'étouffée), les lentilles.

Bourgeois et chauves-souris

Mais il ne faut pas croire que la cuisine seychelloise soit confinée dans les cases. Les touristes peuvent aussi la goûter dans les restaurants locaux, généralement de bonne qualité, ainsi que dans les hôtels, nombreux à organiser chaque semaine un grand buffet créole qu'il ne faut pas manquer. Bonne occasion pour découvrir, entre autres plats typiques, le bourgeois grillé, un gros poisson à la chair blanche et savoureuse, le cari de zourit (généralement peu appétissant mais délicieux) ou le civet de chauves-souris. Cette roussette locale dont l'aspect et la texture ne sont pas sans rappeler ceux d'un jeune lapin, se nourrit essentiellement de mangues la nuit venue. Les aventuriers de la fourchette peuvent aussi essayer le restaurant de l'école hôtelière de Bel Ombre (les mardis, mercredis, jeudis et vendredis midi ainsi que les mercredis, jeudis et vendredis soir, à partir de 19h) où les futurs chefs seychellois apprennent les techniques contemporaines pour “cuire du manze” (cuisiner) et mettre en valeur les produits locaux.

Index général en fin de guide

Si la relève gastronomique semble assurée, il n'empêche qu'on peut éprouver une certaine nostalgie du temps où, dans la moindre habitation, la cuisine était située dans une petite case en bois ou en feuilles toujours hors de la maison, pour éviter tout risque d'incendie. La cuisinière seychelloise y préparait le repas dans une marmite en fonte posée sur un réchaud alimenté avec du charbon de bois ou des coques de noix coco. Sur certaines îles, à La Digue notamment, quelques femmes cuisinent encore ainsi, mais, modernisme aidant, cette méthode archaïque disparaîtra certainement avec elles. Adieu les bons petits plats longuement mijotés à l'incomparable saveur légèrement fumée et que certains regrettent déjà. Disparue également, la troublante atmosphère de mystère que dégageaient, à la tombée de la nuit, toutes ces maisonnettes sombres ne laissant entrevoir et entendre que le petit feu crépitant sous la casserole ; la douce odeur d'huile de noix de coco est délaissée aujourd'hui pour des huiles d'importation...

Si, une fois rentré en France ou de passage à Paris, la tentation vous prenait de vouloir prolonger le voyage gastronomique, allez au Coco de mer, boulevard Saint-Marcel. Le seul restaurant seychellois de la capitale est tenu par un enfant du pays, qui s'approvisionne directement dans les îles, ses bourgeois débarquant à Roissy via Air Seychelles.

On peut aussi, lors de son séjour, acheter "Le Byen manze kreol", un livre de cuisine dont quelques plats sont facilement réalisables en France, les produits exotiques ne manquant pas dans les magasins hexagonaux. N'oubliez pas non plus, pendant que vous serez là-bas, d'acheter des épices au "bazaar", elles seront la touche indispensable d'un bon plat créole qui vous remettra d'emblée les Seychelles à la bouche.

"Un régime sans viande profite bien aux Seychellois"

"La nourriture de base est maintenant le riz et presque tous les foyers ont maintenant du riz pour au moins un repas par jour. Mais la configuration montagneuse de ces îles, aux pentes rocheuses escarpées, ne permet pas la culture du riz sur une grande échelle, les quelques marécages et marais où le riz était jadis cultivé étant maintenant consacrés à d'autres cultures. On ne cultive plus maintenant de riz sur ces îles, l'ensemble est importé d'Inde et d'Indochine ; la qualité totale importée en 1903 a été de 2 276 tonnes.

Les denrées alimentaires produites localement sont le manioc (cassave), les noix de coco et le fruit à pain, avec en plus le porc, le poisson et la tortue. Les porcs nourris de fruit à pain sont nombreux et de bonne qualité. La mer produit une quantité abondante et variée de poissons et de tortues. Le poisson est salé en grande quantité parmi les îles éloignées et est consommé dans tous les foyers. On n'élève que quelques têtes de bétail dans ces îles, surtout pour le trait et le lait, car il n'y a pas de bonnes prairies. Pratiquement, on mange rarement du bœuf et le mouton est presque inconnu. Néanmoins un régime sans viande profite bien aux Seychellois qui sont actifs et d'apparence robuste."

Rapport colonial, 1903

LE POISSON

Gueules pavées, croissants, vieilles, capitaines, perroquets, bourgeois, cordonniers, bonites, carangues, maquereaux, jobs, raies... Poissons sédentaires coralliens pour la plupart, mais aussi de temps en temps grands migrateurs comme les barracudas, les thons et les requins, pas moins de 830 espèces sont répertoriées dans les eaux territoriales seychelloises. Les pêcheurs professionnels approvisionnent régulièrement le marché de Victoria, et nombre de femmes attendent sur les plages le retour des petites embarcations pour faire provision de "pwason". Il n'est pas rare non plus que le Seychellois installe des casiers qu'il relève régulièrement, bien que cette tradition tende à disparaître avec la nouvelle génération. Tout comme l'image surréaliste de l'homme d'affaires rentrant chez lui, attaché-case dans la main droite et poissons retenus par une lanière dans la main gauche.

Compte tenu de sa profusion dans les lagons, comment le poisson pourrait-il ne pas être l'aliment-roi du repas seychellois ? Une générosité de "losean" (l'océan) face à laquelle les ménagères déploient leurs talents de cuisinière, l'apprêtant de toutes les manières et le mettant à toutes les sauces : entier, en steak, en filets, en boulettes, en quenelles, en hachis, en daube, fumé, salé, grillé, rôti au four, cuit dans une feuille de banane, boucané au feu de bois, pilé en chatini, cru et finement émincé, mijoté en cari, épicé en court-bouillon...

A chaque poisson une recette parfaitement adaptée à sa chair et à son mode de conservation, la préparation la plus grandiose, celle des jours de fête, étant sans conteste un bourgeois entier rôti au four, et parfumé sous la peau incisée, d'un savant mélange de gingembre, d'oignon et de piment. Au quotidien, le Seychellois apprécie aussi énormément le rougaille de poisson salé, c'est-à-dire du poisson salé effeuillé et mélangé avec une sauce rougaille à base d'oignon, de tomate fraîche et en concentré, d'ail, de gingembre, de piment, d'huile, de limon, de sel, de poivre et de thym.

Il ne faut en effet jamais être à court de recettes dans ce pays, l'un des plus gros consommateurs de poisson au monde (80 kilos par personne selon les estimations). Une consommation exceptionnelle qui expliquerait en partie le calme et la gentillesse de cette population ne mangeant que très peu de viande, cette dernière suscitant, contrairement au poisson, des comportements agressifs. Crustacés et coquillages figurent, eux aussi, bien que plus rarement, au menu "seselwa", avec notamment des langoustes (appelées "omar" en créole, quasiment réservées aux restaurants), des tek-tek (petits coquillages avec lesquels on fait des soupes), des trouloulous (petits crabes), des crabes girafes (délicieux en kari koko), des zourit (pieuvre, en kari koko aussi !)

Vous avez déjà compris que mieux vaut renoncer à la viande rouge pendant votre séjour aux Seychelles. Soyez couleur locale en mangeant du poisson à tous les repas, d'autant plus que c'est idéal pour la ligne... Et quand dans les supermarchés français, vous verrez des boîtes de thon, entre celles de Maurice, de Côte d'Ivoire et des Seychelles, votre choix sera vite fait...

LES FRUITS ET LEGUMES

Noix de coco, mangues, bananes, papayes, goyaves, avocats, fruits de la passion, melons, fruits de cythère, fruits du jacquier, jamalaques, cœurs de bœuf, caramboles, corossols, bonbons plumes, ananas, cannes à sucre, oranges, limons, pamplemousses... Les Seychelles sont un paradis tropical où les fruits abondent tout au long de l'année. Certains offrent même de multiples variétés. Ainsi, pas moins d'une quinzaine pour les bananes : monsieur, mile, de table, mignon, rouge, gabou, Saint-Jacques, carré, figue, noire, tahiti, quatre-vingts, salega, gros-michel, barbare, malgache... et presque autant pour les mangues : blanc, fisette, sabre, maison-rouge, périse, raisin, papaille, congnin, d'aufiner, malabar, tirgrisse, dodo, kinon, torche...

Ce vaste choix, on le constate avant tout dans les hôtels, qui offrent (pour la plupart) de beaux buffets de fruits, notamment au petit déjeuner, et dont leurs pâtissiers tirent maints desserts, de la tarte à la papaye au gâteau à la noix de coco, en passant par le sorbet à la mangue et la banane flambée. En fait, il est difficile de trouver des fruits ailleurs que dans les restaurants, excepté au marché de Victoria, surtout le samedi matin. Le Seychellois, quant à lui, consomme ceux de son jardin au rythme de la générosité de ses arbres. Il ne lui viendrait pas l'idée d'aller en acheter, à moins que ce soit une pomme (coûteux produit d'importation !).

On retrouve également nombre de ces fruits cuisinés en fonction de leur degré de maturité : verts, on les consomme en légumes (ah, le gratin de papaye verte !) ou on les fait cuire dans du lait de coco (c'est le cas du kat-kat de bananes Saint-Jacques), tandis qu'un peu plus mûrs, on les sert en salades avec une petite vinaigrette ou en chatini, une sorte de purée assaisonnée à l'huile, au sel, au poivre et au piment (la mangue et le fruit de cythère principalement). Que de variations possibles !

Le fruit de l'arbre à pain : à toutes les sauces !

Du côté des légumes, les jardins offrent de quoi confectionner de bons petits plats : giraumon (petit potiron), bringèle (variété d'aubergine), patole (sorte de petit concombre), chou de Chine, gros piment (poivron), chouchoute (christophine), maïs, pomme de terre, carotte, tomate, manioc et brèdes (jeunes pousses de légumes, tiges ou fleurs dont on fait des bouillons ou que l'on mange crues), toutes ces cultures sont pratiquées sur des petites parcelles individuelles ou dans de grandes plantations d'Etat.

Mais c'est le fruit de l'arbre à pain (dit aussi arbre de vie) qui est, sans conteste, le plus insolite de l'archipel. Ressemblant à un gros melon vert (de 1 à 3 kilos) pesant dans un arbre aux gigantesques feuilles, ce fruit opulent a l'avantage de se prêter à presque toutes les préparations culinaires : en daube, en kat-kat, en grillade, en boulettes, en crème, en salade, en gâteau, en bouillie, en chatini, en chips, et dans le cari zourit, le cari coco thon, le cari poisson salé...

Les fruits du "makapo gran fey", son nom en créole, renferment une petite centaine de semences, grosses comme des châtaignes, dont la chair jaune, humide et élastique a la saveur et la consistance du bon pain frais, d'où son nom. Mais, si depuis son introduction dans l'archipel, au début de la colonisation, l'arbre à pain n'a cessé de prospérer, la consommation humaine de ses gros fruits a chuté, leur cueillette sur les plus gros arbres étant devenue dangereuse. Sa culture est cependant encouragée par l'Etat, tant à travers des dons de plants que des expérimentations de nourriture sur le bétail, qui s'avèrent très concluantes, les porcs engraissés avec le fruit à pain fournissant une excellente viande.

Les délicieuses chips de fruit à pain sont fréquemment servies dans les hôtels, à l'heure de l'apéritif. Il ne faut pas s'en priver. Non seulement c'est bon, mais un dicton local affirme que quiconque a mangé du fruit de l'arbre à pain reviendra immanquablement aux Seychelles...

LES EPICES

De nombreux épices et aromates entrent dans la préparation de la cuisine seychelloise : noix de muscade (employée dans la pâtisserie, les confitures et les daubes), clou de girofle (dans les salaisons de poisson et de viande), safran vert (appelé aussi safran jaune, dans les soupes de poissons et le cari), poivre (dans tous les plats créoles), quatre-épices (dans le cari de chauve-souris), cari pilé (en feuilles, dans le cari coco), ou encore anis (dans les gâteaux piments) sont tous importés. Seules la cannelle et la vanille sont produites au pays.

Ecorce du laurier cinanne, ou cannelier, la cannelle est d'abord mise à sécher dans un calorifère alimenté par de la bourre de coco. Après une semaine de ce traitement, elle dégage son parfum si typique. Introduit aux Seychelles dès l'arrivée des premiers colons, en 1770, le cannelier s'est bien développé à l'état sauvage, sur les hauteurs de Mahé et de Silhouette principalement. Bien que la production ait décliné, les arbres attendent une conjoncture plus favorable avec confiance, puisqu'ils supportent bien le nombre des années, et que leur écorce s'épaissit. Leurs feuilles n'en continuent pas moins de parfumer le cari coco tandis que leur écorce s'utilise plutôt dans le cari de chauves-souris, la poudre étant commercialisée en petits pots de verre qui mériteraient de trouver leur place sur les rayons de souvenirs. La vanille y trouve en tout cas nombre d'amateurs.

Vanille au quotidien

Originaire du Mexique et appartenant à la famille des orchidées, la vanille s'est installée aux Seychelles au XIXe siècle, via La Réunion et Maurice. C'est d'ailleurs cette même gousse qui, sous le nom de vanille bourbon, a fait les beaux jours des plantations du futur département français. S'enroulant aisément aux arbres des mornes, cette vanille, plus que la cannelle, fait partie du quotidien des Seychellois. Leur journée commence souvent par un thé local à la vanille, tandis qu'au restaurant créole, un café à la vanille termine parfois le repas. Cette gousse au parfum fort et sucré se glisse aussi dans la boîte à sucre, dans les pots de confiture (celle de papayes tournées, entre autres), dans les beignets, dans les crêpes, dans le gâteau créole, dans les daubes. Longtemps troisième production agricole du pays, derrière le coco et la cannelle, la belle orchidée blanche est hélas atteinte depuis quelques années par un champignon qui compromet sa culture. Les lianes n'en continuent pas moins de s'enrouler aux arbres, à l'Union, sur l'île de la Digue, où l'on conserve ces odorantes gousses dans de grandes malles qui les préservent de l'humidité. Toujours à l'Union, on peut assister, d'une façon informelle, à différentes phases du traitement artisanal de la vanille sur l'un des côtés de la superbe maison de planteur du site, celle-là même qui servit de décor au film *Goodbye Emmanuelle*.

VINGT ANS D'INDEPENDANCE

"Debou zom lib, fier Seselwa !" Nouvel hymne national pour nouvel Etat. Le 29 juin 1976, à zéro heure, les Seychelles devenaient indépendantes. Les trois couleurs de la nouvelle nation s'élevaient pour la première fois dans le ciel de l'océan Indien. Enfin... L'idée d'indépendance remontait à loin. Déjà sous l'administration française, le 23 décembre 1790, dans l'euphorie provoquée par la nouvelle de la Révolution française, les colons des Seychelles, réunis en assemblée coloniale, s'étaient déclarés indépendants de toute autre colonie. Cette décision visait à rien moins que la rupture avec l'Ile de France, dont les Seychelles dépendaient.

Devenu souverain, le pays allait exprimer ses idées dans le concert des nations, non seulement au sein de l'O.N.U. et de l'O.U.A., mais aussi du Commonwealth et du Mouvement des non alignés. La colonisation anglaise prenait fin, laissant les deux leaders (et adversaires) politiques de l'ex-colonie se partager le pouvoir. Tandis que France Albert René était nommé Premier ministre, James Mancham devenait président de la République. Une indépendance contre laquelle ce dernier avait longtemps milité. Revenu de Grande-Bretagne avec son diplôme d'avocat, ce métis d'Indien et d'Asiatique avait créé en 1967 le Seychelles Democratic Party (SDP). Sa devise, "Etre l'ami de tous et l'ennemi de personne", donnait le ton de son discours politique : résolument conservateur. "Jimmy" souhaitait que l'archipel devienne un territoire britannique à part entière, "comme La Réunion est un département français".

James Mancham, play-boy et poète

Un personnage, ce Jimmy, que l'écrivain-journaliste Maurice Denuzière évoqua longuement dans les quatre longs articles qu'il consacra aux Seychelles dans le journal *Le Monde,* en mai 1976 : «Belle stature, barbe noire, lunettes à monture d'écaille, James Mancham a toutes les caractéristiques du Seychellois descendant de Blancs. Jovial, sentimental, persuadé d'avoir la chance inouïe de vivre dans un des plus beaux sites du monde, il explique que sa mère vient de publier un livre de cuisine, pendant que lui, entre deux audiences, entre deux flirts, taquine la muse, aussi bien dans la langue de Byron que dans celle de Musset : "Que la journée puisse débuter avec une dose de bonheur matinal", a-t-il écrit dans *La vie est faite pour être vécue*. On devine vite que cette phrase résume la philosophie de cet homme aimable dont la bonne santé, physique et morale, fait plaisir à voir. Connaissant tous les dossiers, n'éludant pas une audience, parcourant Mahé à bord de sa Jaguar blanche "pour voir les gens", voyageant souvent aussi bien dans l'archipel que dans le monde, dansant une partie de la nuit au Mahé-Beach ou au Pussy-Cat, se plaisant dans la compagnie des femmes et ne s'en cachant pas, il tient à ce que chaque minute soit remplie de travail, de plaisir ou de méditation.»

Mais Jimmy eut beau prôner le maintien de ses îles dans le giron britannique, Londres tenait absolument à leur accorder l'indépendance. Et le 29 juin 1976, les Seychelles volèrent donc de leurs propres ailes. L'avenir du pays sera touristique ou ne sera pas : "Dans les palaces de la Côte d'Azur, le président aux allures de play-boy assure lui-même la promotion. Mieux, il vend ses îles. Le Shah d'Iran, un frère du roi Khaled d'Arabie Saoudite, un célèbre chocolatier britannique, un restaurateur parisien se portent acquéreurs. Les vedettes de la chanson et du cinéma défilent. Au Pirates'Arms, le seul cabaret de Victoria, les Seychellois commencent à murmurer : leur président dilapiderait l'argent du pays dans les casinos et pour les beaux yeux de blondes pulpeuses. Avec son ami, le milliardaire Adnan Kashoggi, il aurait l'intention de livrer le pays aux banques et d'en faire un paradis fiscal", racontera en 1986 un journaliste du magazine *Géo*. James Mancham avait déjà fait l'objet de nombreux cancans en 1974, quand les racontars lui prêtaient une histoire d'amour avec l'actrice yougoslave Olga Bisera, bien qu'il fût marié à une Anglaise. Le futur président s'en était tiré avec humour en convoquant ses fidèles sur la grand place de Victoria pour leur parler d'amour : "Est-ce que nos ancêtres ne nous ont pas appris à aimer les belles choses de la vie ? Est-ce qu'ils n'ont pas appris aux hommes qu'ils devaient aimer les belles dames ?"

Mais les Seychelles ne devinrent pas "la Suisse de l'océan Indien", le président-play-boy, à force de voyager à l'étranger, s'étant un jour trouvé contraint d'y rester, moins d'un an après son investiture. Coup classique, ce fut son Premier ministre qui le délogea de son "trône". Lui aussi avocat, fils de "grands Blancs", France Albert René préférait les discours de Fidel Castro à la poésie bon enfant. Ayant fondé en 1964 le Seychelles People's United Party (SPUP), il avait d'emblée voulu "libérer le peuple du capitalisme et de l'emprise étrangère". L'indépendance avait bien été gagnée, mais la voie choisie par le président Mancham ne correspondait pas à celle du Premier ministre René. Les armes devaient parler... En douceur.

Une “revolisyon” tranquille

Dans la nuit du 4 au 5 juin 1977, pendant que Jimmy avait le dos tourné (à Londres), une poignée de jeunes intellectuels gauchistes allait s'emparer du pouvoir avec une étonnante facilité. Il leur aura suffi de prendre d'assaut un dépôt d'armes, l'aéroport et les studios de Radio-Seychelles pour que les Seychelles entrevoient un nouvel avenir. Un coup d'Etat tranquille qui ne fit guère que deux victimes, le groupe de "libérateurs" ayant tout naturellement proposé au camarade René de prendre la tête d'un nouveau gouvernement. L'ambassade de France sera la première à adresser ses félicitations au président René qui exprima le désir de ne pas être appelé "Son Excellence" et de n'utiliser la Rolls Royce présidentielle que pour des hôtes de marque. La révolution était en marche, conduite par son guide charismatique, alors âgé de 40 ans, qui, à la State House du centre-ville préféra l'ancien palais des gouverneurs britanniques, sur les hauteurs oxygénées de... Sans Souci ! Soldats tanzaniens à portée de main.

La Tanzanie voisine (où le SPUP avait ouvert un bureau) n'allait pas être la seule nation progressiste à offrir ses bons services à ce nouveau pays frère qui ne tarda pas à changer sa façon de marcher (troquant le pas anglais contre celui de l'Armée rouge). De Moscou à La Havane et de Pékin à Pyong-Yang, on était prêt à soutenir le régime socialiste de Victoria. A tel point que l'ambassade d'U.R.S.S. compta un temps plus d'une trentaine de "coopérants", arrivés par l'Aeroflot, dont le vol hebdomadaire attestait de l'importance de ce nouvel Etat à parti et à candidat uniques. France Albert René fut ainsi élu et réélu au suffrage universel (tous les cinq ans), l'Assemblée du peuple, autre émanation du SPPF (ex-SPPU) ne pouvant qu'entériner la politique de son leader.

Marx sous les tropiques ? Quasiment, au grand désespoir des gros propriétaires, dont bon nombre décidèrent de s'expatrier, révolution ayant évidemment rimé avec expropriation. Les terres de Kashoggi, à Beau Vallon, furent ainsi transformées en ferme d'Etat. Quatre mille Seychellois auraient quitté le pays entre 1977 et 1984. S'étant attelé à construire une économie d'Etat, le président René a commencé par mettre en pratique ce que l'on pourrait appeler une social-démocratie radicale, s'attaquant aux inégalités dans le travail et les services sociaux. Dans la fonction publique, la disparité des salaires fut ainsi resserrée de manière spectaculaire, passant de 1 à 21 en 1976 à 1 à 9 en 1981. Un programme de plein emploi allait bientôt garantir du travail à tous au niveau du salaire minimum, tandis qu'un système de sécurité sociale était mis en place. En matière d'éducation, de logement et de santé, la "revolisyon" fit aussi merveille, le taux de mortalité infantile étant ainsi tombé au niveau des pays européens les plus avancés dans ce domaine.

"Non, je n'ai jamais été marxiste. Ce que je crois, pour bien diriger un pays, c'est qu'il faut établir un système qui donne à tous les mêmes opportunités. C'est sur ce principe que nous avons bâti notre socialisme, un socialisme à cœur ouvert. C'est pourquoi vous ne verrez pas ici aucune des caractéristiques des régimes communistes. Nous n'avons pas fait de nationalisations forcées. Nous sommes pour la société privée. Le mouvement de devises est libre. Nous permettons à tous d'investir, même aux étrangers, qui peuvent rapatrier leurs bénéfices. Nous croyons que les deux piliers d'une société plus juste, plus égalitariste, sont la santé et l'éducation", affirmait, en 1989, le président René, dans le cadre d'une interview au *Figaro Magazine.*

Difficile de justifier le parti unique ? Pas vraiment, pour Danielle de Saint-Jorre, ministre du Plan et des Relations extérieures, qui s'exprimait sur ce point dans un autre entretien au lendemain du sommet franco-africain de La Baule en 1990 : "Comparons ce qui est comparable. Le SPPF (Seychelles People's Progressive Front) gère le pays avec un succès universellement reconnu et avec l'assentiment de la plus large partie de l'opinion publique. La stabilité politique est un atout indispensable du développement économique.

Imaginez un petit pays comme le nôtre confronté au jeu démagogique majorité-opposition : au lieu de travailler, il passerait son temps en périodes électorales. Le parti unique n'entache en rien notre démocratie. Toutes les libertés fondamentales sont respectées. Chacun a le droit au travail, à la parole, peut se déplacer à son gré, quitter le pays et en outre, aucun contrôle des changes n'est exercé, ce qui n'est même pas le cas dans tous les pays libéraux. Aux Seychelles, la médecine est gratuite et l'instruction égale pour tous. Aujourd'hui, il n'est pas un enfant, de la famille la plus humble qui soit, qui ne puisse accéder aux plus hautes destinées. Y a-t-il une meilleure définition de la démocratie ?"

Belle base stratégique, située entre les pays du Golfe et le cap de Bonne-Espérance, au beau milieu de la route des pétroliers, l'archipel a suscité maintes convoitises, autres que touristiques. Aussi, de l'Indépendance à la fin du communisme, l'Est et l'Ouest se sont-ils regardés là en chiens de faïence, "barbouzes" et diplomates en tout genre ayant été nombreux à tremper dans ces eaux, pas cristallines pour tout le monde. Des eaux que ne fréquentèrent pas que des bateaux de pêche. "D'aucuns s'interrogent sur le fait que, lorsqu'il y a menace de troubles, un navire de guerre battant pavillon soviétique, vient, presque aussitôt, jeter l'ancre dans la rade de Victoria", constatait un envoyé spécial du *Monde* en 1986. Le journaliste précisait que "tout le jeu de la diplomatie soviétique consiste, sur place, à lancer des rumeurs, à créer des tensions, à pratiquer "l'intox". M. Orlov n'a-t-il pas, récemment, invité le nouvel ambassadeur britannique, qui lui rendait visite, à lutter contre l'emprise culturelle de la France aux Seychelles ? L'envoyé de Moscou, qui rencontre fréquemment M. René, semble l'entretenir dans l'idée d'une sorte de complot permanent contre le régime. Cette guerre d'usure semble payante puisque le chef de l'Etat, protégé par une garde prétorienne de quelques centaines d'hommes entraînés par Bob Noddyn, un mercenaire belge, vit de plus en plus isolé, dans la hantise d'un mauvais coup."

Vent de démocratie

Aussi prudent qu'intelligent, le président ! Depuis son accession au pouvoir, France Albert René a en effet su se laisser courtiser, sans pour autant se donner au plus offrant. "En dix ans, le Petit Poucet de l'océan Indien rafle toutes les aides internationales possibles. Il faut un nouveau quai pour le port de Mahé ? Les Japonais, qui ont besoin de la voix seychelloise à la Commission de la pêche dans l'océan Indien, se proposent de le construire gratuitement. On veut donner de nouveaux programmes de télévision à la population ? Antenne 2 offre l'ensemble de ses productions gratuitement. Résultat : un PNB de 5 000 dollars par habitant. Les Seychelles, archipel du communisme heureux ?", interrogeait un reporter du *Nouvel Observateur* en mars 1992, trois mois après que "msye René" eut annoncé l'avènement du multipartisme et des élections en juillet... pas aussi gagnées d'avance que les précédentes.

Les instructeurs russes et cubains ayant fait leur valise suite à l'effondrement du communisme, le président seychellois n'entendait pas jouer les jusqu'au-boutistes. Il ne serait pas le Castro de l'océan Indien ! Le régime s'était, il est vrai, déjà fort assoupli, suite à la visite du président Mitterrand aux Seychelles, le 11 juin 1990, et au discours de ce dernier à La Baule, qui liait aide et démocratie. Après quatorze années de socialisme autoritaire (et porteur quant à l'élévation du niveau de vie), l'archipel allait se convertir au multipartisme, quiconque le souhaite pouvant créer un parti, pourvu d'un minimum de cent adhérents. Les exilés devaient du même coup être invités à rentrer au pays. Ce que fit sir James Mancham, le 13 avril 1992, trois mois avant l'élection d'une commission chargée de rédiger une nouvelle constitution, cette consultation ayant confirmé l'implantation politique du SPPF. Mais lors du référendum organisé en 1993 afin d'adopter la nouvelle constitution, le pouvoir en place ne l'emporta que d'une courte majorité. Bonne année toutefois pour le président René, réélu président le 23 juillet, avec 59 % des voix, et dont le parti l'emporta haut la main lors de l'élection multipartite de l'Assemblée nationale : pas moins de 27 sièges pour le SPPF contre 5 pour le Democratic Party de James Mancham et 1 pour l'United Opposition du père Ramkalawan, ce dernier étant d'ailleurs devenu le seul véritable opposant au pouvoir en place.

"Jimmy" a en effet pardonné à son "tombeur". Prônant la réconciliation nationale, le cordial leader du Parti démocratique a adopté une politique de non-confrontation avec le gouvernement en place, allant jusqu'à souhaiter un "happy birthday" à Monsieur le Président. Il est vrai que James Mancham joue aujourd'hui un rôle de vice-président itinérant qui semble ravir ce voyageur-né.

Se plaisant à serrer des mains illustres sur toute la planète, cet "ambassadeur extraordinaire" affirme s'être créé en exil "une philosophie chantante" qui l'amène à proclamer : *"Mes amis, la vie est belle, malgré les peines..."*. N'affirmait-il pas, au lendemain de sa destitution : *"Les causes de ma faiblesse, en tant que président, ont été mon romantisme et mon incapacité d'être impitoyable ou violent. Qu'importe si l'on chante bien ou mal, l'essentiel est de chanter puisqu'il existe une chanson pour chaque circonstance."*

Mancham et René "réconciliés" ! Qui l'aurait cru il y a dix ans, au moment où les "comploteurs" de Londres, mis sur écoute par Victoria, furent un mois durant les héros involontaires d'une émission intitulée "Chambre 412", programmée par la radio seychelloise. De l'enregistrement au divertissement : on y entendait les vilains exilés parler de pouvoir, de femmes et d'argent... Le procédé manquait d'élégance, mais quel régal dans les cases !

Les temps changent... James Mancham a retrouvé son honneur et France Albert René a conservé le pouvoir. Le 16 novembre 1995, c'est un homme très détendu qui a soufflé ses soixante bougies sur sa bonne terre de La Digue, sous l'œil des anciens de l'île. D'autant plus détendu que la présidentielle est encore loin (1998) et qu'on ne voit pas très bien qui pourrait bien lui succéder. Le journal *Nation* a évidemment salué l'événement à pleine page et avec les mots qui s'imposaient : "Le président René incarne désormais tout ce qui fait le respect de la dignité humaine, la solidarité, les principes de justice et de progrès, un Etat fort et respecté et la solidarité avec tous les peuples épris de paix et de justice. Pour la grande majorité des Seychellois, le président René est plus qu'un symbole. Il constitue un exemple, une référence historique pour les futures générations."

Complots en série

On comprend que Gérard de Villiers soit venu nager dans ces eaux troubles pour y situer son quarante-neuvième S.A.S. (*Naufrage aux Seychelles*). Que d'intrigues dans ce paradis des touristes... qui fit aussi le plein de "barbouzes". Et que de complots déjoués en ces années de "revolisyon". Celle d'un leader charismatique qui fut lui-même porté au pouvoir par un coup d'Etat (qu'on a localement baptisé "Libération"). C'était le 5 juin 1977. Moins d'un an plus tard, en avril 1978, un premier complot était désamorcé, une vingtaine de partisans de l'ancien président ayant été arrêtés. Rebelote en novembre 1979, France Albert René décidait d'incarcérer une soixantaine de personnes coupables *"d'avoir fomenté un coup d'Etat"*. Parmi les suspects, un coopérant français, Jacques Chevalereau, qui sera expulsé en janvier 1980. En août 1982, c'était au tour de deux cents militaires de la caserne de Union Vale de vouloir faire main basse sur le pouvoir, les rebelles ayant réussi à s'emparer de Radio-Seychelles afin d'y dénoncer notamment leurs supérieurs : "Les officiers nous traitent comme des cochons". Mais les soldats tanzaniens remirent vite de l'ordre... Autre tentative en septembre 1986, cette fois signée Olgivy Berlouis, ministre de la Défense et de la Jeunesse. Un dur du régime qui fut l'un des seuls ministres d'origine africaine d'un gouvernement très largement dominé par les descendants des colons européens.

Mais la menace la plus sérieuse fut celle du 25 novembre 1981, baptisée "Foam Blowers" (surnom sud-africain des gros buveurs de bière). Commanditée par on ne sait trop qui, cette tentative eut un "cerveau" : le colonel Mike Hoare, un vieux mercenaire britannique qui s'était déjà illustré dans l'ex-Congo belge. Ce dur à cuire aurait touché deux millions et demi de dollars pour que ses hommes délogent "msye René". Venus d'Afrique du Sud, les baroudeurs, qui avaient revêtu en vol un tricot marqué AOFS (initiales supposées d'une association d'amateurs de bière invitée à un congrès) ne franchirent pas la barrière de l'aéroport de Victoria. Quinze mercenaires avaient déjà franchi police et douane quand un fonctionnaire interpella le seizième et l'invita à ouvrir son sac. Sous des jouets d'enfant, il y découvrit une Kalachnikov AK 47 ! Et ce fut la débandade, la majorité des "braves" ayant réussi à s'enfuir en détournant un Boeing d'Air India qui passait par-là. Les sept mercenaires arrêtés furent évidemment jugés, condamnés à mort et plus tard échangés contre des camions... Le socialisme version tropicale a tout de même du bon...

Complot contre les comploteurs

"Je suis malade, j'ai la diarrhée. Je vais aller voir un docteur. Cette nuit, j'ai vomi." Un long moment plus tard, on entend très distinctement un bruit caractéristique de chasse d'eau. On ne doit pas cette prestation radiophonique à un Coluche de l'océan Indien, mais à l'ancien chef de l'opposition seychelloise, Gérard Hoareau, assassiné depuis à Londres. Le président de l'archipel des Seychelles, France-Albert René, dans une récente interview à *La Lettre de l'océan Indien,* nie toute participation à ce meurtre, mais reconnaît en revanche mettre sur écoute téléphonique ses opposants, réfugiés en Grande-Bretagne ou en France. "J'ai écouté moi-même la dernière cassette enregistrée, y compris le coup de téléphone du propriétaire de la maison de Gérard Hoareau quand il a appelé la police pour dire que des coups de feu venaient d'être tirés", affirme même le chef de l'Etat seychellois...

Les écoutes téléphoniques des principaux dirigeants du Mouvement pour la résistance (MPR) sont passées sur les ondes de la seule station de l'archipel, Radio-Seychelles, assorties des commentaires de deux présentateurs, dont Françoise Schroff, la propre secrétaire du président René. En diffusant in extenso les conversations de l'opposition, Radio-Seychelles cherche à discréditer ses ennemis en révélant leurs rendez-vous galants ou leurs relations homosexuelles. Quoique soporifique, la dizaine d'heures d'enregistrements n'est cependant pas dépourvue de piment... Cette série radiophonique intitulée *"Complots contre le gouvernement et le peuple seychellois par un petit groupe qui a soif d'argent et de pouvoir"* se déroule presque entièrement en créole local, parfois en anglais.

Libération, le 23 septembre 1986.

ECONOMIE

Pêche et tourisme

L'économie seychelloise ? Dans une mauvaise passe... "La situation économique difficile actuelle n'est que conjoncturelle. Je demeure très optimiste pour l'avenir. La privatisation a insufflé un nouveau dynamisme. Il nous faut continuer à créer l'environnement nécessaire pour que le secteur privé puisse jouer un rôle de premier ordre dans le développement de l'économie seychelloise", rassurait James Michel, ministre des Finances, dans une interview publiée par le quotidien *Nation* en novembre 1995, en pleine période de pénurie de devises étrangères.

Une crise justifiant donc maintes privatisations. Bien que l'Etat ait maintenu ses intérêts dans des secteurs sensibles (transports en commun, électricité...), il ne s'en est pas moins retiré, partiellement quelquefois, de la plupart des entreprises dont il avait pris les commandes aux beaux temps de la "révolution". Parallèlement à cette "marche arrière", d'autres mesures ont été prises pour trouver de l'argent frais. Les Seychelles "socialistes" se sont donc lancées dans l'offshore banking, l'enregistrement de bateaux, d'avions... Plus de deux cents compagnies ont ainsi adhéré au Centre financier international. Une zone franche a même été créée près de Victoria, permettant à des entreprises étrangères de s'établir à bon compte. Mais pas question d'y accueillir des pollueurs : "Pas de grandes industries, car nous sommes conscients de la nécessité de protéger notre environnement. Cela est vital pour notre écologie, notre industrie touristique. Les Seychelles étant petites, quelques entreprises suffiront pour nous permettre de réussir notre diversification économique", poursuivait le grand argentier du pays.

Un pays somme toute assez fort, classé par l'Atlaseco parmi les Etats relativement riches (à la 72e place, le classement en comptant 225), avec un PNB de 4700 dollars et une croissance d'environ + 5 %. En 1994, secteurs publique et para-étatique (14 689 emplois) l'emportaient encore en nombre de salariés sur le secteur privé (10 503 emplois). Si le tourisme et la pêche restent les deux mamelles des Seychelles, il n'en est pas moins vrai que d'autres industries ont bien prospéré ces dernières années, notamment dans le créneau porteur de l'agro-alimentaire (brasserie, eau minérale, charcuterie, confitures, cigarettes...). Un créneau où l'industrie rejoint l'agriculture, qu'il s'agisse de thé, de cannelle ou de coprah.

Avec l'achat de plusieurs îles, en 1983, afin d'y mener des cultures intensives et d'y développer l'élevage, l'Etat a lancé une ambitieuse politique agricole, en vue de nourrir surtout ses visiteurs, dont les exigences justifiaient nombre d'importations coûteuses. De Silhouette à La Digue et de Coëtivy à Farquhar, des fermes-pilotes sont ainsi apparues en maints endroits afin d'y élever en série bœufs, cochons, poulets... et de mieux rentabiliser des terres jusqu'alors peu ou mal cultivées. Certaines espèces de légumes européens ont ainsi été acclimatées avec succès : carottes, tomates, maïs et choux sont cultivés pendant la saison la plus sèche, tandis que giraumons, patoles, bringelles et autres légumes-pays poussent durant la saison la plus humide, l'objectif du plan de développement étant de satisfaire 60 % de la demande intérieure.

Instrument important pour la réalisation de cette petite révolution agraire, le Seychelles Marketing Board (SMB) assure depuis 1986 l'achat et la commercialisation de ces produits.

Du thon dans le ketchup !

Pas encore d'autosuffisance en matière agricole, mais une surabondance de poisson, dans ce pays qui ne compte pas moins de 700 000 km2 d'eaux poissonneuses. On comprend dès lors que ces insulaires en soient les plus gros consommateurs au monde : 85 kg par an et par habitant ! *"Notre futur, c'est la mer"*, affirme Guy Lionnet, l'homme sage de l'archipel. Les Seychellois ont pourtant dû attendre la libération pour tirer profit de cette richesse nationale, jusqu'alors peu exploitée. La pêche à grande échelle n'était en effet pratiquée dans ces eaux si généreuses que par des pays industrialisés, Union soviétique, Japon et Corée entre autres. Aussi, tout comme la construction de l'aéroport, en 1971, avait ouvert le pays au tourisme, la proclamation, en 1977, d'une "zone maritime économique exclusive" de 200 miles marins (au-delà de la limite des eaux territoriales, fixée à 12 miles) allait donner le coup d'envoi au développement de l'industrie de la pêche. Plus question de laisser les étrangers remplir leurs cales à si bon compte... Il faudra désormais verser des redevances pour pratiquer la pêche industrielle au thon (de loin la plus rentable), ou conclure des accords avec les autorités seychelloises. Espagnols, Ivoiriens et Français accepteront notamment de signer cette nouvelle base commerciale. Place aux Concarnois ! Sous les étiquettes Pompon Rouge et Pêcheurs de France, l'Hexagone a en effet de longues années durant consommé du thon seychellois, pêché par des marins bretons. Pas moins de sept thoniers-congélateurs français pour une capture annuelle de 80 000 tonnes ! Dotée de nouvelles installations portuaires depuis 1987, notamment de bâtiments de surgélation, Port-Victoria est ainsi devenue le plus grand centre de transbordement de thon du sud de l'océan Indien. Quelque 200 000 tonnes y sont déchargées chaque année, ce qui nécessite jusqu'à six cents employés durant la période de la plus intense activité, en octobre.

L'essor de la pêche a également suscité la création de plusieurs entreprises dérivées, dont la plus importante a été celle de la conserverie de thon, financée par la France et inaugurée en 1987, et devenue la première de l'archipel quant au nombre d'emplois générés : six cents ! Un fleuron étatique dont le gouvernement s'est partiellement séparé en l'ouvrant à la privatisation, cette Conserverie de l'océan Indien étant depuis novembre 1995 détenue à 60 % par la multinationale Heinz. Le plus gros conserveur de thon au monde entend dans les cinq ans tripler la production de l'usine (actuellement de 15 000 tonnes), car le "roi du ketchup" se dit convaincu de l'avenir porteur de ce qu'il nomme "le poulet de la mer". Le géant américain est d'autant plus enchanté de s'installer dans ce paradis du thon qu'il peut profiter des avantages de la Seychelles International Trade Zone (SITZ), une zone franche de vingt hectares (entre capitale et aéroport) qui lui permet d'échapper à des taxes en tout genre.

Oui au thon, non au béton

Incitatives exonérations ! Heinz ne sera pas la seule entreprise à mordre à l'hameçon. A vrai dire, toutes les solutions sont bonnes pour attirer aux Seychelles des firmes étrangères et du même coup diversifier l'économie, pour ne pas s'en remettre au destin toujours incertain de l'industrie touristique. Il suffit en effet d'une tentative de coup d'Etat ou d'un malaise international pour que les voyageurs changent de destination ou restent chez eux. Dès lors, pour être moins dépendant des infidèles visiteurs, mieux vaut prévoir ses arrières... *"Le tourisme doit être la confiture des Seychelles, pas le pain et le beurre"*, a plusieurs fois lancé le président René.

Une confiture dont les Seychellois se régalent de plus en plus, le tourisme procurant 20 à 25 % du PNB. Devenu la première activité du pays, il est aussi la principale source d'emplois, qu'ils soient directement liés à l'hôtellerie et à la restauration (3628 salariés en 1994), ou qu'ils soient seulement générés. Les dépenses des touristes sont en fait profitables à maints secteurs de l'économie, qu'il s'agisse de prestations de service, de pêche ou d'agriculture. *"Si la noix de coco ne mérite plus d'être cultivée pour la production de coprah, plutôt que de l'abandonner, nous trouvons une autre manière de la rentabiliser par le développement d'une nouvelle gamme de produits alimentaires ou cosmétiques à haute valeur ajoutée, comme la crème de coco ou des produits de beauté à base d'huile de coco. Tout le monde est gagnant : le Seychellois qui peut continuer son exploitation ancestrale et le touriste qui admire nos somptueuses cocoteraies. C'est ce qu'on nomme désormais l'agrotourisme",* expliquait, il y a quelques années dans un magazine, un ministre du Tourisme seychellois, Jacques Hodoul.

Un tourisme qui n'a pas même un quart de siècle. Les visiteurs n'étaient guère qu'un millier à atteindre les rivages de l'archipel à la fin des années 60, quand Mahé se trouvait à trois heures... d'avion du plus proche aéroport international. Et ce fut évidemment l'ouverture, en 1971, de celui de Victoria qui fit d'emblée affluer les voyageurs : 15 000 dès 1972 ! En 1978, le nombre de touristes allait pour la première fois dépasser celui des Seychellois (alors 63 000), le cap des 100 000 étant aujourd'hui franchi. Pas moins de 109 901 visiteurs en 1994, à plus de 80 % européens ! Les Français (22 293) n'avaient jamais été aussi nombreux, devançant Allemands (20 560), Britanniques (19 271) et Italiens (12 118). Les 4 240 lits de l'archipel ont ainsi bénéficié cette année-là d'un taux d'occupation de 54 % (et de 60 % en terme de chambres), à raison d'une moyenne de dix nuitées par touriste.

On se rapproche des 4 900 chambres qui correspondent au chiffre de 150 000 visiteurs que l'Etat ne souhaite pas dépasser, les Seychelles s'étant d'emblée positionnées dans le créneau des destinations chères, afin d'éviter un tourisme de masse qui se révélerait vite néfaste pour l'écologie d'un pays dont 43 % de la surface a été déclaré territoire protégé. *"Reconnaissez que nous ne sommes jamais allés à la facilité qui consiste à bâtir d'énormes structures verticales plus économiques à gérer. Au contraire, nous n'autorisons que les hôtels horizontaux, intégrés le plus discrètement dans le paysage et qui sont certes un peu plus complexes à rentabiliser. Y a-t-il beaucoup de pays touristiques au monde qui puissent s'enorgueillir de n'avoir pas cédé à l'appel du béton ?",* se félicitait encore le ministre Hodoul.

"Mariage au paradis"

L'Etat a l'œil, en effet ! Surveillant particulièrement l'empiétement des bâtiments sur les plages et la propreté de celles-ci, la Division du Tourisme se montre intransigeante quant à la protection des sites. Aucun hôtel ne doit ici dépasser la hauteur des cocotiers. Aussi, bien que Mahé et Praslin comptent quelques grosses structures (à une ou deux exceptions près bien intégrées dans le paysage) les Seychelles se distinguent-elles par une kyrielle de petits hôtels et de guest houses. Non moins chers ! Car une nuit dans l'archipel coûte en moyenne de 400 à 2000 F. Des tarifs d'autant plus élevés que les équipements et prestations ne sont pas à la hauteur des prix, si on les compare à ceux d'autres belles destinations touristiques, à commencer par Maurice. Conscientes de ce médiocre rapport prestation/prix de l'hôtellerie, les autorités entendent amener les établissements à justifier davantage leur positionnement tarifaire dans le haut de gamme.

Une sélection par l'argent... La formule a en tout cas fait ses preuves, tant on est comblé sitôt sorti de l'hôtel. Quel fabuleux spectacle ! "Les Seychelles, c'est une hôtellerie trois-étoiles dans une nature cinq-étoiles, alors que Maurice c'est une hôtellerie cinq-étoiles dans une nature trois-étoiles", schématisait un soir un chroniqueur britannique à la télévision seychelloise. Plus facile, en tout cas, d'améliorer des chambres que des paysages... Lesquels, peu fréquentés, ont gardé là leur quasi-virginité. A chacun sa plage déserte et immaculée ! Aussi les Seychelles restent-elles une valeur sûre à la bourse du prêt-à-rêver. Les "British" se bousculent même pour célébrer leurs noces dans l'archipel, alors que les Seychellois rechignent de plus en plus à se "mariye biro". Ainsi, en 1988, pas moins de 375 visiteurs ont prononcé le oui fatidique, contre environ 300 autochtones ! Lancé au début des années 80 par le tour-opérateur Thomson, le "mariage au paradis" est depuis devenu un créneau porteur.

Certes, de Caraïbes en Bahamas et de Mexique en Kenya, la concurrence est rude, mais les Seychelles jouissent d'une plus-value : leur virginité naturelle ! Et c'est peut-être pour la retrouver que ces nouveaux mariés, dont 50 % sont des divorcés, préfèrent au sinistre remariage civil dans leur pays, un petit coin d'Eden aux Seychelles.

Un Eden qui, compte tenu de son prix, constitue souvent "le voyage" d'une vie. Celui dont on se souvient ! On est heureux de constater qu'un pays d'une telle beauté n'ait pas succombé aux tentations du tourisme à tout va, et que les considérations sur l'environnement l'aient emporté sur les bénéfices économiques à court terme. Une politique appelée à se montrer payante dans un avenir proche, car toutes les études attestent que les pays qui bénéficieront demain d'un fort impact touristique seront ceux dont la nature aura été préservée et l'habitat maîtrisé. Juste récompense pour un archipel qui a eu la bonne idée de miser sur le thon plutôt que sur le béton.

Un marché qui mousse... et qui pétille !

Les Seychellois, gros consommateurs de poisson, sont aussi de grands buveurs de bière. Sur ces 56 000 hectolitres de "mousse" consommés en 1994, la SeyBrew (une plaisante lager de 4,9 °, lancée en 1972) représente la moitié du marché. Les deux autres marques ont aussi leurs fidèles : l'Eku (une bonne bavaroise fabriquée sous licence allemande) et, surtout, la populaire et noire Guinness, que les Seychellois ont pris l'habitude de boire sous les Anglais... et à température ambiante, la célébrissime entreprise de Dublin étant d'ailleurs l'actionnaire majoritaire des Seychelles Breweries. Ancrée au Rocher, dans la zone la plus industrielle de Mahé, cette brasserie pèse lourd dans l'économie nationale, et son remarquable essor s'affirme notamment en matière d'emploi : pas moins de 280 salariés en 1995, alors qu'elle n'en comptait que 176 en 1990.

Il est vrai que le marché des "soft drinks" se montre aujourd'hui si porteur que le volume de boissons gazeuses (76 000 hectolitres en 1994) a dépassé celui de la bière, laquelle ne représente plus que 43 % du "flot". L'entrée en scène de Sa Majesté Coca-Cola, en août 1992, a d'autant plus dopé ce marché que la fameuse petite bouteille était attendue, les Seychelles ayant été l'un des derniers pays de la planète à résister à l'envahisseur américain, "révolution" oblige ! La puissante firme d'Atlanta a depuis placé ses deux autres grandes marques, Fanta et Sprite, reléguant derrière ce tiercé gagnant la marque maison (SeyPearl). Assurant le conditionnement (à partir de poudres) et la distribution de ce si performant trio, les Seychelles Breweries tirent donc profit de cette ouverture sur la mythique Amérique.

Un marché de plus en plus pétillant, malgré le coût relativement élevé des produits distribués. Il faut débourser au moins 3 roupees pour acheter un Coca à l'épicerie du coin. Et autour de 8 pour une SeyBrew (un petit salaire étant de l'ordre de 1600 roupees). La bière est en effet lourdement taxée, d'où une stagnation de la consommation, tandis que le calou et la bacca, de production artisanale, se révèlent des concurrents bon marché. A en croire la brasserie, ces breuvages populaires représenteraient 40 % de la consommation d'alcool aux Seychelles.

FIGURES LOCALES

Qu'ils se soient fait un nom par leur peinture ou leur musique, leur table ou leur savoir, voire par leurs glaces et sorbets, et qu'ils soient Français, Belges, Italiens, Canadiens ou Seychellois, tous ces gens mériteraient de figurer dans un Who's Who des Seychelles. Lequel reste à composer, car notre liste n'est qu'une ébauche, excluant les personnalités politiques de l'archipel, mais incluant une illustre inconnue : Emilia Nibourette, dite Dada. L'une des doyennes de La Digue, d'une vitalité débordante à plus de 93 ans. L'un de ces personnages anonymes qui, finalement, font les Seychelles et auxquels on devrait bien ériger un monument tant ce peuple est gentil. Au Panthéon des sans-grade, notre symbolique Dada aurait sa place.

MICHAEL ADAMS

A le voir sortir de son 4x4 en short colonial, chemise bariolée, petit foulard autour du cou et barbe fleurie, on se dit que ce personnage à l'allure farfelue pourrait bien être un artiste. On ne se trompe pas, Michael Adams est même "le" peintre seychellois. Il y a quelque vingt ans que ce solide gaillard d'origine anglaise a posé son chevalet au milieu de cette nature luxuriante qui constitue déjà un premier tableau. Fasciné par la richesse et l'exubérance de cette végétation, il n'a cessé depuis d'avoir le pinceau fécond, notamment pour révéler la magie de la superbe Vallée de Mai. Plus tourné vers l'intérieur que vers l'océan, Adams campe aussi des personnages et des animaux dans ses décors, comme pour souligner l'harmonie qui règne entre l'homme et la nature. Une osmose qui éclate de couleurs vives, dans un style presque fantasmagorique. Et les touristes sont nombreux à s'arrêter dans la maison-galerie de ce talentueux coloriste qui se devait de nicher à Anse aux Poules... Bleues !

ARTURO D'AGOSTINI

Cet hôtelier n'a pas la tête dans les étoiles ! Vingt ans déjà que ce solide et chaleureux Italien dépense son énergie d'une enseigne à l'autre. Son aventure seychelloise commença en 1976, en Suisse, dans son restaurant au bord du lac Léman, quand l'un de ses clients, un certain James Mancham (alors Premier ministre) l'incita à quitter le paradis fiscal pour le paradis tropical. A peine débarqué à Victoria, il ouvrait sa pizzeria, la première des Seychelles, ses pizzas et lasagnes ayant vite attiré le Tout-Mahé. Ce n'était qu'un début. Depuis, les machines à expresso se sont multipliées sur les îles et Arturo a souvent été sollicité pour revaloriser des établissements qui le méritaient : du Beau Vallon au Northolme en passant par le Reef et le Praslin Beach. C'est lui aussi qui fit les beaux jours du Pirates' Arms, y créant même, juste à côté, le premier "take away" de la capitale (six cents boîtes chaque midi !). Son esprit d'entreprise ne s'est cependant pas émoussé. Il vient de s'ancrer à Praslin, autour d'un Marechiaro appelé à devenir l'une des plus belles adresses de l'archipel. Intronisé dans la très respectable Chaîne des Rôtisseurs, ce fin gastronome ne pouvait qu'y proposer une table (Le Capri) à la hauteur de sa distinction. Che buona !

MARIE-THERESE BIBI

Tous les Seychellois connaissent sa tête ! Difficile d'oublier celle qui apparut la première fois dans l'étrange lucarne... C'était le 1er janvier 1983. Mais avant d'inaugurer la télévision seychelloise, Marie-Thérèse Bibi avait donné de la voix à la radio... et sur scène, dans un groupe qui fit les beaux soirs du Coral Strand. Aussi élevée que Silhouette, son île natale, cette Grace Jones locale a abandonné le journalisme pour le tourisme puis la publicité. Elle vient en effet de créer sa propre agence, Bib's Agency, initiative féminine rare sous ces latitudes. Aussi active que décidée, cette jeune femme foisonne de projets qui deviennent parfois réalité. Elle vient notamment de produire le premier CD de Jenny de Létourdie, la chanteuse la plus en vogue des Seychelles. Quel sera le prochain pari ?

PIERRE BURKARDT

Le roi Pierre régente même le temps ! Régnant sur son île depuis vingt ans, Pierre Burkardt a en effet eu la bonne idée de reculer sa montre d'une heure pour offrir soixante minutes de soleil supplémentaires à ses hôtes. Quand il est 7h à Denis, il n'est que 6h à Mahé. Reconverti dans la pêche au gros, ce gros industriel a réalisé, en 1975, l'un de ses fantasmes : avoir une île à soi. Un coup de cœur d'un coût "modique" : à peine le prix de son appartement du XVIe. Mais le Robinson français a vite voulu trouver des Vendredi et le "show... bises" a bientôt débarqué sur ce sable doré, contribuant à rendre célèbre cette poignée de villas perdues dans l'océan. Des touristes plus anonymes se sont aussi laissé séduire, désireux d'assouvir leur soif d'île déserte... où l'on a même prévu pour eux eau chaude et bière fraîche. Mais à l'approche de ses 80 ans, Tonton Pierre (comme on l'appelle) entend céder son fief. Le paradis a un prix : 10 000 francs suisses !

MARYSE EICHLER DE SAINT-JORRE

Descendantes de l'une des plus illustres familles de "Grands Blancs", les Saint-Jorre, cette élégante femme blonde est présente sur de nombreux fronts, qu'il s'agisse de représenter son pays dans les grands salons du tourisme ou de défendre le patrimoine architectural seychellois. A l'origine de la remise en valeur du Village artisanal, Maryse Eichler de Saint-Jorre est aussi l'auteur d'un somptueux livre qui fait référence. Son *Demeures d'archipel* couche en effet, sur papier glacé, les maisons de maître et les cases créoles de ces îles enchanteresses. Passionnée de décoration, cette femme de bon goût a également su exprimer son talent dans l'hôtel qu'elle dirige, le raffiné Northolme où sa fille, Gersende, a récemment ouvert le premier salon d'esthétique digne de ce nom. De mère en fille, le même esprit d'entreprise !

PHILIPPE EMOND

Une valise perdue peut mener loin... Venu de sa Belgique natale, en 1975, se faire frire au soleil des Seychelles, ce robuste restaurateur a en effet eu le bonheur, à son arrivée, de perdre ses bagages ! Car la charmante employée chargée de régler le problème allait devenir sa femme ! Quelques années plus tard, on les retrouvera dans un des coins les plus paumés de Mahé, y tenant une auberge qui allait vite devenir célèbre. Cinq ans durant, l'Auberge de l'Anse Boileau sera l'adresse la plus en vogue de l'île : bonne table et ambiance assurée. De Catherine Deneuve à Dominique Auzias et de Michou à Carole Bouquet, tout le "show... bises" y a coulé des soirs heureux. Même Christian Nucci, alors ministre de la Coopération, y vint se détendre... tandis qu'un journaliste du *Canard Enchaîné* y prenait pension ! Pas un seul article sur l'archipel sans que ne soit mentionné le Falstaff des fourneaux. Depuis, Philippe Emond et Rosemay ont déniché une autre plage pour y construire restaurant et hôtel, leur table de Carana Beach étant encore une référence. Le tour de taille généreux et la plaisanterie facile, le "toqué" continue de déplacer les Mahélois, certains qu'ils sont de se régaler aussi avec la bonne humeur de celui que tout le monde appelle Philos (l'ami en grec).

JEAN-PIERRE ESTIVAL

Vanille ou fraise ? Avant Steeve Icecream, il n'y avait pas d'autre alternative. Parti pour quinze jours passer des vacances aux Seychelles, quinze ans après il y est encore. Et aujourd'hui, difficile de rester de glace devant ses sorbets. Passion, mangue, corossol ou citron, quel que soit le choix du parfum, il y a neuf chances sur dix pour qu'il porte sa marque. Mais les produits de Jean-Pierre Estival ne régalent pas seulement les touristes au moment du dessert. Les Mahélois y ont aussi pris goût : pas moins de vingt mille petits pots de crème glacée vendus dans les boutiques chaque semaine. Un des rares Français ayant entrepris et réussi dans l'archipel... Mais le roi du sorbet coco a parfois marre des cocotiers ! "Montrez-moi une photo de HLM", ironise parfois ce Parisien d'origine auvergnate qui perpétue sous les tropiques la tradition du paquet de Gitanes et de la bouteille de Ricard, et qui avoue volontiers être en manque de camembert et de saucisson. Aussi, revient-il au pays deux fois l'an. Au menu : salade de museau et céleri rémoulade chez papa-maman, et les grandes tables... Mais pas de place pour la glace !

CATHELEEN FONSEKA

Bel exemple de volonté que celui de cette femme qui s'est hissée, en quelques années, au rang des célébrités seychelloises. Veuve en 1977, et ayant à nourrir ses dix enfants, cette anonyme mère de famille décida de nourrir aussi les touristes. Sept mille roupees en poche, elle reprit une salle de bal sur la route de Beau Vallon, pour en faire un restaurant, Le Marie-Antoinette, où elle fit vite recette... avec ses propres recettes.

Une cuisine créole dans une maison créole : les voyageurs n'ont pas cessé depuis de s'attabler chez elle, au point d'en faire une vedette qui déplace les télés. Un succès qui ne l'empêche pas d'être encore aux fourneaux, à plus de 70 ans. La cuisinière n'en vient pas moins saluer ses clients, qu'il s'agisse de simples touristes de Nouvelles Frontières ou de l'ancien président James Mancham. Sauf le dimanche, jour de fermeture... et de la messe ! Car madame Fonseka tient à remercier Dieu de la réussite de son "biznes".

KANTILAL JIVAN SHAH

Historien, chercheur, conservateur, naturaliste, collectionneur, peintre, sculpteur, guérisseur, chiromancien... A le voir installé derrière le comptoir de sa boutique du centre de Victoria, qui pourrait deviner que ce commerçant est aussi tout cela à la fois. On a même affaire là au "gourou" de l'océan Indien. De la reine d'Angleterre au commandant Cousteau, en passant par Ian Fleming, Omar Sharif et Roman Polanski, nombre de têtes d'affiche planétaires ont rencontré cet attachant Seychellois d'origine indienne, qui s'est également fait un nom dans le monde de l'environnement. Infatigable militant de la protection de la faune et de la flore, celui qu'on appelle Kanti a donné maintes conférences, qui l'ont rendu presque aussi célèbre dans le monde entier que sur ses îles. On pourrait passer des heures à explorer sa maison riche de trésors en tout genre (de coquillages en cocofesses) et l'écouter parler de son archipel ou bien... d'amour. Ce dont ne se prive pas cet érudit septuagénaire à l'œil encore vif. Doté aussi des qualités de masseur, Kanti propose parfois aux belles étrangères de bénéficier de son fluide...

GIANCARLO LAURO

Bientôt vingt ans que ce Milanais raffiné s'est laissé séduire par les Seychelles et les Seychelloises ! Appartenant au très affairiste "clan des Italiens" de l'archipel, il déploie son activité dans maints domaines, notamment à l'usine de thé de Mahé, dont il fut le directeur. Organisateur de défilés de mode et directeur commercial du luxueux magazine de l'océan Indien *New Wave,* Giancarlo Lauro est avant tout l'un des créateurs de la superbe gamme de souvenirs de Museum Collection, faite d'articles mi-nostalgiques, mi-coloniaux. Deux autres passions animent ce dynamique touche-à-tout : les coquillages (une collection de quatorze mille pièces) et le sport, puisqu'il entraîne l'équipe nationale de basket. Mais où va-t-il chercher toute cette énergie ? Dans son plat quotidien de pâtes italiennes, ma che !

GUY LIONNET

La parole facile et la plume féconde, Guy Lionnet ne dit jamais non lorsqu'il s'agit de "causer du pays". Bien que d'origine mauricienne, ce vieux sage fait partie de ceux qui connaissent le mieux l'histoire des Seychelles, ses connaissances étant mises à profit par les médias du monde entier, du très sérieux *Courrier de l'Unesco* au magazine touristique *Iles.* Conseiller technique pour l'environnement et président honoraire de la Fondation des îles Seychelles, cet érudit grand public a publié de nombreux ouvrages, décrochant même le Prix des Mascareignes, en 1988, pour *La Geste française aux Seychelles.* Mais l'historien se double d'un linguiste puisqu'on lui doit, en collaboration avec Danielle de Saint-Jorre, le remarquable dictionnaire kreol-français qui a tant fait avancer la cause de la créolité. Bref, un auteur de référence, véritable mémoire vivante de l'archipel.

MAURICE LOUSTAU-LALANNE

Les ministres passent, lui reste ! Secrétaire général au Tourisme de longue date, Maurice Loustau-Lalanne déborde d'énergie et d'enthousiasme pour promouvoir ses "zoli zil Sesel" à travers la planète. Laissant à d'autres pays le tourisme de masse et le béton, il entend préserver la virginité de son archipel. Tant sur le sable que sur les flots, il se sent personnellement concerné puisque ce mordu de la pêche au gros est le représentant seychellois de la pêche hauturière. Mais l'homme est aussi à l'aise en mer que dans les airs. Premier président d'Air Seychelles, ce fut lui qui fit décoller le premier avion aux couleurs nationales. Envol réussi, les Seychelles ayant depuis déployé leurs ailes dans le monde entier.

FLOSSEL MARENGO

Flossel Marengo ! Le nom semble déjà sortir d'une bande dessinée. A le voir, rieur et bon enfant, on se dit qu'il va bien au personnage. Rendu célèbre par sa chanson "Jolie Rose", ce jeune quinquagénaire est devenu le chef le plus connu des Seychellois qui écoutent sa recette chaque vendredi sur la radio nationale. Et du Ritz de Barcelone à la foire de Rouen, c'est souvent lui qui représente la gastronomie de l'archipel à l'étranger.

En 1990, Flossel a même eu l'honneur de mettre en scène, dans son restaurant Pomme Cannelle, le repas officiel d'un certain François Mitterrand. De cette journée exceptionnelle, il a conservé un portrait de "Tonton", dans un cadre en or signé Christian Dior. Le romantique cuisinier-chanteur a depuis surmonté maints obstacles pour pouvoir s'installer au bord de la plus belle plage sauvage de Mahé : plus de problème d'intendance à Anse Intendance !

GREGOIRE PAYET

Dix chars et neuf bœufs, à La Digue c'est déjà un signe extérieur de richesse ! Ayant commencé avec une simple boutique, Grégoire Payet est aujourd'hui l'homme fort de la troisième île du pays avec pas moins de cent vingt employés rien que pour son hôtel. Mais celui que l'on surnomme "le roi de La Digue" règne également sur l'île voisine de Félicité, sur l'hôtel Vacoa de Mahé et sur le domaine de l'Union où trône la maison de son ami le Président, celle où fut tourné le troisième "Emmanuelle". Invisible mais ayant l'œil a tout, celui qui a le succès discret est aussi entreprenant sur terre qu'en haute mer, passionné qu'il est par la pêche au gros. De son bureau perché au-dessus de son petit supermarché, Grégoire se montre tellement fourmillant de projets qu'il en avalerait la mer et les poissons !

EMILIA NIBOURETTE

"Je ne connais pas mon année de naissance, je sais seulement mon âge." A plus de 93 ans, Emilia Nibourette garde en tout cas la tête sur les épaules... et des dents de vedette ! Elle n'est pourtant qu'une Seychelloise parmi tant d'autres, dont la seule gloire est d'avoir élevé cinq enfants en tirant le diable par la queue et en priant Dieu de vivre longtemps. Vœu exaucé ! Bien que devenue l'une des doyennes de La Digue, celle qu'on appelle Dada continue à vivre seule dans sa petite case en tôle et en bois. Sur ses deux arpents et demi de terre, elle cultive son manioc, élève son cochon et grille elle-même son café. Cependant, elle ne raterait pour rien sa sortie du 26 novembre, à l'Union, le président fêtant ce jour-là son anniversaire avec les anciens de La Digue. "J'ai souvent parlé avec lui", dit-elle aussi fièrement que simplement. Car elle n'a peur de rien Dada, pas même de danser devant les touristes, chez Grégoire, lors des soirées créoles. Elle y chante aussi, d'anciennes romances en français avec lesquelles elle endormait les enfants des "grands Blancs" lorsqu'elle était nénaine. Moments extraordinaires d'une vie bien ordinaire, celle d'une femme sans grade qui mériterait pourtant qu'on lui érige un monument...

PAUL TURCOTTE

Ce photographe-là vous embobine à coup sûr ! Ayant quitté son Grand Nord canadien pour se mettre au chaud dans ces îles équatoriales, ce Québécois à l'œil malicieux et la moustache gauloise se révèle un passionnant touche-à-tout. C'est à lui que les cinéastes font appel lorsqu'ils projettent un tournage aux Seychelles. De *Pirates* à *Crusoe*, en passant par les pubs du rhum Bacardi et d'Ô de Lancôme, Paul Turcotte s'est maintes fois révélé un régisseur efficace, tant pour la découverte des sites que pour le recrutement des figurants. Il est aussi un infatigable chasseur d'images : pas moins de quinze mille vues de cet archipel sur lequel il s'émerveille encore, quinze ans après y avoir posé ses valises. *"Ces îles sont les plus proches de celles dont j'ai rêvées. On y trouve le côté mystérieux de la création"*, s'extasie l'artiste, qui a par ailleurs ouvert à Praslin le Café des Arts. Jeanne Moreau, Roman Polanski, Thierry Lhermitte, Christian Morin et nombre de têtes d'affiche y sont passées. Et c'est là aussi que, plus simplement, les Praslinois viennent se faire tirer le portrait, s'épargnant ainsi un voyage à Victoria.

PATRICK VICTOR

Il connaît la musique ! A 15 ans déjà, celui qui allait devenir le chanteur seychellois le plus populaire allait de village en village avec guitare et harmonica pour tout bagage. Moutia d'Afrique ou polka d'Europe, tant en créole qu'en français, ses compositions métissées donnèrent vite le ton à la nouvelle chanson locale, puisant leurs racines dans le passé, tout en s'accordant à des rythmes modernes. Chantant leurs îles avec douceur et humanisme, Patrick Victor et son groupe Bwa Gayac aux affriolantes danseuses ont été les premiers du pays à être gravés sur CD. C'est lui aussi qui a eu l'honneur du premier vidéo-clip "seselwa", avec un "Roi Séga" qui fit même les beaux soirs du New Morning à Paris où l'exotique chanteur s'est produit plusieurs fois. Et, si au top seychellois, de nouveaux artistes se sont aujourd'hui imposés, Patrick Victor n'en demeure pas moins la référence musicale.

ILE DE MAHE

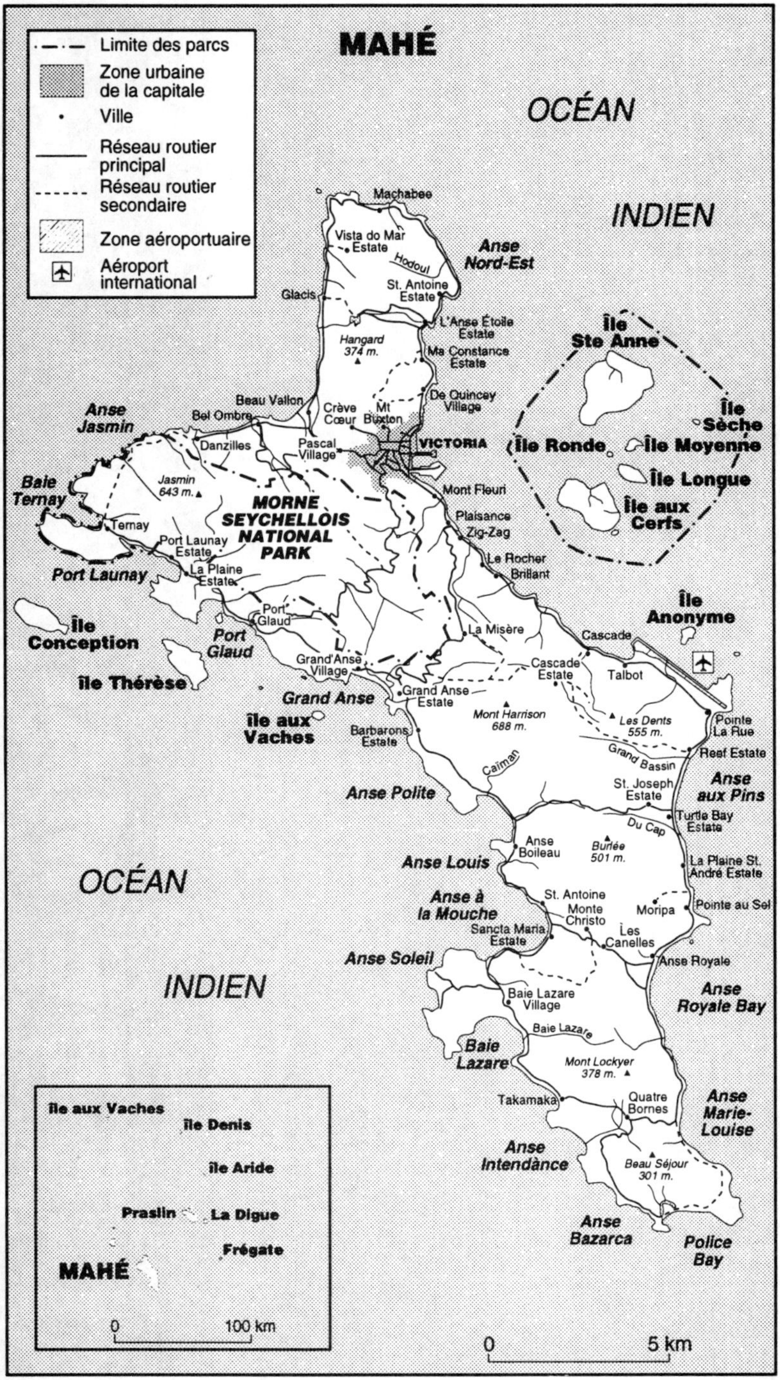
MAHÉ
Limite des parcs
Zone urbaine de la capitale
Ville
Réseau routier principal
Réseau routier secondaire
Zone aéroportuaire
Aéroport international
OCÉAN
INDIEN
Machabee
Vista do Mar Estate
Hodoul
Anse Nord-Est
St. Antoine Estate
Glacis
L'Anse Étoile Estate
Hangard 374 m.
Ma Constance Estate
De Quincey Village
Beau Vallon
Bel Ombre
Crève Cœur
Mt Buxton
VICTORIA
Anse Jasmin
Danzilles
Pascal Village
Île Ste Anne
Île Sèche
Île Ronde
Île Moyenne
Île Longue
Île aux Cerfs
Baie Ternay
Jasmin 643 m.
MORNE SEYCHELLOIS NATIONAL PARK
Mont Fleuri
Plaisance
Zig-Zag
Ternay
Port Launay Estate
Port Launay
La Plaine Estate
Le Rocher
Brillant
Île Anonyme
Port Glaud
Île Conception
Port Glaud
La Misère
Cascade
Grand'Anse Village
Cascade Estate
Talbot
Île Thérèse
Grand Anse
Grand Anse Estate
Mont Harrison 688 m.
Les Dents 555 m.
Pointe La Rue
Île aux Vaches
Barbarons Estate
Reef Estate
Grand Bassin
Caïman
Anse aux Pins
St. Joseph Estate
Anse Polite
Turtle Bay Estate
Du Cap
Anse Boileau
Burlée 501 m.
Anse Louis
La Plaine St. André Estate
OCÉAN
Anse à la Mouche
St. Antoine
Monte Christo
Moripa
Pointe au Sel
Sancta Maria Estate
Les Canelles
Anse Soleil
Anse Royale
Anse Royale Bay
INDIEN
Baie Lazare Village
Baie Lazare
Baie Lazare
Mont Lockyer 378 m.
Takamaka
Quatre Bornes
Anse Marie-Louise
Anse Intendance
Beau Séjour 301 m.
Anse Bazarca
Police Bay
0
5 km
Île aux Vaches
Île Denis
Île Aride
Praslin
La Digue
Frégate
MAHÉ
0
100 km

MAHE

"Grosse île montagneuse recouverte d'une végétation tropicale exubérante avec de nombreux cours d'eau". Les explorateurs Picault et Grossin furent tellement séduits par cette "île d'Abondance", le 19 novembre 1742, qu'ils repartirent rapidement pour l'Ile de France (Maurice) afin de rendre compte de leur heureuse découverte au commanditaire de leur exploration de l'océan Indien, le gouverneur Mahé de La Bourdonnais. Celui-ci donnera son nom à l'"île d'Abondance" moins de deux ans plus tard, Lazare Picault l'ayant à nouveau touchée le 30 mai 1744. Mais il faudra attendre le 1er novembre 1756 pour que Corneille Nicolas Morphey, au nom du roi de France, prenne officiellement possession de cette généreuse terre insulaire, riche en bois, en eau et en fruits...

Deux siècles et demi ont passé depuis la "grande" découverte, mais, vue de loin, Mahé n'a pas changé. Elle est restée cette longiligne île verte, dont les mornes, recouverts d'un épais manteau végétal, se détachent avec majesté. On est bien là sur l'île capitale, dans l'épicentre d'un archipel qui a besoin d'un point d'ancrage. Enfin une solide terre ferme dans l'immensité de l'océan ! De fait, avec près de 150 km2, Mahé est la plus grande des îles Seychelles. Longue de 27 kilomètres, large de 8, elle fait presque figure de continent par rapport à ses plus proches voisines, Thérèse, Conception, Sainte-Anne, Cerf, Longue, Ronde, Moyenne, Anonyme, Cachée... Du haut de ses 905 m, le morne seychellois trône sur de luxuriantes collines dont les deux versants plongent assez vite dans la mer, le littoral étant ourlé d'une frange de sable blanc. Ce sont des dizaines d'anses qui constituent autant de plages et que délimitent des pointes rocheuses plus ou moins marquées.

UNE ILE A PENETRER

Vue du ciel, quel spectacle ! Mahé est en effet une belle île, et certains voyageurs qui ne jurent que par Praslin ou La Digue ont tort de la dédaigner. Peut-être parce qu'on a du mal à se l'approprier. Entendez par là, à en faire le tour, tant elle est "pleine". Car Mahé ne se livre pas d'un seul bloc... de granit. Facile, pourtant, de se laisser glisser du nord au sud en moins de deux heures ou d'est en ouest en pas même une demi-heure, mais de là à pénétrer la Mahé profonde... Même le plus curieux des résidents de longue date aura toujours quelque chose à découvrir dans cette île-forêt où vivent tout de même neuf Seychellois sur dix, ce qui ne représente, il est vrai, guère plus de 60 000 habitants. Enlevez-en une moitié nichée à Victoria ou autour, et vous comprendrez pourquoi, l'on ne croise, finalement, pas grand monde dès lors qu'on quitte Beau Vallon et la côte Est.

C'est aussi l'île la moins charmante, puisqu'il a bien fallu que le progrès creuse son trou quelque part. Le coup d'envoi a été donné en 1970 avec la construction de l'aéroport, gagné sur la mer. Une technique reprise dans les années 80 pour édifier, au sud de Victoria une nouvelle zone industrielle et une route express aussi droite qu'en Amérique. A tel point qu'on peut légalement rouler à 85 km/h sur ces cinq kilomètres de voie nouvelle qui rapprochent la capitale de l'aéroport. La vieille route, autour de laquelle sont installées nombre d'entreprises, a du même coup perdu de son trafic, dense à certaines heures. En cette " banlieue" sud de la ville (la seule digne de ce nom aux Seychelles), on a une bonne approche du Mahé civilisé : écoles, collège, hôpital, ministères et autres phares de la vie sociale se succèdent ainsi à Mont Fleuri. Même si subsistent ça et là de belles maisons créoles plus ou moins décrépies, le bois et les feuilles de latanier appartiennent au passé. Place au " dur" ! Un lotissement de quelque quatre cents logements a même été inauguré fin 1995 à Roche Caïman, sur les nouveaux terrains volés à l'océan. De Pascal Village à Bel Air et de Mont Buxton à Belvédère, l'habitat se concentrait jusqu'alors surtout sur les hauteurs de la capitale, sur laquelle semblent veiller les Trois Frères (699 m).

Autre foyer de " civilisation", à trente-trois lacets de Victoria, Beau Vallon, seule véritable zone touristique de l'archipel, est doté d'une plage de trois kilomètres qui fait référence. La seule à ne pas être déserte... Hôtels, guest houses, restaurants, boutiques : par ici les roupees ! Mais on est encore loin de Pukhet ou de Marbella. La vie nocturne se résume à quelques machines à sous et tables de jeux, qui ne déplacent pas des foules de touristes. Passée l'heure de la citronnelle, ceux-ci misent plus sur leur oreiller que sur la roulette. Au tapis de jeu, ils préfèrent le tapis de sable. On vient aux Seychelles pour sa nature originelle.

Et là, on gagne à tous les coups. Même à Mahé ! Sitôt quittée la baie de Beau Vallon en direction du nord, la nature reprend tous ses droits. Parfois abrupte, la péninsule nord est peu fréquentée. De Glacis à De Quincey Village, en passant par Macchabée et la Retraite, la route côtière se révèle pourtant riche en vues panoramiques, notamment du côté de North Point. Plusieurs criques cernées de granit sont autant de plages pour des bains en solitaire, celles de Carana Beach et d'Anse Nord-d'Est étant les plus grandes. De luxueuses villas se dissimulent dans ce nord très résidentiel, où l'architecture prend parfois un air de Baléares, le crépi blanc ayant visiblement plu aux bâtisseurs. A hauteur de Pointe Cèdre, on peut s'enfoncer au cœur de la péninsule à travers une petite route en boucle, dit chemin La Gogue. De retour sur le littoral, passée la Pointe Conan, on se retrouve quasiment dans Victoria, l'une des plus petites capitales du monde : le charme des vieilles rues et des boutiques à l'ancienne, dans le quartier du marché (à ne pas manquer !), contribue à faire de Mahé une étape nécessaire lors de tout séjour aux Seychelles.

UNE COTE A GRAND SPECTACLE

Pour accéder à la côte Ouest, six routes transversales franchissent la "montagne". Les plus hautes sont celles de la Misère et de Sans Souci, du nom d'une propriété qui, en 1956, eut l'honneur d'héberger l'archevêque chypriote Makarios, exilé par les Britanniques en ces îles de paradis ; à proximité, on accède aux ruines de la Mission par une envoûtante allée de sandragons. Il règne une étrange atmosphère autour des vestiges de cette école ouverte par les missionnaires à l'intention des enfants d'esclaves libérés. De ce monument "historique", on jouit d'un très beau point de vue. Ce n'est pas le seul.

Très sinueuses et ponctuées de belles résidences (celles, surtout, d'ambassadeurs), ces deux trouées forestières sont un véritable enchantement, mais gare aux refroidissements certains soirs un peu frais ! Pas de lainage à prévoir, en revanche, quand on choisit de rallier la côte Ouest par la route de la Montagne Posée, la route des Cannelles, le chemin Val d'Endor (la transversale la moins connue) ou par Quatre Bornes, le village le plus au sud. Voila un Sud où les Seychelles s'affirment dans toute leur plénitude. Comme si l'air y était plus doux, les gens plus nonchalants, la nature plus épanouie. Magistrale splendeur de l'Anse Intendance, avenante discrétion de l'Anse Cachée, éclatante beauté de l'Anse Corail... Le long de ce chemin Grande Police qu'on suivrait... jusqu'en prison. Celle-ci est en effet située à Police Bay, dans un cadre de rêve.

Mieux vaut rebrousser chemin pour vagabonder sur la côte Ouest ! Et, de l'Anse Takamaka, se laisser porter par une route qui prend désormais le temps de flâner, abandonnant à des pistes plus ou moins carrossables le soin de desservir des anses solitaires, telle l'Anse Soleil. Point besoin de grimper pour admirer les panoramas grandioses qui se succèdent d'un virage à l'autre. On est déjà à court de superlatifs lorsqu'au détour de l'Anse aux Poules Bleues, se déploie soudain l'Anse à la Mouche. Si captivante qu'on en viendrait à rentrer dans le décor... On peut en maints endroits s'y aventurer à partir de chemins qui vous font découvrir de plus près la Roche Gratte Fesse, la Roche Amour ou la Montagne Toupie.

Fascinante côte Ouest ! D'Anse Boileau à Grand'Anse et de Port Glaud à Baie Ternay, la route ne cesse de révéler des sites enchanteurs. On finirait presque par se lasser de tant de beauté. A Mahé !

INFORMATIONS PRATIQUES

Services

Urgences

- Police. Pompiers. Ambulance ✆ 999.
- Hôpital. Tourist Doctor. Tourist Dentist ✆ 224400. Les heures de consultation du médecin des touristes (le Dr Jude Gedeon) ont lieu de 8 h à 16 h à l'hôpital de Victoria (environ 150 SR). En dehors des heures de consultation, toute urgence est traitée à l'hôpital (environ 200 SR). Les médicaments peuvent être achetés dans l'une de ces trois pharmacies : Behram's (Victoria Arcade ✆ 225559), Fock Heng (Revolution Avenue ✆ 322751) et Laï Lam (Market Street ✆ 322336).

Aéroport

- Seychelles International Airport ✆ 373001.
- Renseignements vols Air Seychelles ✆ 373051.
- Réservations inter-îles Air Seychelles ✆ 373101.

Compagnies aériennes

- Aeroflot. Independence Avenue (Pirates Arms Building) ✆ 225005.
- Air France. Independence Avenue (Kingsgate House) ✆ 322414.
- Air Seychelles. Francis Rachel Street (Victoria House) ✆ 225220.
- British Airways. Independence Avenue (Kingsgate House) ✆ 224910.
- Kenya Airways. Revolution Avenue (Shipping House) ✆ 322989.

Vols inter-îles. Les avions de Havilland Twin Otter (de 19 places) et Britain Islander (9 places) d'Air Seychelles assurent les liaisons entre Mahé et certaines îles de l'archipel. Avec Denis, Desroches, Frégate, D'Arros en partenariat avec les hôtels desservis ; plus rarement parce qu'à la carte, avec certaines îles éloignées dotées d'un aéroport (Plate, Coëtivy, Marie-Louise, Alphonse, Farquhar, Astove et Assomption). L'essentiel du trafic se fait évidemment avec Praslin, quelque vingt-cinq vols (d'un quart d'heure) étant assurés chaque jour dans chaque sens, de 7h30 à 18h environ (et cinq de plus le lundi matin très tôt). Compter 340 SR l'aller-retour. L'enregistrement se fait trente minutes avant le départ.

Agences d'excursions

- Bunson Travel. Revolution Avenue ✆ 322682.
- Mason's Travel. Revolution Avenue ✆ 322642.
- National Travel Agency (NTA) ✆ 224900.
- Premier Holidays. Albert Street (Premier Building) ✆ 225777.
- Travel Services Seychelles (TSS). Independence Avenue (King's Gate Building). ✆ 322414.

Ambassades et consulats

- Ambassade de France ✆ 224523.
- Consulat de Maurice ✆ 376441.
- Consulat de Belgique ✆ 224201.
- Consulat de Suisse ✆ 371050.
- Sont aussi représentés : les Etats-Unis, la Fédération de Russie, la Chine, l'Inde, Cuba, Madagascar, la Grande-Bretagne, l'Allemagne, le Danemark, les Pays-Bas, la Suède, la Grèce, Chypre et Monaco.

Banques et change

- Barclays Bank. Independence Avenue. *Du lundi au vendredi de 8h30 à 14h30. Le samedi de 8h30 à 11h.*
- Banque française commerciale de l'océan Indien. State House Avenue. *Du lundi au vendredi de 8 h 30 à 15 h. Le samedi de 8h30 à 11h.*
- Nouvobank. Francis Rachel Street. *Du lundi au vendredi de 8h15 à 13h15. Le samedi de 8h15 à 11h45.*
- Seychelles Savings Bank. Independence Avenue. *Du lundi au vendredi de 8h30 à 14h30. Le samedi de 8h30 à 11h.*

Office de tourisme

- Office du tourisme des Seychelles. Independence Avenue ✆ 225313. *Du lundi au vendredi de 9 h à 16 h et le samedi de 8 h à midi.*

Police

- Commissariat central. Revolution Avenue ✆ 322011.
- Commissariat de Beau Vallon ✆ 247242.
- Commissariat de Baie Lazare ✆ 361130.

Poste

- Bureau de Poste (Post office. Biro Lapos). Independence Avenue ✆ 225222.. *Du lundi au vendredi de 8h à 16h et le samedi de 8h à midi.*

Téléphone et télécopie

- Cable and Wireless. Francis Rachel Street ✆ 322221 - Fax 322777. *Du lundi au vendredi de 9h à 21h et le samedi de 9h à 17h.*
- Renseignements téléphoniques : ✆ 118.
- Opérateur (communications nationales) : 100.
- Opérateur (communications internationales) : 115.
- Indicatif France : 33.
- Indicatif Belgique : 32.
- Indicatif Suisse : 41.
- Indicatif Canada : 1.

■ Transports

Location de voitures

- Alpha. Victoria ✆ 322954.
- Budget. Les Mamelles ✆ 344280.
- Echo. Providence ✆ 373030.
- Exoticars. Mare Anglaise. 261133.
- Hertz. Victoria ✆ 322447.
- Koko Cars. Victoria ✆ 224404.
- Mahé Cars. Les Mamelles ✆ 344566.
- MS Car Rental. Le Cap ✆ 376522.
- Petit Car Hire. Victoria ✆ 344608.
- Silver Sands. Baie Lazare ✆ 371564.
- Tropicar. Providence ✆ 373336.
- Union Vale Car Hire. Beau Vallon ✆ 247052.
- Avis. Mont Fleuri ✆ 224511.
- City Car Hire. Anse aux Pins ✆ 375287.
- Europcar. Victoria ✆ 225303.
- Eden's Rent a Car. Victoria ✆ 266333.
- Jean's Car Hire. Saint-Louis ✆ 266278.
- Joe's Car Hire. Le Rocher ✆ 321888.
- Mein's Car Hire. Saint-Louis ✆ 266005.
- Nelson's Car Hire. Victoria ✆ 266923.
- Ram Car Hire. Victoria ✆ 323443.
- Saint-Louis Motors. Saint-Louis ✆ 266278.
- Sunshine Car Hire. Victoria ✆ 266278.
- Victoria Car Hire. Anse aux Pins ✆ 376314.

Carburant. Six stations-service Shell ponctuent les quelque 150 kilomètres du réseau routier principal de Mahé. La principale, en plein centre de Victoria, est ouverte tous les jours de 5 h à 23 h. Celle de Beau Vallon de 6 h à 21 h. Les quatre autres sont situées face à l'aéroport, à Anse Royale, à Baie Lazare et à Port Glaud.

Taxis. Quelque cent quarante taxis circulent à Mahé, tant pour des courses classiques que pour des circuits touristiques à la carte. Toutes les voitures sont équipées de taximètres, le premier kilomètre étant facturé 15 SR et les suivants 5 SR, de jour comme de nuit et sept jours sur sept. Chaque bagage transporté dans le coffre est facturé 5 SR. De la station de Victoria, il en coûte 35 SR pour le Berjaya Beau Vallon (5 km), 75 SR pour le Méridien Barbarons (13 km) et 150 SR pour le Plantation Club (28 km). Une station de taxis fonctionne jour et nuit dans Albert Street, derrière la poste.

Bus. Tous les hôtels et guest houses sont accessibles par bus. La fréquence de passage varie selon les lignes : un quart d'heure pour les principales, mais trente minutes ou une heure pour d'autres. Le tarif du ticket est de 3 à 5 roupees selon la destination. Fabriqués en Inde, les Tata circulent entre 5h30 et 19h, sur un réseau de trente-cinq lignes, que desservent cent trente-cinq bus. Quelque huit millions de passagers sont chaque année transportées par la SPTC (Seychelles Public Transport Corporation), une entreprise qui compte trois cent cinquante employés.

Bacs. Au départ du port de Victoria, des goélettes assurent chaque jour des liaisons avec Praslin et La Digue. "Cousin" relie Praslin en deux heures trente, du lundi au vendredi, le départ ayant lieu à 11h. Le lundi seulement, à 11h aussi, "la Bellone" assure le même parcours en trois heures. Du même quai, "la Belle Edma" atteint La Digue en trois heures et quart. L'horaire (autour de midi) peut être obtenu auprès de l'armateur, M. Mussard (✆ 234013). Les billets sont délivrés sur le bateau : 70 roupees pour chaque trajet.

■ Loisirs

Pêche au gros

- Marine Charter Association. 5 June Avenue ✆ 322126.
- Yacht Club de Victoria. 5 June Avenue ✆ 322362.

Plongée

- Le Diable des Mers (PADI). Beau Vallon Beach. Beau Vallon ✆ 247104.
- Marine Divers International (PADI). Berjaya Beau Vallon Bay. Beau Vallon ✆ 247141.
- Rainbow Divers (PADI). Northolme. Glacis ✆ 241929.
- Underwater Centre Seychelles (PADI). Coral Strand. Beau Vallon ✆ 247357.

Yachting et balades en mer

- Marine Charter Association ✆ 322126.
- Yacht Club de Victoria. 5 June Avenue ✆ 322362.

Vols en hélicoptère. De spectaculaires vols panoramiques au-dessus de Mahé et des îles voisines sont organisés au départ de l'aéroport, l'Helistop de Victoria et l'Helistop de la Plantation. Le mardi, à partir de midi, un vol est proposé au départ du Plantation Club, d'une durée d'un quart d'heure pour le sud de Mahé et d'une demi-heure pour le tour de l'île. La réservation se fait au Plantation Club (✆ 361361). Le jeudi, dès 10h, un autre vol a lieu à partir de Victoria, en version d'un quart d'heure pour le nord de Mahé et d'une demi-heure pour le tour de l'île. Il convient de réserver directement auprès de la compagnie (✆ 375400). Compter 300 SR par personne pour 15 minutes et 600 SR pour 30 minutes.
Au départ de l'aéroport de Mahé, des transferts peuvent être organisés pour toutes les îles, excepté Bird (on ne dérange pas les oiseaux !). Mais seules Silhouette et La Digue bénéficient de vols réguliers : les mercredis, vendredis et dimanches pour Silhouette ; les lundis, mercredis, vendredis, samedis et dimanches, en vingt minutes, pour La Digue, avec un départ à 13h (à 8h30 le samedi) et un retour à 13h30 (à 9h le samedi). Les réservations se font par téléphone auprès de Hélicoptère Seychelles (✆ 375400).

VICTORIA

Il n'est pas rare de voir, poignée d'attaché-case en cuir dans une main et collier végétal de poissons multicolores dans l'autre, un homme d'affaires déambuler tranquillement dans les rues de Victoria ! Cette image insolite n'est pas la seule qu'offre cette capitale de poche de 25 000 habitants, le tiers de la population seychelloise ! Dans un pays qui ne compte pas plus d'âmes qu'une ville moyenne française, il faut savoir abandonner ses références, trouver de nouveaux points de repère. Et garder en mémoire, qu'il y a deux siècles et demi, l'île de Mahé était encore inhabitée.

C'est en 1744 que le navigateur français Lazare Picault revient sur l'île d'Abondance (la future Mahé) et y ancre son bateau, "l'Elisabeth", dans une large baie calme et sûre qu'il nomme Port-Royal. L'endroit conservera cette dénomination jusqu'en 1778, année où il sera rebaptisé Etablissement du Roy, avant de prendre son nom définitif de Port-Victoria, en 1838, en hommage à la reine d'Angleterre. La ville ne comptait alors guère plus qu'une petite centaine de maisons en bois couvertes de bardeaux... Adorateurs de temples grecs, passionnés de pyramides égyptiennes et autres touristes férus d'histoire et de vieilles pierres, s'abstenir. Le petit musée d'histoire n'est guère doté que d'une pierre commémorant la prise de l'île, d'une vieille ancre et d'un cahier jauni répertoriant les premiers esclaves.

Lovée dans un site exceptionnel, un amphithéâtre de verdure constitué par des collines abruptes et luxuriantes (le mont Signal, Crève Cœur, le Niol et les Trois Frères) qui s'ouvrent sur l'océan, la seule ville de l'archipel est une petite cité coquette et tranquille. Ce n'était pas le cas autrefois, quand un certain Ommanney la décrivait comme "un lieu sordide, sans grâce, baignant dans une forte odeur d'huile de coco rance, de poissons salés et d'égouts écœurants". "En ville, quand il pleuvait, les rues devenaient des torrents et des bourbiers où chacun pataugeait en murmurant contre l'administration urbaine. Victoria ne connaissait pas de trottoirs. En 1910, la rue Albert et les abords des bureaux du gouvernement voisinaient avec des parcs où grouillaient des tortues géantes et qui se transformaient à la pluie en cloaques nauséabonds", rapportait encore le père Louis Dayet au début du siècle.

Un marché d'opérette

Aujourd'hui, il fait bon flâner dans les rues de Victoria, l'attraction majeure demeurant le bazar. Un marché qu'il vaut mieux découvrir le samedi matin, jour de réelle animation. Une fois franchie la grille et dépassée la marchande de loterie, on tombe dans une joyeuse effervescence. A gauche, le banc de poissons, à peine sortis de l'océan. Tandis que les gros thons et mérous sont débités en tranches, les rougets et perroquets, attachés en collier, attendent déjà preneur, côtoyant bourgeois, vieilles, croissants et autres carangues. Au centre, sous le volumineux manguier qui fait office tantôt de parasol, tantôt de parapluie, sur des tables en bois recouvertes d'une toile cirée, des piments rouges et verts (petits mais forts), des potirons galbés, des mangues sabres (les meilleures), des ananas géants, des papayes énormes, des bananes minuscules font l'objet d'un savoureux marchandage en créole, langue aussi haute en couleur que tous ces fruits et légumes, parmi lesquels on découvre aussi le fruit à pain, le jamalaque, le fruit de cythère, le patole, le bilimbi, les pommes d'amour... Et même si les sacs plastifiés tricolores deviennent plus nombreux que ceux en feuilles de vacoa, les ménagères, coquettes dans leur robe cintrée mais prévoyantes avec leur parapluie, les remplissent joyeusement dans une ambiance cordiale et bon enfant. Tout le monde semble se connaître dans ce petit marché qui n'est jamais qu'une version exotique de celui d'un chef-lieu de canton français...

Un peu plus loin se trouvent quelques marchands d'épices dont les étalages débordent de gousses de vanille, de bâtons de cannelle, de boîtes de thé mais aussi de cartes postales, de porte-clés en forme de cocofesse et de lots d'épices... importées. On peut les acheter mais autant savoir qu'elles n'ont rien de typiquement seychellois. En revanche, les fioles de fortune contenant de l'extrait de vanille ou les bocaux recyclés de purée de piments et autres macérations du cru comme le réputé masaravoo (feu aux papilles garanti) peuvent être ramenés dans les valises... après vérification du système de fermeture artisanal ! Au fond, récemment installés dans une halle climatisée (moins typique mais plus hygiénique), les bouchers-charcutiers proposent leurs guirlandes de saucisses, leurs chapelets de boudin noir et débitent de la viande de bœuf ou de porc, chère et réservée au repas dominical. Enfin, les dames Paton, élégantes aigrettes blanches haut perchées sur leurs pattes, font office de sentinelles, gardant et survolant le bazar, souvent postées près du petit bassin central où coule une timide fontaine... ou bien devant les poubelles. Mais les temps sont durs pour ces oiseaux carnassiers depuis que la viande ne se vend plus à l'air libre...

Evidemment, le spectacle est aussi tout autour de la place du marché. Si les adorables maisons créoles avec marquise et balcon ajourés livrent spontanément leur beauté, il faut par contre oser jeter un œil furtif par-dessus les portes western des antiques salons des barbiers et coiffeurs indiens pour se sentir transporté dans une rue de Bombay ou de Calcutta. Tout comme il faut entrer dans les commerces aux façades colorées, pour la plupart tenues par des Chinois, et fouiner du regard, du plafond au plancher, dans ces bric-à-brac dignes d'un inventaire à la Prévert : des ventilateurs, des slips, des écrous, des savonnettes, du pain de mie, des cassettes, des couches, des bonbons, etc.

Mais les boutiques intemporelles de Market Street ne sont pas la seule particularité de cette rue, artère majeure de la ville, comme le confirme, sur une cinquantaine de mètres, sa voie piétonne et ses trois palmistes encerclés d'un banc, plagiat récent et amusant des villes européennes. Tout au bout, un passage chez Jivan s'impose, pas seulement pour voir les Seychelloises hésiter parmi les rouleaux de tissus, mais aussi pour faire connaissance avec le célébrissime Kanti, dont le nom a été tant de fois publié à travers le monde. Ce commerçant d'origine indienne peut tout aussi bien lire les lignes de la main et proposer un massage aux belles étrangères que discourir sur la protection de l'environnement... et le cocofesse !

Du marché au supermarché, il n'y a qu'une rue à parcourir. Six caissières certes, mais le S.M.B. (Seychelles Marketing Board) n'accepte pas les cartes de crédit. Pas plus grand qu'une supérette, le plus important magasin seychellois (sous contrôle de l'Etat) remplit surtout ses rayons avec des produits importés, même si s'est développé le rayon de produits frais maison (poulets et steaks hachés surgelés, entre autres). Signe extérieur d'un certain niveau de vie, il est de bon ton d'y faire ses courses plutôt qu'à "laboutik" du coin. Aussi, en semaine, à la sortie des bureaux, les employées sont-elles nombreuses à y faire une ou deux courses, le samedi étant plutôt réservé aux familles aisées qui prennent le temps de remplir leur caddy hebdomadaire.

Signe d'une civilisation avancée, des feux tricolores ont fait leur apparition, en 1994, à l'intersection d'Albert Street et Revolution Avenue. Les premiers et les seuls de tout l'archipel ! Il faut dire qu'à l'heure de pointe, entre 16 et 17h, ça bouchonnerait presque, les Tata (des bus indiens) se mêlant alors aux Mini Moke des touristes et aux voitures de la classe favorisée. Aux autres heures, on se croirait plutôt dans un circuit pour enfants, d'une incroyable fluidité. Excepté toutefois le dernier samedi du mois, quand les Mahélois débarquent à Victoria pour y dépenser leurs roupees fraîchement acquises. Et s'ils se garent au centre-ville, ils doivent désormais se soumettre au rituel du parcmètre. Toujours le progrès...

Seulement deux bars

Mais le plus vital pour le touriste, piéton ou motorisé (indispensable), est de garder en mémoire qu'ici, on roule à gauche. Sinon, gare aux frayeurs ! C'est d'ailleurs la principale hantise des loueurs de voiture qui ne cessent de vous le rappeler. On s'en souvient automatiquement en apercevant, à l'angle de la poste (intéressante pour les philatélistes), la célèbre Clock Tower trônant au milieu du rond-point central. Anachronique et argentée, cette réplique en miniature de la tour de l'Horloge de Vauxhall Bridge, près de la gare de Victoria de Londres, fut érigée en 1903 pour célébrer le nouveau statut de colonie de la Couronne, les Seychelles venant d'être libérées de la tutelle de l'île Maurice. Là, bat le cœur de la capitale, entre les vieux quartiers et la moderne Independence Avenue, avec ses banques, ses agences de voyages, ses compagnies aériennes et ses immeubles modernes, voire futuristes, tel le building en verre de la Banque des Seychelles, reproduit d'ailleurs sur un billet. Là aussi que les deux seuls bars-cafétérias de la ville (un petit, L'Amiral, et un grand, Le Pirate) offrent leur terrasse aux hommes d'affaires, aux employés des bureaux voisins, à la jeunesse dorée et à quelques belles plantes locales prêtes à tenir compagnie aux touristes esseulés. Ou à quelques marins ayant échoué ici, venus à pied du nouveau port voisin où accostent cargos et pétroliers (en provenance du Japon, de Corée, d'Inde ou du Kenya) qui ravitaillent le pays.

Longue d'un kilomètre et demi, l'avenue du 5 Juin sépare la ville de l'océan et donne accès, côté mer, au départ des ferries vers Praslin et La Digue, au Marine Charter et au Yatch Club ; côté ville, à la nouvelle et volumineuse Bibliothèque nationale, au sein d'un imposant bâtiment de style créole, siège par ailleurs du parlement. Les Seychellois aiment déambuler sur ses trottoirs engazonnés où se tient Zom Lib (Homme Libre), une statue en ferraille représentant un homme qui lève les bras au ciel, au-dessus de ses chaînes brisées, symbole de la libération du peuple après deux siècles de colonialisme. Ce lieu de promenade mène aussi dans un spacieux et coloré jardin d'enfants, inauguré par Danielle Mitterrand. Un peu plus loin, l'instructif Jardin botanique mérite une visite, ne serait-ce que pour ses cocotiers de mer. L'occasion ou jamais, pour ceux qui font l'impasse sur Praslin et sa fameuse Vallée de Mai, de voir de très près les attributs mâle et femelle du célébrissime cocofesse... Toutefois, pas de quoi aller à confesse, tout au bout de la ville, à la cathédrale de l'Immaculée Conception (datant du tout début du siècle) et dont la dimension atteste de l'importance du catholicisme aux Seychelles (90 % de la population). Une petite église anglicane, un temple hindouiste muticolore et une discrète mosquée (construite par les Comoriens) rappellent cependant le melting pot de la population seychelloise, qui vit dans une harmonie exemplaire, faisant fi de la couleur de la peau ou de la pratique religieuse. Une harmonie symbolisée par Traw Zwazo, une grande sculpture blanche dont les trois ailes stylisées et entrelacées évoquent les diverses origines de ce peuple : l'Asie, l'Afrique et l'Europe. Trois continents pour quelques miettes d'écorce terrestre semées au beau milieu de l'océan.

Index général en fin de guide

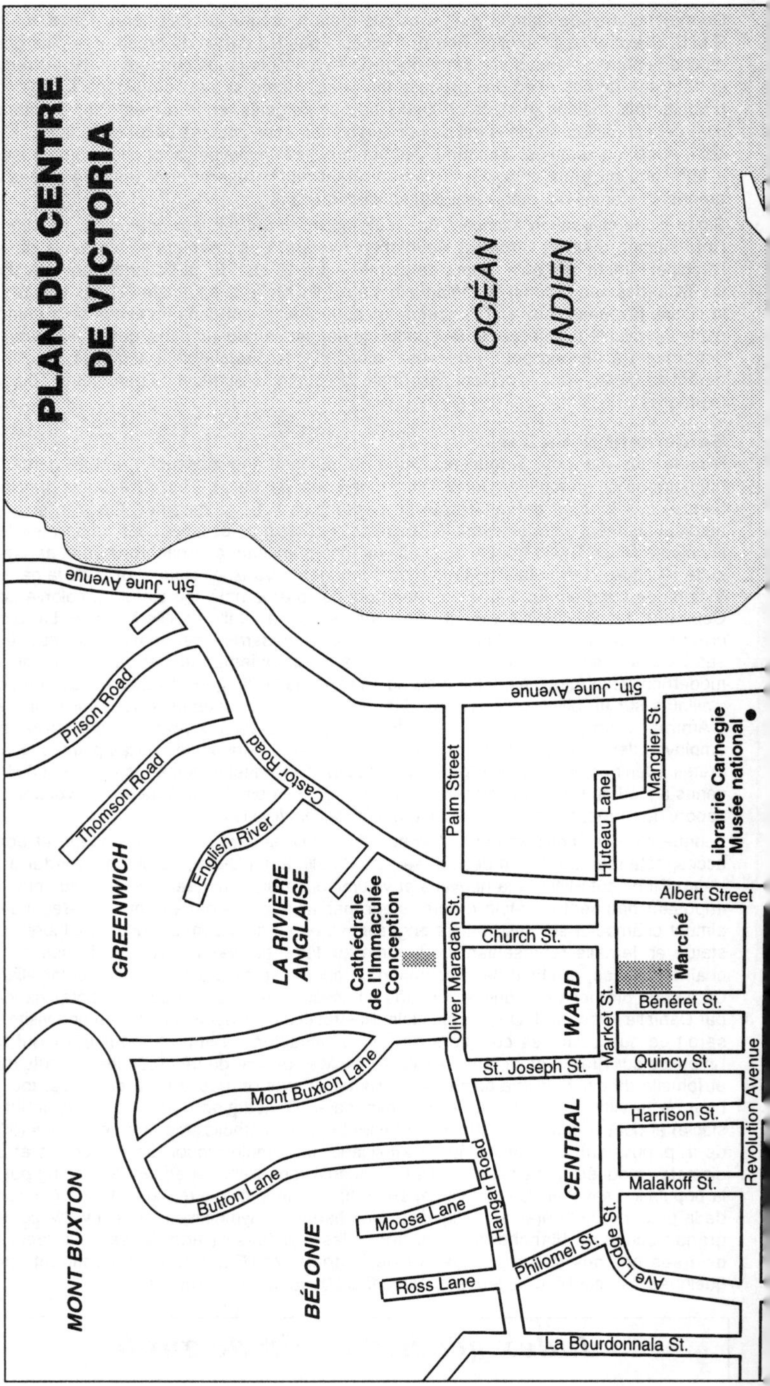

PLAN DU CENTRE
DE VICTORIA
OCÉAN
INDIEN
5th. June Avenue
5th. June Avenue
Prison Road
Thomson Road
Castor Road
English River
GREENWICH
LA RIVIÈRE
ANGLAISE
Cathédrale
de l'Immaculée
Conception
Palm Street
Huteau Lane
Manglier St.
Librairie Carnegie
Musée national
Albert Street
Oliver Maradan St.
Church St.
Marché
WARD
Market St.
Bénéret St.
Quincy St.
St. Joseph St.
Mont Buxton Lane
Harrison St.
Revolution Avenue
CENTRAL
Malakoff St.
Hangar Road
Button Lane
Moosa Lane
Lodge St.
Ave Lodge St.
Philomel St.
Ross Lane
MONT BUXTON
BÉLONIE
La Bourdonnala St.

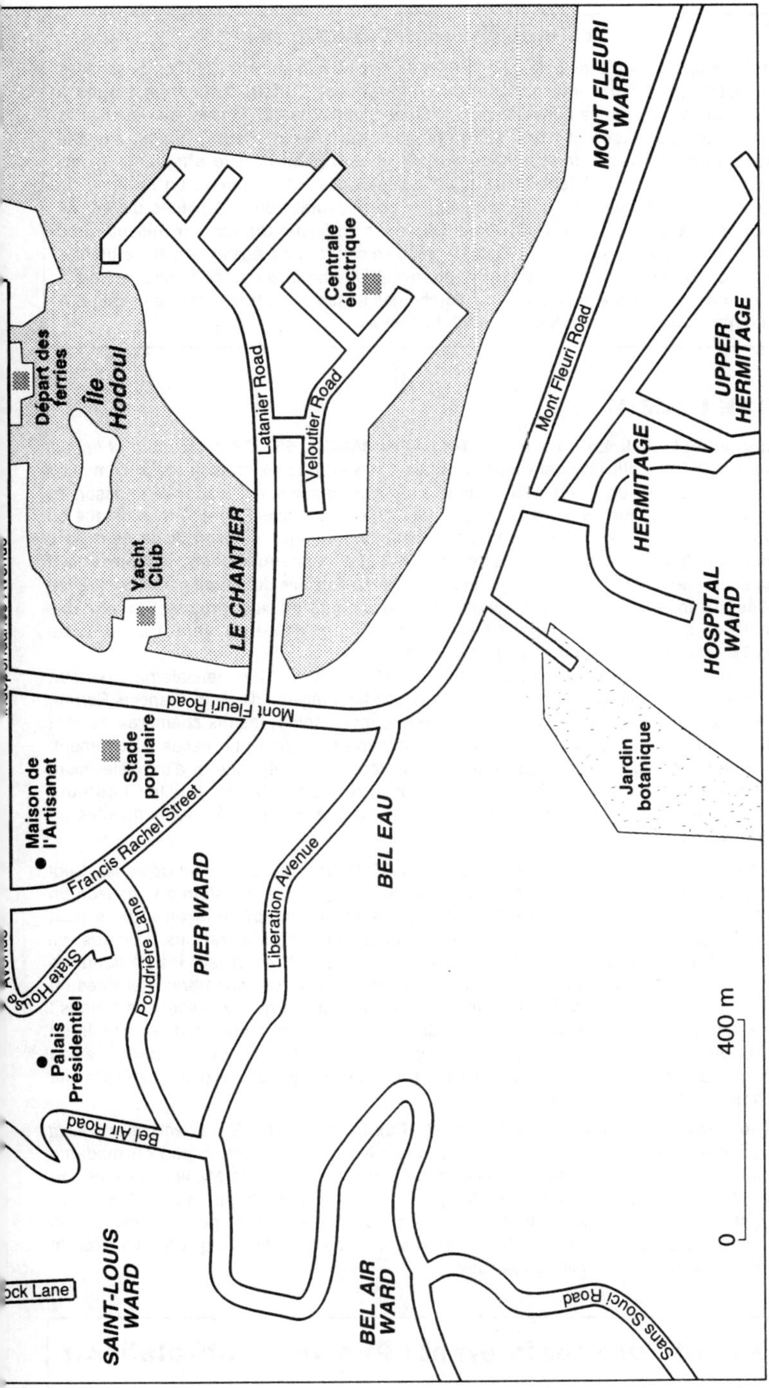
MONT FLEURI WARD
Centrale électrique
Départ des ferries
Île Hodoul
Latanier Road
Veloutier Road
Mont Fleuri Road
UPPER HERMITAGE
HERMITAGE
Yacht Club
LE CHANTIER
HOSPITAL WARD
Mont Fleuri Road
Stade populaire
Maison de l'Artisanat
Jardin botanique
Francis Rachel Street
BEL EAU
PIER WARD
Liberation Avenue
Poudrière Lane
State House Avenue
Palais Présidentiel
Bel Air Road
400 m
0
SAINT-LOUIS WARD
BEL AIR WARD
Sans Souci Road

Congrès sous les tropiques

Il était temps... Il aura fallu attendre 1994 pour que le vide soit comblé. Les Seychelles ont enfin leur Centre international de conférences. Construit sur trois étages à proximité de Victoria, ce centre dispose d'un auditorium de 625 places, de deux salles de 150 et 200 places et d'une série de salles de taille inférieure, toutes, excepté l'auditorium, jouissant de la lumière du jour et d'un point de vue attrayant. Un bel équipement que complètent divers outils audiovisuels (entre autres, un système de traduction simultanée en quatre langues) et un restaurant de 250 places ouvert sur l'extérieur (barbecue à la clé !), dans un décor de jardin tropical où ruisselle une fontaine. Jacqueline Moustache-Belle (!) dirige ce centre qui a également été le théâtre de concerts et de projections en avant-première. Un bon outil que ce centre, appelé à devenir une référence majeure sur le marché des destinations tropicales de prestige. A dix heures de Paris, un congrès au goût de paradis.

■■ SE LOGER

Auberge Louis XVII. La Louise ✆ 344411 - Fax 344428. *550 SR la chambre et le petit déjeuner.* Bien qu'officiellement mort le 8 juin 1795 et inhumé dans la fosse commune d'un cimetière parisien, Louis XVII aurait réussi, selon certains, à s'évader de la prison du Temple. Dès lors, que de prétendants au titre ! Un certain Louis Poiret, arrivé à Mahé en 1805, fut l'un de ces multiples supposés Dauphins. Jusque sur son lit de mort, le 2 septembre 1865, il soutint être le fils de Louis XVI et de Marie-Antoinette ; le représentant de la couronne donna l'ordre au juge de se rendre au domicile du défunt pour y mettre les scellés sur tous les meubles. Y avait-il des documents officiels prouvant la véritable identité de ce "Monsieur Louis" ? Certains pensent qu'ils se trouvent à Londres au Colonial Office et qu'ils sortiront un jour de l'ombre.
Dauphin ou mythomane, les Seychellois ont leur Louis XVII ! Commercialement porteur, le portrait du Dauphin est accroché dans l'auberge fleurdelysée de Jean-François Ferrari. Même si elles se nomment Pompadour, Turenne ou Chantilly, les dix chambres ne sont toutefois pas royales, celles des chalets ayant plus de charme que celles du bâtiment. Toutes sont dotées de l'air conditionné, d'un minibar, d'un téléphone et d'une télévision. La piscine est d'autant plus utile qu'on est là loin des plages, sur les hauteurs panoramiques de la Louise. Ce Louis XVII trône en effet sur Victoria, à dix minutes en bus de Revolution Avenue.

Bel Air. Bel Air ✆ 224416 - Fax 224923. *490 RS la chambre et le petit déjeuner.* Sept chambres pour huit enfants ! L'un d'entre eux devenu grand, a transformé la maison en pension de famille. On y accueille non seulement des coopérants en attente d'un logement (du médecin cubain au magistrat tanzanien), mais aussi des touristes qui apprécient à la fois le "bel air" du lieu (au pied des Trois Frères), sur les hauteurs de Victoria, et la proximité du centre-ville (à six minutes à pied). Les chambres, ventilées ou climatisées, sont propres mais d'un confort sommaire. Pas de quoi y passer ses soirées ! Mieux vaut profiter de la salle à manger-salon où, à l'issue du convivial dîner (créole un soir sur deux), Roland Rassool, le très francophile patron, ne demande qu'à parler de son pays... ou du vôtre. Si vous voulez un traitement de faveur (ou un prix d'ami), apportez-lui un camembert et un bon bordeaux.

Hilltop Guesthouse. Saint-Louis ✆ 241021 - Fax 266505. *400 SR la chambre et le petit déjeuner.* Ah, la belle maison créole que voilà ! Non, pas celle en béton où madame Fonseka a ouvert cinq chambres, mais celle de son restaurant, le Marie-Antoinette, où l'explorateur Stanley se remit quelque temps de son périple en Afrique, à la recherche de Livingstone. Hélas, il n'y a que trois chambres à louer au premier étage de ce vieux logis de collection. Simplissimes, elles tirent leur charme de ce sentiment qu'on a d'entrer, le temps d'une nuit, dans l'histoire coloniale.

■■ RESTAURANTS

L'Amiral. Independance Avenue ✆ 225250. *Fermé le dimanche et le soir. Environ 110 SR.* Quand on veut boire un verre ou déjeuner au centre-ville, il n'y a pas d'autre alternative : si ce n'est à côté (au Pirates Arms), ce sera forcément là. Amarré à l'avenue principale, l'Amiral est très fréquenté sur le coup de midi, quand les employées de bureau s'arrêtent une heure pour grignoter. Les touristes ont alors du mal à trouver une place sur cette terrasse où, outre l'omelette-frites (très mode), on peut se faire servir une salade (niçoise ou poulet-ananas), une grillade de camarons à l'ail, un filet de bœuf grillé au poivre ou un dessert au goût des îles : banane caramélisée au Cointreau ou salade de fruits tropicaux au Coco d'Amour. Loin d'être parfait, cet Amiral est assurément pratique pour jeter l'ancre. Et s'y jeter un pastis...

Auberge Louis XVII. La Louise ✆ 344411. *Fermé le dimanche. Environ 160 SR.* Cocktail de crevettes Marie-Antoinette, gratin de crabe Versailles, médaillon de bœuf Trianon... : au Louis XVII, l'Ancien Régime fait le bonheur du palais. Le maître des lieux, Jean-François Ferrari, n'a d'ailleurs jamais caché son opposition au régime “révolutionnaire” du président René. Il n'en met pas moins du bourgeois à la carte, mariné au gingembre. Mais plus que de poissons, dévolus aux touristes, c'est de viandes que se régalent là, sur la route de la Misère, des Mahélois pas vraiment miséreux. Fameux, en tout cas, le bœuf du Zimbabwe, avec ou sans béarnaise. Et pour le dessert, ce sera comme d'habitude : crêpes suzette au Grand Marnier ou bananes flambées au Cointreau. Le tout servi sur une vaste terrasse couverte et panoramique, plus charmante encore le soir, quand brillent au loin les lumières de la ville.

Bagatelle. Bel Air ✆ 224722. *Environ 160 SR.* Bienvenue à bord ! C'est en effet avec le bois même de son dernier navire que le capitaine Lolo Jouanis édifia en 1902 la maison de ses rêves... et des nôtres ! On se laisse d'emblée embarquer “sur” cette demeure coloniale qui, au fil des années et au gré des moussons, fut la propriété de Daisy de Charmoy Lablache, de Percival V. Hunt et d'autres nantis dont les noms sont déjà imprégnés de légende. La tradition perdure : aujourd'hui Alain Saint-Ange a eu la divine idée de ressusciter dans son jus colonial ce logis d'atmosphère. Du mobilier en bois foncé de style Empire et de la décoration, se dégage un doux parfum de nostalgie : on a même retrouvé un vieux pousse-pousse ! De quoi réveiller le colon qui sommeille en nous...
Nappes blanches et argenterie anglaise vous invitent à prendre place dans ces salons dont les vénérables parquets de bois mériteraient de restituer leurs souvenirs. Voilà en tout cas une table au diapason du cadre. A midi, une courte carte-tableau invite à se régaler d'une salade de poulpe ou d'un espadon fumé, avec vue, royale, sur le port et l'île au Cerf. Avant de repartir, on se doit de faire une petite balade digestive dans le parc, où arbres majestueux, fougères arborescentes et fleurs épanouies se croisent dans une douceur presque spirituelle. A la nuit tombée, la vieille demeure se révèle plus magique encore. Place alors à la grande carte, faisant la part belle à l'océan : crabe au gingembre ou cigale de mer grillée à la sauce Pernod, bouillabaisse royale ou brochette de pieuvre marinée, c'est aussi bon au palais que beau dans l'assiette. Fameux jusqu'à la flambée de fruits locaux ! On l'aura compris, voilà une adresse au sommet, sur les hauteurs de Bel Air et sur la route de Sans Souci.

King Wah. Benezet Street ✆ 323658. *25 SR le plat.* Tout près du marché, un “chinois” comme en Chine. Pas pour le touriste à camescope ! Six tables et douze plats. Noodle pork ou noodle beef, chicken curry ou sliced chicken, tout à 25 roupees. Amateurs d'exotisme authentique, ne pas s'abstenir.

Marie-Antoinette. Saint-Louis ✆ 266222. *Fermé le dimanche. 95 SR.* Une institution ! Comment peut-on imaginer des vacances à Mahé sans un repas au Marie-Antoinette. Ou plutôt chez madame Fonseka. On y mange créole dans une maison créole. Et quelle maison ! On remarque forcément cette bâtisse de bois verte au toit de tôle orangée, perchée face au premier virage de la route de Beau Vallon. Sitôt sous la varangue, le charme opère. Dans la salle à manger, on ne sait pas où regarder : un bric-à-brac aussi authentique que le parquet ! Photos de famille, calendriers, posters, billets de banque... Le regard finit par se poser sur un mur de cartes de visite, punaisées par les voyageurs, du simple touriste au capitaine de la Calypso. Le décor est planté pour qu'on se régale sur des nappes en dentelle d'un menu composé d'une dizaine de petits plats livrés en un seul service : poisson grillé, beignets d'aubergine, beignets de poisson, steak de thon, fricassée de poisson, cari de poulet, cari de porc, riz, salades...

Cuisine d'une femme qui n'est pas passée par l'école hôtelière mais par l'école de la vie : pas moins de dix enfants à nourrir ! Une cuisine qui, toutefois, perd un peu de sa saveur dès lors qu'elle est servie dans l'arrière-salle (banale), preuve que les pupilles commandent les papilles. Le repas s'achève de toute façon avec le sourire de cette bonne madame Fonseka, devenue une véritable vedette du tourisme. Elle ne s'imaginait pas que cette belle maison, sur laquelle elle s'extasiait enfant, serait un jour sa propriété et qu'elle la rendrait célèbre.

La Moutia. La Louise © 344433. *Environ 180 SR.* Chemise blanche et cravate, Melton Ernesta donne tout de suite le ton de sa Moutia : classe ! Sur les hauts de la Misère, son restaurant se veut à la hauteur... de sa formation en France. Fier de son B.T.S. d'hôtellerie décroché à Tarbes, ce cordial Mahélois entend proposer une "nouvelle cuisine" à la seychelloise, c'est-à-dire généreuse et saucière. Résidents et autres nantis de l'île se font une joie de déguster un gratin de crabe au sabayon de coco, une langouste thermidor, un filet de carangue à la vapeur de concombre et des viandes dont sont toujours friands les insulaires : filet de bœuf béarnaise, entrecôte bordelaise, trio de filet mignon et ses trois sauces... Les inévitables crêpes suzette, qui attestent aux Seychelles qu'on est bien à une "grande" table, concluent ces agapes raffinées, valorisées à midi par une superbe vue panoramique sur la baie de Victoria.
En accord avec le nom de son établissement, le distingué Melton organise le samedi soir de délicieuses soirées moutia (à 150 SR), avec un groupe "seselwa" et un vrai buffet créole, qui permet de goûter au carry de carcassailles et à une salade de berniques, mais aussi au vin de palme, ce fameux calou si difficile à trouver quand on n'est pas du pays. Autour du feu et sur la terrasse, jusque dans l'après-minuit, ambiance assurée. On se laisse vite prendre par l'envoûtante moutia : cette danse était à l'origine une lamentation, une plainte spirituelle, celle des esclaves qui, arrachés à leur terre, faisaient résonner leurs peurs et espoirs sur des tambours de fortune en peaux de cabri.

Pirates Arms. Independence Avenue © 225001. A l'abordage ! Sitôt midi à la Clock Tower voisine, il devient difficile d'accoster à ce bar-terrasse de l'avenue principale. Une véritable institution où le Tout-Mahé (voire le Tout-Seychelles) se donne rendez-vous. Il est vrai qu'hormis le Pirates, il n'y a que l'Amiral ! Mais où est passé le beau navire des années 80, quand on pouvait commander cocktails, pizzas et coupes de glaces ? L'établissement avait même son restaurant gastronomique (la Cocoteraie). Le Pirates n'a plus rien d'une figure de proue : attente interminable, carte minimaliste (plat du jour ou club sandwich), service nonchalant et pas même un jus de fruits frais à quatre heures de l'après-midi ! Malgré tant de négligences, on ne saurait se passer de cette plaque tournante de la capitale. Autour d'une Seybrew ou d'un Coca, les touristes y écrivent leurs cartes postales, les hommes d'affaires y causent "biznes", la jeunesse dorée y parade et quelques belles de jour y préparent leur nuit. Le soir venu, quand Victoria s'est vidée, il n'y a qu'ici qu'on trouve un soupçon de vie. Place alors au karaoke ! Et le temps d'un vidéo-clip sur grand écran, entre Seychellois, on se prend pour une vedette en chantant "Hotel California" ou "Copacabana". Les touristes, eux, ont déjà fait rimer hôtel avec citronnelle.

■■ SHOPPING

Antigone. Francis Rachel Street (Victoria Arcade). "La" librairie des Seychelles ! Outre les livres et vidéos sur l'archipel, on y trouvera des bouquins et magazines en anglais et tout un rayon de livres en créole, du style "Zistwar zanfan". Et bien évidemment des souvenirs.

On ferme à l'heure !

Gare aux retardataires ! Aux Seychelles, les horaires ne sont pas aussi incertains que sur le contient africain. De ce côté-là, on a gardé la discipline anglaise. Sachez que le SMB est ouvert du lundi au vendredi de 9h à 17h30 et le samedi de 7h à 12h30. Deux autres supermarchés, le Quincy Super et le Deenu, sur Quincy Street, sont ouverts le dimanche matin jusqu'à 11h. Quant au marché, il est ouvert de 5h30 à 17h30, du lundi au samedi (le meilleur jour pour y flâner et commercer, le matin).

Artizan de Zil. Albert Street (Camion Hall). Céramiques, bois, textiles, fibres : l'artisanat "seselwa" dans tous ses éclats, sous l'enseigne de la Codevar (Compagnie pour le développement de l'artisanat), cette société para-étatique servant de débouché à plus de deux cents artisans. Tee-shirt imprimé, chapeau coco, boîte en marqueterie, poterie : un pêle-mêle pour touristes, où l'on trouve aussi des tableaux d'artistes, des bijoux en coquillage, des cocofesses vernis, des bâtons de vanille. Et un précieux document pour qui s'intéresse à la créolité : le "diksyonner" créole-français, publié en 1982 et dont l'un des mérites est d'avoir mis en place une orthographe du créole seychellois, devenu la première langue nationale de la jeune République.

Au Ti Profi. Revolution Avenue. Face au "Police Head-Quarters", quel bazar ! Robe de communion, batteur à pâtisserie, service à café, fleurs artificielles, chaussures, couvre-lit en satin rose... On trouve tout ce qu'on ne cherche pas dans ce magasin de "ti profi". Vaut le coup d'œil !

Boulangerie du Marché. Market Street. Au coin du marché, une boulangerie tenue par la cordiale Marie-France. On peut non seulement y acheter les bonnes confitures de papaye, de jamalaque et de carambole que fait sa sœur Lena, mais aussi de la baguette à la parisienne. Pas plus d'une vingtaine ! Mieux vaut arriver tôt, car les résidents français raflent vite la mise.

Coiffure Clet Rivière. Independence Avenue (Pirates Arms Building). Quel plaisir de confier sa barbe d'une semaine à un professionnel du rasoir. Pour 25 petites roupees, on peut se laisser prendre en main par ce coiffeur-barbier installé dans la galerie du Pirates Arms, face au bureau de l'Aeroflot. Un poster du Kremlin est d'ailleurs affiché dans son salon, protégé par maintes représentations de la sainte Vierge à laquelle monsieur Rivière voue un culte affirmé, ce Figaro seychellois étant un fidèle de première ligne. Tout en activant son blaireau, il vous parlera volontiers de la visite de Jean-Paul II aux Seychelles ou du multipartisme qu'il a tant et tant attendu. On peut aussi se faire raser dans les échoppes des trois coiffeurs installés sur le côté du marché, chez Rajah par exemple, mais là, c'est moins civilisé que chez Rivière. Si exotique qu'on se croirait plus à Bombay qu'à Victoria !

Continental Stores. Revolution Avenue. Ce supermarché (dont l'entrée est on ne peut plus discrète) est certes moins agréable que l'incontournable SMB, mais il est doté du plus riche rayon vins et spiritueux de Mahé (aéroport excepté). On trouvera là les alcools de référence, qu'il s'agisse de Martini (72 SR), de Ballantines (163 SR) ou de Ricard (167 SR), mais aussi des vins d'Afrique du Sud et de France (50 SR le rosé d'Anjou et 57 le Côtes-de-Provence) et, ô surprise, du champagne à tout petit prix (152 SR le Charles Heidsieck et 160 le Mumm Cordon Rouge). Des bulles champenoises presque données quand on voit que la bouteille plastique de Pepsi Cola importée de Malaisie coûte là 41 SR ! Dans la partie drugstore, doté d'un rayon para-médical et où foisonnent les articles "made in Asia", on ne manquera pas de remarquer, outre les slips en dentelle (arrivage exclusif en XL !), un beau présentoir de capotes "made in USA" : pas moins de sept versions (Erotisa, Exotica, Intensity, Midnight Désire...), dont les subtilités doivent échapper aux Seychellois, qui n'ont pas l'habitude de mettre une "tenue de soirée"...

Cookies Snack Shop. Revolution Avenue. Le péché de gourmandise... face à la cathédrale Saint-Paul ! Des cookies frais du jour, mais aussi des glaces à l'italienne (fraise ou vanille ?), des chips du pays (banane ou manioc ?), des boissons fraîches (vraiment !) et, le samedi, de gros gâteaux kitsch tout blancs en pyramide, dont raffolent les Seychellois les jours de fête.

Jivan Imports. Albert Street. Un bazar comme tant d'autres, mais un marchand sans pareil ! On ne vient pas chez Kantilal Jivan Shah pour ses tissus ou ses cartes postales, mais pour ce passionnant personnage d'origine indienne, sa famille, venue de Bombay, s'étant installée à Mahé il y a un siècle. Sa maison de l'Albert Street, en face de la Barclays, est une véritable plaque tournante. Personnalité ou simple touriste, on vient du monde entier consulter ce sage de l'océan Indien, à la fois commerçant, historien, naturaliste, guérisseur, artiste... Quel livre d'or ! Il n'est de scientifique que l'érudit Kanti n'ait guidé et aidé avec une générosité inégalable. Représentant aux Seychelles du Conseil international pour la protection des oiseaux et écologiste militant, il a contribué, à travers le monde, à faire connaître les richesses naturelles de son archipel. Et, dans son appartement-musée, les guirlandes de cartes postales, qu'il reçoit chaque année par centaines, attestent que le gourou n'a cessé de charmer son prochain. Son regard de braise se révèle si intense que bien des "belles", comme il dit, ont dû se laisser hypnotiser par ce charismatique touche-à-tout aux mains magiques.

Kreolfleurage. North East Point. Venu d'outre-Rhin, Pit Hugelmann avait introduit le poisson fumé aux Seychelles, il y plus de vingt ans. Il s'est depuis fait un nom avec d'autres odeurs, plus nobles. Et pour cause, puisqu'il est devenu parfumeur. Après de patientes recherches qui lui ont permis de déterminer les propriétés d'une centaine de plantes locales, cet alchimiste tropical s'est donc lancé dans la distillation. Pour le seul plaisir du nez ! Dans son beau chalet de bois du littoral nord, il propose ses trois créations, qu'on peut aussi trouver dans certaines boutiques de souvenirs (et chez Harrod's, à Londres !), à des prix tout à fait européens (175 SR pour 11 ml). Avec leur écrin de bois, les flacons, eux, font couleur locale. On peut se laisser séduire par ces fragrances exotiques déclinées en trois versions, chacune renfermant une quarantaine d'essences : ylang-ylang, patchouli, vanille, feuilles et écorces de cannelle... pour l'exotique "Bwa Nwar" ; frangipanier, jasmin, vétiver, fleurs de fruits de la passion pour le fleuri "Bambou" ; gingembre, hibiscus, cardamome, résine de takamaka pour l'épicé "Ambre Vert".

Leong Thiong. Market Street. Face à l'entrée du marché, "Leong Thiong & Co LTD. General Merchant". Une boutique chinoise parmi bien d'autres, particulièrement typique du commerce d'avant le "supermarket", avec ses vieux rayons et comptoir de bois. Une véritable caverne d'Ali Baba, où l'on peut aussi bien acheter du riz que de la vaisselle, des œufs qu'un soutien-gorge, des tissus qu'un ventilateur... Et bien évidemment des "noodles" ! De Kim Koon (le voisin) à Sham Peng Tong (face au SMB), les épiciers "sinwa" sont encore nombreux à commercer sur Mahé, mais leurs boutiques ont, hélas, tendance à perdre leur cachet rétro. Celle-là mériterait en tout cas d'être conservée telle quelle, à titre de commerce-musée, d'autant plus que sa façade, avec sa vitrine de pains, est à elle seule un patrimoine.

Kreol'Or. Albert Street (Camion Hall). Bagues, chaînettes, bracelets, boucles d'oreilles : des "bizou an lor 18 carat"... et en "matière naturel", signés d'un Italien, Claudio Izzi, et réalisés par des artisans seychellois, autour des motifs tropicaux les plus porteurs : palmier, cocofesse, poisson, tortue... et mêlant sur certains modèles l'or, la nacre, le coquillage et la coque de noix de coco. Du travail d'orfèvre !

O Trouloulou. Independence Avenue (Pirates Arms Building). La boutique branchée, version fringues tropicales. Maillots de bain, paréos, tee-shirts, chemisiers, ensembles de plage, chapeaux... : des créations essentiellement locales, jouant sur les couleurs vives ou les matières naturelles. Destinées en priorité aux touristes, elles sont valorisées lors des défilés de mode dont ce Trouloulou s'est fait une spécialité. Ainsi, Bernadette Eulentin en organise-t-elle deux chaque semaine (jeudi soir au Barbarons et dimanche soir au Plantation Club), avec six ou sept mannequins qui constituent déjà un spectacle en soi. Un métissage convaincant : quelle superbe variété de peaux ! De quoi en rester sans dessus-dessous...

Le Jardin du Roi 1771. Independence Avenue (Pirates Arms Building). Ah ! si toutes les boutiques de souvenirs du monde ressemblaient à celle-là... Décor feutré et mobilier précieux pour cet Jardin du Roi 1771, dont le nom rappelle que l'intendant et botaniste Pierre Poivre avait cette année-là envoyé à Mahé une quarantaine d'ouvriers, menés par l'ancien militaire Gillot, pour y créer des plantations de canneliers, girofliers, muscadiers et autres plantes à épices qu'on nommerait bientôt Jardin du Roi. Ledit jardin ne connut pas la gloire escomptée, mais le cannelier ne tarda pas à se propager. Il sera plus tard la première richesse de la colonie.
La belle époque coloniale, c'est justement celle qu'ont choisi d'exploiter Giancarlo Lauro et Antonio Rolfini à travers les quelque cent quarante articles de leur collection Museum, intégralement exposée dans cette boutique d'atmosphère. Fruit d'une recherche passionnée jusque dans le moindre détail, ils sont autant de souvenirs par excellence, certes coûteux mais de bon goût. On les croirait pour la plupart d'époque, tant leurs emballages ont été travaillés "à l'ancienne", le dessinateur Rondini étant non seulement un brillant artiste mais aussi un exceptionnel faussaire, qui réussit même à reconstituer des cachets postaux d'autrefois. Du coffret écriture aux coffrets beauté et des sachets d'épices aux coffrets de cannelle et de vanille, le packaging est ici exemplaire, valorisant des produits parfois originaux. Ainsi, pour les si délicieux petits pots de confiture (jamalaque, mangue...), le contenu se révèle aussi réussi que le contenant. Superbes aussi, la boîte de thé en métal gravé et le flacon d'essence de vanille. Superbes encore, ces cadres (de coquillages ou d'épices), ces plateaux et toute la gamme de sacs de voyage en toile de coton écru et aux lanières de cuir. Quant aux ravissants canotiers en paille, ils augurent d'une ligne coloniale "Old Seychelles" qui devrait conforter davantage encore le sentiment de nostalgie qu'on éprouve en flânant dans cette boutique où l'on se prend un instant à rêver au bon vieux temps des colonies.

Maison des Artisans. Independence Avenue. Tout près des étalages de souvenirs judicieusement déployés dans l'ombre des gros acacias voisins du palais de justice, cette maison sans charme se veut une (autre) vitrine de l'artisanat seychellois. De la mâchoire de requin au sac en vacoa et du tee-shirt au cocofesse, des souvenirs de plus ou moins bon goût. On trouve même des statuettes en bois, en rien seychelloises puisque importées du Kenya. Et pour qui veut rapporter quelques ségas et autres rythmes de l'archipel, de nombreuses cassettes et plusieurs CD sont ici disponibles, les valeurs sûres étant Patrick Victor, David Filoé, Joennise Juliette et Jenny de Létourdie (très en vogue avec son CD *Fanm*).

La Marine. La Plaine Saint-André. Escale de rigueur à La Marine. Les amateurs de modélisme s'extasieront à coup sûr sur les superbes répliques de voiliers patiemment montés dans cet atelier situé en bordure de la route du littoral est, près du Village Artisanal. Quel travail ! Selon le modèle créé, il faut de 150 à 1500 heures pour réaliser un de ces coursiers des mer, fabriqués comme les galions d'antan, en teck, réputé imputrescible. Le bateau monté, il faut encore l'habiller, cette finition étant assurée par des jeunes filles dont les doigts de fée sont capables de fixer les gréements. Un savoir-faire seychellois qui a vite acquis une réputation mondiale, certains connaisseurs achetant là les yeux fermés, sans discuter le prix. Un milliardaire américain qui avait décidé d'inonder de petits navires le marché américain, a même voulu un jour acquérir d'un seul coup, et à l'avance, toute la production de La Marine. La corvette de Dumont d'Urville et de La Pérouse, le célèbre Astrolabe, demeure le bâtiment vedette. A voir un tel chef-d'œuvre, on en vient à souhaiter que ce type d'artisanat s'ouvre à d'autres créneaux : à quand les maquettes de cases créoles ?

Photo Eden. Independence Avenue (Pirates'Arms Building). C'est ici que les Seychellois viennent se faire tirer le portrait, la prise de vue au Polaroïd faisant office de Photomaton. Et c'est là que les touristes impatients apportent leurs pellicules pour un développement Kodak Express en une heure. On peut évidemment s'y réapprovisionner en films... fiables quant à leur conservation.

Melissa. Quincy Street. L'élégance à la seychelloise ! Pas moins de dix vendeuses en uniforme dans la plus chic des boutiques de mode. Erica Laporte est aux petits soins pour ses clientes (aisées), qu'elle habille de la tête aux pieds, son grand choix de chapeaux ("made in England", of course) étant particulièrement apprécié. Tout est prévu : sacs, produits de beauté, lingerie fine et... Slim Fast ! Les hommes ont aussi leur rayon, chaussures et sous-vêtements étant importés d'Espagne et d'Italie. La classe quoi !

Seychelles Créations. Albert Street (Camion Hall). Dix-huit artisans travaillent au Rocher pour Seychelles Créations, une société para-étatique qui a pour but de valoriser les ressources locales. Noix de coco et coquillages constituent donc les matières premières de ses beaux bijoux fantaisie, à porter pendant le séjour (après on aime moins). On trouvera aussi là un beau choix de boutons en nacre, proposés en différentes couleurs et grosseurs, qui donnent aux vêtements une touche naturelle.

SMB Supermarket. Albert Street. Prière de laisser son sac en consigne ! Aux Seychelles aussi, la société de consommation est synonyme de société de tentation... En ouvrant il y a une dizaine d'années son "supermarket", le SMB (Seychelles Marketing Board) a propulsé les Seychellois dans l'ère moderne, les petits commerçants chinois étant moins nombreux. Ce supermarché étatique est vite devenu une institution. Pas moins d'une dizaine de caissières pour facturer des produits pour la plupart importés, de Singapour, de Malaisie, des Pays-Bas, et surtout d'Angleterre et d'Afrique du Sud. Hormis le vinaigre de vin à l'estragon Amora et l'huile d'olive Agrior, pas d'articles français sur les rayons ! Les produits seychellois ne sont pas très nombreux, le thon, le thé et les confitures du pays étant des produits leaders. Dans les rayons frais et surgelés, on trouvera aussi du local, jambon et saucisson notamment, mais aussi du poulet prêt à cuire et les fameuses crevettes géantes de Coëtivy, vendues entières et crues. En parcourant ces allées, révélatrices des habitudes alimentaires, on notera l'importance des rayons sauces (ketchup, tomate, chili) et corned beef (d'Inde et du Brésil). Et en détaillant les prix, on constatera que la cherté de la vie aux Seychelles ne concerne pas que les touristes. Il suffit de voir le prix des fruits et légumes pour être édifié : 13 roupees le kilo de bananes et 16 celui des carottes. On comprend que le riz (7,50 SR le kilo) soit de chaque repas...

Sunstroke. Market Street. Une boutique dans l'air du temps ! Style "Saint-Trop'" en version tropicale. Paréos, tee-shirts ou casquettes, les créations Sunstroke sont toujours éclatantes de couleurs, valorisant des "zimaz kreol". Souvent partie prenante des défilés de mode, cette plaisante boutique s'est enrichie d'une galerie d'art, où le peintre et désigner Georges Camille propose ses œuvres (eaux-fortes, aquarelles et batiks).

Souverain des Mers. Le Rocher. Superbe, ce Cutty Sark ! Véritable lévrier des mers, il se fit remarquer sur la route du thé, en 1870, en établissant un record de vitesse à 17,6 nœuds. Un clipper de collection aujourd'hui exposé au Marine Museum de Greenwich... et à la boutique Souverain des Mers de Mahé... en modèle réduit ! Du Santa Maria de Christophe Colomb à l'Astrolabe de Dumont d'Urville, bienvenue dans la légende avec les quelque quarante superbes répliques en bois de cet atelier établi au Rocher, sur l'ancienne route de l'aéroport. Exécutées d'après les plans originaux fournis par les plus grands musées navals du monde, ces maquettes font revivre dans leur plus infime détail les vaisseaux d'antan, véritables pièces d'archéologie marine.

Quelle minutie ! Les ornements, la timonerie, les détails des superstructures sont en métaux fondus et dorés, les accastillages en feuille de laiton et de cuivre, les poulies en nattiers et les pièces mobiles comme cabestans et gouvernails en bois souples et précieux. La texture des différentes essences de bois met en valeur cette recherche technique et transforme ces pièces en véritables sculptures.

Temooljee. Francis Rachel Street. Les générations se succèdent et Temooljee est toujours là. Une maison de tradition qui entend faire classe et moderne. Heinz, Nestlé, Pampers, Martini, Kraft, Persil, Cointreau... : comme le proclame sa pub sur fond de grandes marques, Temooljee, c'est "the world's finest goods" ! Face à la Clock Tower, "the Seychelles' most modern store". Un supermarché qui se rapproche du grand magasin, puisqu'on y vend télés et machines à laver, bicyclettes et... "much more" !

Coco d'Amour...

Aphrodisiaque ? *"Bien évidemment, puisque nous ajoutons de la crème de coco de mer, un soupçon, aux trois produits qui le composent : l'alcool de canne, le sucre et la crème de coco. Mais attention, je ne réponds plus de ses effets après dix-huit mois de conservation, car c'est un produit naturel, sans le moindre additif ni même conservateur"*, se félicite Joachim Kwast, le cordial inventeur du Coco d'Amour, "la" liqueur seychelloise... par excellence. *"Mes deux filles, qui s'intéressaient à la verrerie d'art durant leurs études en Allemagne (mon pays d'origine), ont créé cette bouteille de couleur opaque et d'une forme rappelant celle du cocofesse. Elle était si réussie que je me suis dit qu'il fallait la remplir et la mettre sur le marché. J'ai tout de même mis cinq ans à trouver la recette. Et c'est comme ça qu'on a lancé le Coco d'Amour, en 1991"*, raconte le liquoriste, qui n'en a pas moins continué à fabriquer ses huiles bronzantes, savons et autres produits de beauté à base de coco au sein de l'entreprise qu'il dirige, la Sodepak, ancrée au Rocher, sur l'ancienne route de l'aéroport.

Fabriquée en Italie, la belle bouteille a en tout cas fait mouche, sa voluptueuse rondeur étant aussi agréable à l'œil qu'au toucher. Pas question d'ailleurs de la jeter une fois vide, et nombre de restaurateurs et hôteliers seychellois l'utilisent comme vase pour deux ou trois petites fleurs. Cinq ans après son lancement, la vente atteint déjà les 60 000 bouteilles (pour 1994), les boutiques de l'aéroport constituant un précieux débouché grâce à l'important transit. Le flacon, proposé dans un emballage carton qui a le tort de le masquer, y est vendu 70 SR, alors qu'on l'achète 85 en centre-ville (et parfois plus de 100 sur d'autres îles). Et qu'on se le dise, le contenu vaut le contenant. Rappelant la très crémeuse liqueur irlandaise Baileys, mais d'un goût coco très marqué, le Coco d'Amour est aux Seychelles de plus en plus utilisé dans les cocktails, mais on se doit d'abord de l'apprécier nature, rafraîchi par des glaçons, un verre en appelant volontiers un autre. Ne titrant que 17°, il peut se boire jusqu'au bout de la nuit...

■■ POINTS D'INTERET

Le jardin botanique Mont Fleuri. *Tous les jours de 6h à 18h.* Six hectares de sérénité verte... Lancé en 1901 par un certain monsieur Dupont, alors directeur de la station botanique, ce jardin prospéra jusqu'en 1934. Grand voyageur, Dupont rapportait de ses périples de vivants souvenirs : plantes tropicales, palmiers, arbres à épices, arbres à bois, arbres fruitiers et autres arbustes ornementaux. Le jardin fut utilisé d'abord comme lieu d'expérimentation pour les plantes, mais peu d'entre elles donnèrent par la suite des produits d'exportation. Aujourd'hui, quelque 200 espèces de plantes exotiques et indigènes ornent cet espace, qui a plutôt l'aspect d'un parc, avec de majestueux spécimens d'arbres, de jolies pelouses en pente et de remarquables rochers qui ont tant contribué au renom de l'archipel. Nombre d'entre eux sont recouverts de plantes grimpantes, de fougères et de lichens grisâtres.

Sa Majesté le Palmier règne évidemment en maître sur ce vert royaume, les six variétés endémiques et indigènes des Seychelles y étant réunies : palmiste, latanier Hauban, latanier latte, latanier fey, latanier mille pattes et lodoïcée, ce dernier étant plus connu sous le nom de coco de mer. On est toujours amusé par ces drôles de cocos, les arbres femelles portant d'énormes fruits de forme callipyge et les arbres mâles un énorme phallus (appelé chaton) incliné vers le bas. Une plaisanterie de la nature ! Ce trésor végétal... et national, protégé depuis 1978, a fait l'objet de nouveaux décrets de protection en 1994. Il est possible de planter son coco de mer, des graines germées étant fournies au jardin botanique par la division de l'Environnement contre une modeste contribution.

Du palmier bouteille au latanier bleu et du palmier bambou au phœnix, sans oublier le palmier cire à cacheter, le palmier à huile, le raffia et le talipot, une trentaine d'autres variétés de palmiers sont disséminées à travers le parc, par ailleurs doté d'une bonne soixantaine d'autres variétés d'arbres : une dizaine sont endémiques ou indigènes (takamaka, bois dur, bois de natte...) et une cinquantaine exotiques (eucalyptus, albizia, calice du pape rose...). Dans la partie forestière du jardin, la végétation se fait luxuriante.

Suspendues la tête en bas aux branches des grands arbres, les roussettes ont trouvé là un milieu qui leur convient. Même liberté pour les autres animaux indigènes du jardin, qu'il s'agisse du pigeon bleu frugivore, du souïmanga, des geckos d'un vert éclatant, qui peuvent être aperçus sur des troncs d'arbres, ou des petits lézards bruns, qui eux déguerpissent sous les feuilles de la litière forestière. Les tortues de terre géantes par contre, sont cantonnées à leur enclos, dans la partie ensoleillée du jardin. La présence de visiteurs ne les gêne visiblement pas dans leurs ébats reproductifs.

On prend vraiment plaisir à flâner une heure ou deux dans ce paisible "zarden", parcouru de plusieurs ruisseaux et doté de trois petites mares, proches de l'agréable et fraîche paillote ronde de la cafétéria, cernée d'arbres vénérables, où l'on peut non seulement boire un jus de fruits "du jour", mais aussi se restaurer jusqu'à 17h à des prix sages (20 SR pour un sandwich poisson, 30 SR pour un burger chips et 40 SR pour un steak de thon). On ne saurait passer plusieurs jours à Mahé sans visiter ce jardin, actuellement géré par le ministère des Relations extérieures, du Plan et de l'Environnement, dont on appréciera la superbe architecture créole, face à l'entrée de ce si charmant "Botanical Garden".

Le Jardin du Roi. Anse Royale. *Tous les jours sauf le mardi de 9h à 17h. Visites guidées à 10h30, 11h30, 14h et 15h. 10 SR.* Le rêve de Poivre ! Intendant des îles de France et de Bourbon, Pierre Poivre fut à l'origine non seulement du premier établissement des Seychelles, mais aussi de l'introduction dans ces îles, en 1771, des plantes à épices, et plus particulièrement du cannelier. Cette année-là, son émissaire, Antoine Gillot, décida de choisir l'Anse Royale, dont "la terre est excellente et assez bien arrosée", pour que les idées botanistes de Poivre prennent forme. Ce "jardin du Roi" ne fut jamais digne d'un intérêt... royal. En mai 1780, le lieutenant de Romainville, représentant alors l'intendant aux Seychelles, fit brûler par erreur les plantations pour les soustraire à ce qu'il croyait être un navire ennemi.

Deux cent quinze ans plus tard, dans cette même Anse Royale, il suffit de suivre les flèches pour accéder aux cent arpents du Jardin du Roi, au pied du mont Gratte-Fesse. Reprenant l'idée de Poivre, Brian et Micheline Georges ont eu la bonne idée, à leur retour d'un exil de treize ans aux Etats-Unis, de redonner vie au domaine de l'Enfoncement. "Etant enfant, j'ai connu cette propriété de famille dans sa splendeur. Mes grands-parents, Henri et Annie Green, vivaient surtout des épices, du manioc et des bananes. Ils cultivaient aussi le riz, le maïs, la vanille, le patchouli... Quelle plantation prospère !", raconte Micheline George, dont une arrière-grand-mère était l'une des filles de Louis Poiret, le prétendu Louis XVII.

Nostalgiques de cette belle époque coloniale, les Georges ont relancé le beau domaine d'autrefois. En version touristique ! Autour de la vieille maison de maître où ils habitent, on peut aujourd'hui cheminer une heure durant à travers un jardin tropical où l'on en prend plein les yeux... et les narines. Une belle leçon de botanique ! De giroflier en poivrier et de cannelier en cacaoyer, en passant par muscadier, avocatier et cotonnier, le parcours à flanc de colline est guidé par la gourmande Marie, qui vous confiera comment elle préfère l'avocat : "Il faut le couper en tranches et le sucrer, puis le rafraîchir dix minutes au fridge". A l'occasion, elle vous dira aussi, en vous faisant poser le doigt sur une sensitive, qu'elle met parfois cette plante dans le bain de sa fille Diandra, pour la calmer ! Quant à la citronnelle, sachez qu'elle est bonne pour la fièvre : "Vous en faites bouillir une poignée avec des feuilles de citron et de cannelle, et vous buvez bien chaud. Vous allez tellement transpirer que la fièvre va tomber. Ca ne sera pas la peine d'aller chez le médecin, seulement pour le certificat !"

Marie vous en apprendra bien davantage ! Dans la bananeraie, elle vous révélera que la meilleure des quelque quinze variétés de bananes est la mignonne ; au pied du jacquier, elle vous annoncera que le jack-fruit ne nourrit plus que les cochons. Peut-être vous fera-t-elle goûter une pomme du pays : petite et rouge, en forme de poire et sacrément désaltérante. Peut-être vous invitera-t-elle aussi à froisser des feuilles de patchouli et de gingembre : quel parfum ! On vagabonde avec un réel plaisir dans ce pêle-mêle végétal sur lequel trônent de séculaires cocos de mer (trois femelles et deux mâles). Palmistes et lataniers ont aussi grandi sur la propriété, où a été relancée la canne à sucre : un moulin a été construit pour l'écraser, il a fallu réunir vingt-cinq hommes pour mettre en place le tronc de casuarina. Le rhum des Seychelles n'en coulera malgré tout qu'au compte-gouttes...

Que d'efforts déployés pour redorer le blason d'une propriété si longtemps en jachère ! Les Georges ont même réuni quelques animaux et insectes : de l'éclatant cardinal au trop prolifique hibou (la police offre 30 roupees par bête) et de l'inquiétant scorpion au minuscule caméléon. De superbes roussettes et de vénérables tortues sont aussi les hôtes de ce jardin extraordinaire dont la visite mérite de se conclure à l'ombre, avec le punch du domaine... et une crêpe tropicale. Entendez, aux fruits de mer, au poulet-ananas ou à la banane mignonne. A moins qu'une salade de fruits frais... Et puisqu'un voyageur a toujours envie de s'approprier un peu des lieux qui l'enchantent, les nouveaux planteurs y ont pensé, en conditionnant quelques produits de leurs terres, nature (poivre, girofle, cannelle, piments séchés) ou travaillés (gingembre confit, achard de citrons, papaye tournée, nougat coco...).

Avant de redescendre vers Anse Royale (ou de poursuivre par un chemin de montagne vers Baie Lazare, à une heure et demie de marche), on ne doit pas oublier d'entrer dans la vieille maison créole des Georges, dont deux pièces sont ouvertes aux visiteurs. On pourra notamment s'arrêter devant une carte détaillée de l'île datant de 1890, et, mieux encore, converser parfois avec la mère de Micheline Georges, Diana Green, qui naquit ici il y a plus de quatre-vingts ans. Dans un bon français, elle vous racontera ses souvenirs de pousse-pousse et du temps où les touristes devaient embarquer à Londres, Mombassa ou Bombay. C'était bien avant l'ère des Mini Moke... La première voiture de l'île ? Celle de Joseph Jumeau, un "grand blanc" d'Anse Forbans. "Une sacrée belle Austin noire !"

Michael Adams Studio. Anse aux Poules Bleues. *Du lundi au vendredi de 9h à 16h. Le samedi de 9h à 12h. Fermé le dimanche.* Fils d'un planteur de caoutchouc, né en Malaisie, Michael Adams est depuis de longues années le porte-drapeau de la peinture seychelloise. Des couleurs à foison ! Il faut absolument visiter son atelier, niché dans la luxuriante végétation de l'Anse aux Poules Bleues. Notoriété oblige, ses toiles coûtent leur pesant de roupees, mais on peut se contenter d'une reproduction numérotée. D'autres artistes exposent aussi leurs œuvres chez eux : des peintres, Donald Adelaide (à Baie Lazare), Gérard Devous (aux Mamelles), Vladimir Tarakaroff (à Glacis) et des sculpteurs, Antonio Filipin (à Beau Vallon) et Tom Bowers (route des Cannelles), un ancien photographe britannique qui travaille le bronze avec talent. On appréciera l'une de ses œuvres majeures à l'entrée des Archives nationales, à la Bastille. Cette statue, montée sur une fontaine, rend hommage à trois musiciens d'autrefois (Ton la, Bodoy et Olive Niol).

Le Musée national. Independance Avenue. *Du lundi au vendredi de 8h30 à 16h30. Le samedi de 9h à 12h. Fermé le dimanche.* "Nous, sur ces avantages considérés, avons fait maçonner une pierre sculptée aux armes de France sur un grand rocher faisant face à l'entrée du port et élever au-dessus un mât auquel ce matin au lever du soleil, ayant fait arborer le pavillon du Roi, nous l'avons salué par trois salves de "Vive le Roi" et par une décharge de neuf coups de canon du vaisseau. Et, selon l'ordre de Monsieur Magon, nous avons pris possession de la dite île et de son port au nom du Roi et de la Compagnie des Indes sous le nom d'île Seychelles". C'était en "l'an 1756, le lundi premier jour de novembre au matin", sous le commandement de Corneille Nicolas Morphey, capitaine de la frégate *Le Cerf*.

Une prise de possession dont il reste aujourd'hui un procès-verbal et une pierre, on ne peut plus historique. Une pierre de possession qui constitue l'élément majeur du petit Musée national, situé face au Pirates Arms. D'autres objets et documents liés à l'histoire des Seychelles ont été réunis. Des trophées aussi, comme ces noix triplées du coco de mer ou cette mâchoire de crocodile retrouvée en 1908 à Anse Royale, qui rappelle que l'archipel était aux premiers temps de la colonisation infesté de sauriens ; un monstre tué en 1775 à La Digue (qui a son Anse Caïman) mesurait 4 m de long et 3 m de circonférence autour de l'abdomen ! Des carapaces de tortue sont aussi exposées dans cette salle un peu confuse, l'histoire naturelle côtoyant en effet l'Histoire. Il est prévu qu'elle fasse l'objet d'un traitement à part dans le beau bâtiment créole de l'ancienne bibliothèque, près de la State House. La nature, ainsi, aura plus de place pour s'exprimer. Au sens propre du terme, puisqu'une machine magique a été installée afin d'écouter les chants de sept "zwazo seselwa" ! Zirondel ou timerl dezil, tok tok ou zwazo bannann, veuve, hibou ou pie chanteuse ; pour les écouter, il suffit d'appuyer !

Le musée du SPUP. Francis Rachel Street. *Du lundi au vendredi de 8h30 à 17h30. Le samedi de 8h30 à 13h. Fermé le dimanche.* C'était en 1966, aux chaudes heures de la grande grève générale des travailleurs manuels du gouvernement... colonial. Une seule photo, forte, suffit pour révéler le tempérament de son jeune meneur, France Albert René. Un micro en main, le poing levé, le regard décidé, se dessine déjà le "libérateur". Un Che Guevara des Seychelles qui entend réveiller son peuple et bouter le colon britannique... Trente ans plus tard, le président René tient bon les commandes de l'Etat et les écoliers visitent le musée du SPUP (Seychelles People's United Party), du nom du parti fondé en 1964.

L'heure n'est plus à la "révolution", mais les souvenirs demeurent. Sous la vitrine des cadeaux d'Etat, le portrait en cuivre de Che Guevara rappelle que Cuba fut dans les années 80 un pays frère. Vitrine historique pour bâtiment historique... En effet, c'est dans cette maison de bois où le SPUP installa ses bureaux, que se préparèrent l'émancipation et la "libération" du peuple "seselwa", autour du charismatique leader René. Lieu de mémoire, le petit musée entend retracer autour de nombreuses photos cette odyssée politique, mais quelques objets symboliques témoignent, telle la marmite dans laquelle cuisait la soupe populaire (de tec-tec) servie aux travailleurs de la première grève. Symbolique aussi, le bâton dont se servaient les policiers pour mater les manifestants. Symboliques encore, le fusil témoin du coup d'Etat du 5 juin 1977 et l'uniforme de Francis Rachel, victime d'une méprise dans le tumulte, et dont le nom a été donné à cette rue de première importance.

Fin d'une époque en noir et blanc. "Seychelles pour Seychellois"... Les photos exposées prennent des couleurs pour exalter les acquis du nouveau régime, le SPUP s'étant effacé en 1978 pour faire place au parti unique, le SPPF (Seychelles People's Progressive Front) : "L'entrée dans ce parti sera réservée aux citoyens qui sont d'accord avec les principes du socialisme et ont fait leurs preuves en ce sens. Il doit être l'avant-garde du peuple et ceux qui ont des responsabilités importantes dans les destinées du pays seront choisis par le peuple dans ce parti unique."

Le multipartisme est de retour, mais "m'sye René" tient bon la barre. Son musée l'a déjà fait entrer dans l'histoire, le culte de la personnalité pouvant se révéler touchant. Emouvant, le bureau du jeune leader René, avec ses photos de famille accrochées au mur (dont une de lui bébé !) et sa robe d'avocat (avec perruque blanche) suspendue dans un coin. Il la revêtait pour aller plaider en face, au tribunal. Les commentaires de la très convaincante guide (la camarade Edeline) aidant, on se laisse facilement charmer par ce musée propagandiste, caricature du musée de pays progressiste : "Notre pays est socialiste et seychellois. Nous voulons promouvoir et sauvegarder la démocratie populaire. Nous voulons une structure dénuée de toute discrimination. Nous voulons une chance égale pour tous."

Village artisanal. Anse aux Pins. *Du lundi au samedi de 9h à 17h. Fermé le dimanche.* A proximité de la superbe bâtisse de "Lenstiti kreol" (l'Institut créole), hélas fermé aux visiteurs, il est une autre belle demeure de bois, représentative de cette architecture coloniale qui fait le bonheur des photographes. On peut non seulement la photographier, mais aussi la visiter. Restaurée grâce au soutien financier des Etats-Unis, cette grande maison de maître restitue bien, avec ses vieux meubles et ses parquets, l'atmosphère du bon vieux temps des colonies. Depuis 1988, cette maison de patrimoine trône au cœur d'un "village" de douze petits pavillons, bâtis pour présenter sur un même site diverses facettes de l'artisanat seychellois ; un remarquable bar-restaurant de style créole, le Pomme-Cannelle (où a dîné le président Mitterrand), a été ouvert afin d'inciter davantage les touristes à s'arrêter en ces lieux. Mais ce pôle d'attraction a depuis périclité. Lors de notre visite (en novembre 1995), le restaurant attendait toujours un repreneur et la maison du coco était fermée. Bonne idée pourtant que de montrer en un seul lieu les maintes utilisations du cocotier et de ses noix.

Dans l'espoir d'un second souffle, le "Vilaz artizanal" continue à vivoter. Si certaines de ses cases sont bouclées, d'autres, au contraire, restent bien vivantes. Celle, par exemple, où Jacques Mondon monte patiemment ses bateaux de bois... en modèle réduit. Il fut le premier Seychellois à réaliser de telles maquettes que La Marine commercialise tout près. Prix de cette minutie : de 3 000 SR pour un petit modèle de bateau négrier à 25 000 SR pour le plus gros, le célèbre Astrolabe. On peut trouver des souvenirs moins chers au Village, du chapeau en coco au cadre en calice du pape en passant par la reproduction d'art, l'échoppe du peintre Liz Rouillon étant riche en beaux pastels, sur la flore seychelloise notamment. Une flore qu'on peut d'abord admirer grandeur nature. Ah ! ces frangipaniers en fleur du village artisanal...

The Tea Tavern. Morne Blanc. *Du lundi au vendredi de 9h à 17h. Le samedi de 9h à 16h. Fermé le dimanche.* Les Anglais aux Seychelles ? Il en reste des traces... Deux preuves au moins ! On roule à gauche et on boit du thé. Mieux, on le cultive ! Les premiers plans datent de 1962 (sous l'ère british), sur les collines de Morne Blanc. Quatre ans plus tard, une petite usine était construite. Cette Tea Factory a progressivement développé sa production : de 200 kg à environ 5 000 kg par mois en 1994. Une récolte toutefois insuffisante pour les théières seychelloises. Ne reste qu'à importer. Les plantations de Morne Blanc n'ont produit, en 1994, que 480 tonnes de thé, alors que l'archipel en a consommé dans le même temps le double : 960 tonnes ! C'est au Sri Lanka que le SMB (Seychelles Marketing Board) trouve son complément.

Récolté de septembre à mars par une quarantaine de cueilleurs (qui doivent en ramasser au moins 18 kg entre 7 et 13h), le thé est flétri, broyé, trié et mis à fermenter dans la même journée. Une fois séché, retamisé et à nouveau trié, il ne reste qu'à le conditionner, après l'avoir éventuellement parfumé à la vanille, les autres arômes (citron, orange, cannelle, menthe), nettement moins convaincants, ne concernant qu'une infime partie de la production. “Nous assurons 45 % de nos ventes avec le thé à la vanille. Un seul est exporté en Grande-Bretagne : le biologique, qui n'est donc pas mélangé à du Ceylan”, précise Udaya Karunaratne, le jeune directeur Srilankais de la Tea Factory. Un manager satisfait de son assemblage : “Le Ceylan relève bien notre Seychelles, moins racé parce que cultivé plus bas, à 300 m. On a un bon équilibre. C'est un thé de qualité ! Dommage que les Seychellois mettent trop de lait.”

La Tea Factory, c'est aussi... du café ! Importé de Colombie et commercialisé sous la marque Royal Select (bien prétentieuse pour ce bas de gamme), il est en effet conditionné dans l'entreprise, qui commercialise aussi un troisième produit : la citronnelle, bien connue des touristes qui en boivent souvent une tasse à l'issue du dîner. Les Seychellois, eux, ne boivent plus cette tisane qui remplaçait autrefois le café du matin et dont les vertus (digestives et antirhumatismales notamment) sont nombreuses. “Servi en pti kwiyer pour sak tas, met delo bwi, les enfize, azout disik”, explique en créole la collerette du sachet de “sitronnel”. Un souvenir qui se vend bien dans la boutique de la Tea Tavern, d'où partent les visites de la “Factory”, du mardi au vendredi (10 SR). Les machines n'y fonctionnent pas toujours, mais l'atmosphère de vieille entreprise coloniale mérite le détour. D'autant plus que la vue sur la côte Ouest est ici d'une beauté suprême. Il faut également prendre le temps de boire... un thé (forcément) autour du bar un peu rétro, où on peut aussi commander une omelette au jambon ou un cheese burger. La Tea Tavern est on ne peut mieux située, à mi-chemin entre Victoria et Port Glaud, sur la route de Sans Souci la bien nommée.

■■ SORTIES NOCTURNES

■ Discothèques

Barrel. Revolution Avenue ✆ 322136. *Du jeudi au dimanche, jusqu'à 3h. 35 SR.* A l'heure où l'être et le néon font bon ménage sur tant d'autres îles touristiques de la planète, les Seychelles ne brillent guère que par leur myriade d'étoiles. Venus là pour le soleil, les touristes ne se font pas nombreux au clair de lune. Et les Seychellois étant des gens plutôt calmes, on comprend qu'il soit quasiment impossible de boire à 23h ailleurs que dans un hôtel. Le Pirates Arms fermé (vers 22h30), ne reste alors qu'à échouer chez Barrel, sur la route de Beau Vallon, à deux pas du commissariat. La maison n'en a pas moins ses deux vigiles en tenue, attestant que certains clients en viennent parfois à dialoguer avec les poings. Du mardi au dimanche, le seul phare de la nuit “victorienne” !

Sur la petite place du Barrel, le ton est donné, puisqu'il y a autant de monde dehors que dedans : des Mahélois de 16 à 30 ans, mais aussi des marins venus du port et puis quelques touristes. Tout autour de la varangue, on boit, on fume, on palabre et on évalue ses chances de ne pas repartir seul, car il y a là quelques filles peu farouches. Pas forcément tarifées, mais tout de même sensibles aux petits cadeaux, à en juger par les bijoux qu'elles exhibent. A l'intérieur du bar, on joue au baby ou au billard, on grappille quelques images sur un écran télé et on choisit ses titres sur un juke-box (de Patrick Victor à Bob Marley, en passant par la Lambada). Mais pour que ça chauffe vraiment, il faut descendre. Au sous-sol, on danse du jeudi au dimanche. La plus chaude piste des Seychelles, dans tous les sens du terme ! Tout juste un ventilateur pour atténuer cette moiteur d'équateur. Antoine Lablache, l'ex-disc-jockey devenu le patron, prend toujours plaisir, en sirotant son gin, à assurer la programmation : séga, reggae, calypso, voire même slows.

Le Flamboyant. Bois de Rose Avenue ✆ 224030. *Le vendredi et le samedi, jusqu'à 3h. 35 RS.* Un simple néon mauve brille à 100 mètres de la route. Pas facile de repérer cette discothèque cachée derrière la Maison de la Jeunesse, à la sortie de la ville, au début de la route menant à l'aéroport. A l'intérieur de ce bâtiment moderne, le si discret Flamboyant brille de mille feux, jusqu'à son parterre de dalles colorées qui s'allument au rythme syncopé de la musique américaine, balancée à pleins tubes par un DJ perché dans une inaccessible cabine. A son ouverture, il y a six ans, cette boîte à l'européenne, bien aménagée et moderne, avait séduit la jeunesse de l'île-capitale. Mais le vent a tourné et malgré les efforts déployés (entrée gratuite certains soirs jusqu'à minuit, bière à 10 RS d'autres soirs...), on ne joue plus au coude à coude le long du bar et on ne se bouscule pas sur la vaste piste, où quelques lolitas créoles, souvent bien galbées, laissent parler leur corps avec conviction. Certes, on peut facilement lier connaissance avec ces jeunes filles qui n'ont pas peur du loup-garou, mais de là à flamber au Flamboyant...

Katiolo. Anse Faure ✆ 375453. *Le vendredi et le samedi, jusqu'à 3h. 35 SR.* La vraie boîte tropicale ! Ancrée sur la minuscule plage de l'Anse Faure, cette paillote a connu son heure de gloire dans les années 80. Son Altesse Sérénissime le prince Malko Linge passa par-là sous la plume de Gérard de Villiers (dans l'introuvable *S.A.S. Naufrage aux Seychelles*). Ce fut longtemps le dancing sélect de Mahé, où il fallait montrer chemise blanche pour entrer. Les temps ont changé. Aujourd'hui, son propriétaire, Simon Esparon a bien du mal à attirer les noctambules de fin de semaine, surtout le vendredi, quand le Reef est noir de monde pour sa soirée disco. Il est vrai que Katiolo accuse ses vingt ans d'âge. La clientèle, elle non plus, n'est pas de première jeunesse. Quant à la musique, elle est “internationale” ! Les touristes qui veulent goûter aux charmes d'un dancing “à l'africaine” peuvent s'aventurer sans risque sous ce toit de palmes.

Lovenut. Revolution Avenue ✆ 323232. *Le vendredi et le samedi, jusqu'à 3h. 35 SR.* Enfin âme qui vive... face à l'église anglicane ! En plein centre-ville (d'un calme absolu sitôt la nuit tombée) et derrière une discrète enseigne pas même illuminée, ce simple bar ouvre sur une arrière-salle devenue la discothèque la plus en vogue auprès des Mahélois. De retour d'Europe du Nord où il a longtemps bourlingué, l'ex-comptable Robert Melvin a transformé cet ancien cinéma en une boîte de nuit populaire. Rock, séga, zouk, reggae : la musique est aussi métissée que la clientèle. La jeunesse locale aime gentiment se défouler dans sa lumière feutrée et le long de son interminable bar en bois, où une SeyBrew en cache toujours une autre, à raison de 15 RS la canette. Le patron offre aussi sa tournée : sur le comptoir, des carafes d'eau cherchent désespérément preneurs !

■ Casinos

Amusement Centre. Independence Avenue. *De 10h à 2h.* “Win ! Win !! Win !!! The place to be...”. Une pièce d'une roupee suffit pour faire fortune. Ou plus exactement pour amasser un plein sac de pièces à rejouer illico sur les machines voisines. Et là, l'investisseur a misé gros : 200 machines à sous, pas moins ! On se croirait à Las Vegas. Dès le matin, les pièces s'engouffrent à un rythme soutenu ; le samedi soir, c'est de la folie. La fièvre du jeu a visiblement gagné les Seychelles. De ce côté-là, le président René a lâché du lest. Tant pis pour le socialisme.

Casino des Seychelles (Berjaya Beau Vallon Bay). Beau Vallon ✆ 247400. *De 20h à 3h.* Nombre de Seychellois qui avaient quitté l'archipel à l'heure “révolutionnaire” sont revenus au pays depuis l'avènement de la démocratie. Parfois les poches pleines... Les “nouveaux riches” ont le billet facile au casino de Beau Vallon. Pas moins de douze croupières (belle croupe pour certaines) autour des quatre roulettes et des sept black-jack et super-sevens. Si les équipages des bateaux de croisière mouillant à Port-Victoria voguent volontiers sur les eaux incertaines du jeu, les touristes sont par contre peu nombreux à s'asseoir autour des tables, préférant se confronter aux machines à sous, une trentaine d'“avale-roupees” qui embauchent dès midi !

The Planter's Casino (The Plantation Club). Val Mer ✆ 361361. *De 20h à 2h.* “No more. Rien ne va plus...”. Yvon, l'un des croupiers, a beau avoir le sourire communicatif, la roue tourne parfois mal. Pour peu qu'on ait une Carte Bleue en poche, on se laisse facilement prendre par l'ambiance du plus classe des deux intimes casinos mahélois. Trois roulettes, trois black-jack et un oasis-poker s'offrent à une clientèle essentiellement touristique qui apprécie l'élégance de cette petite salle dont le superbe bar a déjà consolé bien des déçus du jeu. Et où certains gagnants se sont montrés généreux : le plus gros paiement sur une seule table a été de 200 000 roupees, et le plus gros gagnant s'est octroyé 125 000 roupees en une soirée. Dans une salle annexe, une quinzaine de machines à sous connaissent un certain succès avant que le soleil se couche...

■ Cinémas

Deepam Cinema. Albert Street ✆ 322585. Le dernier cinéma ! Parce qu'il en faut au moins un... Alors que les loueurs de vidéo-cassettes font fortune, le Deepam maintient coûte que coûte la tradition du grand écran, à coups de films américains. Les séances ont lieu à 18h30 le lundi et le vendredi, à 19h15 le mardi, le mercredi et le jeudi. Plusieurs séances sont proposées le samedi et le dimanche. Inutile de réserver sa place...

PLAGES ET BALADES

PLAGES

Soixante-huit plages au dernier recensement ! Pas facile, pourtant, de les dénombrer. Doit-on en effet compter deux plages lorsque quelques rochers viennent s'intercaler entre deux franges de sable ? Toujours est-il que les anses sont innombrables : des plus petites (Anse Cachée, Anse Corail, Anse Soleil, Anse Major, Anse du Riz...) aux plus grandes (Beau Vallon, Anse Royale, Anse à la Mouche, Grand'Anse...). Hormis Beau Vallon, archétype de la plage touristique, toutes sont désertes ou peu s'en faut. Certains Mahélois décidant de prendre l'air en bord de mer le dimanche, il arrive que l'on doive partager ces plages avec quelques autochtones ou résidents. Pas question évidemment d'y louer une chaise longue ou un parasol. Les Seychelles, c'est de la nature à l'état pur.

Anse Intendance

A une demi-heure à pied ou à cinq minutes en voiture du village de Quatre-Bornes, dans le sud de l'île, la plage cocotier par excellence ! La plus belle de Mahé et l'une des plus admirables de l'archipel. Courbée sur quelque cinq cents mètres et frangée par de nombreux cocotiers (dont l'un, près du parking, est doté de deux cimes), elle est un peu plus fréquentée depuis que Flossel Marengo, le cordial chanteur de “Jolie Rose” y a ouvert un bar-restaurant (du même nom que sa chanson).

On dénombre parfois plus d'une dizaine de Mini Moke et Samouraï ! Certains jours, un dénommé Johnny vient même déployer son étalage de coraux (pas donné, le rouge !). Si l'on veut avoir cette anse de rêve pour soi, mieux vaut arriver quand les autres s'en vont, vers 5h de l'après-midi, à l'heure où le soleil décline. Caressée par la lumière orangée, Intendance n'en est que plus magique encore. Prudence toutefois ! Gare aux chutes de coco (si, si, ça arrive !) et, surtout, dans l'eau, aux vagues particulièrement fortes de mai à octobre. Pour qui veut mieux communier avec une nature dans tout son éclat, la partie nord de la plage se révèle parfaite, puisqu'on y tolère les nudistes. L'innocence dans un paysage on ne peut plus virginal...

Anse Forbans

Malgré son nom, le récif de corail est intact. La légende des pirates rechargeant là leurs bateaux serait-elle fausse ? L'endroit est idéal pour se baigner. Rares sont les touristes qui profitent de cette petite anse tranquille, hormis ceux des six chalets voisins. Quelques barques de pêche contribuent à en faire une plage de carte postale.

Anse Royale

La barrière de corail protège cette grande plage qu'affectionnent les Mahélois, d'autant plus que le restaurant Kas Kreol sert des pizzas les pieds dans le sable. La baignade y est assurée dans une mer tranquille, les amateurs de plongée douce (avec masque et tuba) peuvent chausser leurs palmes devant la minuscule île Souris. Le spectacle n'est pas que sous l'eau, le retour des pêcheurs est aussi source de belles images.

Anse Souillac

Récemment ouverte à la circulation touristique, la route côtière de Port Launay n'est fréquentée que par les cars transportant les pensionnaires du NYS (National Youth Service). De pleins en déliés, elle est pourtant superbe et ponctuée de plages désertes, certaines étant minuscules, telles celles de l'Anse Souillac. Face à l'île de Conception, on est dans la zone protégée du parc national marin de Port Launay (mieux conservé que celui de Sainte-Anne).

Anse Takamaka
Portant le nom de l'un des arbres les plus présents sur les plages seychelloises (son ombre fait office de parasol), cette anse en pente douce est fort plaisante, mais de mai à octobre, les baigneurs doivent prendre garde aux courants du sud-est. Un petit restaurant (celui de Battista) permet de se restaurer les pieds dans le sable. On peut aussi s'arrêter pour explorer les fonds en apnée ou pour assister au coucher du soleil, toujours superbe.

Beau Vallon
La plus célèbre parce que la plus fréquentée, confluence touristique oblige. Du Fisherman's Cove au Vacoa Village, en passant par le Berjaya Beau Vallon Bay, le Coral Strand et nombre de guest houses et autres appartements en self-catering, plusieurs centaines de touristes dorment chaque nuit dans la baie... et s'y baignent dans une mer paisible, certains préférant cependant la piscine ! Une plage touristique sur laquelle on peut se laisser hâler, sans être dérangés, la vente itinérante n'étant pas autorisée sur les plages (pourvu que ça dure !). On peut se dépenser avec les activités nautiques des clubs : ski nautique, planche à voile, parachute ascensionnel. Il est facile de s'envoler : quelques pas de course suffisent. De là-haut, on ne regrette pas d'avoir surmonté sa peur, la baie se révélant dans toute son amplitude. Une plage de référence, certes, où les couchers de soleil sont particulièrement soignés. *"Chéri, va vite chercher le camescope..."*

Carana Beach
Au nord de la péninsule nord, une belle petite plage dont ne profitent guère que les touristes des chalets voisins. Pour une complète solitude, la toute proche Anse Nord d'Est offre du sable à volonté.

Grand'Anse
La blancheur immaculée ! Les collectionneurs de sable ne manqueront pas de faire escale sur la grande et grandiose plage de Grand'Anse, l'une des plus éclatantes de la côte Ouest. Mais gare à ses vagues imposantes, idéales pour le surf, mais dangereuses pour la baignade à la saison des vents de sud-est, de mai à septembre.

BALADES
La randonnée aux Seychelles ? Ça marche ! La nature particulièrement préservée de ces îles incite de plus en plus de voyageurs à se balader à pied, ne serait-ce qu'un jour ou deux durant leur séjour. Il suffit de prendre le bus pour accéder au lieu qu'on s'est fixé pour point de départ. Mieux vaut toutefois être armé d'une bonne carte, la "touristique" étant tout de même un peu légère dès lors qu'on quitte les axes majeurs. Les "pros" de la marche pourront, dès leur arrivée à Victoria, s'approvisionner en cartes plus détaillées, au service du cadastre, avenue du 5 Juin. Des livrets détaillant les randonnées fléchées sont en vente à l'Office du tourisme, avenue de l'Independance. A Mahé, des chemins partent en tous sens, tant à partir des routes côtières que des six routes transversales. On peut improviser (au risque de revenir sur ses pas), mais il est préférable de suivre les parcours établis, sur lesquels on ne croise pas grand monde. Pour certaines ascensions, telle celle du Morne Seychellois, mieux vaut partir de bonne heure, éviter les périodes de pluie et les jours (nombreux) où les forêts d'altitude sont noyées dans les nuages ou dans le brouillard. S'il fait beau, pensez à vos jumelles !

Le Morne Blanc
Cette escalade a pour point de départ la Taverne du Thé, sur la route de Sans Souci. A 200 m de là, côté Victoria, un chemin assez court mais raide (de 250 m à plus de 660 !) conduit au cœur du parc national du Morne Seychellois, dont la flore se révèle être un véritable paradis pour les botanistes. Après avoir traversé les plantations de thé, on pénètre vite dans une forêt touffue et humide, dont le sentier se termine sur l'imposant Morne Blanc (677 m). Du sommet, le panorama s'ouvre sur les côtes de Mahé. Le retour doit s'effectuer par le même itinéraire, l'aller-retour ne prenant qu'une heure et demie.

Index général en fin de guide

Le Morne Seychellois

Une vue qui se mérite ! Mieux vaut partir très tôt et en saison sèche pour conquérir ce morne dont le sommet, à 905 m, constitue le point le plus élevé à 1 600 km à la ronde. Le chemin, d'abord carrossable puis de plus en plus étroit et incertain, part du lieu-dit l'Exil, sur la route de Sans Souci. L'Office du tourisme conseille de prendre un guide pour cette ascension qui s'adresse à de bons marcheurs. La balade fera le bonheur de tous les passionnés de flore tropicale, une partie de la végétation primitive (d'avant la colonisation) ayant subsisté.

Les Trois Frères

A partir du poste des Eaux et Forêts de Sans Souci, il faut compter trois heures pour parvenir au sommet des Trois Frères (699 m). Le chemin forestier devient de plus en plus étroit et escarpé, mais l'effort est récompensé. Du sommet, la vue est exceptionnelle sur le nord-est de l'île et sur Victoria, en contrebas.

De Anse Etoile à Glacis

Près de l'arrêt des bus de Anse Etoile, une route goudronnée, dite chemin la Gogue, s'enfonce dans les terres de la péninsule nord, en direction du réservoir d'eau, à proximité duquel un chemin monte en pente raide vers un "col". A partir de ce point, la route gravillonnée redescend vers la route côtière, à hauteur de Glacis. Deux bonnes heures sont nécessaires pour cette découverte d'un intérieur d'autant plus attrayant qu'il est à cet endroit ponctué de maisons.

De Anse Gaulettes à Anse Bougainville

Cette route gravillonnée, dite chemin du Val d'Endor, fait partie des six voies qui traversent Mahé d'ouest en est, mais elle n'est empruntée que par de rares riverains. Partant du village d'Anse Gaulettes, elle traverse une plantation de cocotiers avant de redescendre dans un délicieux paysage tropical vers Anse Bougainville, sur l'autre côte. Une traversée de trois heures tout à fait facile.

De Anse aux Pins à Cascade

A proximité de l'arrêt de bus de l'Anse aux Pins, un chemin s'enfonce vers l'intérieur. En le suivant, après avoir longé la Rivière Grand Bassin, on parvient à Varigault, puis, bien plus loin, à une petite cascade qui a donné son nom au village voisin, ancré sur la route côtière. Cet itinéraire assez long et peu fréquenté est en effet particulièrement arrosé.

De Bel Ombre à Anse Major et Baie Ternay

De l'arrêt de bus de l'Auberge-Club des Seychelles, à l'extrémité sud de la baie de Beau Vallon, un agréable sentier panoramique parcourt les glacis (ces paysages rocheux si typiques des Seychelles) qui longent la côte jusqu'à la ravissante Anse Major, qu'on atteint en une bonne heure. De là, si l'on est un bon marcheur, on peut atteindre en deux bonnes heures la Baie Ternay, par un chemin qui s'éloigne du littoral.

SE LOGER DANS L'ILE

BEAU VALLON ET LA COTE NORD

■ Grands hôtels

Auberge Club des Seychelles. Bel Ombre © 247550 - Fax 247703. *1 750 SR en demi-pension.* La route s'arrête là. Au-delà de ce cul-de-sac, l'exubérante nature reprend tous ses droits, parcourue de sentiers à l'issue incertaine, souvent propices à d'aventurières randonnées (superbe, celle d'Anse Major). Niché dans la verdure, ancré sur les rochers de la pointe sud de l'interminable baie de Beau Vallon, cet hôtel de quarante-sept chambres (climatisées et confortables) est surtout connu pour ses chalets ronds à toit de palmes qui, de la colline, "cascadent" jusqu'à la mer, excellente pour la plongée dans cette zone granitique dépourvue de plage. Un handicap que ne compense pas la beauté sauvage d'un site où le pirate La Buse aurait caché son butin, traqué depuis de longues années par un persévérant chasseur de trésors.

Berjaya Beau Vallon Bay. Beau Vallon © 247141 - Fax 247809. *1 210 SR la chambre et le petit déjeuner.* S'il est un hôtel que tous les Seychellois connaissent, c'est bien celui-là. Ce "gros porteur" de cent quatre-vingt-trois chambres climatisées (avec téléphone, télévision et sèche-cheveux) a popularisé la désormais célèbre plage du même nom, sur laquelle tous les touristes passés par Mahé se sont un jour ou l'autre allongés. Proposé (dans la gamme "premier prix") par la plupart des tours-opérateurs, cet hôtel de catalogue a connu des sorts divers depuis son ouverture, en 1974. Récemment repris par la chaîne malaisienne Berjaya, qui l'a rénové, il semble avoir trouvé un nouvel élan après bien des années de flottement. Ce bâtiment de deux étages, construit en Y et en retrait de la plage, n'en demeure pas moins dénué de charme, faisant trop HLM balnéaire. Mais les clients de Jet Tours, Kuoni, Austral et autres voyagistes d'en France et d'ailleurs continuent d'affluer. L'établissement est susceptible de plaire à des touristes qui n'aiment pas trop sortir de leur hôtel. Outre le programme sable-mer-piscine, on peut s'initier (gratuitement) à la plongée, s'envoyer en l'air (quelle vue !) en parachute ascensionnel et se dégourdir les phalanges avec le ski nautique ou le tennis. Trois restaurants (dont un italien et un chinois), un salon de coiffure, deux boutiques et un casino appartiennent à ce complexe qui organise régulièrement animations et soirées dansantes.

Coral Strand. Beau Vallon © 247036 - Fax 247517. *920 RS la chambre et le petit déjeuner.* Sur la plage même de Beau Vallon, ce "vieil" hôtel (1972 !) rappelle qu'en ces premières années d'ouverture sur le monde, on ne se préoccupait pas d'intégrer l'hôtellerie à l'environnement. Du béton sur trois étages et les pieds dans l'eau : heureusement que les Seychelles n'ont pas persisté dans cette voie qui en aurait fait la Costa Brava de l'océan Indien. Si les équipements commencent à dater, les cent trois chambres, avec balcon ou terrasse pour la plupart, ont par contre subi un lifting dont elles avaient bien besoin. Petites mais plaisantes, elles semblent convenir à une clientèle, essentiellement allemande et britannique, qui se contente de la trilogie plage-piscine-restaurant (lequel, trop impersonnel, aurait besoin d'être repensé).
L'établissement a conservé sa dynamique, notamment en matière de restauration (assurée en terrasse de 11h à 22h), de sports nautiques et d'animations, mais il a perdu son prestige d'antan. Nul doute que si le prince Malko Linge revenait à Mahé *(S.A.S. Naufrage aux Seychelles),* ce n'est assurément plus là qu'il descendrait. Peut-être se contenterait-il d'y passer un dimanche après-midi, quand les Mahélois endimanchés envahissent l'espace bar-piscine pour danser. Le mercredi soir, ils sont aussi nombreux à onduler dans le piano-bar de l'hôtel. Mais vers minuit, quand ça commence à vibrer, il y a belle lurette que les touristes ont fermé l'œil.

Northolme. Glacis © 261222 - Fax 261223. *1 190 SR la chambre et le petit déjeuner.* C'était au temps où les Seychelles se méritaient. Bien avant l'aéroport... Quand il fallait trois jours pour arriver de Monbassa ou une semaine depuis Bombay. Dans les années 50, Ian Fleming, Alec Vaught et Somerset Maugham avaient trouvé là l'inspiration, ne trempant pas leur plume que dans le lait de coco... Le Northolme était alors l'hôtel de référence, blotti entre mer et végétation, dans le nord de l'île, à Glacis. Un parfum de nostalgie règne aujourd'hui sur les anciennes chambres de ce "home" feutré, élégamment tenu par Maryse Eichler de Saint-Jorre, à qui l'on doit le superbe ouvrage *Demeures d'archipel.*

A l'hôtel d'origine, s'est ajouté un bâtiment orienté face à la baie de Beau Vallon, sur laquelle donnent douze des dix-neuf chambres climatisées, décorées avec goût. Il suffit de descendre quelques marches pour lézarder sur une discrète plage qu'atteint une avancée rocailleuse dominée par un palmier solitaire. Bon endroit d'ailleurs pour chausser ses palmes et se jeter à l'eau, le Northolme ayant son propre centre de plongée. L'hôtel vient aussi de s'enrichir du seul vrai salon d'esthétique de l'archipel, où la blonde Gersende, qui a abandonné les lignes d'Air Seychelles, prend en main la beauté des Seychelloises... ou des étrangères. Tous les produits qu'elle utilise sont à base de plantes. On peut aussi venir au Northolme pour boire un verre ou combler une petite faim. Espadon fumé au citron vert ou cari de poulpe au lait de coco ? Tarte aux fruits tropicaux ou coupe z'ananas ?

Fisherman's Cove. Bel Ombre ✆ : 247247 - Fax : 274742. *1 960 SR la chambre et le petit déjeuner.* La maison doit être bonne, puisqu'un certain François Mitterrand y a dormi lors de sa visite officielle aux Seychelles en 1990. Le plus sélect des deux Méridien de Mahé entend en effet accueillir la “belle clientèle”, à grand renfort de personnel : pas moins de quatre-vingt-dix employés pour quarante-huit chambres et cottages, bien équipés (frigo, télé, coffre), joliment habillés de tons pastel et donnant tous directement sur des jardins bien entretenus et, au-delà, sur la plage de Beau Vallon. Trois courts de tennis et une piscine (de poche) agrémentent le séjour des touristes qui apprécient la sérénité de cet hôtel d'élite (le plus cher de l'île), dont on se doit d'admirer l'impressionnant toit de palme du hall principal. En se rendant au Blue Marlin Bar, par exemple, pour s'y prélasser autour d'un jus de fruits frais (rare !) ou d'un cocktail au goût de coco.

Sunset Beach Hôtel. Glacis ✆ 261111 - Fax 261221. *1 280 SR la chambre et le petit déjeuner.* Et si on dormait chez le consul ? L'hôtel Sunset fait en effet office de consulat de Hollande, le nouveau propriétaire, Albert Geers, représentant les Pays-Bas aux Seychelles. Bâti en 1986 sur un promontoire de Glacis, ce discret établissement est l'un des plus plaisants de Mahé. L'atmosphère y est paisible, tant dans ses salons fleuris que dans ses vingt-cinq chambres, récemment rénovées, bien équipées (air conditionné, minibar, télé) et regardant vers la mer, avec Silhouette juste en face. La belle clientèle suisse et allemande apprécie cette adresse intimiste et son agréable plage voisine. Certains touristes décident même de s'y marier, mais tous n'ont pas les moyens de s'offrir la superbe villa de l'hôtel, dont l'immense lit circulaire vous tourne d'emblée la tête et dont la terrasse privée, à la pointe de cette avancée rocheuse, ouvre aussi de belles perspectives. De plus, la villa possède un bar, au-dessus duquel court une liane de vanille. Coûteuse “baraque” toutefois, à raison de 3 595 SR la nuit. On peut toujours tenter de demander l'asile diplomatique à Monsieur le Consul...

Vacoa. Mare Anglaise ✆ 261130 - Fax 261146. Un bel exemple d'osmose entre l'architecture des hommes et celle de la nature. Dévalant d'une colline abrupte jusqu'à la route du littoral, en limite nord de la plage de Beau Vallon, dans un fantaisiste éboulis de rochers, de frangipaniers, bougainvilliers et autres palmiers, ces onze maisonnettes de style hispano-mauresque s'exposent harmonieusement face à l'un des plus rayonnants couchers de soleil de l'archipel, avec la belle Silhouette en toile de fond. Salon spacieux, chambre climatisée, balcon panoramique : on se sent comme chez soi dans ces appartements tranquilles et décorés avec goût. On y est tellement bien qu'on hésiterait presque à “descendre” à la piscine, bordée par quatre arbres du voyageur, autour desquels, entre chien et loup, de criardes et inoffensives chauves-souris se réjouissent à l'avance d'aller se gaver dans les manguiers voisins. Les voyageurs, eux, se régalent sous l'imposante charpente de la hutte-restaurant, où les saveurs créoles s'expriment dans tous leurs éclats, face à l'arbre emblématique des lieux. Arbre étonnant que ce vacoa aux racines multiples et enchevêtrées, qui surgissent du sol et dont les feuilles sont tressées, une fois séchées et nettoyées. On espère tresser une couronne de lauriers à Grégoire Payet, le “roi de La Digue”, qui a redonné vie, fin 1995, à ce Vacoa si joliment enraciné dans la plus touristique des baies seychelloises.

Vista Bay Club. Glacis ✆ 61333 - Fax 61061. *1 250 SR la chambre et le petit déjeuner.* Les Baléares aux Seychelles ! Construit en escalier sur des rochers de bord de mer, cet hôtel tout-béton se révèle l'exemple à ne pas suivre. Qui plus est, la “vista” promise ne concerne pas toutes les chambres. Elles sont assez spacieuses et bien équipées (air conditionné, télé, frigo, sèche-cheveux), mais un coup de neuf serait le bienvenu. Une rénovation que mériteraient en priorité les espaces communs, et surtout l'affligeante moquette verte de l'espace piscine à la si piètre allure. Bref, pas de quoi passer là sa nuit de noces, même si l'amour est aveugle...

■ Locations

Carana Chalets. Carana ✆ 241041 - Fax 241041. *960 SR par jour et par chalet.* Un bon compromis entre l'hôtel et l'appartement à louer. Ces douze adorables chalets de rondins comportent une chambre, un salon et une cuisine bien équipée (jusqu'au grille-pain), mais leurs locataires peuvent aussi profiter du restaurant de ce complexe, dont le chef s'appelle Philos (une référence !). Un service de plats cuisinés sous vide, à faire réchauffer "à la maison", est proposé aux locataires d'un jour... ou d'une semaine ! Certains de ces chalets, il est vrai, invitent à s'éterniser, les n°9, 10 et 11 donnant directement sur la paisible petite plage de Carana Beach. Les autres s'étagent jusqu'à la route, avec une rue plus ou moins panoramique selon les cas. Bel exemple, en tout cas, d'intégration architecturale dans un site naturel.

North Point Guest House. Machabée ✆ 241339 - Fax 241850. *300 SR par jour et par chambre.* Routards peu fortunés, n'hésitez pas ! A 300 SR la nuit pour deux avec un coin cuisine, on n'a pas trouvé moins cher. A ce prix-là, c'est... propre et fonctionnel. Et il suffit de descendre quelques marches pour tomber sur une plage, forcément déserte en cet extrême nord de l'île où les touristes sont rares. On se sent un peu au bout du monde en ce North Point Guest House. Le propriétaire, Gilbert Hoareau, a fait vingt ans de Congo belge. Avec lui, les touristes sont bien gardés : "Dès qu'il fait nuit, je lâche mon bataillon de huit chiens. C'est moins cher que des sentinelles !"

Le Petit Village. Bel Ombre ✆ 247474 - Fax 247771. *700 SR par jour pour un studio, 1 200 SR pour un appartement.* Aussi beaux que ceux des dessins animés, les luxueux chalets de bois de ce Petit Village flambant neuf sont d'autant plus plaisants qu'ils se situent sur la plage même, dans un coin tranquille de l'immense baie de Beau Vallon. Climatisés et on ne peut mieux équipés (téléphone, télévision), leur cuisine étant même équipée d'un micro-ondes, ils méritent de faire école. Tuba et masque sont fournis avec les serviettes de plage. Certes, ce tout-confort se paye, mais à tarif égal, on est en droit de préférer un aussi beau "chez soi" à une banale chambre d'hôtel. A ces cinq studios, s'ajoutent deux appartements de deux chambres, parfaits pour une famille. Les Sud-Africains se donnent déjà la bonne adresse. Ils s'y sentent d'autant plus chez eux que le bois a été importé de leur pays.

Le Pti Payot. Mare Anglaise ✆ 261447 - Fax 261094. *500 SR par jour et par chalet.* Vue océane garantie de ce Pti Payot perché à flanc de colline dans la baie de Beau Vallon. Le dynamique et jeune Calva Evers y a planté trois chalets qui bénéficient non seulement d'une terrasse panoramique et de l'air conditionné, mais aussi d'un coin cuisine avec micro-ondes. Et pour le même prix, on vous rajoute au besoin deux lits pliants pour votre marmaille.

LA COTE EST

■ Grands hôtels

Reef Golf Club. Anse aux Pins ✆ 376251 - Fax 376296. *945 SR la chambre et le petit déjeuner.* Inauguré en 1972, le même jour que l'aéroport, le prestigieux Reef des années 70 a connu depuis des hauts et des bas. Des bas qui ont tendance à s'éterniser, ce vaste hôtel de bord de mer (dont la plage ne convient guère à la baignade) vivotant d'autant plus qu'il faisait l'objet d'une rénovation partielle lors de notre visite, fin 1995. Ne restaient alors que les murs à une bonne moitié de ses cent cinquante chambres... et une dizaine de clients dans la salle à manger. Mais ce gros navire à l'abandon devrait, à moyen terme, retrouver un véritable capitaine et se donner une nouvelle vitesse de croisière. Son si plaisant terrain de golf (sous les cocotiers) constitue un atout majeur, puisqu'il reste le seul 9-trous des Seychelles (69 SR le parcours).

■ Petits hôtels

Allamanda. Anse Forbans ✆ 366266 - Fax 366175. *620 SR la chambre et le petit déjeuner.* Tout nouveau, tout beau ! Joliment planté derrière les cocotiers de la plaisante Anse Forbans, dans le si paisible sud de l'île, ce petit hôtel de style créole (du nom d'une fleur jaune locale) a tout pour plaire. Bien équipées (air conditionné, frigo, bouilloire, sèche-cheveux), spacieuses et coquettes, ses dix chambres (dont six avec vue sur la mer) offrent l'un des meilleurs rapports qualité-prix de l'île. Ajoutez l'accueil cordial de la propriétaire, Tessie Ellinas, l'amabilité du personnel, une table de bon niveau, et vous comprendrez qu'il faille réserver. "Mieux que dans les catalogues ! Les grands hôtels ont tout à vous envier" lit-on dans le livre d'or, riche en louanges.

Auberge de Bougainville. Anse Royale ✆ 371788 - Fax 371808. *415 SR la chambre et le petit déjeuner.* Enfin une maison créole ouverte aux voyageurs ! Dominant l'Anse Bougainville, au bord de la route côtière, cette demeure de planteur, bâtie en 1925, accueille des touristes depuis déjà un quart de siècle. Parquet et vieux meubles, varangue, elle est restée telle quelle. Une authenticité qui exclut tout luxe, les sept chambres, seulement ventilées, de ce vénérable logis étant simples et "fermées", à l'exception de la n°6, dotée d'une belle vue. Si l'on opte pour la n°1, on aura le privilège de dormir dans un lit en laiton qui connut l'ère coloniale, puisqu'il fut celui d'Yvonne et Léon, les grands-parents de Nella Hoareau. Nella tient aujourd'hui cette affaire avec son mari Joël, très présent pour ses hôtes, qu'il va même accueillir à l'aéroport et auxquels il montre volontiers sa morsure de tortue à la cuisse. N'offrez pas votre doigt aux tortues du parc, dont les râles amoureux attestent que malgré leur carapace, ces bêtes sont très actives. On n'en compte pas moins de seize dans l'enclos qui leur est réservé, près de l'annexe où les Hoareau ont aménagé quatre chambres ; elles sont climatisées, mais n'ont pas le charme de celles de la bâtisse de grand-papa Léon.

Casuarina. Anse aux Pins ✆ 376211 - Fax 376016. *600 SR la chambre et le petit déjeuner.* Voilà ce qu'on peut appeler un bon petit hôtel, de vingt chambres. Ouvert dès 1972 (quand l'aéroport prit son envol), mais récemment rénové, ce Casuarina a tout pour plaire... si ce n'est la proximité de la route. Réparties dans plusieurs petites maisons et dotées d'une terrasse, ses nouvelles chambres, climatisées, sont d'un confort supérieur (téléphone, coffre, sèche-cheveux) à celles, meilleur marché, de la vieille villa, certaines ayant été décorées par un peintre italien. On est en droit de préférer le tableau extérieur : entre badamier, bois de rose, flamboyant, calice du pape, filao (ou casuarina), takamakas et cocotiers, le blanc du sable et le bleu de la mer... On peut aussi profiter de cette vue sereine, du plaisant salon-bar de bois, voisin de la paillote sous laquelle l'on peut se restaurer à toute heure. Pierre Grandcourt a non seulement soigné le décor, mais il a instauré un climat dans son établissement, doté d'un terrain de boules lyonnaises et, plus insolite encore, d'un jacuzzi d'eau de mer encastré dans les rochers. Ah ! quel plaisir que de s'abandonner à des jets toniques d'océan Indien en sirotant un punch coco...

■ Locations

Chalets d'Anse Forbans. Anse Forbans ✆ 366112 - Fax 366161. *550 SR par jour et par chalet.* Les Seychellois sont de plus en plus nombreux à vouloir tirer profit de la manne touristique. Petite-fille de Jean-Baptiste Jumeau, un "grand blanc" du début du siècle, Lise Pigg a fait bâtir six maisonnettes sur son terrain (trop nu) bordant la discrète plage d'Anse Forbans, où quelques pêcheurs ancrent leurs barques. Dotés d'un coin cuisine et d'une terrasse, les douze appartements sont climatisés. Dans un coin tranquille du sud de l'île, un bon pied-à-terre de bord de mer.

LA COTE OUEST

■ Grands hôtels

Berjaya Mahé Beach. Port Glaud ✆ 378451 - Fax 378517. *1 050 SR la chambre et le petit déjeuner.* A l'enseigne Sheraton, s'est récemment substituée celle de Berjaya (une chaîne malaisienne), mais ce Mahé Beach posé en bord de mer sur les rochers de Port Glaud reste un grand hôtel dans tous les sens du terme. D'abord par sa capacité d'accueil (cent soixante-treize chambres), puis par son équipement : piscine, tennis, squash, salon de massage, salon de coiffure, boutique, bars, restaurants, salle de conférences (cent quatre-vingts places) et, chose rare aux Seychelles, room-service nuit et jour. Il faut encore ajouter une animation orchestrale quotidienne et une discothèque (le Coco Cabana) le week-end.

De classe internationale, l'établissement, ouvert en 1975, accuse toutefois son âge. Mais le lifting entrepris par l'acquéreur asiatique devrait effacer certaines rides. Les chambres, toutes dotées d'un balcon et d'une vue sur l'océan, sont de bon standing (air conditionné, télé, minibar, bouilloire) et le service est professionnel. On n'en est pas moins dans un bâtiment tout-béton de sept étages qui défigure le site, ce blockhaus-sur-mer ne proposant d'ailleurs qu'une plage artificielle, bien peu fréquentée. Les clients sont conviés à embarquer pour l'île Thérèse voisine, où peuvent être pratiqués nombre de sports nautiques. Un barbecue y est aussi proposé chaque midi. Mais à quoi bon descendre dans un "grand hôtel", si c'est pour passer la journée sur l'île d'en face... où l'on a tout le temps de constater que le trop voyant Mahé Beach casse le naturel de ce littoral enchanteur. Une erreur qui a au moins le mérite de montrer ce qu'il ne faut pas faire !

Equator. Grand'Anse ✆ 378228 - Fax 378244. *1 165 SR la chambre et le petit déjeuner.* Quelle idée d'avoir construit un hôtel de bord de mer sans plage, alors que les anses sablonneuses sont si nombreuses à Mahé... Aussi les clients du granitique Equator, certes bien intégré au site, sont-ils invités à prendre un mini-bus puis un bateau affrétés par la direction pour plonger dans l'océan, à l'île Thérèse. Cette absence de plage se révèle un défaut majeur pour cet établissement ancré sur les rochers de la pointe nord de Grand'Anse, face à la petite et rocailleuse Ile aux Vaches. Ses soixante chambres, bien aménagées, ne bénéficient pas toutes d'une vue sur cet apaisant horizon. Deux restaurants, l'un créole, l'autre "international", appartiennent à un complexe qui, bien que relativement récent (1982), mériterait d'être rénové et redécoré. Reste que le bel espace piscine invite à venir prendre un verre sur ses chaises longues. Emergeant d'un rocher, une petite cascade artificielle ruisselle dans des bassins multiformes qui méritent une mention "très bain". Mais vient-on aux Seychelles pour faire trempette dans une piscine, si belle soit-elle, alors que l'océan vous tend les bras.

Le Méridien Barbarons. Barbarons ✆ 378228 - Fax 378484. *1 270 SR la chambre et le petit déjeuner.* Ouverts respectivement en 1972 et 1978, le Fisherman's Cove et le Barbarons sont toujours propriété de l'Etat, mais c'est la chaîne Méridien (désormais "british") qui gère depuis 1986 ces deux hôtels renommés de Mahé. Si le Fisherman a opté, avec moins de cinquante chambres, pour le créneau du haut de gamme, le Barbarons se veut un "gros porteur" de bon standing, ouvert à une clientèle moins fortunée. Récemment rénovées, ses cent vingt-cinq chambres, réparties sur deux niveaux et dotées d'une terrasse ou d'un balcon, offrent un confort de classe internationale (climatisation, télé, minibar). Une belle plage ourle la plaisante cocoteraie autour de laquelle sont disposés les bâtiments. Outre une grande piscine, deux courts de tennis, un mini-golf et un billard, l'établissement possède son propre centre de plongée et ses bicyclettes. Un service de baby-sitting est aussi proposé à une clientèle conviée par ailleurs à diverses animations, un défilé de mode permettant ainsi chaque jeudi soir de se régaler de la vue de six ou sept beautés du cru.

The Plantation Club. Baie Lazare ✆ 361361 - Fax 361333. *1 340 SR la chambre et le petit déjeuner.* Quand tropical rime avec international, cela donne un hôtel du genre Plantation Club. Propriété du milliardaire américain Georges Davidson, le dernier-né (1988) des grands complexes se fond à merveille dans l'enchanteur site de la baie Lazare, son interminable chapelet de deux cents chambres s'égrenant sous le niveau des cocotiers, face à la plage. Spacieuses et luxueuses (coffre, minibar, télé, sèche-cheveux), dotées d'une terrasse, certaines d'entre elles ont même déjà été rénovées (devenant des "de luxe room"). Le haut standing de cet établissement-phare du sud de l'île, attire surtout Anglais et Allemands. De plus en plus nombreux aux Seychelles (grâce au vol Aeroflot), les "nouveaux riches" de l'ex-U.R.S.S. dépensent aussi volontiers leur capital dans ces "datchas" de cocoteraie, où deux cent quatre-vingts travailleurs s'activent pour leur bien-être.

Du personnel à foison, à la hauteur de l'investissement ! L'imposant hall principal donne le ton : véritable cathédrale de bois, il coiffe réception, salons, bar central et l'un des restaurants. On en prend plein les yeux ! Une cascade ruisselle même sur des rochers, qu'il faut s'amuser à faire résonner du doigt : du carton-pâte plus vrai que nature ! La salle de conférences et de galas (le président René y a marié son fils), le salon de coiffure, le casino et un élégantissime restaurant gastronomique (le plus classe de Mahé). A deux pas du Grand Bleu, l'espace piscine concurrence la plage, d'autant plus qu'on y profite sans bourse délier de cours d'initiation à la plongée, l'établissement ayant son propre centre de plongée. Outre le room-service permanent et le service de baby-sitting, il faut encore mentionner un snack et un grill-barbecue en plein air, un centre fitness, un practice de golf, des courts de tennis et volley, des canoës et pédalos, des billards et une pleine salle de machines à sous.

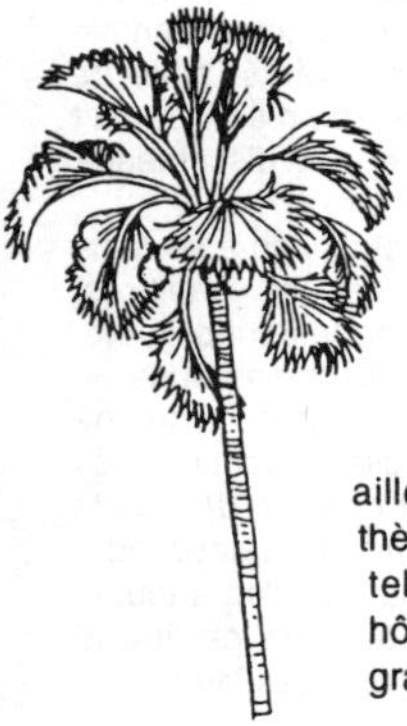

On l'a compris, on peut rester là sans éprouver le besoin d'aller voir ailleurs (ce serait dommage !), animations quotidiennes et soirées à thème favorisant cette tendance au sur-place. Côté prix, évidemment, un tel "plateau" vaut son pesant de roupees. Mais comparé à d'autres hôtels d'une tarification voisine, le plus complet et le plus "pro" des grands hôtels seychellois mérite de faire école.

■ Petits hôtels

Auberge d'Anse Boileau. Anse Boileau ✆ 375660 - Fax 376406. *380 SR la chambre et le petit déjeuner.* Non à la dictature du petit déj' ! Sept heures du matin ou deux heures de l'après-midi, c'est quand on veut. Pour Plume, les vacances, c'est d'abord la liberté et la découverte du pays. Pas de quoi s'éterniser dans sa chambre, quand une telle beauté vous entoure. Tant pour crapahuter sur le sentier des Trois Frères que pour aller pêcher au-delà de la barrière de corail, le fameux patron de l'Anse Boileau vous fait partager son expérience et sa débrouillardise. On peut lui faire confiance !

Château d'eau. Barbarons ✆ 358577 - Fax 78388. *740 SR la chambre et le petit déjeuner.* A proximité de la route côtière, et au bout d'une majestueuse et chaotique allée de flamboyants et frangipaniers, cette austère maison de maître a perdu de sa superbe, comme si elle ne s'était jamais remise de la fin des colonies. Aussi, Renée Troyan, la châtelaine d'origine française, a-t-elle ouvert sa demeure aux voyageurs. Les cinq chambres proposées sont certes agréables mais ô combien défraîchies. Et coûteuses ! Mais elle plairont sûrement aux amateurs de lieux d'atmosphère, un parfum de nostalgie régnant sur ce domaine dont on pressent qu'il eut son heure de gloire. On se sentirait un peu hors du temps dans ce “château” d'un charme suranné qu'on pourrait situer dans bien d'autres ailleurs, si, en contrebas, une petite plage ne rappelait qu'on est bel et bien aux Seychelles.

Lazare Picault Chalets. Baie Lazare ✆ 361111 - Fax 361177. *495 SR ou 650 SR.* Sacrée côte à s'envoyer ! Pour une sacrée vue... Celle d'une baie que l'explorateur français Lazare Picault découvrit en 1742. Cette baie Lazare se révèle dans toute sa plénitude des quatorze chalets nichés à flanc de colline, dans les rochers et la végétation. Les plus récents (et les plus chers) sont dotés de l'air conditionné, d'un frigo et d'une bouilloire ; tous jouissent d'une terrasse, et le regard ne se lasse pas d'un panorama aussi grandiose, dont bénéficie également le charmant petit bar-restaurant, typique du genre tropical.

L'Islette. Ilot de l'Islette ✆ 378229 - Fax 378499. *690 SR en demi-pension.* “Ce qu'ils ont fait, pour le Bon Dieu, c'est pas bon...”. Mais Rosemay n'a tout de même pas laissé passer le spectacle ! “Mes yeux ont vu, mais pas moi !”, se justifie la femme de chambre, qui n'oubliera pas de sitôt ce tournage ardent de l'été 94. Le pape du “hard” hexagonal avait loué cet îlot de poche, ancré à cent mètres de la côte, face à l'église de Port Glaud, pour y embobiner des images pas très catholiques. Entre étalons et starlettes, un corps-à-corps sous la caméra du maître, Michel Ricaud. Pas besoin de Coco d'Amour pour faire monter la pression : on était là entre “pros” du X. Du porno sur fond de cocotiers et sous l'œil de Max, le propriétaire de L'Islette, ravi d'avoir le beurre et l'argent du beurre. Mais le film a mal tourné, Ricaud ayant été emporté par la mer alors qu'il se baignait sur le versant dangereux de l'îlot. Fin de la première partie. Un autre as du ciné à mateurs, Pierre Woodman, revint bientôt conclure ce “Private aux Seychelles”, avec de nouvelles créatures. Max s'en régale encore...
Max Maurel règne depuis un quart de siècle sur ce coin de terre et ses douze chambres accusent leur âge. Plus très fraîches, mais encore acceptables, les n°1, 9 et 11 ayant la particularité d'être rocailleuses. Entendez par-là que l'architecte a eu la bonne idée d'intégrer dans ces chambres des morceaux de rochers. Côté bain, il suffit de descendre quelques escaliers pour profiter des deux mini-plages de l'îlot... ou de faire signe à Toto pour rejoindre la terre ferme en moins de deux minutes et sans bourse délier.

Tec Tec Hôtel. Anse Louis ✆ 376430 - Fax 375050. *700 SR la chambre et le petit déjeuner.* Il faut emprunter un chemin fort cahotique (à se demander si l'on ne s'est pas trompé de route) pour arriver sur les hauteurs de l'Anse Louis, où les six beaux chalets de ce Tec Tec Hôtel font face à l'océan. Chacun est équipé de l'air conditionné, d'une télé, d'un minibar et d'une terrasse. Il suffit de descendre quelques marches pour profiter d'une belle plage, rien que pour soi, ou presque. Si le site ne manque assurément pas de charme, le bâtiment de la réception et du restaurant se révèle sans âme. On se sent d'ailleurs livré à soi-même dans cet hôtel trop nu et un peu froid.

■ Locations

Blue Lagoon. Anse à la Mouche ✆ 371197 - Fax 371565. *6140 SR par semaine et par chalet.* Une bonne adresse pour une petite famille ou deux couples d'amis qui veulent faire vacances communes, les quatre chalets (seulement ventilés) du Blue Lagoon disposant chacun de deux chambres avec un immense lit double et une salle de douche, d'une cuisine bien équipée et d'un grand salon-salle à manger ouvert sur la terrasse. De hauts cocotiers s'élèvent dans cet agréable parc d'où l'on jouit d'une vue sur la mer, puisqu'il suffit de traverser la petite route de la côte ouest pour accéder à la belle plage d'Anse à la Mouche. Les prix incluent les transferts d'aéroport et le service d'une femme de ménage, la cuisinière étant proposée en option.

La Résidence. Anse à la Mouche ✆ 371370 - Fax 371733. *500 SR par nuit par villa ou appartement.* Construite à flanc de colline face à la remarquable baie d'Anse à la Mouche, cette Résidence est composée de trois belles villas de style créole et de trois appartements en duplex (deux chambres avec salles de bains attenantes, cuisine équipée, living et terrasse). Le ménage est assuré chaque jour et une cuisinière se tient prête au cas où on ferait la grève des fourneaux. On peut d'ailleurs se faire servir le petit déjeuner pour quinze petites roupees. L'aimable propriétaire, Marie-Anne Hodoul, se montre attentive à ses hôtes et assure leur transfert de l'aéroport.

LES RESTAURANTS DE L'ILE

BEAU VALLON ET LE NORD

Chez Philos. Carana ✆ 241041. *Environ 160 SR.* Enfin un cuisinier, un vrai, bien de chez nous, enfin... d'à côté. Quinze ans après avoir quitté sa bonne ville de Bruxelles, celui qui fit les beaux jours de l'Auberge de l'Anse Boileau (que de vedettes !) a resurgi après un long entracte dans le nord de Mahé, autour des chalets du Carana Beach, dans une salle en bois aux couleurs de l'océan. Mais ce bon Philos (Philippe Emond de son vrai nom) n'a perdu ni de son embonpoint ni de son talent. Le pain maison et l'amuse-bouche (deux raretés par ici) sont déjà annonciateurs d'un bon repas. Promesses tenues avec une tomate farcie au tartare de thon, une terrine de bourgeois, un filet de vieille au miel et au limon, une cigale de mer à la cannelle et des crevettes à sa façon.
Langouste ou fruit à pain, Philos a vraiment l'art de sublimer les meilleurs produits du pays, sa longue expérience lui permettant d'avoir de bons fournisseurs (et des pêcheurs attitrés). Des cuissons justes, des sauces légères et parfumées, ses plats attestent que malgré son éloignement, ce chef a su rester dans la mouvance actuelle. Hormis le lundi (son jour de congé... et celui du buffet créole), il s'enquiert en salle des désirs de ses clients qui apprécient non seulement l'assiette, mais aussi le service alerte de Rose-Marie, son épouse. Quant aux vins, de riesling en chardonnay et de chenin en merlot, ils vous font boire l'Afrique du Sud en blanc et rouge. Un repas soigné jusqu'au dessert, le pâtissier, Conrad Louise, ayant fait l'école de Lenôtre : quelle aérienne mousse coco au chocolat noir ! Seul regret, que ce restaurant de bord de mer ne regarde pas l'océan.

La Goélette (Ecole hôtelière). Bel Ombre ✆ 247414. *Fermé le samedi, le dimanche, le lundi et pendant les vacances scolaires. 75 SR à midi et 90 SR le soir.* Une adresse futée... en cas d'overdose de cuisine à la sauce créole. Pour 75 SR à midi et 90 le soir, de la vraie cuisine française bien de chez nous, du style assiette de crudités, fricassée de volaille et bavarois.

Notre palmarès des tables

La plus créole : Marie-Antoinette. Saint-Louis ✆ 26622.

La plus coloniale : Bagatelle. Bel Air ✆ 224722.

La plus classe : Le Lazare (The Plantation Club). Baie Lazare ✆ 371388.

La plus cotée : La Scala. Bel Ombre ✆ 247535.

La plus plage : Jolie Rose. Anse Intendance ✆ 366060.

On est là, sur les hauteurs de Beau Vallon, à l'école hôtelière des Seychelles, où près de deux cents élèves apprennent le métier. Certes, ni le cadre ni la décoration ne retiennent le regard, mais le cérémonial des serveurs appliqués et polis est un spectacle en soi. Pour ce menu unique, il est prudent de réserver, surtout le soir, ce restaurant de “travaux pratiques” étant très fréquenté des Seychellois, qui apprécient d'y manger comme en France et à petit prix.

La Perle Noire. Beau Vallon ✆ 247046. *Environ 160 SR.* Tant sur l'intimiste terrasse que dans la spacieuse salle à manger - bar, où trône une admirable maquette de vaisseau, c'est le soir que ce restaurant déploie tous ses charmes. Ni vue ni jardin ne valorisent cette sérieuse et coûteuse table, ouverte à tous les vents de ce qu'on appelle la cuisine continentale. De champignons sautés en filet au poivre et d'agneau à l'ail en veau au jambon, quelle diversité (autour de quatre-vingts plats !) et quel melting-pot ! Aussi préférera-t-on un répertoire plus local : papaye au porto, espadon fumé ou filet de bourgeois (meunière, au four ou au vin blanc). On appréciera aussi la salade de palmiste ou le palmiste braisé (avec ou sans béchamel), qu'il est rare de croiser sur une carte, l'abattage d'un palmiste étant en effet réglementé par l'Etat. Une bonne table pour qui veut sortir des restaurants d'hôtels de Beau Vallon.

Le Petit Port (Le Méridien Fisherman's Cove). Bel Ombre ✆ 247247. *200 ou 220 SR.* Non au néfaste-food ! Le directeur du Fisherman's Cove se flatte volontiers d'avoir résisté au hamburger : pas même sur sa carte de snack ! Il est vrai que ce Méridien se veut réservé à l'élite, forcément (?) faite de gourmets. Dès lors, honneur à un vrai “toqué” ! Et qui plus est “seselwa”. Maître-grillardin au sein de la Chaîne des Rôtisseurs, Ulrich Denis a bien assimilé les us et coutumes de la gastronomie française, dans sa version contemporaine. De beaux produits, une cuisson juste, une présentation soignée : ce chef voyageur a su tirer le meilleur de notre (déjà) historique “nouvelle cuisine”. Roulades de marlin fumé sur lit de cœur de palmier, gratin de gambas parfumé au curry, dos de bourgeois poêlée et sa rougaille aux épices, bavarois à la mangue et son confit de papaye : rien que du bon ! Dommage toutefois que le menu du dîner soit imposé (200 SR avec poisson, 220 avec viande). Côté vin, évidemment, ce n'est pas le Pérou, mais les Seychelles... On est d'ailleurs étonné de découvrir, entre de banalissimes rosé d'Anjou et beaujolais, un honorable Château Clarke 89 dont on se demande bien comment il est arrivé là.

La Scala. Bel Ombre ✆ 247535. *Fermé le dimanche. Environ 160 SR.* La Scala ? Depuis plus d'une décennie, une seule voix s'élève : la référence ! Ministres, ambassadeurs et autres résidents ne s'y trompent pas, puisqu'ils constituent une bonne moitié de la clientèle des Torsi, dont la table est pourtant excentrée, à l'extrémité sud de l'interminable baie de Beau Vallon. Ils savent qu'ils trouveront là une cuisine toujours impeccable et leur choix se porte plus volontiers sur des plats qui rompent avec leur quotidien, qu'il s'agisse d'un filet de bœuf, d'un jambon de Parme, d'une escalope de veau au marsala ou de pâtes préparées “comme là-bas” et qui rappellent l'origine des restaurateurs : Lugano pour Silvana et Napoli pour Gianni. Lequel se révèle aussi alerte aux fourneaux qu'en mer : ses prises (un thon de 68 kg) font le régal des touristes.
Car cette grande salle en crépi, ouverte sur l'air marin, s'est aussi fait un nom pour ses poissons, conjugués sur tous les tons : grillé, braisé, meunière, à l'ail, au poivre vert, aux câpres et anchois... Régal assuré ! Le service est irréprochable, jusque dans la préparation sur guéridon des célèbres crêpes suzette de la maison. Le tout étant arrosé par des vins vendus au juste prix, qu'il s'agisse du champagne (155 SR la demi-Laurent Perrier), des blouberg blanc et nederburg rosé d'Afrique du Sud, et surtout des bardolino, chianti et frizzante d'Italie. Belle adresse où Silvana virevolte avec une efficacité rare sous ces latitudes. Et si vous lui demandez pourquoi son expresso est le meilleur de l'archipel, elle vous répondra qu'elle l'importe elle-même dans ses valises lorsqu'elle revient de la péninsule bottée. Inutile de dire qu'avec autant d'atouts, il est prudent de réserver, d'autant que la maison n'ouvre que le soir.

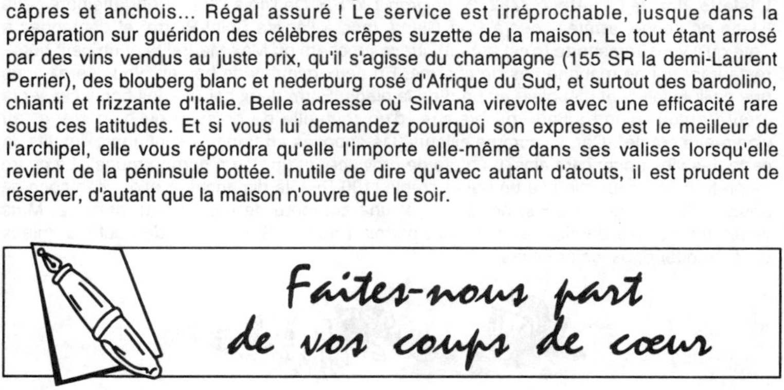

LA COTE EST

Allamanda. Anse Forbans ✆ 366266. *95 SR le dimanche à midi.* Le dimanche à midi, un buffet créole en cache toujours un autre, mais la meilleure adresse, c'est sûrement l'Allamanda. Du "kreol seselwa" plein la bouche : cari de poisson au lait de coco, steak de thon, fricassée de poulet, salade de patole, chatini de papaye, daube de banane, gâteau coco... Une vingtaine de plats bien cuisinés et joliment présentés, sur fond de pirogue et sous une paillote donnant directement sur la plage. Autant en emporte le ventre... Après de telles ripailles, ne reste qu'à se trouver l'ombre d'un cocotier pour digérer. Doit-on préciser qu'à un tel prix (95 SR seulement), mieux vaut réserver son couvert, car résidents et autochtones se sont vite refilé la bonne adresse.

Auberge de Bougainville. Anse Royale ✆ 371788. *Environ 120 SR.* Dans le sud de l'île, une bonne escale à la sauce créole. Cari coco de poulpe ou de poulet, espadon sauté à la bougainville (gare aux épices !), banane au sirop et lait de coco... : les quelques plats créoles de cette vieille bâtisse coloniale sont tout à fait recommandables. On peut aussi les apprécier sur la terrasse, cernée par les frangipaniers rouges et les bougainvillées fuchsia. Et en attendant que ça soit cuit, on se doit de flâner sous la varangue de l'étage et de jeter un œil sur le parc aux tortues, la doyenne des seize ayant, paraît-il, plus de 120 ans.

Kaz Kreol. Anse Royale ✆ 371680. *Environ 130 SR.* Tropicale ou royale ? Quelle que soit la pizza choisie, les Mahélois apprécient le week-end le "savoir-cuire" (au four) de Marianne, qui fut seize ans durant pizzaïola en Italie. Par l'odeur alléchés, pas mal de touristes se baignant tout près, succombent à ces pizzas et lasagnes dont on se régale les pieds dans le sable. On peut aussi, sous la paillote de plage, manger plus local, crevettes Kaz Kreol (ail, piment, citron), salade de poulpe et d'espadon fumé ou banane caramel.

LA COTE OUEST

Chez Battista. Anse Takamaka. *Environ 130 SR.* Fini le temps où sur la petite plage de Takamaka, Battista se contentait de faire griller du poisson sous sa paillote. Le succès aidant, le voilà aujourd'hui dans le "biznes" : plusieurs bungalows ont poussé autour de sa rustique gargote, dénaturant un peu la beauté du site. On n'en continue pas moins à manger les pieds dans le sable, une cuisine à la braise qui honore les produits de la mer. Bien que les prix aient grimpé, les Mahélois continuent de s'y détendre le dimanche.

L'Indigo (Le Méridien Barbarons). Barbarons ✆ 378253. *150 SR le soir.* Encore une belle charpente de bois ! Bien assis dans de moelleux fauteuils zébrés, il est agréable de prendre l'apéritif sous les imposantes poutres de l'énorme hall-salon du Méridien Barbarons. On peut ensuite prendre place à l'Indigo, où les amateurs de buffet à volonté en auront pour leurs roupees (150). A chaque dîner, son thème : soirée méditerranéenne le dimanche (de la moussaka à la bouillabaisse), soirée grillades le lundi, soirée créole le mardi, soirée italienne le mercredi (elle fait l'unanimité), soirée rôtisseur le jeudi (avec pot-au-feu), soirée mer le vendredi et, pour conclure la semaine, un bal des brochettes le samedi. De quoi faire voyager ses papilles à bon compte !

L'Islette. Ilot de l'Islette ✆ 378229. *Environ 120 SR.* De l'île à l'îlot... Pour atteindre cette Islette de poche, arrêtez-vous à Port Glaud, face à l'église Saint-Pierre, et demandez à Toto qu'il vous transporte (c'est gratuit) sur ces rochers où Max Maurel tient un petit hôtel-restaurant qui ne manque pas de charme. En deux minutes de bateau, vous serez sous une paillote joliment meublée, au bord de la plage. Entre deux bains, il fait bon y casser la croûte autour d'une salade de pieuvre, d'un rougaille de poisson ou d'un crabe "au vinaigraite créole". Car, ici comme ailleurs, les énoncés en français sont approximatifs, la carte des vins annonçant ainsi un "côte de province" et un "mum gordon rouge". Le cadre se prête on ne peut mieux à un buffet créole (100 SR), le dimanche à midi : cari coco de poulpe, thon grillé, salades, noodles... et une compote de papaye du tonnerre. Mais venez tôt, car les derniers arrivés sont parfois frustrés. Sur le front des buffets, mieux vaut attaquer dans les premiers.

Jolie Rose. Anse Intendance ✆ 366060. *Environ 120 SR.* Plus besoin d'emporter sa bouteille de Valriche et sa boîte de thon si l'on veut paresser une bonne partie de la journée sur la plus sublime plage de Mahé, Anse Intendance. Flossel Marengo se charge en effet... de l'intendance. Son restaurant, discrètement situé en arrière-plan de la plage, permet de casser la croûte entre deux bains, jusqu'à l'heure où le soleil tire sa révérence. Le plus populaire des chefs seychellois (interprète du tube "Jolie Rose") y mijote de bons petits plats créoles : salade de palmier, cari de poisson en feuille de cannelle, cari de poulpe au lait de coco, crabe au gingembre... Les desserts sont aussi fameux : daube de banane ou sorbets maison (coco, citronnelle, orange sauvage). Le dimanche à midi, comme partout ou presque, le barbecue s'impose : place au buffet créole ! On peut aussi se contenter de boire un jus de fruits qui ne sort pas d'une conserve, ne serait-ce que pour apprécier la sveltesse de Maryse, l'une des nonchalantes serveuses en paréo, qui évoluent dans ce décor valorisant les bois du pays : takamaka, sandragon, jacquier, bois noir, bois gayac, bois de natte, calice du pape et cocotier. A propos de cocotier, demandez à Flossel qu'il vous montre celui à deux cimes : une rareté !

Le Lazare (The Plantation Club). Baie Lazare ✆ 371588. *Fermé à midi et le dimanche. Environ 160 SR.* Elégantissime Lazare ! Le restaurant le plus classe de l'archipel est peut-être aussi le plus dépaysant. Non seulement pour son aménagement cossu et son ambiance feutrée, mais aussi pour sa vue panoramique digne d'un décor d'Hollywood. De l'autre côté de la grande baie vitrée, quel spectacle sous le feu des projecteurs ! Dans des dégradés de vert, une lagune tropicale, frangée de cocotiers, se révèle irréelle. On s'attendrait presque, après le clap d'un cinéaste invisible, à voir soudain surgir une bande de crocodiles ou de dinosaures. Mais le décor reste figé, le spectacle étant bel et bien dans l'assiette.

Pas de doute, grâce au chef français du Plantation Club, on est ici dans l'une des rares vraies adresses gastronomiques de l'archipel : hure de bourgeois au poivre vert, salade tiède de rougets, poisson cuit à la vapeur d'algue sauce vierge au chou d'espadon, poisson fumé... Des plats à la fois travaillés et respectueux du produit. Crème brûlée à la cannelle ou parfait glacé au chocolat et au fruit de la passion, les desserts sont aussi convaincants. On s'étonne de ne pas payer plus cher qu'ailleurs d'aussi flagrantes délices, à moins de s'être payé le luxe d'un filet de bœuf aux morilles ou d'un civet de lapin au miel et à la cannelle. Outre le service stylé et la climatisation abusive, on retiendra de cette table de standing international, l'indigence de la carte des vins. Muscadet de négociant et petit bordeaux (les mêmes que partout ailleurs dans l'archipel) rappellent qu'on est bel et bien aux Seychelles.

La Marie-Galante. Grand'Anse ✆ 378455. *Environ 130 SR.* Foin des horaires imposés ! A l'extrémité nord de la baie de Grand'Anse, on peut s'attabler à toute heure, non seulement pour profiter de la vue plongeante sur cette superbe plage immaculée, mais aussi d'une cuisine créole bien exécutée, servie sans protocole et dans l'air marin : crêpe à l'espadon fumé, mérou grillé, banane flambée au Cointreau... Un buffet créole est proposé le dimanche à midi. Farida Moulinier, la belle maîtresse des lieux, se montre très attentive à ses clients. Et comme son mari est importateur de vins aux Seychelles, on peut se permettre une petite folie : un Laurent Perrier à 250 SR sous ces latitudes, c'est presque donné ! En tout cas d'un meilleur rapport qualité-prix qu'un vin de table à 95 SR, fût-il appelé Chevalier de Ronceval. On peut aussi jouir de l'admirable point de vue à partir du bar en rotonde où José sert un remarquable punch au lait de coco frais.

Chez Plume. Anse Boileau ✆ 375660. Fermé le lundi. *Environ 130 SR.* Après avoir bourlingué en Afrique noire, des forêts du Libéria au centre-ville d'Abidjan, Jean-Claude Plumas dit Plume a décidé de poser ses valises sur cet archipel dont il est toujours aussi épris, dix ans après son coup de foudre. "Je n'en reviens toujours pas de voir aussi peu de monde pour tant de beauté", s'étonne cet ancien moniteur de ski savoyard, devenu champion de la pêche au gros, ainsi qu'en témoigne la queue de marlin (une bête de 434 kg !) trônant dans son restaurant de l'anse Boileau. Poissons et crustacés font l'essentiel de sa carte : crabe au gingembre, camarons de rivière à l'ail, crevettes grillées... De soupe de brèdes en salade de chouchoutes et de beignets de bringèles en terrine de chauve-souris, d'autres plats créoles dépaysent les papilles du touriste, jusqu'au dessert, un généreux soufflé au fruit de la passion. C'est le soir, à la lueur des bougies et sur une terrasse couverte joliment redécorée, que l'on peut apprécier cette cuisine sincère. L'établissement, très recommandable, fait aussi office de syndicat d'initiative, Plume faisant volontiers partager sa passion pour ces îles enchanteresses.

La Sirène. Anse aux Poules Bleues ✆ 361339. *Environ 120 SR.* "Sorry, no credit card". D'entrée de jeu, Bob annonce la couleur. Ancien mercenaire reconverti dans la chauve-souris rôtie, l'homme se méfie de son prochain. Le cheveu ras, le torse large et le verbe prudent, ce baroudeur belge a posé là ses valises il y a quelque vingt ans. Marié à une Seychelloise et rangé des gros coups depuis son aide musclée à France Albert René (en 77), il a ouvert son restaurant en bord de plage, à l'Anse aux Poules Bleues. Sous sa paillote, ouverte de 11 h à 17 h, on choisit les pieds dans le sable et sur une ardoise un steak de barracuda, un cari de poule ou une brochette de sardines. Mais pour qui veut enfin goûter aux chauves-souris, c'est le moment ou jamais ! "Elles se nourrissent de fruits. Surtout de papayes ! Leur chair se situe entre celle de la bécasse et celle du ramier", explique Bob, qui la sert rôtie, accompagnée de fruit à pain et de l'inévitable riz. Quant à la sculpturale sirène exposée dans la cour et faite de fil de fer et de ciment, elle est l'œuvre de l'ancien "dur", devenu père peinard.

LES ILES VOISINES

ILE AU CERF

Des tortues et des roussettes, mais pas le moindre cervidé sur cette île au Cerf, qui tire son nom de la frégate "Le Cerf". Celle-ci mouilla devant la future capitale en 1756, le capitaine Corneille Nicolas Morphey ayant alors officiellement pris possession des Seychelles. Se déployant à cinq kilomètres de Victoria sur environ un kilomètre et demi de long et neuf cents mètres de large, cette île, dont le point culminant atteint tout de même 108 m, est parcourue par trois ruisseaux. Dotée d'une végétation luxuriante, elle est habitée par une quinzaine de familles, qui vivent essentiellement de leurs terres (cocos, légumes...), chacune possédant son bateau pour gagner la ville. Des réseaux sous-marins alimentent l'île en eau et en électricité (les autres îles du parc marin étant desservies depuis Cerf).

Plusieurs sentiers parcourent cette île paisible, dotée de deux petites chapelles (catholique et anglicane), et parsemée de maisons enfouies dans une végétation fournie. Quelques tortues de terre géantes prennent le temps de vivre près du *Beach Shed Bar,* que Rosemay Emond (la femme de Philos) a récemment repris, bien décidée à ouvrir ses tables sous paillote aux particuliers, le vendredi soir au moins, grâce à une navette avec le port. A défaut de bateau privé, l'île n'est en effet accessible qu'aux groupes d'excursionnistes réunis par TSS et NTA. Lesquels "nourrissent" aussi le *Kapok Tree,* l'autre restaurant, connu pour ses poissons grillés, pêchés dans les superbes récifs situés au large de la côte septentrionale de Cerf : une zone de référence pour les plongeurs.

LONGUE

Prolonger son séjour aux Seychelles sans bourse délier ? C'est à Longue et nulle part ailleurs... Deux touristes (l'un Allemand, l'autre Grec) y ont ainsi passé une semaine pour avoir été pris à fumer un peu d'herbe sur la plage de Beau Vallon. La plus secrète des Seychelles est une île carcérale, destinée aux prisonniers qui purgent une petite peine, la prison de Police Bay (au sud de Mahé) étant réservée à des condamnations plus lourdes. Quelque soixante "pensionnaires" (deux femmes seulement) vivent sur cette île longue de huit cents mètres et large de trois cents, située à cinq cents mètres de Cerf. Dissimulée sous une épaisse végétation, elle accueillait jadis les malades atteints de petite vérole. C'était il y a plus d'un siècle, quand Longue servait de station de quarantaine.

Carte des îles page 114

MOYENNE

Moyenne ou l'île du milieu, entre Sainte-Anne et Longue, à quelques brasses de Ronde. Longue de quatre cent cinquante mètres et large de deux cent cinquante, une heure suffit pour faire le tour de ce paradis vert au relief tourmenté. Propriétaire de cette île de neuf hectares depuis 1962 (10 000 livres sterling à l'époque), l'ancien journaliste anglais Brendon Grimshaw a eu la bonne idée d'étiqueter les arbres qui la recouvrent : bois sagaie, manguier sabre, eucalyptus, sandragon, calice du pape, bois de natte... De nombreux sentiers parcourent cette forêt de poche, le principal étant balisé à même les rochers par de grosses flèches orange, dans le genre course au trésor. Et pour cause ! Le Robinson de Moyenne, qui vit là avec son Vendredi (monsieur... Lafortune !) a déjà entrepris de nombreuses fouilles, des pirates ayant dit-on enterré un fabuleux butin sur cette île où abondent aussi les histoires de fantômes. Entre le minuscule cimetière de forbans et la vieille villa créole, des phénomènes surnaturels se seraient manifestés : fenêtres et portes qui claquent, lits secoués, bruits de claudication...

Autant d'histoires qui ont contribué à faire de Moyenne une île de légende et de tourisme. Cinq jours par semaine, plusieurs dizaines d'excursionnistes (ceux de Mason's Travel exclusivement) y débarquent pour déjeuner et vagabonder en tous sens, des hauteurs de la Fiapi's Forest à la plage de Coral Cove, et du "coin des amoureux" à la "maison des chiens", construite il y a un siècle par la propriétaire de l'époque pour y loger les chiens perdus qu'elle ramenait de Mahé. A sa mort, cette demoiselle Best laissa Moyenne à deux amies, sous la stricte condition qu'aucune bête, pas même un rat, n'y soit jamais tuée. On prend vraiment plaisir à découvrir cette île de dessin animé, où l'on croise même des tortues en liberté, et dont la superbe plage principale s'ouvre en éventail sur les îles voisines.

RONDE

Une île de poche toute... ronde ! Cinq minutes suffisent pour faire le tour de cet îlot de cent cinquante mètres de diamètre, planté à huit cents mètres de Cerf et recouvert d'une végétation très dense : takamakas, lataniers, sandragons, calices du pape... Un véritable bosquet flottant sur lequel habite le gardien du parc naturel marin de Sainte-Anne dont Ronde fait partie. Les amateurs de plongée sont conviés à se jeter à l'eau près du môle. De la léproserie, de la chapelle et de la petite prison d'autrefois, restent quelques vieilles pierres, autour desquelles Doris et Gaby Calais (de Cerf) nourrissent les excursionnistes qui débarquent là deux ou trois fois par semaine. Un buffet créole est, en effet, programmé dans le cadre des excursions que NTA et TSS organisent dans le parc marin.

SAINTE-ANNE

C'est ici que tout a commencé... Le 27 août 1770, les vaisseaux "Duc de Praslin", "Comte Saint-Florentin" et "Télémaque", débarquaient les premiers habitants des îles Seychelles. Une colonie dont les premiers succès agricoles (manioc, riz, maïs, café, légumes...) amenèrent Brayer du Barré à étendre cet établissement sur Mahé, une extension qui causa bientôt l'abandon de Sainte-Anne. L'île doit son nom à Lazare Picault, qui la découvrit en 1742, le jour de la sainte Anne. Ancrée à cinq kilomètres de Victoria et dominée par le mont Sainte-Anne (250 m), elle est la plus importante des îles voisines de la capitale : deux kilomètres de long sur un de large.

La plus malmenée aussi ! De vilaines traces du passage de l'homme subsistent çà et là. Au siècle dernier, baleiniers anglais et américains y débarquaient leur cargaison ; durant la Seconde Guerre, l'île fut une base de ravitaillement pour les navires de guerre et les pétroliers. Plus récemment (de 1985 à 1994), l'Etat l'avait restructurée en camp du NYS pour y accueillir les jeunes de 15 à 17 ans effectuant leur service national.

De cette dernière affectation, Sainte-Anne conserve des bâtiments dénués de charme et qui, même de loin, nuisent à sa beauté. Toutefois, la nature reprend ses droits dès qu'on s'éloigne du "village", plusieurs chemins permettant de parcourir l'île, par la côte et par l'intérieur. Encore faut-il être autorisé à débarquer sur cette verdoyante terre "gouvernementale" où le haut personnel d'Etat a le privilège de pouvoir s'oxygéner. En attendant que Saint Anne trouve une nouvelle vocation : on parle d'y construire un hôtel. Les plages, il est vrai, sont prêtes à l'emploi...

THERESE

Amarrée face à la côte ouest de Mahé, à un bon kilomètre de Port Glaud, Thérèse est dominée par le mont Thérèse (qui culmine à 160 m) au-dessus d'innombrables cocotiers et takamakas. Probablement découverte par les Arabes (des signes gravés dans la roche semblent l'attester), cette île d'un kilomètre et demi de long sur sept cents mètres de large n'est pas du genre à se livrer facilement. Pas facile de la pénétrer ! Un seul chemin, mais quelle plage ! Une très longue étendue de sable blanc et des eaux aussi limpides que poissonneuses dont profitent surtout les clients des hôtels Berjaya Mahé Beach et Equator, qui s'y font transporter le matin. Nombre d'activités nautiques y sont proposées : un bar-restaurant permet aux "exilés" d'y passer une bonne partie de la journée. Pour 100 roupees l'aller-retour, Toto (face à l'Islette) se propose d'y conduire les touristes particuliers en dix minutes. Pour quelques billets de plus, il peut pousser jusqu'à proximité de la Pointe Escalier, histoire d'admirer son escalier géant. Miracle de la nature ou trace d'un rite religieux pratiqué par des découvreurs qui seraient arrivés jusqu'à Madagascar vers l'an 200 avant Jésus-Christ ? A 2 km de là, Conception se révèle on ne peut plus inhospitalière, de violents courants empêchant d'accoster sur ce gros caillou d'un kilomètre et demi de long sur cinq cents mètres de large, où les falaises tombent à pic dans l'océan ! Pas même une plage immaculée à Conception...

Le parc national marin de Sainte-Anne

Poisson-papillon et poisson-trompette, poisson-demoiselle et poisson-pipe, poisson-chèvre et poisson-perroquet, poisson-cardinal et poisson-Picasso... Poétique aquarium que l'océan Indien vu des Seychelles ! Un aquarium qui, au sein du parc marin national de Sainte-Anne, compte quelque huit cents variétés de poissons, un quart d'entre eux vivant grâce à la barrière de corail qui les nourrit. Créé dès 1973, à une époque où bien peu de pays se souciaient de la protection de l'environnement, ce parc se déploie face à Victoria, autour des îles de Sainte-Anne, Cerf, Longue, Moyenne et Ronde. Des "Rangers" assurent sa surveillance. "Ne prenez rien sauf des photos, ne laissez rien sauf des traces de pas", recommande la brochure touristique. Les touristes sont conviés à s'extasier sur les fonds de ce haut lieu corallien, grâce à deux "demi-sous-marins" qu'exploitent les agences d'excursions NTA et Mason's Travel.

Cette dernière, la plus ancienne et la plus populaire, propose les lundis, mercredis, jeudis, vendredis et samedis, une excursion de sept heures dans le parc marin (390 roupees pour les touristes et 260 pour les résidents, déjeuner compris). Du Marine Charter de Victoria, on embarque dès 9h30 à bord d'un bateau qui vous transporte à proximité de Ronde jusqu'au fameux "demi-sous-marin" dans la cale duquel on s'installe pour voguer dans "le monde du silence". Au cours d'une fascinante balade en profondeur, le guide vous révélera qu'il existe dix-sept variétés d'oursins (gigantesques pour certains) et environ cent variétés de coraux, lesquels ne grandissent que de cinq centimètres par année (dix siècles sont nécessaires pour un corail de vingt-cinq mètres). De retour à la surface, distribution de pain pour le rituel rendez-vous avec les sergent-majors, qui ont pris l'habitude de se faire nourrir par les touristes. Après une éventuelle plongée avec masque et tuba du côté de Sainte-Anne, on se jette sur le buffet, servi dans l'ombre de la vieille villa créole de Moyenne, l'île privée de Brendon Grimshaw n'étant ouverte à la visite qu'aux seuls excursionnistes de Mason's. Une île au trésor qui se révèle un pur joyau tropical.

• Mason's Travel. Revolution Avenue ✆ 322612.

ILE DE PRASLIN

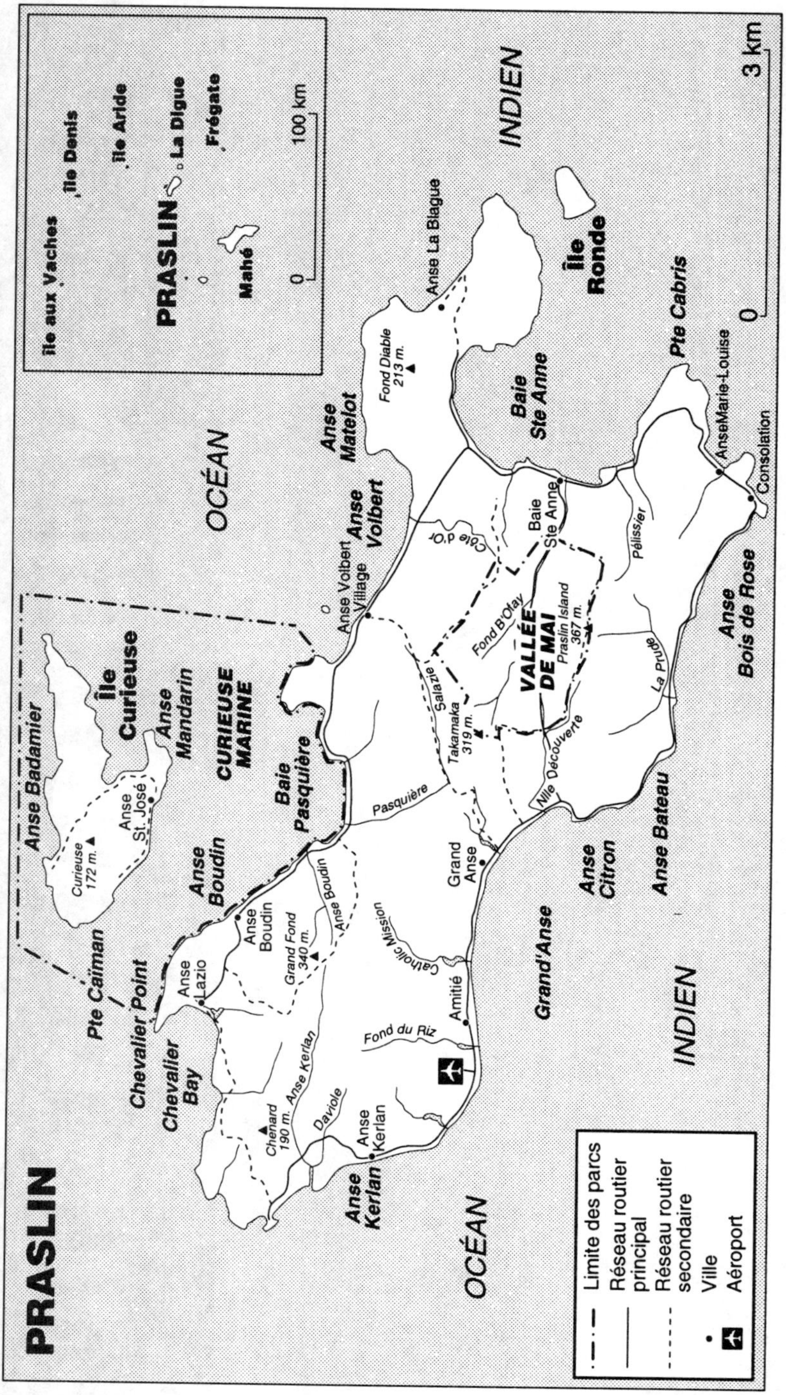
PRASLIN
Île aux Vaches
Île Denis
Île Aride
PRASLIN
La Digue
Frégate
Mahé
0
100 km
OCÉAN
INDIEN
OCÉAN
INDIEN
Île Curieuse
Anse Badamier
Curieuse 172 m.
Anse St. José
Anse Mandarin
CURIEUSE MARINE
Pte Caïman
Chevalier Point
Chevalier Bay
Anse Boudin
Anse Lazio
Anse Boudin
Grand Fond 340 m.
Anse Boudin
Baie Pasquière
Pasquière
Anse Volbert
Anse Volbert Village
Anse Matelot
Fond Diable 213 m.
Anse La Blague
Baie Ste Anne
Île Ronde
Pte Cabris
AnseMarie-Louise
Consolation
Baie Ste Anne
Côte d'Or
Fond B'Ofay
VALLÉE DE MAI
Praslin Island 367 m.
Salazie
Takamaka 319 m.
Pélissier
La Prude
Nlle Découverte
Anse Bois de Rose
Anse Bateau
Anse Citron
Grand Anse
Grand'Anse
Catholic Mission
Amitié
Fond du Riz
Chenard 190 m.
Anse Kerlan
Daviole
Anse Kerlan
Anse Kerlan
0
3 km
Limite des parcs
Réseau routier principal
Réseau routier secondaire
Ville
Aéroport

PRASLIN

Mythique Vallée de Mai ! *"Même si je mets en doute la théorie du général Gordon, selon laquelle le jardin d'Eden se serait trouvé là, je dois reconnaître en toute sincérité que c'est un lieu digne de ce nom"*, reconnut monseigneur Makarios, qui visita cette sylve biblique durant son exil doré dans ces îles... de paradis. Le plus sacré des palmiers, Sa Majesté le Cocotier de mer, en tout cas, a fait de cette vallée son seul sanctuaire. Tous les botanistes de la planète connaissent cette cathédrale de palmes où la nature s'est amusée à singer l'être humain, ou plus exactement ses attributs. Véritable plaisanterie végétale que cette voluptueuse noix callipyge (fruit de l'arbre femelle) et ce phallus géant (l'inflorescence de l'arbre mâle)... Une curiosité majeure qui fit la célébrité de cette terre que Lazare Picault explora en 1744. Ebloui par la densité de sa végétation, il la nomma "île de Palmes". Il faudra attendre 1768 pour que Marion Dufresne en prenne officiellement possession (à Anse Possession) et lui donne le nom de Praslin, en l'honneur de Gabriel de Choiseul, duc de Praslin et ministre de la Marine, qui avait cautionné l'expédition. On allait bientôt découvrir que le si mystérieux cocotier de mer poussait sur terre. L'arbre mythique était enfin localisé. Dès l'année suivante, l'entreprenant Duchemin allait charger sa flûte de cocos de mer, bien décidé à faire fortune aux Indes françaises, avec ces noix qui avaient valu plus que leur pesant d'or et suscité de si folles convoitises.

Un tourisme discret

Le cours du cocofesse est depuis tombé, mais il en coûte encore quelque 1000 roupees pour repartir des Seychelles avec un tel trophée. L'insolite noix de coco demeure donc une véritable richesse de l'ancienne île de Palmes, qu'on atteint de Mahé en deux heures et demi de bateau ou un quart d'heure d'avion. Située à trente-six kilomètres de Victoria et d'une superficie de 26 km2, elle est la seconde île en importance de l'archipel, tant par sa taille (onze kilomètres de long et en moyenne quatre de large) que par sa population (6000 habitants). Moins montagneuse que sa rivale Mahé, elle n'en possède pas moins un relief certain, le Praslin Island (367 m) ayant pour vassaux Grand Fond (340 m) et Takamaka (319 m). Mais la montagne praslinoise se fait douce en cascadant sans se presser jusqu'aux rivages. Bien évidemment superbes. Baies majestueuses (Grand'Anse, Anse Volbert, Baie Sainte-Anne...) et criques intimistes (Anse Georgette, Anse Matelot, Anse Petite Cour...) constituent autant d'invitations à la baignade dans des eaux à 28°, sans la moindre vague tumultueuse, puisque la barrière de corail enserre Praslin à distance respectable.

Le bleu turquoise de la mer, le bleu azuréen du ciel, le vert émeraude des collines, le rose nacré des frangipaniers, le rouge orangé des flamboyants, le jaune citron des hibiscus... : quel bouquet de couleurs dans cette île, où l'on ne cesse de s'extasier sur une si généreuse nature à l'état pur. Pas même question d'en faire le tour en Mini Moke ! Praslin ne compte guère qu'une vingtaine de kilomètres de routes goudronnées, la dernière en date, celle de la pointe sud, continuant toutefois à prendre son temps pour relier Grand'Anse à Baie Sainte Anne via Consolation. Un parcours idyllique encore peu fréquenté des touristes, qu'on ne rencontre guère qu'à la Vallée de Mai, à l'Anse Lazio et autour de la plage de Côte d'Or, là où sont concentrés les principaux hôtels de l'île. Plus encore qu'à Mahé, le tourisme se fait discret dans cette île dont l'aéroport, il n'y a pas même quinze ans, était encore doté d'une piste en herbe et d'un hall d'accueil en bois, au toit recouvert de feuilles de lataniers.

C'est là qu'arrive la quasi-totalité des voyageurs, sur la côte sud, à proximité de l'un des deux chefs-lieux de Praslin, Grand'Anse, qui se déploie autour de la route littorale, au bord de laquelle trône le monument de l'Indépendance, statufiant un cocofesse ! Encore peu touché par la modernité, bien qu'un modeste libre-service s'y soit ouvert, ce village tranquille ne s'anime guère qu'aux environs de midi, quand il faut faire la queue pour se faire servir un poisson du jour au Steeve's Cafe, le "take away" en vogue.

Adorable Grand'Anse, avec ses vieilles boutiques fourre-tout, ses deux églises, ses deux écoles, ses trois banques, son terrain de foot, son bureau de poste, son bâtiment du district et sa station de police, près de laquelle le "Praslin Trading" met en vente "gran varyete lavyann" (une grande variété de viandes) : "bef, pork, mouton, kabri, poul, kannar, zanbon, bekon, salami, sosis". Signe qu'on est là dans une commune d'importance, le Democratic Party y tient même une permanence, dans une très voyante maison de tôle peinte en "bleu Mancham", en plein centre du bourg, comme pour attester que l'opposition a bel et bien pignon sur rue.

Praslin la silencieuse

Le second chef-lieu, de l'autre côté de la Vallée de Mai, constitue un autre monde indépendant. Baie Sainte Anne a aussi son église et son école, son poste de police et son bureau de poste, son centre communautaire, sa Barclays Bank et depuis peu son "take away", mais point de permanence témoignant du multipartisme. C'est là que débarquent les passagers des bateaux réguliers en provenance de Mahé et La Digue. Plus calme encore que Grand'Anse, la nonchalante localité ne se réveille guère qu'à la fin du mois d'avril, pour la grande fête de Praslin. Les festivités commencent avec des orchestres de kamtolé, pour retrouver ces musiques et danses du bon vieux temps des Français. De quoi se mettre en appétit pour le barbecue géant, bière et bacca coulant alors allègrement. Place ensuite à la grande nuit de la moutia ! Autour du feu, les lancinants battements de tambours rythmeront jusque tard dans la nuit une ambiance de plus en plus débridée, musiciens et danseurs prenant tout de même le temps de goûter aux bananes d'Anse Boudin grillées dans leurs feuilles et se redonnant un coup de fouet avec le "café pays", un robusta quelque peu robuste !

Passée la fête, Praslin redeviendra l'île silencieuse. Une terre où beauté rime avec sérénité. Certains de nos ancêtres ne s'étaient pas trompés en s'installant là. Nombre de Praslinois descendent en effet d'anciennes familles nobles françaises. A l'arrivée des Anglais, suivant l'exemple de Quéau de Quinssy (qui anglicisa son nom en Quéau Quincy), certains de ces colons abandonnèrent leur particule. Arrière-arrière-petit-fils du baron Marier de Unienville (premier archiviste des Seychelles et de l'île de France), monsieur d'Unienville est ainsi le digne descendant d'un colon français. Dirigeant la plus importante affaire de location de voitures de l'île (Prestige Car Hire), il est non seulement l'un des pionniers du tourisme à Praslin, mais aussi l'un des Praslinois les plus attachés à sa terre... qui le lui rend bien ! Sacré jardinier, en effet, notre d'Unienville qui a récolté une mangue fisette de 2 kg et une banane Saint-Jacques de 56 cm de long et d'une circonférence de 25,5 cm : la plus grosse de l'archipel ! Mangue fabuleuse, banane extraordinaire et noix de coco légendaire..., le général-poète Gordon n'avait pas tort : Praslin ressemble fort au jardin d'Eden.

■■ INFORMATIONS PRATIQUES

■ Services

Police, pompiers, ambulance ✆ 999.

Hôpital ✆ 233333.

Banques de change

- Banque Française Commerciale de l'Océan Indien. Grand'Anse. *Du lundi au vendredi de 8 h 30 à 13 h et de 14 h à 15 h 30.*
- Barclays Bank. Baie Sainte-Anne. *Du lundi au vendredi de 8 h 30 à 12 h.*
- Barclays Bank. Grand'Anse. *Du lundi au vendredi de 9 h à 12 h et de 13 h à 15 h. Le samedi de 9 h à 11 h.*
- Seychelles Savings Bank. Grand'Anse. Du lundi au vendredi de 9 h à 12 h.

Office de tourisme de Praslin. Amitié ✆ 233346. *Du lundi au vendredi de 8 h à 16 h. Le samedi de 8 h à 12 h.*

Police

- Commissariat de Baie Saint-Anne ✆ 233232.
- Commissariat de Grand'Anse ✆ 233251.

Poste

- Bureau de Poste de Baie Sainte Anne. *Du lundi au vendredi de 8 h à 16 h. Le samedi de 8 h à 12 h.*
- Bureau de Poste de Grand'Anse. *Du lundi au vendredi de 8 h à 16 h. Le samedi de 8 h à 12 h.*

Télécopie et téléphone. Cable & Wireless. Grand'Anse ✆ 233017. Du lundi au vendredi de 9 h à 16 h.

■ Transports

Avions. Quelque vingt-cinq vols (et cinq de plus le lundi matin, très tôt) sont programmés chaque jour à destination de Mahé (à un quart d'heure). Les réservations sont assurées par les agences d'excursions ou directement par Air Seychelles (✆ 273101). L'aller-retour coûte 340 roupees. L'enregistrement a lieu trente minutes avant le départ.

Aéroport de Praslin ✆ 233214.

Bacs. A partir de la jetée de Baie Sainte Anne, "Cousin" relie le port de Victoria en deux heures trente. Le départ est fixé à 5 h 30 le lundi et le jeudi, à 6 h le mardi, le mercredi et le vendredi. Le lundi seulement, à 5 h, "la Bellone" assure aussi ce parcours, en trois heures. Il en coûte 70 roupees par trajet, les billets sont délivrés sur le bateau. "Silhouette" ou "Lady Mary" relient La Digue en une demi-heure à 7h, 9h 30, 10h 30, 14h 30 et 17h. La traversée coûte 30 roupees pour les visiteurs et 20 pour les résidents.

Bus. Un véritable service public ! Avec leurs quatorze bus praslinois, la Seychelles Public Transport Corporation transporte bon an mal quelque 400 000 passagers adultes et 250 000 élèves. Les deux lignes partent d'Anse Kerlan. La première relie l'Anse Boudin, via la Vallée de Mai, en une heure ; la seconde relie l'hôtel La Réserve, via l'Anse Consolation, en cinquante-cinq minutes. Cette seconde ligne (RT 2) ne fait l'objet que de quatre ou cinq trajets, alors qu'il existe treize rotations sur la ligne principale (RT 1) : le premier départ a lieu à 6h et le dernier à 17h 30. Il en coûte 4 roupees, quel que soit le parcours effectué.

Carburant. Deux stations Shell distribuent du carburant entre 8 h et 18 h, l'une à Grand'Anse, l'autre à Baie Sainte-Anne.

Location de bicyclettes

- Bicycles Côte d'Or. Anse Volbert ✆ 232071.
- Sun Bike. Grand'Anse ✆ 233033.

Location de voitures

- Amitié Car. Amitié ✆ 233826.
- Austral Car Rental. Baie Sainte-Anne ✆ 232015.
- Praslin Holiday Car Rental. Grand'Anse ✆ 233219.
- Prestige Car Hire. Grand'Anse ✆ 333226.
- Solace Car Hire. Grand'Anse ✆ 233525.
- Standard Car Hire. Anse Kerlan ✆ 233555.

Taxis. Une vingtaine de taxis circulent sur Praslin, tant pour des courses classiques que pour des circuits touristiques à la carte. Toutes les voitures sont équipées d'un taximètre. Le premier kilomètre est facturé 18 roupees et les suivants 5. Il en coûte 5 roupees de plus par bagage transporté dans le coffre. Ainsi de l'aéroport au port, la facture s'élève-t-elle à 85 roupees avec deux valises. La station principale se trouve à l'aéroport, mais pendant la journée, on trouve facilement un véhicule à Baie Sainte-Anne, à l'intersection de la route menant à Grand'Anse.

■ Loisirs

Agences d'excursions

- Mason's Travel. Grand'Anse ✆ 233211.
- National Travel Agency ✆ 233223.
- Travel Services Seychelles ✆ 233438.

Pêche au gros

- Aqua Diving Services (Michel Gardette). Amitié ✆ 233972.
- Diving in Paradise (Bernard Camille). Anse Volbert ✆ 232148.
- Indian Ocean Fishing Club. Grand'Anse ✆ 233324.
- Precy's Water Sport (Precy Vidot). Anse Petite Cour ✆ 232243.
- Underwater Centre Praslin (Christopher Payne). Anse Volbert ✆ 322255.
- William Rose. Baie Sainte-Anne ✆ 233229.

Plongée

- Aqua Diving Services (Michel Gardette). Amitie ✆ 233972.
- Diving in Paradise (Bernard Camille). Anse Volbert ✆ 232148.
- King Bamboo Diving Charter (Dominique Bousquet). Anse Volbert ✆ 232142.
- Octopus Diving (François Bibi). Anse Volbert ✆ 232350.
- Underwater Centre Praslin (Christopher Payne). Anse Volbert ✆ 232255.

Yachting et balades en mer

- Aqua Diving Services. Amitié ✆ 233972.
- Angela Boat Charter. Baie Sainte-Anne ✆ 232176.
- Diving in Paradise (Georges Camille). Anse Volbert ✆ 232148.
- King Bamboo Diving Charter (Dominique Bosquet). Anse Volbert ✆ 232295.
- Octopus Diving. Anse Volbert ✆ 232350.
- Basile Ferari. Amitié ✆ 233880.
- Precy's Water Sport (Precy Vidot) ✆ 232243.
- William Rose. Baie Sainte-Anne ✆ 233229.

■■ POINTS D'INTERET

La Vallée de Mai. *Tous les jours de 8h à 17 h30. 25 SR. "C'est un arbre unique. C'est le prince des palmiers. Je pense que c'est l'arbre de la science du bien et du mal"*, affirmait en 1881 le général britannique Charles Gordon, qui connaîtra une fin tragique à Khartoum. Fervent chrétien et mi-poète mi-philosophe, celui qu'on appela aussi Gordon Pacha fut tellement subjugué par la Vallée de Mai qu'il pensa avoir localisé le mythique jardin d'Eden, le paradis originel. Dans un essai qu'il lui consacra, il précisait que le cocotier de mer était l'arbre de la Connaissance et l'artocape (arbre à pain), l'arbre de Vie. Paradis originel ? Au moins paradis tropical... Avec l'une des plus étonnantes curiosités du monde végétal, ce fameux cocofesse (ou cul de négresse) qui a suscité tant de convoitises et tant de légendes. Que serait d'ailleurs devenue cette Vallée de Mai sans cette noix bilobée de réputation planétaire.

La voilà en tout cas classée, depuis 1983, dans la liste des sites du Patrimoine mondial de l'Unesco. Une consécration pour cette cathédrale de verdure qui, jusqu'en 1930, avait eu le rare privilège d'être peu affectée par l'homme. Une forêt quasi primitive que son nouveau propriétaire décida alors de civiliser en jardin botanique, en y introduisant des arbres ornementaux et des plantes importées. Heureusement, vingt ans plus tard, la précieuse Vallée allait à nouveau changer de main, l'Etat se l'étant appropriée dans le cadre du principal bassin de captation d'eau de l'île. Devenue réserve naturelle en 1966, elle devint dès lors une priorité. Pour lui redonner son aspect d'origine, il allait falloir éradiquer les plantes exotiques, déjà envahissantes, revégétaliser les crêtes de sommets victimes du feu et entretenir la forêt de cocos de mer. Objectif de longue haleine, d'autant plus justifié depuis l'incendie qui, en 1990, a ravagé 40 hectares de la palmeraie de Fond Ferdinand, à la pointe sud de l'île, anéantissant ainsi la dernière forêt relique de Praslin : 216 palmiers femelles, 221 palmiers mâles et 1897 jeunes palmiers.

Trois décennies n'ont pas suffi à ce que la Vallée de Mai retrouve sa quasi-virginité d'avant 1930, mais la reconquête est en bonne voie, d'autant plus que la Fondation des îles Seychelles, créée en 1979 pour gérer et protéger la faune et la flore d'Aldabra (autre site du Patrimoine mondial), assure depuis 1989 une gestion attentive de cette Vallée, où quelque 20 000 visiteurs s'extasient chaque année sur ce silencieux monde de palmes.

Dans cet enchevêtrement de racines, lianes, mousses, feuilles mortes et rochers, sous une voûte de feuillages où le soleil a du mal à percer, on se sent à la fois happé et protégé. Aucun bruit si ce n'est le murmure des ruisseaux et le sifflement des perroquets noirs. Cinq circuits fléchés empruntent les sentiers, remarquablement entretenus, de cette forêt si parfaite qu'on la croirait reconstituée pour un nouveau *Indiana Jones,* et dont la partie classée couvre 19,5 hectares. Du plus court (environ 1 km en une heure) au plus long (environ 2 km en deux heures et demie), chacun de ces itinéraires se révèle de toute façon enchanteur. Il ne faut surtout pas manquer le ravin du circuit circulaire, ce bosquet comprenant cinq des six palmiers endémiques des Seychelles et des trois des quatres espèces de vacoas propres aux îles granitiques. A cet endroit, on peut imaginer comment devait être le monde tropical, il y a des millions d'années, lorsque les palmiers prédominaient et que les arbres à fleurs, les oiseaux et les mammifères n'existaient pas.

Si les palmiers règnent en maître dans cette sylve d'exception (ce sanctuaire de huit espèces représente la plus vaste concentration au monde de palmes diversifiées dans un milieu originel), d'innombrables autres arbres y prospèrent également dans une atmosphère quasi mystique. Où mieux qu'ici communier avec la nature... De manguier en jacquier et de capuçin en calice du pape, en passant par l'arbre du voyageur, l'arbre à pain, le bois dur, le bois rouge et le cacaoyer, on peut aussi suivre une passionnante leçon de botanique. Mais l'essentiel n'est-il pas de voir, sentir, écouter et de se laisser envelopper par cette fascinante ex-île de Palmes la bien nommée. On ressort un peu "transporté" de ces sentiers, qu'il est préférable de découvrir tôt le matin, avant que les groupes d'excursionnistes n'en viennent troubler la sérénité. Un coffee-snack et une petite boutique ont été ouverts dans la maisonnette où sont délivrés les billets, mais on n'y trouve pas de crème anti-moustiques. Il arrive pourtant qu'on en ait besoin. L'enfer n'est jamais très loin du paradis...

PLAGES ET BALADES

PLAGES

Anse Boudin

Face à Curieuse, sur une magnifique route menant à l'Anse Lazio, un kilomètre de sable fin et de mer turquoise. Quelques cocotiers pour l'ombre, une poignée de rochers pour les photos... Il suffit de couper le contact pour entrer dans le décor : dehors ou dedans, c'est 28° C.

Anse Lazio

La plus belle ? En tout cas celle qu'il faut voir, au terme d'une fabuleuse route côtière devenant en fin de parcours une piste montagneuse. Photographes de mode, de charme et de tourisme ont fait de l'Anse Lazio une valeure sûre. Une plage de cinéma que Polanski a d'ailleurs mise en scène dans son "Pirates". Côté baignade, on ne peut pas faire mieux : ni trop calme, ni trop agitée, avec des vagues juste comme il faut. Et pour l'ombre, il y a de gros takamakas. Mais ces parasols sont chèrement disputés le dimanche, quand les Mahelois viennent prendre l'air sur Praslin la douce. On se dispute aussi les tables du restaurant Bonbon Plume, qui s'est récemment ouvert en retrait de la plage. Laquelle retrouve sa solitude dès la fin d'après-midi, quand le soleil caresse cette anse de bout du monde s'ouvrant sur un apaisant horizon où s'élève une autre île merveilleuse, Aride, à six miles de là.

Côte d'Or

Quelque deux cents chambres sur moins d'un kilomètre : aux Seychelles, on peut appeler ça une concentration touristique. Voilà donc une plage à se partager, mais qu'on se rassure : on ne se bouscule pas pour autant sur l'éblouissante Côte d'Or. A se demander même où passent les touristes ! Et puis l'Anse Volbert est tellement grande qu'on peut facilement y lézarder en solitaire, dès lors qu'on s'éloigne du pôle Paradise - Praslin Beach - Village des Pêcheurs, en direction du Côte d'Or Lodge, au-delà duquel on se doit d'accéder, à marée basse, sur un îlot rocheux où l'on pourra se tremper dans l'eau tiède d'une baignoire naturelle. De là, quelle vue sur cette baie ! Une baie dont les couleurs sont parmi les plus éclatantes de Praslin.

Anse Consolation

Entre Pointe Cocos et Pointe Consolation, une petite anse adorable, toujours déserte, très représentative des plages de poche seychelloises.

Anse La Blague

Les belles plages sont tellement nombreuses et accessibles, qu'on finit par se créer des difficultés pour accéder à certaines. A condition de ne pas être un néophyte du volant, on peut ainsi se faire peur un tantinet en conduisant sa Mini Moke jusqu'à l'Anse La Blague, qui se déploie dans l'une des parties les plus sauvages de l'île, entre la Pointe Joséphine et l'Ile Malice, à l'extrême est. A l'endroit où la route de Baie Sainte Anne à Côte d'Or quitte la côte, il faut continuer à suivre le littoral jusqu'à Anse Takamaka, où un chemin escarpé part à l'assaut de la colline derrière laquelle on découvre neuf fois sur dix une plage immense rien que pour soi. Pas plus belle d'ailleurs que les autres, mais forcément meilleure puisqu'on l'a gagnée à la force... de la première !

Grand'Anse

De loin la plus grande baie de Praslin, mais peu propice à la baignade, tout au moins au niveau du village. Guère d'ombre, beaucoup d'algues et pour se tremper à marée basse, il faut aller loin. Bref, côté panorama, ça tient la route (sur plusieurs kilomètres !), mais côté bain, on trouve dix fois mieux à cinq minutes.

Petite Anse Kerlan

En poursuivant la route côtière au nord de l'aéroport, on la voit bientôt rentrer dans les terres pour se terminer à un embranchement : d'un côté une piste de montagne aux issues incertaines, de l'autre un chemin défoncé à destination de la Petite Anse Kerlan. On passe d'abord devant la Coco Boutique (fruits et boissons), voisine d'une maison dont les ouvertures ont la forme d'un cocofesse, puis on traverse quelques jardins et une splendide cocoteraie avant d'arriver à la Pointe Sainte-Marie. A gauche, la grande Anse Kerlan, à droite la petite. Adorable, avec sa frange de cocotiers, filaos et takamakas, qui se déploie sur cent mètres à peine entre deux avancées rocheuses. La baignade est agréable sur cette plage de poche peu fréquentée, voisine de l'Anse Georgette, plus ravissante encore, mais difficile d'accès. Il faut une petite heure pour l'atteindre par un sentier qui contourne une montagne tout de même haute de cent mètres.

BALADES

De Anse Kerlan à Anze Lazio

Du terminal de bus de l'Anse Kerlan, un chemin pentu part à l'assaut d'une montagne qui, à Grand Fond, culmine à 340 m. Un chemin qui ne tarde pas à se multiplier... sans le moindre fléchage. Même avec une carte, il n'est pas toujours évident de s'engager sur le bon, c'est-à-dire sur celui qui vous mènera dans les eaux cristallines de l'Anse Lazio, très proche... à vol d'oiseau. Quelques habitations disséminées sur ces hauteurs permettent toutefois de se renseigner, mais il arrive, à force de se tromper, qu'il faille revenir sur ses pas. Peu importe, car cette balade d'aventurier permet de pénétrer Praslin dans sa partie la plus secrète. Bons marcheurs, ne pas s'abstenir, mais mieux vaut prévoir chapeau et bouteille de Valriche !

De Baie Sainte-Anne à Anse Marie-Louise

La balade parfaite pour perdre les calories de la daube de bananes et du gâteau coco ! Pas même quatre kilomètres l'aller-retour, mais quelle côte ! L'Anse Marie-Louise, située sur la route la moins fréquentée de l'île, se révèle en effet pleine de charme, avec ses rustiques maisons de pêcheurs, et ses barques aux couleurs vives qui se détachent sur le bleu de la baie toujours calme. Le temps semble un peu figé dans ce décor où rien ne bouge. Plus qu'une plage, c'est toute une ambiance. On peut certes s'y baigner, mais au-delà de la pointe, il y a beaucoup mieux côté sable : celui de l'Anse Consolation. Ce n'est guère qu'à cinq cents mètres, mais on doit affronter une autre côte, pas mal non plus...

De Grand'Anse à Côte d'Or.
Deux heures pour goûter à l'intérieur ! Belle balade pédestre que celle menant de Grand'Anse (près de l'église) à Anse Volbert. Sitôt les dernières habitations passées, sur les hauteurs de la... Plaine hollandaise, le chemin se sépare en deux : à gauche, le Pasquiere Track s'en va vers l'Anse Possession en suivant la Pasquiere River, tandis qu'à droite, le Salazie Track épouse la Salazie River pour descendre jusqu'aux rivages de Côte d'Or. Un chemin facile révélant la flore tropicale dans toute sa diversité, des espèces propres au littoral à celles d'altitude.

SE LOGER DANS L'ILE

DISTRICT DE BAIE SAINTE-ANNE

■ Grands hôtels

L'Archipel. Anse Gouvernement ✆ 232242 - Fax 232072. *1910 SR en demi-pension.* L'un des hôtels les plus “classe” de... l'archipel ! En tout, cas le plus intimiste de Praslin. Lové depuis 1987 à l'extrémité est de la baie de Côte d'Or, sur la petite Anse Gouvernement, il atteste qu'on peut harmonieusement faire rimer nature avec architecture. Etagées face à l'océan dans un amphithéâtre de verdure, ces onze villas comptent vingt-quatre chambres (ventilées) et deux luxueuses suites (climatisées). Cécile Hodoul et Louis d'Offay ont su faire confiance à l'un des meilleurs architectes seychellois, Gilbert Frichot, pour concevoir des habitations de caractère, où le bois se fait très présent. Spacieuses et pensées pour satisfaire le voyageur le plus exigeant... et le plus fortuné (coffre, téléphone, télévision, minibar, sèche-cheveux...), elles sont aménagées autour d'un lit en bois monté sur une estrade et majestueusement voilé d'une moustiquaire à la tombée du jour.
Moment propice pour s'extasier, de sa terrasse, sur le soleil qui a décidé de “fer kas kou” (c'est-à-dire de se coucher). Il sera bientôt l'heure d'aller goûter la quiétude des lieux... et le gastronomique menu du jour dans le beau bâtiment de style colonial où se côtoient bois de takamaka, filao et calice du pape. On y sert aussi le meilleur petit déjeuner de l'île, avec enfin des confitures maison (banane, jamalaque...). On prendrait vite goût à cette vie privilégiée, dont profitent les nouveaux mariés qui choisissent les Seychelles pour se dire oui. On comprend que Giorgio Armani et Jeanne Moreau soient venus plusieurs fois dans cet archipel enchanteur dont la plage ombragée mériterait qu'on y écrive un nouvel “Eloge de la paresse”. Même le hamac a été prévu...

Berjaya Praslin Beach ✆ 232222 - Fax 232244. *1050 SR en chambre et petit déjeuner.* Construit sur deux niveaux et en demi-cercle autour de sa piscine ronde, dans un jardin tropical voisin de la plage de Côte d'Or, le Praslin Beach avait fière allure à ses débuts, il y a une quinzaine d'années. Même un tennis ! Mais, faute de maintenance suffisante (un problème endémique sous les tropiques) et l'usure du temps aidant, c'est un hôtel un peu “déclassé” que la chaîne malaisienne Berjaya a repris en 1994 (en même temps que le Sheraton et le Beau Vallon). Une nouvelle gestion de bon augure qui a entrepris une rénovation progressive. Mais en attendant que le plus “gros porteur” du tourisme praslinois retrouve un bel éclat, la vente continue. Des quatre-vingt-six chambres climatisées, classées en trois catégories et pour la plupart dotées d'une terrasse ou d'un balcon, ce sont les “supérieures” (1175 SR) qui offrent le meilleur rapport qualité-prix avec leur vue sur la mer. Des animations à thème (barbecue sur la plage le samedi soir) sont organisées chaque soir dans cet établissement que proposent bon nombre de tours-opérateurs. Bénéficiant d'un centre de plongée et d'une pizzeria dans le sable même, le Praslin Beach aura eu le privilège d'ouvrir le premier casino de Praslin. Un casino de poche que devait remplacer courant 1996 un véritable temple du jeu, près de l'hôtel Côte d'Or Lodge.

Carte de Praslin page 158

Château de Feuilles. Pointe Cabris ✆ 233316 - Fax 233916. *1400 SR la chambre et le petit déjeuner.* "Alors que les plages serties de corail et brodées de palmiers continuent à représenter l'absolu du fantasme vacancier des laborieux de tous cadres, je pense qu'il faut un sacré culot à un hôtelier pour réussir l'exploit d'installer dans une île un hôtel loin de la mer dont la vue elle-même est parfois sujette à caution", constatait Philippe Couderc à propos du Château de Feuilles, le gourmand chroniqueur soulignant plus loin qu'on avait affaire là "à un provocateur", en l'occurrence Jean Minchelli. Connu pour être le meilleur restaurateur de marée de Paris, le fameux "toqué" du "Duc" avait en effet eu le coup de foudre, à la fin des années 1970, pour ce "château" au toit de feuilles de latanier, édifié par une riche Américaine pour y recevoir ses amis. Il en fit bientôt un luxueux hôtel où n'allaient pas tarder à débarquer les têtes d'affiche du "show-bises" (de Catherine Deneuve à Omar Sharif et de Johnny à Belmondo). Snob au point de préférer pour ses chambres un ventilateur indo-victorien à l'air conditionné et de ne les pourvoir ni en téléphone ni en télé, le Château devint si chic qu'il entra dès 1984 au sein de la prestigieuse chaîne Relais & Châteaux. Dès lors, du *Figaro au Nouvel Obs',* plus question de lire un papier sur les Seychelles sans y trouver de bonnes lignes sur l'annexe tropicale de "monsieur Jean". Pétillantes années 80...
Le décès de Jean Minchelli, en 1990, devait marquer un tournant pour cet établissement qui avait du même coup perdu son âme. Les vedettes se sont depuis raréfiées en ce discret Château, par ailleurs consulat... de Monaco ! Surplombant la mer et doté d'un flamboyant parc de cinq hectares, ce domaine reste pourtant de toute beauté. Meublées et décorées avec goût, ses trois chambres (dans la superbe maison au toit de palmes) et ses neuf appartements (en chalets de granit) méritent assurément le label "de caractère". Quant au restaurant, toujours dédié à l'océan, il demeure lui aussi une valeure sûre de l'île, même si les touristes "passagers" n'y sont pas nombreux à s'attabler. En fait, à Praslin, on ne parle plus beaucoup de cet établissement, qui a non seulement pâti de la disparition de Jean Minchelli, mais aussi de la concurrence accrue, dans ce créneau du haut de gamme, de L'Archipel et de La Réserve. Jane Tarakanoff, la hautaine directrice, n'en continue pas moins à régner sur ce château... de feuilles tombé de son piedestal.

Chauve-Souris Island Lodge (Vacanze) ✆ 232203 - Fax 232133. *3000 SR en pension complète.* Ancienne propriété d'un particulier puis annexe du Village des Pêcheurs (l'hôtel d'en face), l'îlot Chauve-Souris sombra quelque temps dans les oubliettes avant de retrouver un nouvel élan, en 1989, la Compagnie seychelloise de promotion hôtelière, sa propriétaire, s'étant alors associée à un club italien de vacances, Vacanze, pour en faire un "lodge" de luxe, de quatre chambres seulement. Chacune est décorée sur un thème choisi. Celle de l'Amiral, où quelques armes ont été suspendues aux murs, est dominée par le portrait de Quéau de Quincy, tandis que celle des Pirates, en véritable repaire, est dotée d'un accès direct à la mer. Les amateurs d'ambiance pastorale préfèrent celle du Gentleman Farmer, ornée d'une grande fresque murale, tandis que les romantiques choisissent la Chambre des Dames, de couleur rose bonbon. Chacune est superbement meublée et équipée (air conditionné, tapis persans, plantes vertes, jacuzzi, terrasse...), les matériaux utilisés épousant parfaitement le cadre. Un cadre de verdure luxuriante, avec échelles et passerelles en bois, cascade (créée pour le décor) et granit à volonté. Un petit paradis pour lune de miel, à cent mètres à peine de l'éblouissant rivage de Côte d'Or. Mais cet îlot de privilégiés vaut son pesant de roupees, ou plutôt de lires, puisque c'est le Club Vacanze (déployé dans l'ex-Côte d'Or Lodge) qui exploite ce nouveau haut lieu seychellois de l'art de vivre.

Paradise Sun. Anse Volbert ✆ 232255 - Fax 232019. 1650 *SR en demi-pension.* S'étant récemment sud-africanisé (en coulisses), le Paradise demeure une bonne référence de l'hôtellerie praslinoise. Premier hôtel à s'être construit le long de la rayonnante plage de Côte d'Or, il y a quelque vingt ans, ce village touristique s'est depuis bien développé autour de sa belle paillote centrale au toit de palme, et nombre de nouveaux chalets à deux niveaux ont poussé ces dernières années dans ce jardin tropical très bien entretenu. Restaurées en 1993, ses quatre-vingts chambres ventilées, spacieuses et d'un bon standing (télévision, minibar, bouilloire), ouvrent toutes sur une terrasse. A chaque jour son programme d'animations : pétanque, volleyball, balade à bicyclette, cours de plongée bouteille, démonstration de cuisine créole, croisière au coucher de soleil... C'est à peine si l'on a le temps de lézarder sur le sable... où planches à voile et canoës attendent de prendre l'eau. Et où, chaque jour à midi, on est tenté de craquer pour le poisson grillé ou le cari du jour, la formule barbecue (avec riz et salades) ne coûtant que 50 roupees. Le soir aussi, l'animation est assurée, souvent sur la plage : buffet ou danse six jours sur sept ! Un établissement de référence pour qui aime le style hôtel-club.

La Réserve. Anse Petite Cour ✆ 232211 - Fax 232166. 1350 *SR la chambre et le petit déjeuner.* Si l'on y a vu François Mitterrand et Mario Soares (entre autres têtes d'affiche), ce n'est pas par hasard. Belle maison que celle de Jenny Pomeroy ! On hésite même à sortir de sa Réserve, tant on se sent bien dans ce petit paradis bleu, blanc, vert. Le bleu turquoise de la mer, le blanc farineux du sable, le vert soutenu de la végétation. Et çà et là, ces irremplaçables rochers de patrimoine qui ont tant contribué à faire connaître les Seychelles. Se déployant sur les quelque cent cinquante mètres de l'Anse Petite Cour, à travers un jardin dont certains arbres ne se rencontrent pas souvent (palmier bouteille, banyan, arbre du voyageur...), cette Réserve compte une trentaine de chambres. Certaines dans des bungalows au toit de palmes, d'autres dans des villas de style créole contemporain, d'autres enfin dans la superbissime demeure de style colonial (très Louisiane), dont les romantiques vérandas de bois vous plongent dans la nostalgie. Cet établissement de très bon confort propose également un court de tennis et des sorties en mer à bord de "la Curieuse". S'y déroulent aussi des soirées à thème, telle la "barbecue et kamtolé" du mardi soir et la " honeymooner's night" du jeudi. Un hôtel de lune de miel, en effet.

Village du Pêcheur. Anse Volbert ✆ 232224 - Fax 261221. *800 SR la chambre et le petit-déjeuner.* Crépi blanc sous toit de palme... Mi-Baléares mi-Seychelles, les quinze chambres des dix bungalows de ce Village planté à même la plage de Côte d'Or (la plus touristique de Praslin) ont été récemment restaurées. La moitié seulement bénéficient de la vue sur l'océan, mais toutes sont climatisées et bien équipées (coffre, minibar, téléphone). Signe qu'aux Seychelles la nature est sacrée, son espace bar a la particularité d'abriter partiellement un tronc de cocotier (qui se prolonge donc à l'air libre). Bien que deux piliers montés à partir de cocofesses superposés attestent qu'on est bien à Praslin, on a un peu l'impression de se trouver à Ibiza. Toujours est-il qu'on sent bien les banquettes du Village, un milk-shake coco à la main. Achille Savy, le maître des lieux, se montre très attentif à ses clients, qui ont la chance, quasiment chaque soir, de dîner à la lueur des chandelles et les pieds dans le sable.

■ Petits hôtels

Le Beaudamier. Anse Marie-Louise ✆ 233066 - Fax 233066. *600 SR en demi-pension.* Dieu quelle côte ! Il n'y aura jamais de bicyclette à louer au Beaudamier... A pied, on perd déjà des calories, à grimper la route côtière à hauteur d'Anse Marie-Louise. Celle que domine ce très discret Beaudamier que Françoise Larue, sa propriétaire franco-suisse, exploite depuis une dizaine d'années. Les Français sont les plus nombreux à fréquenter ces maisonnettes en crépi blanc, dont les dix chambres, simples mais coquettes, sont très représentatives de la petite hôtellerie seychelloise, avec leur ventilateur, leur couvre-lit à fleurs et leur mobilier en calice du pape. Pas très grandes, leur espace s'élargit dès qu'on ouvre sa fenêtre en takamaka, le panorama sur cette paisible baie étant le point fort de cet hôtel à petit prix, niché parmi les cocotiers, les hibiscus et les bougainvilliers.

Colibri Guest House. Baie Sainte-Anne ✆ 233027 - Fax 233902. *450 SR la chambre et le petit déjeuner.* Vert écrin pour ce Colibri perché sur des rochers du bord de mer, à proximité du port de Baie Sainte-Anne. De sa belle villa au toit de palme, on jouit d'une des plus belles vues sur l' île Ronde et La Digue. Ses dix chambres en petits bungalows, simples et ventilées, sont dotées d'un beau lit en bois sur lequel tombe une moustiquaire. La maison nourrit aussi ses hôtes.

Le Duc de Praslin. Anse Volbert ✆ 232252 - Fax 232355. *560 SR la chambre et le petit déjeuner.* Plantés sur une vaste pelouse nue, à moins de cent mètres de la lumineuse plage de Côte d'Or la bien nommée, les quatre récents chalets de ce Duc de Praslin totalisent huit chambres. Toutes sont impeccables et pourvues d'une moustiquaire, d'un ventilateur et d'une baignoire. Mais de leur modeste terrasse, il manque hélas l'essentiel : la vue sur les éclatantes eaux turquoise. Tranquille, ce petit hôtel sans âme n'en constitue pas moins un bon pied-à-terre à deux pas de la mer.

Laurier Guest House. Anse Volbert ✆ 232241 - Fax 232362. *380 SR la chambre et le petit déjeuner.* Pour le charme, on ira voir ailleurs... Ces cinq chambres d'un confort sommaire n'ont guère d'autre intérêt que de proposer un toit quand toutes les meilleures adresses affichent complet (ça arrive !).

Locations

Chalets Côté Mer. Baie Sainte-Anne ✆ 233867 - Fax 233867. *430 SR par appartement et par nuit.* Dans le genre "self catering", voilà un bon exemple. Joliment perchés sur des rochers fleuris de la baie Sainte-Anne, ces chalets tournés... côté mer jouissent d'une belle vue sur La Digue, que trois bateaux rallient chaque jour de la jetée voisine. Ces six spacieux appartements comprennent chacun une grande chambre et son annexe (avec un lit supplémentaire), une cuisine équipée, un salon et un balcon. Lequel devient vite la "pièce principale" compte tenu du panorama. Et s'il advenait que les locataires en aient assez de faire la cuisine, René, le patron, se propose de les remplacer, en sa qualité de "maître cuisinier français" !

Le Grand Bleu. Baie Sainte-Anne ✆ 233937 - Fax 233867. *400 SR par villa et par nuit.* Nichée à flanc de colline entre rochers et végétation, cette spacieuse villa à louer dispose de deux chambres (mais à quatre c'est plus cher), d'un salon, d'une cuisine et, surtout, d'une grande terrasse avec chaises longues. Qu'il fait bon, de derrière sa balustrade en bois, noyer son regard dans le bleu-vert de la baie Sainte-Anne !

DISTRICT DE SAINTE-ANNE

Grands Hôtels

Coco-de-Mer. Anse Bois de Rose ✆ 233900 - Fax 233919. *1400 SR en demi-pension.* Ancré à Anse Bois de Rose, sur la délicieuse petite route de Consolation (en latérite jusqu'en 1995), ce bel hôtel solitaire s'est ouvert en 1990, son propriétaire sud-africain ayant choisi le créneau du haut de gamme. Répartis en une quinzaine de chalets bien intégrés dans le site, ses quarante chambres sont aussi spacieuses que confortables (air conditionné, baignoire, téléphone, télévision, minibar, bouilloire, sèche-cheveux) et bien décorées. Toutes ont leur terrasse ouverte sur le luxuriant jardin et la lumineuse plage en contrebas. Au bord de l'insolite piscine en forme de cocofesse, un bar a été construit autour du tronc d'un énorme manguier. Doté d'un court de tennis, d'un centre de plongée et de trois bateaux, l'établissement propose aussi sans bourse délier masques et palmes, planches à voiles et pédalos, billards et bicyclettes (gare aux côtes !). Un remarquable sentier balisé a même été conçu à flanc de colline (un livret pédagogique en révélant toutes les merveilles botaniques). Chanteurs et musiciens se produisent régulièrement autour du restaurant, notamment le vendredi, dans le cadre de la soirée créole. Quant à la jetée, elle est un lieu parfait pour les cortèges de mariage, nombre d'unions se sont déjà scellées dans ce décor paradisiaque. Mais il n'est pas forcément besoin de se mettre une alliance au doigt pour s'émerveiller devant ce Coco de Mer où s'abandonne même un torrent venu des hauteurs de l'île.

Indian Ocean Lodge. Grand'Anse ✆ 233324 - Fax 233457. *800 SR en demi-pension.* Plus très frais, l'Indian Ocean ! Situé sur la plage de Grand'Anse, le plus vieil hôtel de Praslin mériterait assurément un coup de neuf, tant il accuse son âge. Les prix de ses seize chambres climatisées, réparties entre un banal bâtiment et cinq chalets à toit de chaume, ne sont certes pas très élevés, mais on cherche en vain un charme à cet ensemble qui eut son heure de gloire et dont le nouvel élan reste à trouver.

Maison des Palmes. Amitié ✆ 233411 - Fax 233880. *620 SR la chambre et le petit déjeuner.* Entre village et aéroport, au lieu-dit Amitié, on deviendrait vite ami de Thérèse Ferrari, la ravissante maîtresse des lieux, toujours très attentive aux résidents de sa Maison des Palmes. Dans un charmant jardin où prospèrent cocotiers, frangipaniers, bougainvilliers et arbre du voyageur, ce sont en effet des palmes de lataniers qui recouvrent les douze bungalows de cet établissement lancé en 1983 et de bon niveau, avec tennis et piscine. Les vingt-quatre chambres sont fort agréables avec leur mobilier en rotin et takamaka. Huit sont dotées d'une baignoire, mais toutes ont ventilateur, moustiquaire, sèche-cheveux et téléphone, une bouilloire permet de se préparer un bon thé seychellois à la vanille, à déguster sur sa petite terrasse, face à la mer. Ce sont aussi des palmes qui composent le toit des espaces communs, dont le coin bar est très plaisant pour y siroter un Coconut Sunset ou un milk-shake au coco. Deux soirées créoles sont proposées chaque semaine : pour danser le séga, rendez-vous mercredi soir !

On prend vraiment plaisir à séjourner dans cette Maison des Palmes d'un parfait rapport qualité-prix et si typique du bel hôtel tropical. Navigateur passionné, son patron, Basile Ferrari, a déjà mis le pied sur 85 des 115 îles et îlots de l'archipel. Aussi propose-t-il à ses clients de revenir aux Seychelles pour prendre le large, son catamaran Stéphanie croisant souvent dans les Amirantes. L'expédition autour de Desroches, Poivre, D'Arros et Saint-Joseph prend six jours et, pour six personnes, il revient à 35 000 SR tout compris (soit quelque 850 roupees par jour et par croisiériste). Quand on n'a pas le mal de mer, ça vaut le voyage...

Marechiaro. Grand'Anse ✆ 233337 - Fax 233993. *1200 SR en demi-pension.* A deux "Notre-Père" de l'église Saint-Joseph de Grand'Anse, quelle superbe résurrection ! Pionnier de l'hôtellerie praslinoise (dès 1975), le Flying Dutchman vient de trouver un nouvel élan... et un nouveau nom. Le "Hollandais volant" a vécu : place aux Italiens entreprenants du Marechiaro ! Dirigé par Arturo d'Agostini, qui a déjà fait ses preuves sous d'autres enseignes seychelloises, cet établissement entend s'inscrire parmi les plus luxueux de l'archipel. Entièrement rénové et redistribué, il aura coûté pas moins de 24 millions de roupees à ses acquéreurs transalpins, qui ne regardent pas à la dépense. Une superbe piscine semi-couverte a ainsi été "plantée" dans le charmant jardin où sont répartis huit élégants chalets. Leurs treize chambres et suites sont évidemment de grand standing (air conditionné, télévision, téléphone, minibar, sèche-cheveux..).

Plus près de la plage ombragée (dotée d'un hamac et de chaises longues "haute-couture"), le restaurant gastronomique Capri se montre lui aussi très "classe". Dans un décor romantique (du nappage à la vaisselle), le chef Gianmarco Bocca s'avère convaincant dès l'amuse-bouche. Mi-italienne mi-seychelloise, sa cuisine valorise les plus beaux produits de là-bas et d'ici. Une table qui se révèle l'un des points forts de cet intimiste établissement, par ailleurs ciblé sur les golfeurs, un putting-green devant en effet contribuer à ce que ce Marechiaro fasse son trou dans le paysage hôtelier seychellois... et en devienne l'un des sommets !

■ Petits hôtels

Le Britannia. Grand'Anse ✆ 233215 - Fax 233844. *480 SR la chambre et le petit déjeuner.* Situé en retrait de la route côtière, à proximité d'une des écoles de Grand'Anse, cet établissement déjà ancien accueille régulièrement à midi des groupes d'excursionnistes, la table y étant bonne... et les Lablache de bons commerçants. Lydia et Jonas ont fait de leur Britannia une maison fiable, très représentative de la petite hôtellerie seychelloise. Construites face aux frangipaniers et au flamboyant de la cour d'entrée, les cinq nouvelles chambres sont évidemment préférables aux cinq anciennes, toutes n'étant que ventilées et d'un confort basique. Un hôtel qui plaira surtout aux voyageurs aimant se mêler à la vie locale.

La Cuvette. Grand'Anse ✆ 233219 - Fax 233969. *300 SR la chambre et le petit déjeuner.* A une centaine de mètres de la route du littoral, mais côté terre, cette nouvelle guest house de poche ne compte que trois chambres, simples mais impeccables, seulement ventilées, réparties autour d'une petite piscine ombragée de cocotiers. Marlène et Serge de Charmoy Lablache ont su créer un doux climat dans leur maison blanche d'imitation bois. Un hamac a même été installé sous le manguier sabre de leur jardin. Pour qui aime loger dans un village, cette Cuvette est toute indiquée, d'autant plus que ses 300 SR pour deux en font l'hôtel le moins cher de Praslin.

Le Flamboyant. Anse Saint-Sauveur ✆ 233036 - Fax 233036. *600 SR en demi-pension.* Bleu, blanc, rouge ! Tableau magique que ces deux flamboyants en fleur qui se détachent sur une mer turquoise et une plage virginale. De splendides arbres aux fleurs rouge orangé jonchant le sol d'octobre à janvier et qui ont donné leur nom à cette superbe maison coloniale dessinée par le maître des lieux, Verney Cresswell. Cet ancien architecte britannique bourlingua dans le monde entier avant de jeter l'ancre à Anse Saint-Sauveur, sur la route de Consolation, la plus tranquille de l'île (goudronnée seulement en 1995 !). Inspiré par l'admirable lumière seychelloise, il a installé son atelier-galerie au premier étage et certifie la disparition du stress depuis son balcon donnant sur l'océan Indien. Un océan que cet ancien sportif connaît bien pour avoir relié, en 1981 et en cinq heures, l'île de Mahé à celle de Praslin.

Mais c'est plutôt à la relaxation qu'invitent ces lieux paisibles. Des groupes viennent d'ailleurs y méditer sur le son des vagues et communier autour de repas biologiques concoctés par la douce épouse praslinoise de Verney, Rosemay, qui supervise aussi les dîners créoles servis chaque soir dans la longue salle à manger.

Ici, nappes blanches et chaises cannelées en "bwa nwar" contribuent à créer une atmosphère à la fois élégante et décontractée. Difficile cependant, en voyant les six chambres, "small but clean" (Verney dixit), d'imaginer qu'en 1993 la duchesse de Kent et l'archevêque de Canterbury y ont séjourné... Une simplicité qui rappelle, il est vrai, la modestie des tarifs de ce petit hôtel récemment élu le plus amical des Seychelles, et où, plus que le luxe, on vient chercher un décor, une ambiance, une sincérité. Ah ! cette citronnelle d'après-dîner servie sous les flamboyants illuminés...

■ Locations

Beach Villa. Grand'Anse © 233445 - Fax 233098. *360 SR par appartement et par nuit, avec petit déjeuner.* Construites sur le front de mer, à l'entrée ouest du village de Grand'Anse, ces villas se composent d'une chambre et d'une cuisine-salle à manger. A ces neuf appartements, s'ajoutent trois chambres (avec cuisine commune), à un kilomètre de là, une annexe, plus intimiste, tenue par Auguste Confait. Dans l'ombre d'un takamaka, la plus charmante d'entre ces chambres, occupant un chalet tout rond, est quasiment plantée sur la plage.

The Islander's Guest House. Anse Kerlan © 233224 - Fax 233224. *400 SR par appartement et par nuit.* Voisins d'une belle cocoteraie dans laquelle se dissimule une grande et belle maison de planteur, ces huit appartements, meublés de bois clair, sont aussi spacieux que bien conçus (certains avec deux chambres), leur cuisine étant particulièrement agréable. La grande terrasse est aussi séduisante. Quant à la belle plage de l'Anse Kerlan, elle est tout au plus à cent mètres, au-delà du restaurant-bar Capricorn, où l'on peut se faire servir quand on renonce à se mettre aux fourneaux dans son "chez soi". A 400 roupees la nuit, le dit "chez soi" se montre par ailleurs d'un bon rapport qualité-prix.

Les Rochers. Grosse Roche © 233034 - Fax 233034. *De 300 à 500 SR par appartement et par nuit.* Madeleine et Jean-Claude Confait, les propriétaires du restaurant créole le plus couru de l'île, louent presque confidentiellement deux bungalows au bord de leur plage. L'un, petit et rudimentaire, de style routard (300 roupees, avec douche et coin cuisine). L'autre, de style Ibiza, spacieux et charmant (500 roupees, avec deux chambres, salon et cuisine). Insolite aussi, des rochers s'immiscant jusque dans la maison. Idéal pour vivre de granit rose, de sable blanc et d'eau transparente.

Le Tropique. Amitié © 233027 - Fax 233969. *450 SR par appartement et par nuit.* Thérèse et Julien de Charmoy Lablache se sont récemment mis à l'heure touristique en ouvrant une chambre dans leur propre villa (à 350 roupees et avec vue sur mer) et en édifiant trois appartements dans leur jardin, voisin de la plage. Climatisés, ils se composent d'une chambre, d'un salon, d'une kitchenette et d'une petite terrasse.

Villas de Mer. Amitié © 233972 - Fax 233015. *550 SR par appartement et par nuit.* Entre cocotiers et takamakas, ces six appartements de bord de plage, assez spacieux et ventilés, sont dotés d'une chambre, d'un salon, d'une kitchenette et d'une petite terrasse. Le maître des lieux, Michel Gardette, un hardi navigateur, propose à ses clients plongée en mer, pêche au gros et excursions sur les îles voisines.

LES RESTAURANTS DE L'ILE

DISTRICT DE BAIE SAINTE-ANNE

L'Archipel. Anse Gouvernement © 232242. *220 SR le soir.* L'exception confirme la règle. Si les "menus du jour" se révèlent le plus souvent d'une affligeante médiocrité, il en est un, à Praslin, qui mériterait sa toque au GaultMillau. Celui de l'Archipel : poisson mariné au fruit de la passion, raviolis aux crevettes et sa salade de choux tièdes, beignets d'ananas ou encore salade de crevettes aux papayes, job vapeur et son émincé de légumes, parfait glacé au fruit de la passion. Produits frais, cuissons justes, sauces légères, présentation soignée et une certaine créativité : on est bien à la meilleure table de l'île, version "nouvelle cuisine seychelloise", le chef ayant il est vrai fait ses classes au Trianon-Palace de Versailles. Le maître d'hôtel mauricien s'y montre aussi attentif que courtois. Dommage que la carte des vins ne sorte pas des bien piètres côtes de provence et entre-deux-mers qu'on croise partout. On prend d'autant plus de plaisir à ce repas aux chandelles qu'on est là, derrière ces balustrades, dans une des plus séduisantes demeures de style colonial de Praslin.

Bonbon Plume. Anse Lazio © 232136. *De 12h30 à 15h. Fermé le lundi. Environ 160 SR.* Il fallait le faire ! Il l'a fait... Pas évident d'apporter jusque-là l'eau, l'électricité et le téléphone. Peu accorte mais très entreprenant, Richelieu Verlaque a beaucoup investi pour ouvrir (en 1990) sur la plus célèbre plage de Praslin ce si plaisant Bonbon Plume, du nom d'une petite fleur locale proche de celle du fruit de la passion. Le dimanche à midi, en haute saison, il est souvent difficile de trouver une place sous cette belle paillote dont la charpente en filao et le mobilier en takamaka attestent du savoir-faire des artisans seychellois. La décoration se montre aussi soignée que l'architecture : bateau de pêcheur suspendu, compositions florales et jeunes pieds de cocotiers à volonté. La même attention entoure la table, les salades étant servies dans des demi-cocofesses. Et en bouche ? Plutôt pas mal ! De poisson fumé au fruit de la passion en crevettes décortiquées au potiron et de filet de mérou grillé au charbon de bois en cari de poulet au lait de coco, on se régale encore plus dans un tel cadre. On peut aussi se contenter d'un dessert, fameux, qu'il s'agisse du flan coco ou de la banane Saint-Jacques à la créole. Pas donné, c'est vrai, mais s'installer là a coûté cher à Richelieu... qui n'a pas fait de l'amabilité l'une de ses vertus cardinales.

Café des Arts. Anse Volbert © 232121. *Fermé le lundi. Environ 180 SR.* Une vue de carte postale... A l'heure du déjeuner, quand les couleurs éclatantes de l'océan se détachent encore plus sur le sable blanc de la plage de Côte d'Or, on est presque hypnotisé par ce spectaculaire panorama. Même si l'on ne souhaitait que boire une bière, on en vient à s'attabler sur la terrasse de ce café-galerie dont le plus beau des tableaux s'inscrit dans le paysage. Ce cadre aussi artistique que photogénique ne pouvait que combler le peintre Christine Harter et le photographe Paul Turcotte, qui ont eu l'heureuse idée d'ouvrir là leur Café des Arts, en 1990. Côté route la galerie, côté mer le café... Un café qui est aussi l'un des meilleurs restaurants praslinois, géré par le très stylé frère de Christine Harter, Pierre (un physique très Hugo Pratt). A trois mètres du sable fin, une fine cuisine de style néo-créole, à des prix élevés : bourgeois aux tagliatelles et fruits de mer, vieille macondé aux oignons verts, crevettes sautées au gingembre sucré, crêpe d'ananas au lait de coco... On peut aussi s'y régaler d'une langouste, de cigales de mer et (sur commande) d'une fondue de poissons garantis frais du jour, à arroser d'un convaincant nederberg blanc premier grand cru d'Afrique du Sud. Le soir, le service est assuré tardivement, c'est-à-dire jusqu'à dix heures. Le café, lui, ne ferme que rarement avant minuit... et jusqu'à plus soif quand l'ambiance l'exige, avec ou non un accompagnement au piano. Et quand la petite salle (très décor d'artiste) se fait calme, on peut toujours s'accouder sur le beau bar en bambou et commander un véritable expresso. Ou s'offrir un demi-Laurent Perrier à un prix raisonnable sous l'équateur (150 roupees). D'autant plus que Lucia, la barmaid, a de la conversation. Bref, un Café des Arts qu'on fréquenterait volontiers au quotidien.

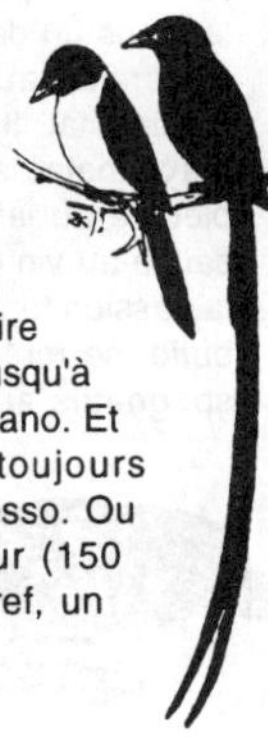

Château de Feuilles. Pointe Cabris ✆ 279930. *220 SR le soir.* L'annexe tropicale des restaurants Le Duc de Genève et Paris s'était vite fait un nom, Jean Minchelli ayant d'emblée marqué de son empreinte et de son talent ce Château de Feuilles, entré en 1984 dans l'élitiste chaîne des Relais & Châteaux. Le Tout-Paris aidant, ledit château fut durant toutes les années 80 l'un des deux établissements les plus chics de l'archipel (avec l'île Denis de "tonton Pierre"), sa table, bien évidemment vouée à la marée, étant la meilleure de l'île. Le charismatique patron disparu, son restaurant n'en demeure pas moins un des plus fiables. Sous cette paillote, du poisson, rien que du poisson (ou des crustacés). Et n'attendez pas qu'on vous donne la carte. Pas davantage le menu ! Il est seulement énoncé, histoire de dire... Poisson mariné créole ou job grillé sur sa peau, glace au gingembre ou tarte aux bananes, c'est simplement bon, Vye et Quincy ayant bien assimilé les leçons du maître. La maison aimant bien prévoir, il est prudent de réserver...

La Goulue. Anse Volbert ✆ 233230. *Fermé le lundi. Environ 100 SR.* De retour aux Seychelles après avoir tenu des fourneaux à Londres, Willy Richemond s'est mis à son compte dans la zone la plus touristique de Praslin, au bord de la route de Côte d'Or. De crevettes provençales en macaronis bolognaise et de poisson fumé à la sauce moutarde en steak au poivre à la crème et au cognac, nombre de ses plats témoignent de son passage en Europe. On peut se laisser tenter si l'on frôle l'overdose de poisson grillé et de cari poulet, ou si l'on a une envie folle d'une assiette de frites. A condition de ne pas rechercher un décor et de supporter l'odeur d'huile saturée !

J et P Cafetaria. Baie Sainte-Anne ✆ 232211. *Environ 110 SR.* Baie Saint-Anne a aussi son "take away", ouvert par Jenny Pomeroy, la directrice de la très "classe" Réserve ayant choisi là un créneau populaire. Salade ananas-poulet, porc au miel, calamar au gingembre, crabe vapeur... C'est une cuisine dans l'ensemble très asiatique (et à petit prix). On peut même se commander un canard laqué (195 roupees pour quatre). Pas moins de cinquante plats à emporter ou à consommer sur place, dans une salle climatisée bien tristounette. Mais on y voit parfois la fille du chef (mauricien), dont la beauté vaut tous les décors.

Laurier. Anse Volbert ✆ 232249. *Environ 130 SR.* Salade de pieuvre, spaghettis aux fruits de mer, cari de poissons : honorable certes, mais de là à tresser des lauriers... Surtout pas pour le prix des "glaces variées" : 45 roupees ! Et pas davantage pour le cadre, cette terrasse couverte, en retrait de la route de Côte d'Or, n'offrant aucune vue digne d'intérêt.

Pizzeria du Berjaya Praslin Beach ✆ 232222. Parfait pour les petits creux d'après baignade ! De 11 h du matin à 11 h du soir, des pâtes et surtout des pizzas les pieds dans le sable et sous une haute et vaste terrasse couverte, décorée de drapeaux de clubs de foot italiens. Les plus fameuses coûtent 60 roupees et honorent la mer, tant la Gamberi (crevettes et fromage) que la Côte d'Or ("The best of Praslin seafod"). Plus exotique et discutable, en revanche, la Tropicana : banane, ananas, mangue et... poisson fumé. Mais ça passe plutôt bien avec un peu de chianti !

La Réserve. Anse Petite Cour ✆ 232211. *220 SR le soir.* Dîner aux chandelles sur la jetée d'une petite anse, ça fait certes cliché, mais ça fait surtout plaisir. Et quand on est là, dans un des plus beaux établissements de Praslin, on se dit qu'on aurait tort de s'en priver. Là aussi, on a affaire à un menu du jour, ou plutôt du soir mi-créole, mi-continental. Il arrive ainsi qu'un filet de bœuf à la forestière ou un filet de job poché... mayonnaise se glissent entre des plats qui font plus couleur locale, du genre cari de pieuvre au lait de coco et son chatini de papaye ou filet de vieille en millefeuille et sa sauce au vin de palme. Côté desserts, la mousse au corossol et la bavaroise au fruit de la passion font l'unanimité. Le mardi, place à la soirée "barbecue et kamtolé" et le jeudi, le buffet se met à l'heure asiatique. On peut aussi s'y arrêter pour une pause déjeuner : spaghettis au thon frais ou poisson fumé, cari de poulet ou brochette de crevettes (coûteuse)... A moins de se contenter d'un pancake aux fruits tropicaux, d'un club-sandwich ou, plus typique, d'une soupe de fruit à pain ! Cette escale sur la route de l'Anse Lazio (parfaite pour la sieste) permet en fait d'apprécier surtout les beaux jardins et la remarquable architecture de cette enchanteresse Réserve ancrée face à Curieuse.

Village du Pêcheur. Anse Volbert ✆ 232224. *150 SR le samedi soir.* Ah ! le beau buffet créole que voilà... Poissons crus marinés et beignets de giraumon, cari de berniques au coco et chatini de requin, boudin créole et beignets d'aubergines, bananes caramélisées et gâteau d'ananas... et on en passe des meilleurs ! Des plats qui, chaque samedi soir et en musique, vous mettent les Seychelles bien en bouche, et les pieds dans le sable. Celui de la plage de Côte-d'Or, sur laquelle le Village des Pêcheurs a eu le privilège de s'installer. Samedi ou non, de vieilles lampes tempête contribuent tous les soirs de beau temps (c'est-à-dire souvent !) à créer un climat intimiste autour du traditionnel menu de demi-pension. On peut aussi profiter de cette terrasse à l'heure du déjeuner, autour d'une langouste ou d'un poisson grillés, d'un crabe façon du chef ou, sur commande, d'un plateau de fruits de mer. Voire même s'arrêter là, entre deux bains, pour se régaler d'un milk-shake au goût d'ici. Papaye, coco ou banane ?

DISTRICT DE GRAND'ANSE

Le Britannia. Grand'Anse ✆ 233215. *Environ 120 SR.* Pour la chauve-souris, c'est ici ! Mais la roussette (en cari ou en civet) ne figure pas constamment sur la carte des Lablache, qui nourrissent de nombreux touristes à midi, essentiellement ceux des groupes d'excursion. On peut donc s'attabler là en toute confiance et jeter son dévolu sur un poisson mariné au citron vert ou un filet de bourgeois grillé, avec nougat coco en option. A la carte, s'ajoute le soir un menu à 105 SR, du style hachis de wahoo, steak de thon grillé au beurre d'ail et beignets de banane sauce cannelle. Un dessert créole... par excellence.

Le Capri (Marechiaro) ✆ 233337. *Environ 160 SR.* Ma che, la classe ça vient forcément d'Italie... Côté décoration ou côté cuisine, quand on parle d'Italie, on a tout dit. Le Marechiaro est là pour le rappeler. Le dernier-né des hôtels de Praslin (à vrai dire le Flying Dutchman reconverti) a tout pour plaire aux pèlerins de l'art de vivre. “Pour retenir le client haut de gamme, il faut lui proposer une hôtellerie intimiste, avec une table à la hauteur. Chaque assiette doit être soignée”, assure Arturo d'Agostini, maître de table au sein de la Chaîne des Rôtisseurs... et directeur de ce tout nouveau-tout beau Marechiaro de Grand'Anse. Et puisque bon vivre et bon couvert vont de pair, le cordial hôtelier a jugé bon d'importer un vrai “toqué” de la péninsule bottée, le chef de cette nouvelle maison de bouche, Gianmarco... Bocca, qui marie sur sa carte du Capri spécialités italiennes (ah ! ce parme si fondant...) et plats créolisés. Quelques beaux vins (enfin !) d'Afrique du Sud et d'Italie arrosent cette fine cuisine, d'autant plus succulente qu'elle est valorisée par une vaisselle... “made in Italy”, bien accordée à l'athmosphère feutrée de cette paillote de bord de mer. Bref, impossible de conclure par l'inévitable “Capri, c'est fini ! “. Ca ne fait que (bien) commencer...

Eis. Anse Kerlan. Des glaces, rien que des glaces ! Signées Rheinhardt... Encore marqué par son douloureux divorce avec les Seychelles, l'ex-propriétaire malheureux de l'hôtel Flying Dutchman (reconverti en Marechiaro) a fini par craquer. Le revoilà sur “ces îles si romantiques, sans égales dans le monde. Un si bel endroit pour faire l'amour et élever des enfants.” Mais cette fois, “no publicity” ! Le cordial Allemand entend vivre heureux et caché sur son lopin de terre de l'Anse Kerlan, blotti dans l'ombre de hauts cocotiers. Pas seulement pour s'y allonger dans un hamac avec une SeyBrew à la main, mais aussi pour y faire des glaces. Ou plutôt des sorbets, avec les fruits du pays : coco, mangue, papaye, corossol, goyave, melon, fruit de la passion (le plus réussi)... Une douzaine de parfums à un prix sage : 5 roupees la boule, consommée à la seule petite table de sa terrasse, où sont aussi servis des milk-shakes et des jus de fruits frais pressés (dommage qu'il faille partout ailleurs, ou presque, se rabattre sur un Sprite ou un Coca quand on ne veut pas de bière). Proche de la route côtière, une sympathique étape, au retour d'un bon bain à Petite Anse Kerlan.

Les Rochers. Grosse Roche ✆ 233034. *Environ 150 SR.* Bonne nouvelle : les Confait ont repris leurs Rochers, sur la confidentielle route de Consolation ! Après un intermède de deux ans pas vraiment convaincant, le célèbre restaurant de Grosse Roche a retrouvé ceux qui l'ont popularisé. Jean-Claude en salle et Madeleine aux fourneaux, pour de la cuisine seychelloise on ne peut mieux interprétée : cari de crabe-girafe au coco, langouste et cigales de mer grillées, et des poissons frais du jour sur tous les tons. Le meilleur de la dernière marée, mais aussi des chatinis délicieux et des desserts fameux, style daube de bananes, pancake au fruit de la passion et compote de fruits frais. Nul doute que la plus créole des paillotes gourmandes du littoral praslinois devrait vite renouer avec le succès.

Steeve's Cafe. Grand'Anse © **233215.** *Environ 100 SR.* Pas encore de Mac Do' aux Seychelles, mais çà et là des "take away" (plats à emporter) dont le succès atteste que le "néfaste-food" à l'américaine finira bien par s'implanter. En attendant, on sert encore du poisson digne de ce nom, grillé ou en cari au lait de coco par exemple. Pas moins de six plats du jour sont ici proposés par Jonas Lablache, à un prix défiant toute concurrence : 20 roupees la barquette ! Il est vrai que les "locaux" font l'essentiel de sa clientèle. Aux environs de midi, il faut souvent faire la queue pour passer commande, ne serait-ce qu'un sandwich au thon (12 roupees) ou un croque-monsieur (20 roupees). Evidemment, on peut se faire servir, hors de la salle climatisée, sur une petite terrasse à vocation touristique, mais ça coûte alors plus cher : 35 roupees l'assiette de marlin fumé, 40 les beignets de poulpe, 45 le filet de poisson à la créole... Plus cher mais encore bon marché si l'on compare ces prix à ceux des autres restaurants. Le petit déjeuner à l'anglaise n'y est facturé que 40 roupees. Une bonne adresse donc, et jusqu'à 22 h !

SORTIES NOCTURNES

CASINO

Casino des Iles. Anse Volbert. "Gambling fever is here...", titrait en septembre 1995 Seychelles Review, le magazine mensuel de James Mancham. Une fièvre du jeu qui fait la fortune de messieurs Labrosse et Ramados, dont les deux cents machines à sous de leur Amusement Centre, à Victoria, connaissent un succès durable. Ces derniers ont dès lors décidé de miser gros en ouvrant sur Praslin, en 1996, un grand casino digne de ce nom, superbe dans son style créole. Bâti à grands frais dans la luxuriante végétation de l'Anse Volbert, près du Côte d'Or Lodge, ce nouveau temple dédié au dieu roupee a été richement doté : une vingtaine de tables de jeu et une cinquantaine de "slot machines" ! Bref, de quoi alourdir son budget vacances... et se retrouver sur le sable !

DISCOTHEQUES

Bife. Anse Volbert. *Le vendredi et le samedi de 22 h à 3 h 30.* Etonnant qu'il ne faille pas débourser la moindre roupee pour entrer, alors qu'il en faut au moins trente-cinq dans les boîtes de Mahé. En tout cas, côté bar, c'est écrit noir sur blanc : "Cash today, credit tomorrow". Pas très cher d'ailleurs : 16 roupees la Guinness, 13 la SeyBrew et seulement 10 le Coco d'Amour, aux prétendues vertus aphrodisiaques. Blondes d'outre-Manche ou chaudes Latines, certaines Européennes n'en ont visiblement pas besoin tant elles semblent avoir mâle au cœur, à en juger par leur corps à corps avec l'indigène. Ceux qu'on appelle les Rastas (un look plus qu'une philosophie) ont d'autant plus la cote que le reggae tient une large place dans la programmation musicale de cette petite pièce plus proche de la salle de bal que de la discothèque. On se bouscule tant l'espace est compté, mais touristes et locaux, jeunes pour la plupart, paraissent apprécier cette chaleur ambiante. Et puis, quand on veut prendre l'air, la plage est à vingt mètres...

First and Last. Baie Sainte-Anne. *Le vendredi et le samedi de 22 h à 3 h.* Praslin la nuit, ce n'est pas Mykonos ! Passée l'heure de la citronnelle, tout le monde au lit. Même en fin de semaine, les touristes ferment l'œil de bonne heure. Il est vrai que les phares se font rares sous la lune praslinoise. Hormis le Bife, qui a l'avantage de se situer dans la zone touristique, point de salut ou presque. Il n'y a guère qu'à Baie Sainte-Anne qu'on puisse trouver un soupçon de lumière. Mais on ne croise pas un chat au Lost Horizon, au cœur du bourg, ce dancing-terrasse ouvert sur la mer ayant connu des nuits meilleures. Un peu plus animé, l'exotique First and Last est ancré parmi les rochers, au début de la jetée, dans une ancienne salle de restaurant si vaste qu'on s'y sent un peu seul. Il n'y a pas foule sur la piste que Richard tente de chauffer à coups de ségas, de reggae et de musique dite internationale. Voire de slows, programmés à la carte quand on les lui demande. Mais à quoi bon, quand il n'y a que six filles pour trente "mecs"... Le jeune et cordial patron, Kevin Dunienville, sert au bar : 15 roupees le baby en verre plastique. Mais les affaires ne sont florissantes qu'en début de mois. Les 15-30 ans de Praslin sont alors plus nombreux à laisser parler leur corps (et à étancher leur soif) dans ce First and Last qui ne manque pas de charme tant il est typique des boîtes à l'africaine. Dans l'ensemble peu aventureux, les touristes y sont rares.

SHOPPING

B.S.A. Mini-Market. Baie Sainte-Anne. Mini, mini, ce "market" de Baie Saint-Anne. On peut s'y arrêter pour un ice-cream, un gâteau banane, une boisson fraîche ou un paquet de Marlboro (29,50 SR)... et pour jeter un œil sur une boutique "typique", comme on dit. On y voit même des soutiens-gorge pendre du plafond !

Café des Arts. Anse Volbert. Devenue, au lendemain de sa licence en beaux-arts en Grande-Bretagne, professeur de dessin et d'arts plastiques dans plusieurs collèges de Mahé, Christine Harter est aujourd'hui l'aquarelliste la plus connue des Seychelles, ce qui ne l'empêche pas d'utiliser aussi le crayon, l'encre ou la peinture à l'huile. Des cases de pêcheurs aux oiseaux de mer et aux cocotiers, elle a trouvé dans la nature son sujet majeur. Elle excelle également dans des scènes de la vie quotidienne, d'où émane toujours une douceur de vivre. En paille, en bois ou en tôles aux couleurs flamboyantes ou délavées par le temps, les cases créoles font partie de son décor. On se laisse volontiers charmer par la vision sereine et sensible que cette attachante Maheloise a de ses îles. Mariée à un photographe québecois assez connu aux Seychelles, Paul Turcotte, elle a ouvert une galerie dans la maison même du Café... des Arts, tenu par son frère. On y trouvera essentiellement des reproductions de ses œuvres (de 75 à 600 SR), y compris en cartes postales, mais aussi quelques autres tableaux, dont le plus grandiose et le plus cher (3000 SR) est bien évidemment signé Michael Adams.

Coco de Mer Boutique. Grand'Anse. Des bijoux en or de Kreol'or aux superbes articles de la collection Museum et des parfums Ambre Vert, Bambou et Bwanwar de Kreolfleurage à la si fameuse liqueur Coco d'Amour, un bon choix de souvenirs, à côté de la Banque française de l'océan Indien. Il faut d'ailleurs beaucoup de roupees pour s'y offrir un cocofesse (1200 SR !). On y trouvera aussi de la pure huile de coco (pour bronzer "pays" !), de jolis colliers en corail bleu et rouge, de beaux cadres en bois locaux et pour ceux qui veulent prolonger leurs vacances pendant douze mois, le calendrier des plus jolies Seychelloises.

Durgadevi Stores. Anse Volbert. Dans le genre "Retailer of goods, liquor and tobacco", ce "store" ouvert jusqu'à 22 h vaut aussi qu'on s'y arrête. Sous la trompe bienveillante de Ganesh, ces commerçants indiens vous serviront au comptoir chips de manioc ou nougat coco, cube Maggi ou tube d'Upsa, paquet de Marlboro ou fiole de Ballantines, de l'huile de castor (purgative) et même une bicyclette (une Red Devil Sprint à 2175 SR).

Forestry Station. Fond B'Offay. *Ouverte au public du lundi au vendredi de 7 h à 15 h,* cette antenne forestière du ministère de l'Environnement gère le parc national de la Vallée de Mai, dont ladite Vallée, en 1983, a été classée par l'Unesco dans la liste du patrimoine mondial. Merci au coco de mer ! Un cocofesse si précieux qu'il fait l'objet d'un marché noir. On estime que la contrebande pourrait concerner jusqu'à un millier de ces drôles de noix, récoltées et revendues en toute illégalité à un prix nettement plus attractif que celui des boutiquiers : juqu'à 1200 roupees chez certains. Evidemment, à ce prix-là le certificat officiel est compris ! Les touristes qui se font prendre en douane avec un cocofesse illégal n'ont plus qu'à feindre l'innocence avec les douaniers, qui se contentent alors de se l'adjuger. On peut en tout cas choisir en toute légalité une de ces fameuses noix bilobées dans l'entrepôt (bien cadenassé) de cette antenne forestière, chargée de collecter les quelque trois cents cocofesses qu'on ramasse annuellement dans la Vallée de Mai, les plus grosses pesant trente livres. C'est d'ailleurs ici que s'approvisionnent les revendeurs licites, qui choisissent bien sûr les plus belles. Aussi, à moins d'arriver au lendemain d'une livraison, les pièces restantes ne sont souvent pas très convaincantes. Des fesses certes, mais pas franchement de mannequin ! Callipyges ou pas, c'est le même prix : 400 roupees seulement, mais non vidée. Pourquoi pas ! Le problème n'est pas la conservation (la pulpe se solidifie) mais le transport : gare à l'excédent de bagages...

Libre-service. Grand'Anse. Kellog's, Buitoni, Knorr, Nestlé, Palmolive, Coca-Cola... C'est à cette présence dans un village somme toute reculé que l'on reconnaît les plus grandes marques multinationales. On est certes là dans un libre-service, le seul de Praslin (sous les bureaux du Cable and Wireless), mais l'espace y est compté et le choix limité. On peut toutefois y trouver de quoi boire et manger, notamment des cookies et du vermouth sud-africains. Sont aussi en vente les fameux gros sacs plastifiés en bleu et blanc dont se servent tant les Seychellois. Solides et bon marché, ils peuvent être utiles pour rapporter ses souvenirs les plus fragiles... et son cocofesse.

Selvaraj & Sons. Grand'Anse. Quel bazar ! Gâteaux secs, tissus, shorts et cuvettes, bref, un bric-à-brac comme il en existe encore pas mal à Mahé. Les rayons sont encore en bois et l'antique balance reste vaillante dans cette boutique tenue par des Indiens, où l'on trouvera aussi des cartes téléphoniques et de fameux samossas.

S. Pillay. Grand'Anse. Une "vraie de vraie", comme elles l'étaient toutes il y a dix ans seulement ! Une boutique à l'ancienne, dont les murs de bois portent quelques belles plaques publicitaires, celle de Guinness attestant que la célebrissime bière noire est très prisée aux Seychelles. On s'en soûle volontiers, mais à 10 roupees la petite bouteille, elle n'est réservée qu'aux cuites des grands jours ou aux lendemains de salaire. Produit de première nécessité, le riz ne coûte que 3,50 SR le kilo et on le puise dans le sac avec un demi-cocofesse. Précision importante, ce "retailer of goods" ne ferme qu'à 8 h.

LES ILES VOISINES

ARIDE

Merci, mister Cadbury ! Au nom de la Royal Society for Nature Conservation, le magnat britannique du chocolat a en effet financé l'achat, en 1973, de cette île devenue, derrière Aldabra, la seconde réserve naturelle en importance de l'archipel. A huit kilomètres au nord de Praslin, soixante-huit hectares de nature protégée où nichent et pondent plus d'oiseaux marins que sur les trente et une autres îles granitiques réunies. Pas moins de trois cents fauvettes dans ce paradis de la gent ailée où d'innombrables lézards caïmans (d'une vingtaine de centimètres) coulent aussi des jours heureux, pas même apeurés par les rares visiteurs, toujours bien intentionnés. Découverte en 1756 par Nicolas Morphey, Aride apparaît escarpée, avec ses imposantes falaises, mais elle n'est en rien désertique. Bien au contraire, sa richesse botanique est d'autant plus digne d'intérêt que c'est désormais le seul endroit de la planète où poussent les magnifiques gardenias de Wright et le célèbre bois citron, dont les fleurs blanches exhalent un parfum rappelant celui du mimosa. Citronniers, orangers, bananiers et canneliers abondent sur cette terre où l'on récolte aussi pamplemousses et ananas sauvages.

Faune et flore méritent donc le voyage sur cette île cernée d'un récif de corail qui la rend difficile d'accès. Les visites ne sont d'ailleurs organisées que d'octobre à avril et seulement dans la partie sud. Aussi les bateaux d'excursion doivent-ils jeter l'ancre au large de la côte, des canots pneumatiques assurant une fin de parcours parfois mouvementée. Les visiteurs sont dès lors libres de flâner sur cette île d'un kilomètre et demi de long sur six cents mètres de large. Une balade à certains moments harassante : rude ascension que celle du sentier menant au belvédère de Gros la Tête (152 m). Mais de là-haut, si près des frégates qui virevoltent, quel panorama ! Le jeu consiste alors à identifier les îles qui se détachent sur cet horizon enchanteur.

Précieuse terre d'Aride... D'autant plus précieuse que l'inévitable trésor des pirates reste à découvrir. Une légende ? Un ancien propriétaire de l'île a en tout cas dynamité d'énormes rochers, espérant faire main basse, grâce à d'étranges signes gravés dans la pierre, sur le fabuleux butin. Un squelette enterré en position assise et découvert quelque temps plus tôt, avait évidemment stimulé les imaginations. Trésor ou pas, la plus au nord des îles granitiques seychelloises se révèle un pur joyau de la nature. N'y habitent guère qu'un gardien, un administrateur, un ornithologue et quelques ouvriers chargés de l'entretien de l'île. Leurs cases sont situées près de la maison de Christopher Cadbury, l'écologiste mécène qui n'y vient que très rarement, trop occupé par les riches retombées d'un autre arbre tropical nommé cacaoyer.

COUSIN

Le visiteur doit se faire petit sur Cousin (qui voisine avec... Cousine !). Ici, pas question de fumer ni de pique-niquer, pas davantage d'utiliser un flash, ni même de se baigner ou de ramasser des coquillages : veuillez laisser les lieux dans l'état où vous les avez trouvés... Pour ne pas troubler la sérénité des résidents, les visites sont obligatoirement guidées. Les résidents ? Pas moins de cinq cent mille en avril et mai, quand l'île n'est plus qu'un vaste nid. Emergeant... à vol d'oiseau à moins de trois kilomètres de Grand'Anse (au sud de Praslin), ce nid de huit cents mètres de long sur trois cents mètres de large est en effet devenu un sanctuaire ornithologique de premier ordre. Acquise en 1968 par la Royal Society for Nature Conservation, avec l'aide du Fonds mondial pour la Nature et grâce à des dons venus du monde entier (le magnat du chocolat Cadbury ayant financé cet achat aux deux tiers), l'île était en effet le refuge d'une espèce alors en péril, la fauvette des Seychelles. Classée réserve naturelle et gérée par le Conseil international pour la préservation des oiseaux, Cousin est devenue l'une des trois réserves ornithologiques majeures de l'avifaune marine, sept espèces nichant sur l'île. Dès lors, prudence !

Sitôt débarqués, les "découvreurs" (pas plus de vingt par jour) sont invités par Roby Bresson, le guide, à respecter la flore et la faune typiquement seychelloises de cette terre d'asile dont le principal locataire est le goéland blanc, ou sterne de paradis : l'image même de la sérénité, à portée d'objectif ! De la sterne fée (symbole d'Air Seychelles) à la tourterelle coco et du cordonnier noir au paille-en-queue, en passant par le toc-toc, la frégate, le noddi, le serin et la poule d'eau, quelque vingt-cinq espèces d'oiseaux peuvent être observées en ce royaume de plumes. Pas même de rats ni de chouettes pour inquiéter tout ce petit monde ailé sur lequel veillent cinq ornithologues. Crabes, lézards, salamandres et scolopendres géants ont aussi trouvé là une vie rêvée. Une quinzaine de tortues de terre font encore partie des pensionnaires, avec la doyenne Georges, qui, dit-on, a plus de 150 ans. Il arrive aussi que l'on croise quelque caret, mais la tortue marine, plus craintive que la terrestre, ne tarde pas à regagner la mer, à moins qu'elle ne vienne de pondre ses œufs.

Traversant une forêt particulièrement riche en bois tortue (lesquelles tortues se gavent de ses fruits), un sentier conduit jusqu'au sommet (69 m) du morne d'où la vue plonge sur Praslin et Curieuse. Mais il faut bientôt regagner la virginale plage d'où le canot pneumatique doit vous ramener jusqu'au bateau d'excursion ancré au large, l'île étant en effet ceinturée par une barrière de corail qui rend l'accostage assez périlleux. On quitte toujours à regret cet attachant territoire où l'homme fait presque figure d'intrus, tant l'oiseau y règne en maître. Comme l'on aimerait assister là en solitaire au fascinant ballet aérien des fins d'après-midi ! "Des oiseaux sous le soleil" : un bruyant son et lumière hélas donné à huis clos...

COUSINE

"Cousine Island, aux Seychelles, n'est qu'à une heure de mer de Praslin. Ce petit bijou comporte trois bungalows construits en terrasses dans la roche. 1,1 million de francs." Vu dans *Lui,* en mai 1988, dans un dossier "Offrez-vous une île !" Cousine était à vendre ! Elle a été achetée... Le pilote sud-africain Vic Davies, qui dirige la compagnie Helicopter Seychelles, a succombé à la tentation d'acquérir l'une des terres précieuses qu'il survole depuis 1992 à longueur d'année, à moins de trois cents mètres d'altitude. Voisine de Cousin, Cousine reste donc une terre privée, difficile d'accès, puisque cernée par un récif de corail. Vue d'en haut (elle se situe sur la route aérienne Mahé-Praslin), elle se révèle très avenante, avec son morne de cocotiers frangé de filaos, devant lesquels se déploie en courbe une superbe plage d'un blanc immaculé. Mais pour en profiter, on doit y être invité...

CURIEUSE

Découverte en 1744 par Lazare Picault, Curieuse prit le nom de la goélette que commandait Lampérière en 1868, sous les ordres de Marion Dufresne. Se déployant sur environ deux kilomètres de long et un kilomètre de large, elle est distante d'à peine un kilomètre de l'Anse Boudin, au nord de Praslin. Peu élevée, puisque son point culminant n'atteint que 167 m, une généreuse végétation la recouvre. Manguiers, bananiers, orangers, jacquiers, cœurs de bœuf... et cocotiers de mer. Mais de l'importante colonie d'antan, qui recouvrait quasiment toute l'île, ne restent guère que des souches. En 1771, des marins d'une corvette britannique, en quête des célèbres cocos, l'auraient incendiée accidentellement, détruisant ainsi l'une des précieuses cocoteraies de la planète. Toutefois, quelques cocotiers de mer poussent encore en bordure des ravins et sur les pentes rocheuses du nord de l'île. Laquelle, bien qu'amputée de sa précieuse sylve d'antan, n'en demeure pas moins pleine d'attraits. Ses énormes takamakas (sûrement les plus gros de l'archipel) ombragent un littoral dont les anses sont autant de ports naturels pour les navigateurs qui aiment jeter l'ancre en terre inconnue.

Une terre où les tortues ont remplacé les lépreux. Un camp y avait été en effet ouvert dès 1833, pour y caser une centaine de lépreux venus de Maurice. Ils furent bientôt transférés sur les îles Ronde de Praslin pour les hommes, et de Mahé pour les femmes... inquiétant du même coup les Praslinois et Mahelois, qui craignaient que ce dangereux voisinage n'en vienne à propager la maladie sur leurs îles. Aussi, sous la pression persistante de la population, les autorités en vinrent à rouvrir, en 1938, la léproserie de Curieuse, les derniers lépreux n'ayant été transférés sur Mahé, à l'Anse Boileau, qu'en 1965. Trente ans plus tard, ne subsistent de cette époque que des maisons calcinées, ainsi qu'une grande demeure coloniale inhabitée, réservée au médecin de Praslin qui venait là régulièrement. Une maison d'atmosphère où fut tournée une scène de “Goodbye Emmanuelle” constitue l'un des pôles d'intérêt majeurs de cette île. Quelques familles sont chargées d'entretenir le parc où de très jeunes tortues de mer vivent à l'abri des prédateurs, derrière une longue digue de pierre. Les gardiens surveillent les œufs que les femelles déposent en mai et juin dans le sable où ils doivent rester deux mois avant d'éclore. Alors seulement, les nouveau-nés seront portés dans l'enclos salvateur.

Quelque deux cent cinquante tortues géantes, importées d'Aldabra il y a une dizaine d'années, évoluent en toute liberté dans cette île de 3 km2, encore peu abordable pour le commun des touristes. Curieuse, en effet, ne s'ouvre pas aux plus curieux. Impénétrable quand on ne la connaît pas, elle n'offre qu'un seul sentier, permettant d'accéder à un étrange terrain labouré par d'énormes crabes aux pinces non moins imposantes. Riche de huit variétés de palétuviers, l'île est aussi connue pour sa mangrove, ainsi que pour ses remarquables formations granitiques, à l'embouchure de la baie Laraie. Autant de... curiosités qui sont censées justifier la taxe de 50 roupees que tout visiteur doit depuis peu acquitter pour vagabonder dans “l'île des lépreux”.

SAINT-PIERRE

Plantée à environ un kilomètre au large de la plage de Côte d'Or, au-delà de la minuscule île Chauve-Souris, Saint-Pierre, incluse dans le parc national marin de Curieuse, offre pour la plongée au tuba des fonds parmi les plus beaux du périmètre granitique de l'archipel. A cette richesse sous-marine, il faut ajouter le charme de l'île même, avec sa poignée de cocotiers surgissant des rochers, disposés aussi joliment qu'ils sont sculptés. Un lieu photogénique par excellence, qui se révélerait parfait si on n'avait pas à le partager... Mais, bien proche des hôtels de l'Anse Volbert, il constitue un site d'excursion d'autant plus fréquenté que la plupart des établissements proposent d'y transporter leurs clients sans bourse délier. La traversée est aussi assurée pour les visiteurs individuels, moyennant 50 roupees l'aller-retour, au départ de la plage du Paradise Sun, chaque matin à 9 h (retour à 16 h).

ILE DE LA DIGUE

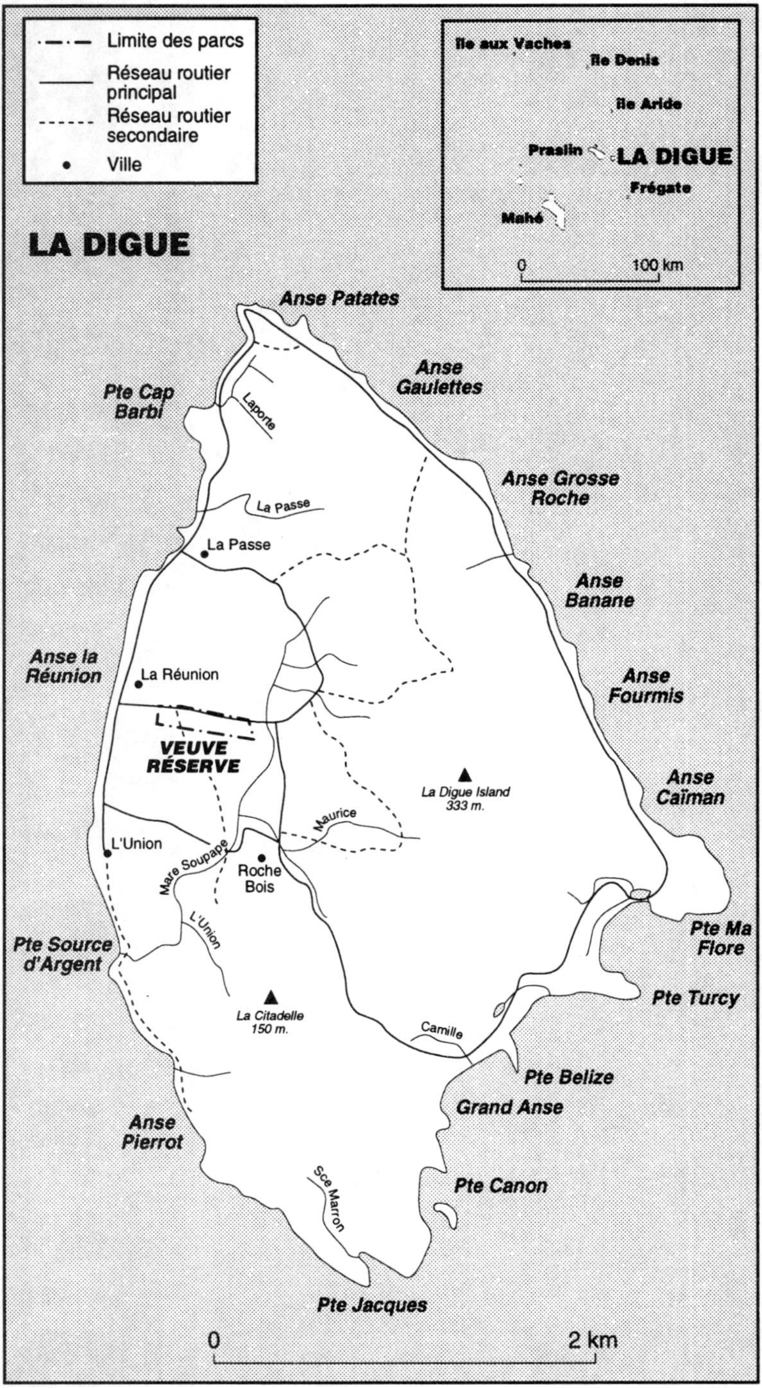
Limite des parcs
Réseau routier principal
Réseau routier secondaire
Ville
LA DIGUE
Ile aux Vaches
Ile Denis
Ile Aride
Praslin
LA DIGUE
Frégate
Mahé
0
100 km
Anse Patates
Pte Cap Barbi
Laporte
Anse Gaulettes
Anse Grosse Roche
La Passe
La Passe
Anse Banane
Anse la Réunion
La Réunion
Anse Fourmis
VEUVE RÉSERVE
La Digue Island 333 m.
Anse Caïman
Maurice
L'Union
Mare Soupape
Roche Bois
L'Union
Pte Ma Flore
Pte Source d'Argent
Pte Turcy
La Citadelle 150 m.
Camille
Pte Belize
Grand Anse
Anse Pierrot
Pte Canon
Sce Marron
Pte Jacques
0
2 km

LA DIGUE

Mahé nous avait déjà conquis, Praslin ébahis. La Digue nous a subjugués. Assurément, la plus attachante et la plus exceptionnelle des îles seychelloises avec des paysages à couper le souffle et des habitants qui prennent le temps de vivre. Il semble, en effet, qu'ici tout concourt à faire de ce petit morceau d'écorce terrestre, de cinq kilomètres de long sur trois de large, un endroit où il fait bon vivre. Mais on peut se contenter d'y passer quelques jours ou quelques heures, forcément inoubliables. Pourtant, les premiers hommes qui découvrirent l'île Rouge (nom donné par Lazare Picault en 1744) n'eurent certainement pas le même sentiment. Duchemin, le commandant de la flûte "la Digue", qui la rebaptisa du nom de son bateau, lors de l'expédition de Marion Dufresne, en 1768, la trouva en effet trop hostile pour s'y installer. Quant aux premiers colons, ils y accostèrent par pur hasard et quasiment de force. Déportés de l'île Bourbon (La Réunion) après une rébellion contre le gouverneur français (qui, paraît-il, voulait céder l'île aux Anglais), ils se rendirent maîtres du bateau qui les acheminait en Inde et débarquèrent ici, transformant leur nouvelle terre en une île prospère.

Quelque deux siècles et demi plus tard, on arrive toujours par bateau à La Digue. Pas d'aéroport, juste un petit port où flottent, les grands jours, une dizaine d'embarcations, de la petite barque à moteur au bateau de transport faisant la navette avec Praslin. Toutefois, pas de quoi faire des vagues dans ce débarcadère d'opérette, avec sa jetée miniature au bout de laquelle attendent des chars à bœufs, principal moyen de transport des matériaux autrefois, amusante attraction touristique aujourd'hui (gare à Emergency, le bœuf fou !). Depuis deux ans cependant, on peut se rendre à La Digue en hélicoptère. Evidemment, avec le turquoise de l'océan, l'émeraude de la forêt et le rose des rochers, l'arrivée en contre-plongée sur cette terre sertie d'une barrière de corail est on ne peut plus spectaculaire. Mais la conquérir par la mer demeure la meilleure approche. On a alors le temps de voir se rapprocher sur l'horizon sa silhouette verte et montagneuse d'animal faisant le gros dos, de deviner peu à peu les contours ourlés de ses plages immaculées. Bref, si toute île se mérite, La Digue peut-être plus encore.

Qu'on arrive de Praslin (en une demi-heure) ou de Mahé (trois heures parfois houleuses, quand souffle le vent de sud-est), la meilleure solution pour circuler est de louer un V.T.T. chez le bien nommé Michelin, face à la jetée. Muni d'une carte postale (c'est suffisant) de l'île, achetée à la boutique voisine, on constate qu'il n'y a pas trente-six chemins, c'est à gauche ou à droite, tout droit ou derrière ! Anse La Réunion, Anse Sévère, Anse Patates, Anse Gaulettes, Anse Grosse Roche, Anse Banane, Anse Fourmis : un chemin en cul-de-sac épouse pour moitié le contour de l'île, parfois recouvert de pavés, souvent envahi par le sable, toujours sublime. Perché sur sa bicyclette, quel bonheur que de traverser une petite bananeraie, de s'extasier sur le reposant cimetière veillé par de gros manguiers, de s'indigner devant le squelette d'une maison créole à l'abandon, de voir se succéder d'adorables plages de poche quasi désertes, d'observer les pêcheurs capturant les zourites (poulpes) dans la barrière de corail à marée basse et, enfin, avant de faire demi-tour, de surprendre le majestueux vol d'un paille-en-queue.

Arrivant en cours de matinée et repartant en milieu d'après-midi, nombre de touristes pressés vont à l'essentiel : Anse Source d'Argent. C'est là que sont pris les plus beaux clichés des Seychelles, dans cet éboulis d'imposants blocs de granit (rose le matin, rouge au soleil couchant) dévalant des collines verdoyantes jusqu'à la mer transparente. Une nature à grand spectacle, dans la plus pure tradition hollywoodienne, qui donne envie de féliciter le décorateur et de taper sur les rochers pour bien vérifier qu'ils sonnent creux ! Quasi irréelle, cette curiosité de la nature garde tout son mystère depuis sa création, il y a quelque six cent cinquante millions d'années, en dépit de différentes théories scientifiques qui tentent d'expliquer pourquoi et comment ces amas de gros rochers aux courbes harmonieuses se sont un jour artistiquement entassés les uns sur les autres.

Si la plage la plus célèbre de l'archipel est à classer parmi les plus beaux sites naturels du monde, de l'autre côté de l'île, celle de Grand'Anse se révèle aussi d'une beauté saisissante. Pour y parvenir, il suffit de pédaler environ vingt minutes sur un chemin rempli de nids-de-poule et de racines. Un chemin qui fleure bon la cannelle et l'orange, le clou de girofle et la bigarade. Un chemin parsemé de maisons modestes, souvent dissimulées par des bananiers, caféiers et autres manguiers, et d'où émergent des cris d'enfants et des rythmes créoles endiablés. En voyant les gros rouleaux déferler sur cette immense plage encadrée par les si pittoresques rochers, on comprend pourquoi un écriteau précise en plusieurs langues qu'il faut prendre garde aux courants dangereux. Mais quel plaisir que de se rouler dans l'écume des vagues. Le vélo abandonné à l'ombre du gros filao qui trône sur la plage, on peut gentiment grimper les collines luxuriantes, entre les rochers, les palmiers et la vanille sauvage pour accéder à Petite Anse puis à Anse Coco. Là encore, beauté et danger !
Ensuite, retour au port. Non sans s'être arrêté dans la réserve qui abrite la veuve, un petit gobe-mouches dont le superbe mâle, de couleur noire, possède une longue queue démesurée par rapport à sa taille. Espèce protégée car en voie de disparition (les frondes, qui leur furent jadis fatales, sont interdites sur l'île), la veuve a aujourd'hui pris un nouvel envol, deux cents individus ayant été récemment recensés. On peut aussi avoir la chance d'apercevoir cet oiseau rare dans l'allée centrale du village, caché dans les feuillages protecteurs des takamakas centenaires, juste à côté des hommes qui jouent bruyamment aux dominos (le sport national !), des ados qui se chahutent, perchés sur leur vélo et branchés sur leur walkman, et des enfants qui jouent joyeusement aux billes.

C'est là, à La Passe, où résident la plupart des deux mille Diguois (réputés pour leur gentillesse et leur hospitalité) que bat le cœur de La Digue. Là aussi que le charme opère dans cette succession de vieilles maisons créoles en bois aux toits de tôle peinte ou rouillée, de boutiques colorées, de haies fleuries, tandis que se croisent les chars à bœufs et les vélos (et de temps en temps quelques véhicules utilitaires, à peine une quinzaine), que s'interpellent en créole les habitants, tous frères, cousins ou voisins. Là encore que se trouvent le poste de police (six agents tranquilles), la poste, l'hôpital, le tribunal, les deux bureaux de banque, l'agence de voyages, l'office du tourisme, une galerie d'art, tous à l'échelle de l'île, c'est-à-dire minuscules. Quant à l'école et l'église, mitoyennes, elles bordent le chemin en direction de l'Union. En semaine, les écoliers en uniforme à petits carreaux vichy bleu ciel et blanc animent l'endroit. Le dimanche, la sortie de la messe constitue une des principales attractions locales, où être endimanché prend pleinement son sens.

Mais le vrai temple de l'île, c'est assurément le *La Digue Lodge.* Intégré au village et s'étirant au bord de la plage, le seul grand hôtel diguois est tenu par un enfant du pays, Grégoire Payet, qui a su élever son établissement à un bon niveau de standing, sans rompre pour autant avec le charme local des débuts : chalets au toit de palmes, restaurant sous paillote les pieds dans le sable. Endroit incontournable : on y dîne, on s'y baigne, on y boit un cocktail et on s'y prélasse dans une chaise longue, quand le soleil tire sa révérence, en se disant qu'on poserait bien ses valises. Là, sur cette île magique qui coule des jours tranquilles.

■■ INFORMATIONS PRATIQUES

■ Services

Police, Pompiers, Ambulance ✆ 999.

Logan Hospital ✆ 234255.

Police. Commissariat de La Digue ✆ 234251

Office du tourisme de La Digue. La Passe ✆ 233351.

Banques

- Barclays Bank. Anse La Réunion. *Les lundis, mercredis et vendredis, de 10h30 à 14h30.*
- Seychelles Savings Bank. La Passe. *Du lundi au vendredi de 8h30 à 14h ; le samedi de 8h30 à 12h.*

Poste. Bureau de Poste de La Passe. *Du lundi au vendredi de 8h à 16h. Levée à 11h.*

Téléphone, télécopie. Cable & Wireless. La Passe ✆ 234200. *Du lundi au vendredi de 8h à 16h.*

■ Transports

Bacs. "Silhouette" ou "Lady Mary" relient chaque jour La Digue à Praslin en une demi-heure. Les départs sont fixés à 7h30, 10h, 11h30, 15h30 et 17h30. 30 roupees par touriste, 20 roupees pour les résidents. Du lundi au vendredi, "la Belle Edma" assure le transport pour Mahé, en trois heures et quart. Le départ est fixé à 6h. Il est préférable de réserver sa place auprès de l'armateur, M. Mussard (✆ 234013). Le billet, à 70 roupees, est pris sur le bateau.

Location de bicyclettes
- Augustin. Anse La Réunion.
- Daniel. Anse La Réunion.
- Michelin. La Passe.

Vols en hélicoptère. Helicopter Seychelles relie La Digue à Mahé en vingt-cinq minutes chaque vendredi matin, un retour étant assuré le soir. Des vols à la carte peuvent être organisés. Les réservations se font auprès de la compagnie (✆ 275400).

■ Loisirs

Agence d'excursions. Mason's Travel. La Passe ✆ 234227.

Pêche au gros
- Diving Centre (La Digue Lodge). Anse La Réunion ✆ 233972.
- Hyacinthe Bouchereau. La Passe ✆ 234302.

Plongée
- Diving Centre (La Digue Lodge). Anse La Réunion ✆ 233972.
- Hyacinthe Bouchereau. La Passe ✆ 234302.

Yachting et balades en mer
- Diving Centre (La Digue Lodge). Anse La Réunion ✆ 233972.
- Hyacinthe Bouchereau. La Passe ✆ 234302.

■■ SE LOGER DANS L'ILE

■ Grand hôtel

La Digue Lodge. Anse La Réunion ✆ 234232 - Fax 234100. *1270 SR en demi-pension.* C'est ce qu'on appelle une réussite ! Parti de quelques huttes de palme, dans les années 70, Grégoire Payet, devenu "le roi de La Digue", règne aujourd'hui sur le plus grand domaine touristique de l'île et l'un des plus séduisants de l'archipel, tant par son équipement que par son intégration dans le site. Les huttes se sont multipliées et d'autres bâtiments ajoutés (dont une superbe maison coloniale restaurée) : au total pas moins de soixante chambres, climatisées ou ventilées, confortables et faisant honneur aux matériaux locaux (bois de takamaka, feuilles de latanier...). Difficile pourtant d'y trouver de la place, l'établissement bénéficiant de l'un des taux d'occupation les plus élevés de l'hôtellerie seychelloise (Catherine Deneuve, Alain Delon, Yul Brinner, Roman Polanski y ont dormi).
Mais on ne devient pas par hasard un hôtel de référence. Grégoire (comme l'appellent les Diguois) ne s'est pas endormi sur ses lauriers... ou plutôt ses cocotiers. Son succès tient au fait qu'il a su se hisser à un niveau international tout en préservant une atmosphère locale. De sa paillote-restaurant (pieds dans le sable) au bar-cocktails et des boutiques au centre de plongée, les touristes ont affaire là à des professionnels. Il est vrai que Brigitte Payet, la ravissante directrice, a l'œil à tout, en digne fille de son père. Seul regret, que cet hôtel de charme ne soit pas doté d'une plage idéale pour se régaler de l'océan, la barrière de corail sertissant le rivage. Heureuse consolation : le plus bel espace piscine des Seychelles ! Tout en restant au frais dans l'eau, on peut s'asseoir au bar pour y siroter un Coco d'Amour tandis que le soleil tire sa révérence...

■ Petits hôtels

Château Saint-Cloud. Anse La Réunion ✆ 234346 - Fax 234346. *250 SR en demi-pension.* Même si, au printemps 95, Emmanuelle Béart y a filé le parfait amour pendant dix jours, avec un certain David, couverture de "Voici" à la clé, n'allez pas pour autant croire que ce Château Saint-Cloud est un Relais & Châteaux version tropicale. Située sur la route de l'intérieur (au pied de Belle-Vue) et entourée des deux seuls cocotiers de mer de La Digue, mais aussi d'un gros manguier, de bananiers, de papayers et de lianes de fruits de la passion, l'imposante bâtisse en pierre aux volets gris bleu est même l'adresse la moins chère de tout l'archipel : 250 roupees pour deux en demi-pension, dans le plus pur style routard, il est vrai ! Aux chambres trop rudimentaires de l'annexe, on préférera celles du bâtiment principal qui portent les noms des premiers habitants de l'île : Ernesta, Nibourette, Rosalie, Constance, Asba.
Le maître des lieux, Kinsley, représente quant à lui la cinquième génération des Saint-Ange, une des plus vieilles familles seychelloises. Avec sa femme, Isabelle, ils apportent, depuis 1991, une ambiance décontractée et conviviale à cette ancienne maison de planteur, à l'origine en bois, mais dont ne subsiste que le vieux parquet en ébène et takamaka du rez-de-chaussée. C'est d'ailleurs sur ce seul vestige du temps jadis, dans un bric-à-brac sympathique, que les repas sans chichis réunissent les hôtes autour de la même table. On s'y éternise volontiers et on en vient vite à adopter la philosophie du patron : "Ne jamais faire aujourd'hui ce que l'on peut faire demain."

Bernique Guest House. Anse La Réunion ✆ 234229 - Fax 234288. *335 SR la chambre et le petit déjeuner.* Au pied de la luxuriante "montagne" diguoise, sur le bord de la charmante route intérieure dont les ombrages sont toujours agréables quand on pédale en plein midi, cette guest house déjà ancienne compte une douzaine de chambres d'un confort basique : six près de la paillote du restaurant, bien banales, et six autres, récentes, dans une annexe située à cent mètres de là. D'un côté comme de l'autre, on a du mal à trouver un soupçon de charme. Bref, pas de quoi s'enfermer dans cette "coquille" (de bernique, nom d'un petit coquillage).

Calou Guest House. La Passe ✆ 234083 - Fax 234083. *475 SR en demi-pension.* A dix minutes de vélo du village et au pied du hautain Nid d'Aigle (333 m), cette nouvelle guest house ne manque pas d'attraits. Les cinq chambres ventilées, réparties dans plusieurs maisonnettes au toit de palmes, s'ouvrent sur les bananiers, manguiers, goyaviers, avocatiers et autres arbres du cru, qui ombragent un jardin bien entretenu. La sagesse des tarifs y est d'autant plus remarquable que Klaus (un ancien moniteur de plongée, d'origine allemande) et sa belle compagne diguoise, Wilvina, ont su créer un climat convivial, présent jusqu'à leur table d'hôtes. A l'écoute de leurs clients (souvent d'outre-Rhin), ils les convient parfois à des balades "en montagne" et se débrouillent même pour leur faire goûter le fameux vin de palme qu'est le calou. Il faut bien que la maison justifie son nom !

Choppy's Beach Bungalows. Anse La Réunion ✆ 234224 - Fax 234088. *600 SR la chambre et le petit déjeuner.* Choppy, père... et fille ! Après Harry, c'est aujourd'hui Murielle, qui mène avec tonus cette guest house lancée dès 1967, alors que sur l'île les toits de tôle étaient aussi rares que les touristes. Restauré et agrandi en 1993, le Choppy compte désormais six chambres avec terrasse, en bordure du chemin principal, et deux bungalows doubles plus près de la mer. Le confort est certes modeste, mais la maison est bien tenue. Deux soirées créoles sont organisées dans la semaine autour du restaurant, campé sur la plage même. Voilà assurément une adresse fiable, qui a l'avantage d'être située au cœur du village, parmi les vacoas et takamakas.

Patatran Village. Anse Patates ✆ 234333 - Fax 234344. *850 SR en demi-pension.* Entre rochers et végétation, là où courent les lianes de patatran, quel beau balcon sur l'océan ! Un balcon dont est dotée chacune des douze maisonnettes (dont quatre pour familles) de ce récent "village" qui domine les eaux cristallines de l'idyllique Anse Patates. D'un bon niveau de confort (ventilateur, téléphone, frigo), elles sont un lieu de villégiature parfait pour les amateurs de plongée au tuba, cette anse étant réputée pour sa richesse sous-marine. Pas besoin d'ailleurs d'apporter son masque et ses palmes, la maison en fournit sans bourse délier. Quant à la table du restaurant Bourgeois, elle fait honneur aux poissons "d'en face", qu'on retrouve aussi dans les assiettes lors de la soirée créole hebdomadaire. Organisées par Gérard Lablache (le propriétaire et ancien maire de La Digue) et Philippe Fanchette (son cordial et efficace adjoint), ces soirées avec orchestre donnent ainsi, une fois par semaine, un peu de vie à cette côte sauvage, perdue à une petite demi-heure de vélo de La Passe.

L'Océan. Anse Sévère ✆ 234180 - Fax 234308. *660 SR la chambre et le petit déjeuner.* Nouvellement construite sur un socle de granit rose dominant l'Anse Sévère et bien intégrée dans son environnement, cette bâtisse compte huit chambres bien équipées (air conditionné, télévision, frigo), joliment meublées en ébène, et toutes pourvues d'une terrasse avec vue. Et quelle vue ! A 180° sur l'océan, face à Félicité et aux Sœurs. Il suffit de descendre quelques marches pour s'attabler dans la non moins panoramique salle de restaurant. Belle maison qu'a ouverte là Williams Despilly, dont la fille Sandra fait aussi plaisir à voir !

Tournesol Guest House. La Passe ✆ 234155 - Fax 234364. *450 SR la chambre et le petit déjeuner.* Ce Tournesol, tourné vers l'intérieur, à cinq minutes du village en bicyclette, est planté dans un joli jardin où poussent bananes, mangues, avocats, goyaves et autres fruits à pain. Un décor dans lequel se sont élevés trois chalets de deux chambres chacun. L'espace y est compté et le confort se résume à un ventilateur et à la douche chaude. Et à défaut du ressac de la mer, on entend à l'occasion le ronflement de son voisin... ou le râle de sa voisine. La direction, elle, est beaucoup plus discrète, ce Tournesol manquant totalement de chaleur.

Sunshine Guest House. Anse La Réunion ✆ 234033. *300 SR en demi-pension.* Superbe, la vieille maison créole des Sardres, bientôt centenaire ! L'une des plus photographiées des Seychelles, face à laquelle Daniel (le plus sympa des loueurs de vélo diguois) attend les pédaleurs à longueur d'année. Dommage qu'une chambre ou deux n'aient pas été aménagées à l'intérieur, tant elle a une gueule d'atmosphère. Surtout quand on découvre l'affreux bâtiment tout-béton que les Sardres ont eu la mauvaise idée d'élever devant leur demeure, face à la mer. Mieux vaut éviter ses trois chambres avec toilettes et douche communes, pour retenir, faute de mieux, un petit bungalow voisin tout de même plus présentable, mais néanmoins de style routard. Evidemment, pour 300 roupees, on ne peut pas demander la lune...

■ Locations

Michelin Ladouce. La Passe ✆ 23 42 86 - Fax 234362. *550 SR par chambre et par nuit.* Pour Michelin Ladouce, le vélo... ça roule ! Le plus gros des loueurs de bicyclettes diguois (face à la jetée) a réinvesti ses bénéfices. Un judicieux placement pierre, puisque ses quatre chalets, entre village et cimetière, peuvent permettre à une famille de s'offrir une maison à un prix sage (pour les Seychelles) : deux chambres, un salon-salle à manger, une cuisine équipée et une plaisante petite terrasse. Pour quelques billets de plus, on peut aussi se faire livrer les plats que Marie-Antoinette prépare à la carte dans la maison créole d'en face.

Paradise Fly Catcher's Lodge. L'Union ✆ 234015 - Fax 234023. *550 SR par chambre et par nuit.* Fort bien située à la sortie du village, sur le chemin de l'Anse Source d'Argent, ces quatre belles maisons récentes, de style néo-créole avec leur toit de tôle et leur balustrade de bois, se révèlent idéales pour poser ses valises en toute liberté. Chacune peut faire l'objet de deux locations : deux grandes chambres ventilées (avec frigo et salle d'eau indépendante) se trouvent séparées par un vaste salon-salle à manger et une cuisine très bien équipée. On peut même s'attabler sur la terrasse, à moins d'opter pour la formule demi-pension, offerte par le restaurant de l'hôtel. Bref, un bon plan quand on veut passer ses vacances en famille ou avec des amis. Dommage que la plage soit de l'autre côté de la route.

■■ RESTAURANTS

Le Pêcheur (La Digue Lodge). La Réunion. Tel. 234232. *165 SR le soir.* On mange toujours les pieds dans le sable, mais la petite paillote d'antan a pris du poids. Pas moins de cent vingt-cinq couverts sous le toit de palme de "Chez Grégoire" ! Mais, pour une fois, qualité rime à juste titre avec quantité. Généralement d'un bon niveau, le menu du soir se créolise deux fois par semaine : de soupe de patates en daube de pieuvre et de cari de poisson en chatini de papaye, c'est fameux, et le pâtissier italien est à la hauteur du chef mauricien (ah ! ce parfait à la mangue...). Quant au service, il est aussi efficace que charmant, Florina, Lucine et autres Linda n'ayant pas indexé leur sourire sur le cours du franc (le pourboire reste peu pratiqué aux Seychelles). Ce dîner aux chandelles s'achève toujours autour d'une citronnelle, servie au jardin ou, le samedi, autour de la piscine. Ce soir-là, place en effet au barbecue et à la musique locale traditionnelle.

Une piscine de toute beauté face à laquelle on peut aussi se restaurer tout au long de l'après-midi : burger cheese ou club sandwich, pizza champignons ou spaghettis bolognaise, crêpe banane ou sorbet coco, voilà un snack bien pratique et à prix sages.

Le matin, pour le breakfast, Grégoire frappe aussi très fort : pour 75 roupees, un buffet digne de ce nom (fruits, viennoiseries, crêpes, cake à la banane, macarons aux amandes, omelettes, saucisses...). Quand on n'a pas la chance de dormir là, ça vaut le coup de pédaler cinq minutes pour attaquer la journée à pleine bouche !

L'Océan. Anse Sévère ✆ 234180. *Environ 160 SR.* Quand on se balade sur la sublissime côte nord de La Digue, alors qu'on se croit un peu au bout du monde, on est soudain surpris... et tout heureux de tomber sur un endroit civilisé à l'Anse... Sévère. Pour y boire une Eku ou s'y offrir une langouste. Car ce restaurant de l'hôtel L'Océan est très recommandable pour déjeuner, non seulement pour sa vue panoramique sur l'océan azuréen et les petites îles satellites, mais aussi pour sa table : les éternels salade de poulpe - poisson grillé - cari de poulet, mais aussi, plus original, un filet de poisson cuit dans une feuille de banane (et à la sauce piquante). On peut toutefois se contenter d'une omelette ou d'un sandwich, nonchalamment apportés par des serveuses typiquement seychelloises (c'est dire qu'elles ne s'énervent jamais), en l'occurrence Marie-Neige, Marie-Rose, Noella et, la plus délicieuse, Hélène (Labonté !).

Tarosa Cafeteria. La Passe ✆ 234250. A La Digue, côté restaurants, on a vite fait le tour ! Sorti de la table de référence (La Digue Lodge) et de la table panoramique (L'Océan), point de salut. Seulement des guest houses dont les repas, d'une qualité variable selon les maisons, ne concernent guère que les clients. A midi, on peut certes s'arrêter déjeuner dans certaines d'entre elles (Bernique, Patatran, Choppy's et Tournesol), mais on y sera souvent bien seul, la plupart des touristes préférant s'acheter un paquet de gâteaux ou des samossas dans les boutiques. On peut aussi s'asseoir sous les parasols aux toits de palmes de Tarosa Cafeteria, près de la jetée, pour y casser une petite croûte à petit prix : 30 roupees le fish and chips, 20 le sandwich au thon, 15 le hot-dog... Pieds dans le sable et jusqu'au coucher du soleil.

■■ SHOPPING

Boulangerie Camille. La Passe. Il y a quasiment un quart de siècle que Flora Camille vend aux Diguois leur pain (de mie) quotidien, son boulanger de mari, Alhoye, usé par des années de pétrissage manuel, ayant passé depuis peu la main à leur fils Georges. Mine de rien, dans sa minuscule épicerie-boulangerie qu'il faut débusquer derrière Michelin Ladouce, le loueur de vélos face à l'embarcadère, Flora est une prospère commerçante qui a déjà connu les flonflons d'un 14-Juillet parisien et la vie trépidante de l'Afrique du Sud, là où elle a récemment acheté son nouveau pétrin, électrique. Elle n'en continue pas moins, avec son air mi-renfrogné mi-aimable, de vendre des gâteaux piment ou coco, du pain chaud à 11h et des bières fraîches à toute heure !

Grégoire's Boutique. Anse La Réunion. La boutique de Grégoire ? Une institution ! Celui qu'on surnomme "le roi de La Digue" n'était au départ qu'un petit commerçant. L'affaire a vite prospéré et "m'sye Payet" a commencé à investir dans la hutte de palmes. Mais bien que devenu l'un des plus gros hôteliers des Seychelles (et le premier employeur de l'île), il n'en a pas oublié de faire prospérer sa boutique, aujourd'hui libre-service, riche en conserves et gâteaux secs. Pas même 100 m2, mais de la marchandise ! Venue de Singapour et de Malaisie, d'Australie et d'Afrique du Sud, mais de France point. Si, tout de même : du Cointreau, du Pernod, du Ricard, du cognac et du champagne (c'est bon à savoir, il y a là du Moet au frais à 187 roupees seulement). Dans la partie climatisée, on trouve aussi deux produits qualité France : l'eau de fleurs d'oranger de Vallauris et l'eau de cologne Piver, dont raffolent les Seychelloises. De bouteille Thermos en ventilateur et de matelas en parapluie, un grand magasin de poche. Un bric-à-brac qui recèle encore un rayon bébé et nombre d'articles de bimbeloterie (du style premier prix de kermesse), qui en disent long sur le décor qu'affectionnent les gens d'ici.

La Passe Store. La Passe. Face à la jetée, un "store" climatisé (rare à La Digue) ! De bijoux en chapeaux et de batiks en paréos, en passant par paquets de thé et Coco d'Amour, la boutique de souvenirs la plus complète de l'île. On trouve aussi là masques et palmes, pellicules et crèmes solaires... De quoi craquer bien des roupees en attendant le bateau pour Praslin (pour les glaces, c'est en face, chez Tarosa).

Théoline's Boutique. La Passe. Depuis soixante-dix ans, une affaire de famille et surtout le même décor. Depuis les origines de cette épicerie à la seychelloise (et à l'ancienne), rien n'a changé : de vieux rayons de bois et une balance ancestrale pour peser le riz, le sucre... Les œufs s'y vendent encore à la pièce. Ça mérite qu'on y entre, pour acheter par exemple un petit paquet de chips de fruits à pain. Hélas, cette authentique boutique à l'ancienne est appelée dans un proche avenir à déménager un peu plus loin, le propriétaire voulant récupérer le terrain. Elle y laissera forcément de son âme.

Zimaz Kreol. Anse La Réunion. Fils de la boulangère, Georges Camille gagne bien son pain... Pas au fournil, mais le pinceau à la main. Ce talentueux artiste, qui avait déjà sa boutique-galerie à Victoria, a ouvert une seconde "Art Gallery" en son île natale, sur le chemin le plus fréquenté. Plus que ses eaux-fortes, ce sont ses peintures sur soie qui méritent qu'on descende de sa bicyclette. Fleurs, fruits, oiseaux, cases, pêcheurs... : toutes ces "zimaz kreol" sont aussi colorées que délicates (de 400 à 1500 roupees).

PLAGES ET BALADES

PLAGES

Anse Patates

Située sur la partie la plus sauvage de la route côtière reliant La Passe à l'Anse Fourmis (cul-de-sac !), la lumineuse Anse Patates est non seulement parfaite pour la baignade, à marée haute, mais aussi pour la plongée avec masque et palmes. Une petite plage de rêve, hélas devenue plus fréquentée depuis l'ouverture des deux hôtels voisins, pratiques toutefois pour casser une croûte ou boire une bière entre deux bains.

Anse Cocos

La plus sauvage ! De Grand'Anse, il faut marcher une bonne demi-heure pour atteindre cette plage de bout du monde frangée de cocotiers. Délicieusement courbée, elle est l'image même de la plage rêvée. Forcément déserte ! Les baigneurs sont rares dans ces eaux turquoise parfois agitées, voire dangereuses, de mai à octobre surtout. Mieux vaut alors se contenter de l'écume.

Anse Fourmis

Après l'effort (de côtes parfois ardues), le réconfort (d'un océan à 28°). Parallèle à la route qui décide là de ne pas aller plus loin, cette Anse Fourmis permet en effet de souffler après trois petits quarts d'heure de vélo tout-terrain ! Encore faut-il que la marée le permette. A quelques coups de pédale de là, sur le chemin du retour, l'Anse Banane et l'Anse Grosse Roche sont aussi propices à un moment de laisser-hâler. Si délicieux dans pareil cadre qu'on se doit de faire l'offrande d'un beau corail (rouge si possible) à la Vierge d'un discret oratoire, abrité par un gros badamier.

Anse Source d'Argent

Admirable, éblouissant, remarquable, éclatant, superbe, magistral, merveilleux, sublime, magnifique, somptueux, splendide, fascinant, enchanteur, grandiose, majestueux, extraordinaire..! On a compris qu'il s'agit d'un décor d'exception. Comment peut-on venir aux Seychelles sans passer par Source d'Argent, là où le plus vieux granit du monde semble dégringoler des douces collines jusque dans l'océan. Comme si le chaos s'était soudain figé, arrêtant net d'énormes blocs de pierre, d'un équilibre apparemment instable et qu'on croirait en carton pâte. On a presque envie de se mettre derrière l'un d'eux pour le pousser. Une véritable forteresse de quelque six cent cinquante millions d'années, dans laquelle ont pourtant pris racine de hautains cocotiers. Et sous les palmiers, la plage. Avec du sable plus blanc que blanc, donnant plus d'intensité encore au turquoise d'une eau limpide, invariablement à 28°. Quel étourdissant décor naturel, qu'on croirait pourtant façonné par Hollywood tant il se révèle parfait. A griser n'importe quel ivrogne de Kodachrome et à mettre en transes le plus blasé des "pros" du camescope.

Un site tellement photogénique qu'on l'a déjà trop vu et que toutes ces photos finissent par faire cliché. Mais un fond aussi soigné, c'est tout de même une garantie quand on a un premier plan à mettre en avant. Photographes de mode ou de charme, combien sont-ils à y avoir joué du grand-angle ? Et combien de sculpturales créatures se sont-elles laissé embobiner sur ce sable de tous les désirs ? Le célèbre cocotier couché de la dernière plage de Source d'Argent mériterait de pouvoir conter ses souvenirs. En tout cas, que de postérieurs dignes d'entrer dans la postérité ! Mais pour se régaler de pareilles prises... de vue, mieux vaut se lever tôt, pas mal de photographes préférant impressionner leurs pellicules au lever du jour, quand les rochers prennent une teinte rose. Ou quand ils se font un peu rouges, lorsque le soleil s'apprête à se fondre dans l'océan. Ce sont aussi les meilleurs moments pour qui veut profiter en solitaire de ce site d'une beauté intense, forte et douce, loin de la foule des heures plus chaudes.

Un paysage à grand spectacle qu'il est préférable de découvrir à marée haute, tant pour la beauté que pour la baignade, et à propos duquel on peut regretter qu'il faille depuis quelques années payer pour se l'offrir. Certains petits malins empruntent d'ailleurs d'autres chemins (malgré les panneaux "no entry") que celui de la guérite d'entrée, pour pénétrer dans ce vaste périmètre de l'Union, dont l'Anse Source d'Argent n'est pas le seul pôle d'intérêt. Il faut donc débourser 10 roupees pour avoir accès à ce site d'Etat, où trône la célèbre maison coloniale du film "Goodbye Emmanuelle", que François Letterier tourna là, en 1976, avec la voluptueuse Sylvia Kristel. Une superbe villa de bois et de palmes reproduite sur le billet de 100 roupees et dont le président René a fait sa résidence secondaire. S'il est impossible de la visiter, on a en revanche le droit de se balader autour, ne serait-ce que pour y voir quelques employées lisser les gousses de vanille récoltées à proximité de là, cette plante, introduite dans l'île en 1866, ayant jadis contribué considérablement à sa prospérité.

A quelques pas de là, une autre richesse seychelloise occupe une poignée de travailleurs : une petite usine de coprah qui permet d'assister à quelques scènes dites typiques. Celle notamment de ces travailleuses au chapeau de vacoa qui, juchées sur un tas de noix de coco, décoquillent lesdites noix. Leur chair, une fois séchée dans un calorifère, sera pressée dans un antique moulin à huile dont la meule est actionnée par un bœuf. Huile de coco et gousses de vanille sont d'ailleurs vendues par Jeannette ou Lina à la guérite d'entrée.

Autre curiosité, un peu plus loin, au pied d'un énorme rocher : une quinzaine de tortues géantes, qui voient régulièrement passer devant leur enclos les toniques chevaux du Horse Riding voisin (100 roupees la balade d'une heure, 300 pour la demi-journée). Mais deux pieds suffisent pour vagabonder dans ces plantations de l'Union où serpentent maints sentiers, dont l'un mène au petit chantier naval offert par la France. Ses artisans charpentiers se sont fait un renom certain pour la qualité de leur travail, notamment pour leurs barques de pêche construites à partir des troncs de teck et de takamaka. On prend vraiment plaisir à arpenter cette terre de l'Union Estate, dont le plus grand trésor, cette inoubliable Anse Source d'Argent, mériterait, en matière de décor. la palme d'or.

Grand'Anse

Là aussi, la nature a fait fort ! C'est ce qu'on appelle du travail soigné. Une plage de collection sur laquelle on ne peut que s'extasier dès qu'on entre dans le décor, c'est-à-dire au-delà du gros filao au pied duquel on laisse brusquement tomber son vélo, happé comme on l'est par ce spectacle d'une intensité remarquable. On s'émerveille d'abord d'un tel tableau dans son ensemble, puis on commence à détailler. Et à s'extasier sur ce chaotique éboulis de granit de la Pointe Turcy, sur la gauche, au-delà de ce drôle de petit rocher en aileron de requin surgissant du sable. Et quel sable ! D'un blanc si blanc qu'on croit avoir affaire à une plage de commencement du monde. Une pureté qui ravit dès lors qu'on est seul pour en profiter. L'ombre se faisant rare, les spectateurs ne s'éternisent pas, les groupes d'excursion n'étant lâchés là qu'un petit quart d'heure. Deux-trois photos et puis s'en vont. D'autant plus que la baignade et ici dangereuse durant la mousson du sud-est, d'avril à octobre, et que les rouleaux paraissent bien dissuasifs. Plusieurs touristes ont d'ailleurs eu tort de les braver. Aussi, doit-on se contenter d'un bain moussant de trois cents mètres de long, l'écume des vagues étant déjà source d'une baignade aussi tumultueuse que délicieuse. Ah ! quel régal que de se laisser porter par le flux et le reflux de ces vagues venues de loin, de très loin. Bien au-delà de Frégate qu'on aperçoit à l'horizon.

Petite Anse

Entre Grand'Anse et Anse Coco, une anse déserte, aussi pure mais moins spectaculaire que ses voisines, et que s'approprient volontiers les touristes qui aiment communier avec le sable et l'eau sans aucune barrière textile... ni le moindre soupçon d'ombre. Là aussi, gare aux déferlantes ; un couple de Japonais s'y est noyé en 1995.

BALADES

De La Passe à Anse Fourmis

A pied aussi, voilà une sacrée belle balade ! A peine sorti de La Passe, on se doit d'abord de visiter le nouveau cimetière, qui a remplacé après-guerre celui de l'Union (lui aussi digne d'intérêt). Outre la multitude de tombes d'enfants, on y remarquera la poésie de nombreux noms gravés dans la pierre. Eusèbe Morel, Ulysse Sicobo, Flavienne Constance, Kersley Saint-Ange et leurs voisins d'éternité ont en tout cas bien de la chance de reposer dans ce plaisant cimetière dont les gros manguiers méritent aussi qu'on s'arrête à des fins gourmandes. Passé la côte du Cap Barbi, le chemin se fait plus vagabond. L'Anse Sévère, à la pointe nord de l'île, est propice à un arrêt panoramique au bar-restaurant de L'Océan. Ne reste ensuite qu'à descendre et grimper au gré d'un littoral où un éblouissement en cache toujours un autre. Anse Gaulettes, Anse Grosse Roche, Anse Banane et Anse Fourmis : à marée haute, on a là du bain sur la planche ! Et à marée basse, on peut se risquer à traverser les pieds dans l'eau les quelque deux-trois cents mètres qui relient la fin de la route à l'Anse Caïman, d'où un chemin part discrètement pour l'Anse Coco, Petite Anse et Grand'Anse. De là, retour à la case départ : La Passe n'est plus qu'à cinq kilomètres. Autant dire qu'un tel périple (d'une vingtaine de bornes) ne s'adresse qu'à des marcheurs confirmés (et que la bouteille de Valriche s'impose).

De La Passe à Nid d'Aigles

Un Nid d'Aigles qui se mérite ! Pour partir à l'assaut de la “haute montagne” diguoise (dont le point culminant atteint tout de même 333 m), on doit d'abord se mettre en jambes sur quelque quatre kilomètres, faciles puisque plats et dans l'ensemble ombragés. On longe la réserve de la veuve, que le baron du chocolat, Christopher Cadbury, fonda dans le but de protéger le biotope de ce gobe-mouches noir des Seychelles, dont le mâle est doté d'une longue queue noire qui lui a valu le nom de “vev”. Mais à peine a-t-on obliqué à droite, au-delà de l'intersection pour Grand'Anse, que l'épreuve commence. Difficile de faire plus raide ! Et sous le soleil... Il faut suer une bonne demi-heure pour arriver à Belle-Vue la bien nommée, où la route se transforme en un chemin de terre. Mais il y a là une buvette qui pourrait se permettre de doubler ses prix tant on est prêt à tout pour hydrater sa luette. Deuxième acte : il faudra doubler la mise pour conquérir le Nid d'Aigles, mais de là-haut, quelle récompense ! Un panorama d'autant plus grandiose qu'on se l'est offert à la force du mollet.

LES ILES VOISINES

ILE COCOS

L'île Cocos ! Le nom régale déjà l'imaginaire. Et pour une fois, la réalité est à la hauteur du rêve. On est même enchanté par cet îlot, archétype du genre ! De gros rochers hollywoodiens au milieu desquels surgissent des cocotiers... Ajoutez à cela une poignée de sable fin et des eaux cristallines tout autour, et nous voilà en pleine carte postale... Cocos, à quelques brasses de Félicité, symbolise à merveille la petite île granitique seychelloise. Les photographes, de charme notamment, ne s'y sont pas trompés : que d'images embobinées en si peu d'espace ! Sculpturales créatures pour sculpturale nature, l'un des gros blocs de pierre ressemblant ainsi à un immense portail.

Sous l'eau aussi, le spectacle est assuré. On est même là dans les plus beaux fonds qu'on puisse trouver autour de La Digue. Mais les bateaux ont été si nombreux à mouiller face à Cocos que la splendide barrière de corail qui enserre l'île a été endommagée. Aussi l'île fut-elle interdite plusieurs années à tout trafic touristique, jusqu'à ce que le ministère de l'Environnement eût fait placer des bouées permettant de contrôler l'accostage et de préserver ainsi le précieux récif. Aujourd'hui incluse dans le Parc national marin, Cocos est redevenue l'île de tous les fantasmes, tant dessus que dessous...

FELICITE

Félicité la bien nommée ! A quatre kilomètres au nord de La Digue, vingt-sept hectares de sérénité... Verte. Constituée d'une chaîne de collines escarpées qui se déploie sur environ un kilomètre d'est en ouest, cette île discrète est en effet recouverte d'une végétation luxuriante, où le cocotier et le takamaka sont rois. Mais, de manguiers en orangers, nombre d'arbres fruitiers ont aussi prospéré sur cette terre granitique dominée par son mont Félicité (231 m). Une félicité qu'Abdullah Khan a eu le temps de goûter, quatre ans durant (de 1875 à 1879), ce sultan de Pérak, en Malaisie, ayant été contraint à s'exiler aux Seychelles, pour avoir assassiné le représentant anglais de son pays. Douce condamnation...

Félicité est bien restée une terre d'exil... volontaire ! Parfaite pour qui veut rompre quelques jours avec la “civilisation” et s'approprier une île le temps de se retrouver. Une île pour soi ? C'est le concept qu'entend exploiter Grégoire Payet, le propriétaire du La Digue Lodge, qui a loué à l'Etat ce morceau d'archipel, afin d'y ouvrir un hôtel... de deux maisons ! Joliment restaurées dans un style demeure de planteur, au toit de feuilles de latanier, et meublées en bois noir et takamaka, ce sont des villas d'atmosphère. A en juger par le livre d'or, Carole Bouquet n'a pas été la seule à apprécier le charme colonial et l'ambiance décontractée de ces lieux subtilement civilisés. Entendez par-là que les “exilés” sont tout de même discrètement entourés. En cuisine, Ahmed, un chef mauricien, déploie son art... à la carte : ce sont eux qui font le menu. Car les hôtes sont ici chez eux : on se sert même à volonté au bar ! Il est vrai qu'on doit tout de même débourser 4800 roupees pour s'offrir cette île en amoureux. Les deux maisons peuvent accueillir huit personnes en tout : il en coûte alors 14 000 roupees, court de tennis compris et yacht à disposition. Pour aller par exemple plonger en face, autour de la sublime île Cocos, ou pour découvrir de plus près les trois autres îles voisines, de la farouche Petite Sœur à l'avenante Grande Sœur (dont la Roche Criminelle est impressionnante), en passant par la radieuse Marianne (dont la cocoteraie et la plage de Grand'Anse sont d'une magistrale beauté).

Mais pourquoi chercher ailleurs quand on jouit déjà d'une Félicité ! Il faut la pénétrer au-delà de ses deux plages, se laisser mener par ses sentiers au destin toujours incertain... et souvent pentu ! Mais quel bonheur de se retrouver sur les hauteurs et de s'asseoir triomphant sur l'un de ces glacis panoramiques d'où l'on domine l'île.

Carte de La Digue page 180

AUTRES ILES

SILHOUETTE

Quelle silhouette ! Chaque soir, quand le soleil semble se jeter dans l'océan, face à la plage de Beau Vallon, les chasseurs d'image embobinent volontiers la silhouette de cette île nommée Silhouette. Pourtant, cette montagne posée sur l'océan ne doit pas son nom à son imposant profil, mais à Etienne de Silhouette, contrôleur des finances de l'Ile de France. Bien que très proches l'une de l'autre (à peine vingt kilomètres les séparent), les deux îles n'ont rien en commun, excepté leur origine granitique et leur végétation luxuriante. Mahé la civilisée, Silhouette la sauvage. Sans routes ni voitures, cette grosse émeraude de vingt-cinq kilomètres carrés est restée intacte. De quoi combler les "écotouristes" les plus exigeants et les inconditionnels de la randonnée pédestre les plus farouches.

Quel plaisir, en effet, de crapahuter entre les gros rochers d'où jaillit une exubérante nature. Palmistes, lataniers, albizias, gayacs, vacoas, badamiers, jacquiers, calices du pape, entre autres, recouvrent la plus belle forêt équatoriale de tout l'océan Indien. Et c'est là aussi que s'abritent pas moins de quatre-vingts espèces endémiques, arbres superbes, plantes exceptionnelles, fougères arborescentes majestueuses et herbes médicinales rarissimes. Autant de trésors verts qui font le bonheur des naturalistes... et des simples promeneurs, eux aussi sensibles à l'enivrante beauté de Silhouette. Ah ! quel bonheur de parvenir à la minuscule Anse Mondon, après trois bonnes heures de marche, et d'y respirer l'envoûtant parfum du rare bois de santal. Moment mémorable aussi que celui de la rencontre (pacifique) avec les chauves-souris qui pendent, tête en bas, aux branches des arbres. Inoubliables aussi, les prenantes odeurs de végétation pourrissant dans l'humidité !

Fascinante forêt équatoriale

Car ici, pas de mystère, cette verdure dévorante est un cadeau des cieux qui fournissent généreusement un arrosage naturel (3 000 mm de pluie par an) et alimentent de nombreuses rivières et cascades, coiffant régulièrement la montagne d'une imposante couronne de nuages. Une eau bénie pour les plantations de tabac, café, cannelle, avocats du plateau montagneux situé entre les monts Dauban, Gratte Fesse et Pot à Eau et le mont Plaisir qui culmine à 750 mètres. Une fois quittée la moiteur étouffante des deux uniques sentiers en montagnes russes, on retrouve la chaleur océane sur une petite bande de terre prolongée par une longue plage bordée par un lagon. C'est à cet endroit touristiquement idéal que paressent, entre cocotiers longilignes et plantureux takamakas, une douzaine de bungalows (très bien équipés) en bois de cèdre et en calice du pape. Un retour à la vie naturelle, le confort en plus et l'océan à perte de vue depuis sa petite terrasse du Silhouette Island Lodge.

Outre les joies de la grimpette et de la bronzette, la visite du village voisin, La Passe, se révèle plus édifiante sur l'économie seychelloise que bien des discours politiques. Silhouette est en effet une île-pilote de l'IDC (Compagnie de développement des îles) qui y a réalisé de nombreux investissements pour développer de front tourisme et agriculture. Rachetée par l'Etat, en 1983, aux quatre-vingts actionnaires français qui la détenaient, Silhouette a été transformée en une immense ferme, produisant bœufs, poulets, cochons, légumes, fruits, poissons et balais (en coco). Les quelque trois cents habitants qui y vivent assurent avec conviction le bon développement de cette grande exploitation agricole, de l'infirmière à l'épicier, du "laboureur" au régisseur de l'île, qui a tout pouvoir, même celui d'enfermer quelques heures un récalcitrant dans la petite prison, quand la SeyBrew a trop coulé, par exemple !

Grande pourvoyeuse de coprah jadis, l'exploitation de la noix de coco est aujourd'hui en sommeil. On peut néanmoins encore voir quelques noix ouvertes sécher au soleil ou sortir du vieux calorifère toujours en activité. Autre survivance de l'héroïque époque coloniale, l'ancienne maison de planteur est miraculeusement restée intacte et l'on peut y admirer un remarquable parquet qui rassemble les principaux bois de l'île.

Juste en face, à l'ombre des arbres centenaires, le dimanche, les hommes tuent le temps en d'interminables et bruyantes parties de dominos. Tandis que les femmes chantent de vieilles romances françaises à leur bébé ou racontent aux plus grands l'histoire du pirate Hodoul qui, au XVIIIe siècle, avait fait de Silhouette son repaire et dont le nom continue encore à faire rêver les chercheurs de trésors.

Maison coloniale et temple grec

Le souvenir d'un autre homme plane aussi sur cette forêt immergée, celui d'Henri Dauban, dit Dauban de Silhouette, qui fut constructeur de bateaux à voile et de calorifères à coprah. Planteur et éleveur, il participa même aux Jeux olympiques de Paris, en 1924, en tant que lanceur de javelot. Ce fut d'ailleurs à la suite de cette prouesse sportive que l'on donna son nom à l'un des monts de l'île. Cet homme exceptionnel repose désormais dans le petit cimetière, parmi les palmiers, dans le monumental et incongru tombeau familial, les Dauban ayant en effet été les seuls propriétaires de Silhouette jusqu'au début des années soixante-dix. De style grec, avec fronton et colonnes de marbre, un extrait des *Méditations* de Lamartine y figure en épitaphe : "Mourir n'est pas mourir, c'est changer...". Mais on suppose que les navigateurs arabes avaient visité cette terre bien avant que des planteurs ne s'y installent ; trente tombes datées du IXe siècle ont été trouvées dans la forêt, non loin d'une plage à laquelle on donna d'ailleurs le nom d'Anse Lascars.

Anse Patate, Pointe Zeng Zeng, Coco dans Trou, Glacis Rouillé, Casse Tonnerre, Pointe Grande Barbe sont quelques-uns des autres poétiques toponymes de cette île généreuse et mystérieuse que l'hélicoptère met à portée d'hélice en douze minutes (une bonne heure en bateau). Le débarquement par mer est toujours mémorable, la barrière de corail impliquant un transbordement dans un petit canot. Outre ces petites émotions, l'arrivée par mer permet aussi de prendre le temps d'admirer l'Ile du Nord, située à six kilomètres au nord. Relativement rocheuse, elle fut la toute première de l'archipel à avoir été visitée par les Européens, en 1609, lors de l'expédition de la Compagnie des Indes que commandait Alexander Sharpeigh, alors en route entre Surat et Aden. Quelques habitants y vivent de noix de coco et de poisson, les fonds sous-marins y étant d'une foisonnante richesse. Tout comme ceux de Silhouette, connue des mordus de pêche au gros, qui prennent souvent ici leurs plus belles pièces. Générosité de la terre, abondance de la mer. Si l'on devait choisir sur ordinateur l'endroit idéal pour faire naufrage, Silhouette sortirait assurément en tête des îles où il fait bon jeter l'ancre !

FREGATE

Avec ses deux collines luxuriantes, ses sentiers se faufilant à travers une végétation généreuse et ses trois plages désertes, Frégate, deux kilomètres de long sur guère plus d'un de large, concrétise à merveille nos rêves d'île déserte de citadins stressés. Enserré dans un anneau de corail, ce gros rocher granitique et verdoyant, réveille assurément le Robinson d'opérette qui sommeille en chacun de nous. A cinquante-six kilomètres de Mahé, l'île seychelloise la plus à l'est de l'archipel se révèle en effet un véritable éden pour les amateurs d'éloignement total. Une destination privilégiée qu'ils peuvent atteindre en une petite demi-heure grâce aux ailes d'Air Seychelles. Entre cocotiers et océan, l'atterrissage sur la minuscule piste engazonnée donne le ton dès l'arrivée, enchanteur !

L'arrivée en bateau, un beau jour de mai 1744, devait certainement déjà valoir le coup d'œil, quand Lazare Picault notait dans ses livres de bord la présence de nombreuses tortues de mer et d'innombrables oiseaux, de frégates surtout. Il baptisa donc ce morceau de terre l'île aux Frégates. Eau douce et nourriture à foison (tortues de mer et de terre, poissons et fruits) y attireront plus tard les pirates chassés des Caraïbes puis de Madagascar, et à la recherche d'un abri. Ruines de maisons, poteries, couteaux, sabres, haches et pièces de monnaie... : plusieurs vestiges de leur passage furent découverts au siècle dernier sur la plage de Grand'Anse (des boulets de canon, et trois tombes creusées dans le corail qui renfermaient des épées et des ossements). Aujourd'hui, quelques cavernes encombrées de roches et, à Anse Parc, quelques pierres entassées et appelées “mur du pirate” attestent encore de la présence de ces forbans et alimentent la légende selon laquelle rôderait parfois sur cette plage le fantôme d'un pirate à la recherche du trésor perdu... De quoi attirer les aventuriers, Ian Fleming en tête, car le célèbre père de James Bond (et détenteur de cartes anciennes de l'endroit) a, paraît-il, arpenté l'île de long en large, convaincu qu'elle recélait un trésor... Il est vrai que, perché sur les hauteurs du mont Signale (125 m), là où le regard se noie dans l'horizon, on imagine sans peine les forbans qui scrutaient le lointain pour y détecter les navires marchands qui sillonnaient l'océan. Facile aussi, sur ce lopin de terre, de trouver un endroit pour cacher un hypothétique butin. En dénicher un, à supposer qu'il existe, semble moins évident. Le mystère demeure et le rêve continue, avis aux amateurs !

Jadis repaire de pirates

Pourtant, un trésor inestimable se trouve bien là, visible à l'œil nu, à portée du premier individu qui débarque ici parmi les cocotiers, filaos, takamakas, papayers, mandariniers, bananiers, avocatiers, citronniers, manguiers, corossoliers, orangers, bigaradiers, caféiers, lianes de vanille et autres fleurs d'ylang-ylang. Autant de cadeaux nés de la rencontre de la nature et de l'homme. En l'occurrence monsieur Hutley qui, ayant acquis l'île en 1972, entreprit d'en faire un jardin. En quelques années, Frégate se couvrit d'arbres fruitiers, de plants de légumes, de massifs de fleurs... et d'ouvriers contribuant à la rendre prospère. Les jardins furent, hélas, bientôt laissés à l'abandon et les herbes folles reprirent vite leurs droits. Mais de savoureux héritages subsistent de cette période heureuse. Ah ! quel plaisir, après avoir gambadé sur le glacis Cafoule, de se désaltérer avec une orange cueillie à même l'arbre.

Jadis repaire de pirates, hier prolifique jardin et, depuis toujours, paradis des oiseaux. Planant dans un ciel bleu infini ou sautillant dans les verts feuillages, des centaines de cardinaux, tourterelles coco, sternes, puffins et... frégates animent les lieux. On peut aussi y admirer le pigeon hollandais et entendre la pie chanteuse, cette dernière ayant même décidé de choisir Frégate pour seul domicile. Des ornithologues du monde entier font même spécialement le voyage pour enregistrer le chant mélodieux de l'une de ces vingt-quatre dernières “copsychus sechellarum”. D'autres scientifiques, loupe à la main, étudient une autre rareté : le tenebrionide ou bib armé, sorte de scarabée creusant des mini-tranchées sur le tronc des arbres. Une faune riche à laquelle s'ajoutent des scolopendres géants, des araignées énormes et quelques scorpions venimeux...

Sublime Anse Victorine !

Pas d'inquiétude toutefois ! Plutôt que les bestioles citées plus haut, il est bien plus fréquent de croiser là l'une des inoffensives et grosses tortues de terre qui peuplent l'île. Omniprésentes (une bonne centaine furent importées d'Aldabra dans les années cinquante) et, pour certaines, centenaires, elles se la coulent douce, se gavant en permanence de feuilles et de fruits tombés à terre. De vieilles pensionnaires bien évidemment prioritaires si on les croise au détour d'un chemin. Tout comme elles, on prendrait volontiers pension sur cette terre féconde. Encore faudrait-il qu'elle s'ouvre à nouveau au tourisme, la fermeture de la Plantation House, en 1995, étant bien désolante. Adieu aux délicieux et simples repas pris sur la terrasse, face au gigantesque banyan dont les étonnantes branches redeviennent racines. Mais Frégate est trop belle pour ne pas susciter de convoitises, et l'établissement était à peine fermé, qu'on parlait déjà d'un nouvel hôtel, haut de gamme, du côté d'Anse Victorine, la plus belle des plages. Encore plus grandiose vue des hauteurs du chemin qui y mène : sous une verte cascade de palmes, du granit rose, un sable virginal et une eau cristalline.

BIRD

Une île pour solitaires ? Avec quelque trois millions de voisins sur un kilomètre carré, pas vraiment... Mais ces voisins-là ne seront jamais accusés de tapage nocturne. Sitôt le soleil couché, sternes, martins, hirondelles de mer et autres pailles-en-queue cessent tout ramage, chacun ayant finalement trouvé sa place, difficilement il est vrai, tant l'espace y est chèrement disputé. Dès les premières lueurs matinales, le virevoltant ballet aérien reprendra jusqu'au soir, dans un incessant concert de pépiements, roucoulements, gazouillis et autres cris. Bird la bien nommée ! Surtout de mai à septembre, quand un million et demi de sternes fuligineuses la colonisent pour y nicher. Pourtant, l'île où les oiseaux sont rois reste officiellement nommée l'Ile aux Vaches, l'abondance passée des vaches marines (en fait des dugongs) sur ces rivages ayant justifié cette première appellation, apparue en 1756.

Ce furent les Anglais qui la rebaptisèrent à cause de la densité de ses oiseaux de mer, dont les œufs furent longtemps recherchés à des fins gastronomiques. Au début du siècle, on récoltait ainsi quelque quarante mille caisses de mille œufs chacune pendant la saison de ponte, d'avril à septembre. Cette “friandise” était alors vendue à Mahé à raison de “deux pour un sou, un pour rien” (c'est-à-dire treize à la douzaine). L'île comptait alors plus d'oiseaux encore qu'aujourd'hui, les anciens propriétaires l'ayant, hélas, en partie défrichée pour faciliter la lucrative récupération des œufs. Moins boisée que la plupart des autres îles coralliennes, Bird n'en a pas moins partiellement retrouvé sa végétation, dont filaos, cocotiers et papayers. Ancrée à une petite centaine de kilomètres de Mahé, cette terre privée de quinze mètres de long sur six cents de large, se trouve située à la limite nord du plateau sous-marin connu sous le nom de banc des Seychelles. A quelques miles, le récif de corail s'arrête soudain face à un abysse de quelque deux kilomètres, propice à la pêche hauturière.

Quatre fois par semaine, une demi-heure de vol suffit au petit bimoteur d'Air Seychelles pour relier Mahé à la piste herbue de cet aéroport d'opérette, dont le seul bâtiment est une minuscule hutte en bois et feuilles de latanier. Fief des ornithologues, nombreux à la saison de la ponte, Bird Island est aussi devenue un haut lieu du tourisme couleur nature. Où mieux qu'ici jouir du ciel, du soleil et de la mer ? Douze villas au toit végétal composent le Bird Island Lodge des Savy. Leurs vingt-quatre chambres, ventilées et d'un bon confort, bénéficient d'une terrasse ouverte sur un jardin tropical et sur la plus sûre des plages de l'île, d'une pureté absolue. Autour de la paillote-restaurant, cardinaux et tourterelles-coco se rassemblent aux heures des repas, on devine pourquoi...

Mais l'île aux oiseaux est aussi l'île de la tortue. La plus connue des Seychelles... et la plus lourde du monde, à en croire le Guinness Book of Records. Avec ses 304 kg, la célèbre Esmeralda l'a en effet emporté de vingt-cinq kilogrammes sur Marmaduke, qui vit au zoo de Londres. Comptant environ 170 printemps, elle serait aussi la plus âgée de la planète. Toujours prête à poser (bien qu'elle en ait sûrement plein le dos des touristes qui s'assoient sur sa carapace), cette cabotine vedette a en tout cas trouvé son paradis sur terre.

DENIS

A 7777 km de Paris, bienvenue sur les Champs-Elysées ! Version tropicale. Etonnante arrivée que celle à l'île Denis. Les ailes d'Air Seychelles vous ont à peine déposé sur la piste herbue trouant la cocoteraie que deux belles demoiselles créoles et Tonton Pierre vous convient à abandonner vos bagages et à rallier leur village, non sans être triomphalement passé par cette allée de cases destinée au personnel et qu'il a tout naturellement baptisée Champs-Elysées. Une "avenue" qu'il aura tout de même fallu attendre deux siècles.

Denis fut en effet découverte en 1773 par le commandant d'une flûte royale qui s'était aventurée au large de Praslin. Dans son journal de bord, Denis de Trobiant soulignait la générosité de cette terre : "La côte nous a paru fertile en corail d'un beau rouge ; elle est fort poissonneuse et l'île généralement couverte de tortues de terre et de mer, de vaches marines et d'oiseaux dont plusieurs espèces inconnues à ceux de nous qui avons fait des campagnes rares. Ces oiseaux étaient si peu accoutumés à voir des hommes que nous en avons pris une très grande quantité dans les arbres et que nous en avons tué autant que nous en avons voulu avec des bâtons." Aussitôt découverte, aussitôt annexée ! Monsieur de Trobriant planta donc là le mât symbolique portant le pavillon aux armes du roi et lui donna pour nom... son prénom !

L'empire des cocotiers

D'abord française, ensuite anglaise, Denis n'en demeura pas moins l'empire des cocotiers, n'étant guère habitée que des travailleurs nécessaires à la récolte des noix. Ce ne fut donc qu'à la veille de l'indépendance, en 1975, qu'un industriel français de la pâte à papier, Pierre Burkhardt, en quête d'une île où s'oxygéner et prendre ses aises, en vint à jeter son dévolu sur ces cent trente hectares de vert voguant dans le bleu. "La vente de mon appartement du XVIe me l'a aisément payée", se réjouit encore Tonton Pierre, qui ne joua pas longtemps au Robinson. Sa piste d'atterrissage construite (une prouesse !), les premiers touristes allaient arriver pour y fêter la Noël 1977. Et les douze pavillons aux toits de palmes devinrent bientôt vingt-quatre. Denis fut très vite l'un des deux lieux les plus en vogue des Seychelles. Le Tout-Paris se devait de passer chez Jean Minchelli (au Château de Feuilles, sur Praslin) et chez Tonton Pierre. De Romy Schneider à Pierre Perret et de Yannick Noah à Eddy Mitchell, en passant par Jean-Michel Jarre et Catherine Deneuve, les V.I.P. sont nombreux à avoir foulé ces autres Champs-Elysées et goûté aux délices de ce monde de palmes dépassant à peine le niveau de la mer.

Il faut deux heures à peine pour faire le tour de cette île corallienne en forme de croissant, de quelque mille huit cents mètres dans sa plus grande longueur et treize cents dans sa plus grande largeur. C'est l'île la plus au nord de l'archipel, à proximité du tombant ou s'arrête le fameux banc des Seychelles (le fond plongeant alors de 40 à 1600 m). De Mahé, à quatre-vingts kilomètres de là, il faut à peine une demi-heure pour avoir le privilège de survoler cette immense cocoteraie ourlée de sable et protégée par une barrière de corail. Une île dont le guano a été longtemps récolté, du temps où cette fiente d'oiseaux de mer était très recherchée comme engrais azoté. A la suite de la chute des cours mondiaux du coprah, on a renoncé également à la récolte des cocos. Il fut pourtant une époque où quelque quatre-vingt mille noix étaient expédiées chaque mois. Depuis cet abandon, la cocoteraie est devenue presque impénétrable. A quoi bon débroussailler.

De nombreux chemins parcourent en tous sens cette luxuriante forêt où poussent aussi takamakas, banyans, papayers et autres filaos. Au-delà de la piste, seule cicatrice de cette sylve tropicale, on tombe sur ce qu'il est convenu d'appeler le vieux village. Quelques maisons de travailleurs (employés par Tonton Pierre) et celle du régisseur, plusieurs entrepôts et réservoirs d'eau potable (fournie par la pluie) et quelques "antiquités" : la presse à coco, les séchoirs à coprah, et surtout le célèbre vieux phare à charpente métallique. Du haut de ses quinze mètres, il continue à émettre la nuit un éclat toutes les secondes. Exigé par les Messageries maritimes, qui menaçaient de supprimer leur escale aux Seychelles, il fut conjointement construit, en 1905, par les Français (pour le gros œuvre) et les Anglais (pour l'aménagement). C'est aujourd'hui l'un des plus vieux monuments de l'archipel.

Quelques cultures vivrières sont pratiquées dans cet espace villageois où l'on élève aussi une vingtaine de vaches et une trentaine de cochons... qu'on retrouvera rôtis dans l'assiette des pensionnaires. Car les gorets aussi appartiennent à Tonton Pierre ! Les quarante travailleurs de l'île sont tous ses salariés, qu'ils s'activent autour de Régis le régisseur, ou de Fiona, qui a la responsabilité de l'hôtel. Après quatorze années d'Amérique, la souriante et attentive directrice sait ce qu'efficacité veut dire. Et dans les coulisses, il y a de quoi s'occuper pour que les hôtes se la coulent douce. Des hôtes qui ne font pas que paresser sur la vaste terrasse de leur non moins spacieuse maison (65 m2 !), dont les portes coulissantes s'ouvrent évidemment sur la mer. Hormis la plage, le village et la forêt, il y a certes le tennis et le billard, mais quand on a la chance d'être à Denis, autant craquer. Craquer pour la pêche au gros ou la plongée.

Ile à vendre

C'est en effet le moment ou jamais d'explorer le monde du silence. Un masque et des palmes suffisent pour vagabonder au-dessus du jardin de corail (à trente mètres du rivage), mais puisque l'occasion est donnée, pourquoi ne pas s'initier à une découverte plus profonde. En deux plongées avec bouteille (la première près de la plage, la seconde d'un bateau et à dix mètres à peine), Jean-Louis Cogoule, l'un des meilleurs moniteurs du genre aux Seychelles, "baptise" ainsi nombre de néophytes qui n'avaient pas encore osé se jeter à l'eau (moyennant 500 roupees). Maître ès sports nautiques (déconseillés de la mi-juin à la mi-octobre), c'est aussi lui qui emmène au large les amateurs de pêche aux barracudas, wahoos, dorades et autres bonites de ce coin d'océan fort réputé pour ses "gros". Cinq records mondiaux de pêche sur le thon à dents de chien ont d'ailleurs été établis autour de Denis, celui de Tonton Pierre tenant toujours : un thon de 100 livres pêché avec une ligne de 20 livres de force ! Trois bateaux (un pour la palangrotte, deux pour la traîne) attendent donc les futurs champions (leur location pour la demi-journée étant de 1500 ou 1800 roupees).

Plongeur ou pas, pêcheur ou pas, de toute façon, à table, ce sera poisson pour tout le monde, sous le superbe toit tressé du restaurant où, chaque samedi soir, hôtes et villageois font la fête ensemble dans le cadre d'un dîner créole. Ambiance assurée, d'autant plus que le tambour moutia est de sortie. Les insulaires ont en effet constitué leur orchestre. Et ils n'attendent pas les touristes pour festoyer ! Certains soirs, ça chauffe autour des cases du vieux village, et la bacca aidant, on en vient parfois à mettre en pratique un certain "Aimez-vous les uns les autres", très récité aux Seychelles. Une fois l'an d'ailleurs, les bonnes sœurs viennent à Denis pour y visiter la petite communauté et sermonner ces hommes et femmes "exilés" sur ce coin de terre. Ne reste plus aux pauvres pécheurs qu'à répéter trois fois *"Je vous salue Marie..."* dans la petite chapelle œcuménique que Tonton Pierre a fait construire près de ses Champs-Elysées.

Des Champs qu'il faudra immanquablement retraverser avant de reprendre l'avion de Mahé qui, quatre fois par semaine, apporte son lot de privilégiés (dans tous les sens du terme, à raison de 2200 roupees par jour). Français, Anglais et Allemands, ils sont quinze cents à deux mille chaque année à découvrir (ou redécouvrir) cette île, à laquelle on prend vite goût tant elle répond à la fois à notre désir de robinsonnades et à nos exigences de civilisés. D'ailleurs, qu'on se le dise, Denis est à vendre ! Dix millions de francs... suisses. A l'approche de ses 80 ans, Pierre Burkhardt entend en effet passer la main. Combien de temps encore aura-t-il le privilège de décider de l'heure qu'il est ? Car chez Tonton Pierre, on vit avec une heure de moins que partout ailleurs dans l'archipel. Histoire de prolonger le soleil en fin d'après-midi. Maître de son île... et maître du temps !

LES PETITES ILES

Les Seychellois les appellent "zil elwannyen". Eloignées du groupe central de Mahé, les plus lointaines de ces îles sont en effet plus proches des côtes africaines et malgaches que de Victoria. Ces "oil islands", bien que longtemps isolées, car d'un accès nécessitant plusieurs jours de bateau, furent toutefois de longue date exploitées pour leurs ressources naturelles (cocotiers, guano et poissons), leur population n'étant guère composée que de travailleurs itinérants sous contrat. Le coprah reste d'ailleurs exploité sur nombre d'entre elles, désormais moins lointaines. L'Etat a construit de nombreuses pistes d'atterrissage, sur Desroches, D'Arros, Marie-Louise, Farquhar, Astove, Assomption.... Si l'on excepte les solitaires Coëtivy (aujourd'hui célèbre pour son élevage de crevettes) et Ile Plate (susceptible d'être ouverte au tourisme), perdues au sud de Mahé, toutes les autres se répartissent en trois groupes : Amirantes, Farquhar et Aldabra. Lorsqu'au-delà des Amirantes, déjà ouvertes au tourisme à travers Desroches et D'Arros, on prend la route du sud, on tombe d'abord sur l'immense lagon d'Alphonse, du nom de cette île de cent soixante-dix hectares, dotée d'une très vaste cocoteraie, dont l'exploitation justifie qu'elle soit habitée. Passé... la passe la Mort, un récif corallien cerne deux îlots, Saint-François et un pur bijou de sable et de cocotiers : Bijoutier le bien nommé ! L'archétype de l'île déserte... De là, pour atteindre l'archipel de Farquhar, à quelque sept cents kilomètres au sud-ouest de Mahé et à guère plus de deux cents de Madagascar, deux autres journées de navigation sont au moins nécessaires. Composé d'une poignée de petites îles qui forment un atoll de sept cent vingt hectares, ce groupe fut découvert par le navigateur portugais Juan Nova. Tenant son nom du premier gouverneur anglais de Maurice, il se révèle tout en longueur, avec ses quinze kilomètres de long sur pas même un de large. Un superbe atoll dont les deux mamelles sont ici aussi le coprah et la pêche, mobilisant une centaine de travailleurs. L'interminable banc de Providence, de quelque trente kilomètres de long, appartient aussi à ce groupe quasiment ignoré des touristes, bien qu'Air Seychelles relie Mahé à Farquhar en trois heures et demie.

D'ARROS

"Cette île, c'est un peu le parangon du bonheur, version terrestre et marine", a écrit à son propos le commandant Cousteau, qui avait assisté là à une conférence de dauphins dressés sur leur nageoire arrière. Deux siècles plus tôt, un autre marin au long cours, l'amiral d'Arros (qui commanda la Marine à l'Ile de France en 1770) s'était déjà extasié sur cette île des Amirantes à laquelle ce baron donna son nom. Ancrée à deux cent trente kilomètres au sud de Mahé et particulièrement belle avec son éblouissant lagon, qui la sépare d'un chapelet d'îlots où des milliers d'oiseaux ont élu domicile, cette terre corallienne de cent quarante-huit hectares s'est, elle aussi, donné le vert pour couleur. De part et d'autre de la piste en herbe qui la partage en son milieu, des milliers de cocotiers ont prospéré, autour de vingt mille dit-on ! A une heure d'avion de Mahé, un autre petit paradis de palmes, serti d'un sable de collection.

Un Eden d'autant plus tentant qu'il a été civilisé avec talent. Son propriétaire (neveu du Shah d'Iran) s'est en effet offert le luxe de faire appel à deux grandes signatures pour édifier et aménager son "village" insulaire. Jacques Couelle, le maître de l'architecture intégrée, a édifié ces maisons d'exception, tandis que Jacques Grange (auteur de la restauration du palais d'Yves Saint-Laurent à Marrakech) s'est investi dans leur décoration. Plus que les deux villas au toit végétal, c'est la maison de maître qui suscite l'admiration, sa rayonnante blancheur donnant encore plus d'éclat au dégradé de bleus du lagon.

Une maison de caractère qui a dû valoir son pesant de roupees... Shalam Pahlavi n'a pourtant pas découvert le fabuleux butin que le pirate Vasseur, dit La Buse, aurait enfoui dans l'île. Estimé à cinq milliards de francs, ce trésor avait été saisi sur le bateau qui transportait l'évêque de Goa et sa protégée, une princesse indienne qui voguait pour se marier à un prince. Selon de savants calculs, D'arros serait le lieu géographique qui correspondrait aux indices laissés par le forban. Une thèse qui contrarie celle selon laquelle La Buse aurait caché son butin à Bel Ombre, sur Mahé, où l'on s'active toujours pour le trouver.

Petit bijou, en tout cas, que cette demeure-là ! Comprenant un salon de vingt mètres de long et neuf de haut et valorisée par un parquet de toute beauté en troncs de filaos, elle a été dotée d'une immense table taillée dans une seule pièce de bois, d'un coin bar, d'une bibliothèque, d'une chaîne hi-fi très sophistiquée et d'un écran géant (avec vidéo et cinq cents cassettes !). Un spectaculaire escalier (très Mille et Une nuits) mène aux chambres des étages, non moins luxueuses (avec chacune sa salle de bains). A quelques brasses de là, les deux autres villas, plus classiques, comptent chacune deux chambres ; ces trois maisons peuvent accueillir jusqu'à dix-huit personnes.

N'importe qui ? Oui, à condition d'avoir les moyens. D'abord destinée aux seuls amis du propriétaire, l'île s'est d'abord ouverte par ouï-dire aux amis des amis. Là voilà depuis l'hiver 1996 commercialisée en catalogue, par Austral Voyages, le tour opérator français le plus spécialisé sur les Seychelles. D'Arros n'est toutefois louée qu'en entier, en formule pension complète (et boissons incluses). Pas donné, évidemment, mais quand on divise le tarif journalier par dix-huit, on se dit que, finalement, ce paradis-là est tout de même accessible : 2 640 F par nuit et par personne (plus 2 485 F par personne pour l'aller-retour aérien Mahé-D'Arros). Encore faut-il trouver les dix-sept autres locataires. A ce prix-là, on a bien sûr son cuisinier. Et de quoi s'occuper entre les repas : piscine, tennis, vélo, planche à voile et, "sous certaines conditions" (comme on l'écrit dans le descriptif d'Austral), plongée avec bouteille et pêche au gros ou à la palangrotte à bord d'un Bertram Motor Cruise de dix mètres. On en oublierait presque que deux palmes et un masque-tuba suffisent pour nager en plein bonheur, avec environ deux cents espèces de poissons rivalisant de couleurs dans le lagon, quelques dauphins et d'innombrables hérons. Où trouver nature plus pure ?

ALDABRA LA VERTE

Plus à l'ouest, et au-delà de l'atoll oublié de Cosmoledo et de l'île d'Astove, place à Aldabra ! Celle que les Arabes avaient baptisée Al Khadra (la Verte), du fait que le reflet vert de son lagon dans le ciel peut être aperçu en mer bien avant que l'atoll lui-même ne soit visible. On est là bien loin de Mahé, à plus de onze cents kilomètres. Et toujours aux Seychelles ! Un exceptionnel site naturel qui, bien avant Cousteau (qui tourna là son fameux "Monde du Silence"), avait fait l'objet de la première pétition officielle signée par des scientifiques (dont Charles Darwin). C'était en 1874 et il s'agissait de défendre une espèce animale menacée : la tortue terrestre. La pétition fut suivie d'effet, tout comme la levée de boucliers des années 1964-1966 se révéla concluante. Sévère alerte en tout cas, la Grande-Bretagne, alors puissance coloniale, ayant décidé de créer le British Indian Océan Territory pour renforcer sa défense à l'est de Suez. Une île mauricienne (Diego Garcia) et trois îles seychelloises (Desroches, Farquhar et Aldabra) devaient constituer ce territoire militaire. Mais la résistance s'organisa bientôt, et les écologistes anglais eurent finalement gain de cause dans cette affaire de "Larzac équatorial" qui fit grand bruit. Seul Diego Garcia fut militarisé.

Foin de la base aérienne ! Ce fut une station de recherche qu'on inaugura finalement en 1971. Construite par la vénérable Royal Society of London, elle devint vite l'un des pôles scientifiques majeurs de la planète. La formation géologique de l'île et sa faune n'ont cessé depuis de déplacer les chercheurs dans cet extraordinaire écosystème. D'abord déclarée sanctuaire d'histoire naturelle, Aldabra fut sacrée en 1982 par l'Unesco, qui l'intégra dans sa liste du Patrimoine mondial de l'humanité. Aujourd'hui gérée par la Fondation des îles Seychelles, Aldabra la verte est restée une terre pratiquement inviolée par l'homme. Elle constitue le plus grand atoll de corail du monde, et les cinq îles qui le composent (Picard, Polymnie, Malabar, South Island et Grande Terre) forment un lagon de trente-cinq kilomètres de long sur treize de large, d'où émergent plusieurs îlots lilliputiens (Moustique, Esprit...). Une véritable mer intérieure, dans laquelle l'île de Mahé tiendrait toute entière et qui se vide totalement à marée basse, ne laissant alors apparaître que de curieux champignons coralliens. Trois cent soixante kilomètres carrés de pure nature, Aldabra est le seul endroit au monde (avec les Galapagos) où l'on trouve d'aussi denses colonies de tortues de terre géantes à l'état sauvage : cent cinquante deux mille au dernier recensement !

Si la tortue est indéniablement la tête d'affiche de cet atoll-spectacle, elle n'en est pas moins entourée de maints seconds rôles et figurants. Ainsi, quel éventail d'oiseaux : de frégates en ibis et de pigeons bleus en flamants roses, en passant par le râle d'Aldabra, un oiseau marcheur qui, bien que collé au sol, n'a pas pour autant peur de l'homme. Lequel se fait, il est vrai, aussi rare que protecteur sur cette terre rêvée pour l'animal.

L'énorme crabe de cocotier a ainsi trouvé là la sécurité, alors qu'il est partout ailleurs traqué pour son onctueuse chair au goût des noix de coco dont il se nourrit après les avoir ouvertes avec un étonnante dextérité. Ici, pas question de toucher la moindre pince : sur Aldabra, c'est l'animal qui fait la loi. L'homme n'y est qu'un intrus auquel on demande de se faire petit. Il est vrai que naturalistes et navigateurs exceptés, rares sont encore les visiteurs qui ont le privilège de découvrir cette réserve. Mais il est probable qu'elle s'ouvre au tourisme à moyen terme, l'île voisine d'Assomption (dotée d'une piste d'atterrissage) étant en effet appelée à devenir la tête de pont des excursions à Aldabra, située à trois heures de bateau. Par petits groupes, les “écotouristes” auront enfin l'occasion de s'extasier sur l'un des sites naturels les plus spectaculaires de la planète. Les Seychelles, qui ont déjà montré tant de trésors, ont encore... de la réserve.

DESROCHES

Des roches ? Pas une seule sur Desroches. Mais des cocotiers à volonté ! Vue du ciel, l'île apparaît comme une cocoteraie flottante, tant elle a la forme d'un long radeau (voire d'un crocodile). La blancheur immaculée de sa ceinture de sable renforce encore l'éclat de cette tache verte sur le bleu de l'océan. On est là sur une île majuscule, la principale du groupe des Amirantes, à quelque deux cent cinquante kilomètres au sud-ouest de Mahé. Sans doute découvertes par les navigateurs arabes dès le XIe siècle, puis redécouvertes en 1502 par Vasco de Gama qui leur donna pour nom son titre d'amiral (“Ilhas do Amirante”), elles sont au nombre de vingt-quatre (en incluant les îlots), toutes coralliennes, c'est-à-dire plates. Les plus importantes sont, du nord au sud, African Banks, Rémire, D'Arros, Desroches, Poivre, Etoile, Boudeuse, Marie-Louise et Desnœufs. Hormis cette dernière, tout à fait “chauve” et réputée pour ses œufs d'oiseaux, toutes furent des “oil islands”. Des îles à coprah dont les autres richesses (guano, poissons et tortues de mer) furent aussi longtemps exploitées.

Devenue depuis une dizaine d'années l'ambassadrice touristique des Amirantes, Desroches tient son nom d'un gouverneur français de l'Ile de France (en poste de 1767 à 1772). Longue de cinq kilomètres et large de cinq cents mètres au niveau de sa piste d'atterrissage, il faut quatre bonnes heures pour en faire le tour. Et un peu plus si l'on prend le temps de s'arrêter dans le village. N'y vit qu'une quarantaine d'habitants, dont bon nombre sont employés pour l'exploitation du coprah, qu'il s'agisse d'entretenir la cocoteraie ou de traiter les noix récoltées. Lesquelles, une fois épluchées et décoquées, sont séchées dans un calorifère qui constitue l'une des curiosités de l'endroit. Autour du village sont élevés quelques animaux et cultivés plusieurs jardins (puisqu'il faut bien alimenter l'hôtel). Un magasin ouvre une fois par semaine, mais on n'y trouve guère que du sucre, du riz et quelques autres produits de base. Basique aussi, ce qu'il est convenu d'appeler l'hôpital : deux pièces équipées de lits, sans matériel. En suivant le chemin côtier, on tombe aussi sur le phare, accessible par une échelle, avec, tout en haut, un bon point de vue sur l'île.

Quant au “lodge”, discrètement niché à l'une des pointes, il vient d'être rénové et embelli à grands frais. Désormais exploité par TSS (l'une des principales agences de tourisme des Seychelles) et dirigé par un sympathique couple d'Italiens, les Lapoya, il se compose d'une dizaine de maisonnettes au toit de palmes, avec chacune deux chambres, confortables et ventilées. Chaque pensionnaire a bien sûr sa terrasse et sa chaise longue. Mais il serait dommage de paresser, bouquin en main, quand les vélos de la maison vous invitent à parcourir les multiples sentiers cahoteux de ces quatre cents hectares de palmes... Et que demoiselles, poissons-clowns et poissons-perroquets attendent leurs visiteurs du jour. Un aquarium sur lequel on peut non seulement s'émerveiller à fleur de tuba, mais aussi en profondeur. Le centre de plongée du Desroches Island Lodge est d'ailleurs l'un des plus cotés de l'océan Indien, et les jardins de coraux sont ici de toute beauté. Les plongeurs confirmés y descendent le long d'une falaise de quarante mètres, et surprennent quelquefois, au détour d'un massif de coraux noirs, la majestueuse raie manta. Les mordus de la pêche au gros, eux, préfèrent s'extasier sur une bonite ou un requin sortis de l'eau... et qui finiront dans leur assiette.

Pêche ou plongée, il faut en tout cas une heure de vol pour atteindre cette première île des Amirantes à s'être ouverte au tourisme. Quatre fois par semaine, le petit avion d'Air Seychelles débarque sa poignée de pèlerins, venus communier là avec la déesse Nature et succomber à la vie facile d'un “lodge” à tout point de vue délicieux. Une parenthèse d'éternité terrestre rappelant une phrase pleine de bon sens d'un certain saint Jean Climaque : *“Comment peut-on dédaigner les bienfaits de la terre quand on n'a pas encore goûté ceux du Ciel ?”*

INDEX GENERAL

MAHÉ

PRASLIN

LA DIGUE

AUTRES ILES

QUESTIONNAIRE

Comme le disait, dès la fin du XIXe siècle, notre prestigieux ancêtre, le guide Baedeker : *"Les indications d'un guide du voyageur ne pouvant pas prétendre à une exactitude absolue, l'auteur compte sur la bienveillance des touristes et les prie de bien vouloir lui signaler les erreurs ou omissions qu'ils pourraient rencontrer, en lui faisant part de leurs observations qui seront reproduites dans la prochaine édition, et en les lui envoyant sur une feuille de papier écrite d'un seul côté, afin d'en éviter la copie et de parer ainsi à de nouvelles erreurs."*

Nous offrons **gratuitement la nouvelle édition** à tous ceux dont nous retiendrons les suggestions, tuyaux et adresses inédites ou futées.

Faites-nous part de vos expériences et découvertes en utilisant la page suivante, ou si nécessaire sur papier libre. N'oubliez pas, plus précisément pour les hôtels, restaurants et commerces, de préciser avant votre commentaire détaillé (de 5 à 15 lignes) l'adresse complète, le téléphone et les moyens de transport pour s'y rendre ainsi qu'une indication de prix.

Signalez-nous les renseignements périmés, incomplets ou qui ont, selon vous, changé, en précisant le pays, la date d'achat et la page du guide.

QUESTIONNAIRE

Nom et prénom : ....

....

Adresse : ....

....

....

Qui êtes-vous ? *(entourez la mention exacte)*

Patron • Cadre • Commerçant • Employé • Ouvrier • Fonctionnaire • Femme au foyer • Retraité • Profession libérale • Etudiant • Autre

Quel âge avez-vous ? ..... ans

Combien d'enfants avez-vous ? .....

Voyagez-vous : seul • à plusieurs et combien ? ....

Voyagez-vous : en indépendant • en voyage organisé ?

Le Petit Futé vous paraît-il : cher • pas cher • raisonnable ?

Date et lieu d'achat : ....

Expérience • découvertes • bons tuyaux

Adresses inédites ou futées

Joignez éventuellement un complément sur papier libre avec vos coordonnées

....

....

....

....

....

....

....

....

....

....

....

....

....

....

....

....

....

....

Toutes vos bonnes adresses, corrections et suggestions peuvent être communiquées par courrier, par minitel ou sur le "net" aux adresses suivantes :

LE PETIT FUTÉ

Country Guide

18, rue des Volontaires 75015 PARIS

Minitel 3615 FUTE ou Internet : Pfls Vermont@atelier.fr